Ley de Enjuiciamiento Criminal

Lefebvre

Lefebvre

Decimocuarta Edición: Julio de 2025

ISBN: 979-13-87732-40-0
Depósito Legal: M-14847-2025
PVP: 11,02 € (IVA incluido)
Imprime: Printing'94

© Lefebvre-El Derecho, S.A.
CIF: A79216651
Monasterios de Suso y Yuso, 34.28049 Madrid. Tfno.: 91 210 80 00
clientes@lefebvre.es
www.efl.es

Accede gratis a este Código Básico en nuestras aplicaciones móviles

1. Apunta y escanea

Abre la cámara de tu smartphone y apúntala al código QR que encontrarás en esta página.

2. Descarga nuestra app (si aún no la tienes)

- Si es la primera vez que escaneas nuestro QR, te llevaremos directamente a la tienda de aplicaciones de tu dispositivo (Google Play o App Store).
- Descarga nuestra app gratuita Códigos Lefebvre con un solo clic.
- Una vez instalada, ábrela y tendrás acceso inmediato al contenido actualizado del Código que acabas de escanear.

3. Para usuarios que ya tienen la app

- Si ya tienes nuestra app instalada pero nunca la has usado, simplemente escanea el código QR desde la pantalla de inicio de sesión.
- ¿Ya has utilizado nuestra app antes? Abre el menú lateral y selecciona "Escanear código QR" para acceder al nuevo Código

Este acceso estará disponible hasta el 1 de septiembre de 2026, fecha en que se publicarán las nuevas ediciones en formato papel.

Todos los ejemplares se entregarán retractilados. No se admitirá ninguna devolución de Códigos sin esta protección.

ÍNDICE

RELACIÓN DE REFORMAS A LA PRESENTE LEY

Ley de 20 de abril de 1888, por la que se modifican los artículos 145 y 153 de la Ley de Enjuiciamiento Criminal.

Ley de 7 de agosto de 1899, por la que se modifica el artículo 954 número 3º de la Ley de Enjuiciamiento Criminal.

Real Decreto-Ley de 14 de diciembre de 1925 por el que se modifican los artículos 225, 228, 230, 232, 384 y 622 de la Ley de Enjuiciamiento Criminal.

Real Decreto-Ley de 8 de septiembre de 1928, por el que se modifican los artículos 741, 849, 912 y 973 de la Ley de Enjuiciamiento Criminal.

Ley de 24 de junio de 1932, por la que se modifican los artículos 627, 632 y 633 de la Ley de Enjuiciamiento Criminal.

Ley de 24 de junio de 1933, por la que se da nueva redacción a los artículos 954, 958 y 960 de la Ley de Enjuiciamiento Criminal.

Ley de 28 de junio de 1933 por la que se modifican diversos artículos de la Ley de Enjuiciamiento Criminal.

Ley de 6 de febrero de 1935, por la que se añade un párrafo al artículo 304 de la Ley de Enjuiciamiento criminal.

Ley de 17 de julio de 1948 relativa a conflictos jurisdiccionales.

Ley de 16 de julio de 1949, sobre modificación de determinados artículos de la Ley de Enjuiciamiento Criminal relativos al recurso de casación.

Ley de 14 de abril de 1955 por la que se modifica la base económica de determinados artículos de la de Enjuiciamiento Criminal.

Decreto-Ley de 22 de marzo de 1957 por el que se añade un nuevo párrafo al artículo 503 de la Ley de Enjuiciamiento Criminal.

Decreto-Ley de 25 de noviembre de 1957, por el que se añade un nuevo párrafo al artículo 503 de la Ley de Enjuiciamiento Criminal.

Ley de 24 de abril de 1958, por la que se agrega un artículo a la de Enjuiciamiento Criminal.

Ley 3/1967, de 8 de abril, sobre modificación de determinados artículos del Código Penal y de la Ley de Enjuiciamiento Criminal.

Ley 28/1974, de 24 de julio, sobre actualización de la base económica de determinados artículos de las Leyes de Enjuiciamiento Civil y Criminal.

Decreto-ley 8/1974, de 21 de diciembre, por el que se modifica el artículo 14, apartado tercero, de la Ley de Enjuiciamiento Criminal, para ponerle en relación con la elevación de multas efectuada en el Código Penal por la Ley 39/1974, de 28 de noviembre.

Ley 10/1978, de 20 de febrero, derogación de la circunstancia cuarta del artículo 503 de la Ley de enjuiciamiento criminal.

Ley 20/1978 de 8 de mayo, sobre modificación de determinados artículos del Código Penal y de la Ley de enjuiciamiento criminal.

Ley 28/1978, de 26 de mayo, sobre modificación de los artículos 746 y 850 de la Ley de enjuiciamiento criminal.

Ley 33/1978, de 17 de julio, por la que se da nueva redacción a los artículos 273 de la Ley de enjuiciamiento civil y 166 de la Ley de enjuiciamiento criminal.

Ley 53/1978, de 4 de diciembre, por la que se modifican los artículos 23, 37, 53, 118, 302, 311, 333, 520 y 522 de la Ley de enjuiciamiento criminal y se deroga el artículo 316 de la misma.

Ley 16/1980, de 22 de abril, sobre modificación de los artículos 503, 504 y 505 de la Ley de Enjuiciamiento Criminal en materia de Prisión Provisional.

Ley Orgánica 7/1983, de 23 de abril, de reforma de los artículos 503 y 504 de la Ley de Enjuiciamiento Criminal.

Ley Orgánica 8/1983, de 25 de junio, de reforma urgente y parcial del Código Penal.

Ley Orgánica 14/1983, de 12 de diciembre, por la que se desarrolla el artículo 17.3 de la Constitución en materia de Asistencia Letrada al Detenido y al Preso y modificación de los artículos 520 y 527 de la Ley de Enjuiciamiento Criminal.

Ley 4/1984, de 9 de marzo, por la que se modifica el artículo 338 de la Ley de Enjuiciamiento Criminal.

Ley 6/1984, de 31 de marzo, de modificación de determinados artículos de los Códigos Civil y de Comercio y de las leyes hipotecarias, de Enjuiciamiento Criminal y de Régimen Jurídico de las Sociedades Anónimas, sobre Interdicción.

Ley Orgánica 10/1984, de 26 de diciembre, por la que se modifican los artículos 503, 504 y primer párrafo del 529 de la Ley de Enjuiciamiento Criminal.

Ley 6/1985, de 27 de marzo, sobre Modificación del artículo 849, 2, de la Ley de Enjuiciamiento Criminal.

Ley Orgánica 2/1987, de 18 de mayo, de Conflictos Jurisdiccionales.

Ley Orgánica 4/1988, de 25 de mayo, de Reforma de la Ley de Enjuiciamiento Criminal.

Ley 21/1988, de 19 de julio, de reforma de los artículos 855, 876, 882 bis, 884, 885, 893 bis, a), y 898 de la Ley de Enjuiciamiento Criminal.

Ley Orgánica 7/1988, de 28 de diciembre, de los Juzgados de lo Penal y por la que se modifican diversos preceptos de las Leyes Orgánica del Poder Judicial y de Enjuiciamiento Criminal.

Ley Orgánica 12/1991, de 10 de julio, sobre modificación de los artículos 411, 412, 413, 414, 415, 702 y 703 de la Ley de Enjuiciamiento Criminal.

Ley 10/1992, de 30 de abril, de Medidas Urgentes de Reforma Procesal.

Ley Orgánica 8/1992, de 23 de diciembre, de modificación del Código Penal y de la Ley de Enjuiciamiento Criminal en materia de Tráfico de Drogas.

Sentencia 71/1994, de 3 de marzo, del Pleno del Tribunal Constitucional en el recurso de inconstitucionalidad 1492/1988, promovido por el Parlamento Vasco contra la Ley Orgánica 4/1988, o, en su defecto, contra los nuevos arts. 384 bis y 504 bis que introduce en la Ley de Enjuiciamiento Criminal el art. 1 de la Ley Orgánica impugnada. Votos particulares.

Ley 21/1994, de 6 de julio, por la que se modifica el artículo 338 de la Ley de Enjuiciamiento Criminal, sobre la destrucción de la droga decomisada.

Ley Orgánica 16/1994, de 8 de noviembre, por la que se reforma la Ley Orgánica 6/1985, de 1 de julio, del Poder Judicial.

Ley Orgánica 5/1995, de 22 de mayo, del Tribunal del Jurado.

Ley 22/1995, de 17 de julio, mediante la que se Garantiza la Presencia Judicial en los Registros Domiciliarios.

Ley 1/1996, de 10 de enero, de Asistencia Jurídica Gratuita.

Ley Orgánica 2/1998, de 15 de junio, por la que se modifican el Código Penal y la Ley de Enjuiciamiento Criminal.

Ley 36/1998, de 10 de noviembre, de modificación del artículo 14, apartados primero y tercero, de la Ley de Enjuiciamiento Criminal.

Ley Orgánica 5/1999, de 13 de enero, de modificación de la Ley de Enjuiciamiento Criminal en materia de perfeccionamiento de la acción investigadora relacionada con el tráfico ilegal de drogas y otras actividades ilícitas graves.

Ley Orgánica 14/1999, de 9 de junio, de modificación del Código Penal de 1995, en materia de protección a las víctimas de malos tratos y de la Ley de Enjuiciamiento Criminal.

Ley 1/2000, de 7 de enero. Ley de Enjuiciamiento Civil.

Sentencia 10/2002, de 17 de enero de 2002. Cuestión de inconstitucionalidad 2829/94. Planteada por la Sección Cuarta de la Audiencia Provincial de Sevilla respecto del art. 557 de la Ley de Enjuiciamiento Criminal.

Ley Orgánica 7/2002, de 5 de julio, de reforma parcial de la Ley de Enjuiciamiento Criminal.

Ley 38/2002, de 24 de octubre, de reforma parcial de la Ley de Enjuiciamiento Criminal, sobre procedimiento para el enjuiciamiento rápido e inmediato de determinados delitos y faltas, y de modificación del procedimiento abreviado.

Ley Orgánica 8/2002, de 24 de octubre, complementaria de la Ley de reforma parcial de la Ley de Enjuiciamiento Criminal, sobre procedimiento para el enjuiciamiento rápido e inmediato de determinados delitos y faltas, y de modificación del procedimiento abreviado.

Ley Orgánica 9/2002, de 10 de diciembre, de modificación de la Ley Orgánica 10/1995, de 23 de noviembre, del Código Penal, y del Código Civil, sobre sustracción de menores.

Ley Orgánica 1/2003, de 10 de marzo, para la garantía de la democracia en los Ayuntamientos y la seguridad de los Concejales.

Ley Orgánica 5/2003, de 27 de mayo, por la que se modifica la Ley Orgánica 6/1985, de 1 de julio, del Poder Judicial; la Ley Orgánica 1/1979, de 26 de septiembre, General Penitenciaria, y la Ley 38/1988, de 28 de diciembre, de Demarcación y de Planta Judicial.

Ley Orgánica 7/2003, de 30 de junio, de medidas de reforma para el cumplimiento íntegro y efectivo de las penas.

Ley 27/2003, de 31 de julio, reguladora de la Orden de protección de las víctimas de la violencia doméstica.

Ley Orgánica 13/2003, de 24 de octubre, de reforma de la Ley de Enjuiciamiento Criminal en materia de prisión provisional.

Ley Orgánica 15/2003, de 25 de noviembre, por la que se modifica la Ley Orgánica 10/1995, de 23 de noviembre, del Código Penal.

Ley Orgánica 19/2003, de 23 de diciembre, de modificación de la Ley Orgánica 6/1985, de 1 de julio, del Poder Judicial.

Ley Orgánica 1/2004, de 28 de diciembre, de Medidas de Protección Integral contra la Violencia de Género.

Ley 18/2006, de 5 de junio, para la eficacia en la Unión Europea de las resoluciones de embargo y de aseguramiento de pruebas en procedimientos penales.

Ley Orgánica 8/2006, de 4 de diciembre, por la que se modifica la Ley Orgánica 5/2000, de 12 de enero, reguladora de la responsabilidad penal de los menores.

Ley 13/2009, de 3 de noviembre, de reforma de la legislación procesal para la implantación de la nueva Oficina judicial.

Ley Orgánica 5/2010, de 22 de junio, por la que se modifica la Ley Orgánica 10/1995, de 23 de noviembre, del Código Penal.

Ley 37/2011, de 10 de octubre, de medidas de agilización procesal.

Real Decreto-ley 3/2013, de 22 de febrero, por el que se modifica el régimen de las tasas en el ámbito de la Administración de Justicia y el sistema de asistencia jurídica gratuita.

Ley 14/2014, de 24 de julio, de Navegación Marítima.

Ley Orgánica 1/2015, de 30 de marzo, por la que se modifica la Ley Orgánica 10/1995, de 23 de noviembre, del Código Penal.

Ley 4/2015, de 27 de abril, del Estatuto de la víctima del delito.

Ley Orgánica 5/2015, de 27 de abril, por la que se modifican la Ley de Enjuiciamiento Criminal y la Ley Orgánica 6/1985, de 1 de julio, del Poder Judicial, para transponer la Directiva 2010/64/UE, de 20 de octubre de 2010, relativa al derecho a interpretación y a traducción en los procesos penales y la Directiva 2012/13/UE, de 22 de mayo de 2012, relativa al derecho a la información en los procesos penales.

Ley 26/2015, de 28 de julio, de modificación del sistema de protección a la infancia y a la adolescencia.

Ley 34/2015, de 21 de septiembre, de modificación parcial de la Ley 58/2003, de 17 de diciembre, General Tributaria.

Ley 41/2015, de 5 de octubre, de modificación de la Ley de Enjuiciamiento Criminal para la agilización de la justicia penal y el fortalecimiento de las garantías procesales.

Ley Orgánica 13/2015, de 5 de octubre, de modificación de la Ley de Enjuiciamiento Criminal para el fortalecimiento de las garantías procesales y la regulación de las medidas de investigación tecnológica.

Ley 2/2020, de 27 de julio, por la que se modifica el artículo 324 de la Ley de Enjuiciamiento Criminal.

Real Decreto-ley 30/2020, de 29 de septiembre, de medidas sociales en defensa del empleo.

Sentencia 151/2020 del Tribunal Constitucional, Pleno, de 22 de Octubre de 2020

Ley Orgánica 8/2021, de 4 de junio, de protección integral a la infancia y la adolescencia frente a la violencia.

Ley Orgánica 10/2022, de 6 de septiembre, de garantía integral de la libertad sexual.

Ley Orgánica 4/2023, de 27 de abril, para la modificación de la Ley Orgánica 10/1995, de 23 de noviembre, del Código Penal, en los delitos contra la libertad sexual, la Ley de Enjuiciamiento Criminal y la Ley Orgánica 5/2000, de 12 de enero, reguladora de la responsabilidad penal de los menores.

Real Decreto-ley 5/2023, de 28 de junio, por el que se adoptan y prorrogan determinadas medidas de respuesta a las consecuencias económicas y sociales de la Guerra de Ucrania, de apoyo a la reconstrucción de la isla de La Palma y a otras situaciones de vulnerabilidad; de transposición de Directivas de la Unión Europea en materia de modificaciones estructurales de sociedades mercantiles y conciliación de la vida familiar y la vida profesional de los progenitores y los cuidadores; y de ejecución y cumplimiento del Derecho de la Unión Europea.

Real Decreto-ley 6/2023, de 19 de diciembre, por el que se aprueban medidas urgentes para la ejecución del Plan de Recuperación, Transformación y Resiliencia en materia de servicio público de justicia, función pública, régimen local y mecenazgo.

Ley Orgánica 5/2024, de 11 de noviembre, del Derecho de Defensa.

Ley Orgánica 1/2025, de 2 de enero, de medidas en materia de eficiencia del Servicio Público de Justicia.

INDICE DE PRECEPTOS AFECTADOS POR LAS REFORMAS

Real decreto de 14 de septiembre de 1882 por el que se aprueba la Ley de Enjuiciamiento Criminal

Última reforma de la presente disposición realizada por LO 1/2025, de 2 de enero, de medidas en materia de eficiencia del Servicio Público de Justicia

Téngase en cuenta que, desde el 1 de octubre de 2015, todas las referencias a «Secretarios judiciales» deberán entenderse hechas a «Letrados de la Administración de Justicia», conforme a la disp. adic. 1.ª LO 7/2015 de 21 julio
[1]

EXPOSICIÓN

SEÑOR: La ejecución de las dos leyes promulgadas en virtud de Reales decretos de 22 de Junio de este año presupone un nuevo Código de Enjuiciamiento penal, una modificación profunda en la ley orgánica del Poder judicial de 15 de Setiembre de 1870, la determinación del número y residencia de los Tribunales Colegiados que han de conocer en única instancia y en juicio oral y público de los delitos que se cometan dentro de su respectivo territorio, y por último la formación de los cuadros de personal de esos mismos Tribunales, cuyos Presidentes deben estar adornados de condiciones especiales da capacidad para la dirección y resumen de los debates.

Basta la mera enumeración de estos trabajos preparatorios para comprender que, ni por su índole y naturaleza, ni por extensión y excepcional importancia, podían terminarse en breve plazo. Cábele, sin embargo, al infrascrito la satisfacción de anunciar hoy a V. M. que todos ellos pueden darse por ultimados, gracias al patriótico concurso que han prestado al Gobierno hombres eminentes no solo en la ciencia del Derecho, sino también en el conocimiento especial de la topogra-

---

[1] Documento publicado a lo largo de varios días, siendo el último publicado el día 10 de octubre de 1882, en la Gaceta de Madrid núm. 283. Téngase en cuenta que: - Desde el 14 de marzo 2020, fecha de la declaración del estado de alarma, se suspenden términos y se suspenden e interrumpen los plazos procesales previstos en esta ley, conforme a la disp. adic. 2.ª RD 463/2020, de 14 de marzo, con las salvedades establecidas en su apartado 2. - A partir del 4 de junio de 2020 se alza la suspensión de los plazos procesales, conforme al art. 8 RD 537/2020 de 22 mayo

fía, censo de población, vías de comunicación y estadística criminal del territorio de la Península e islas adyacentes.

El Gobierno de V. M. no se propone publicar todos estos trabajos a la vez; antes al contrario cree conveniente anticipar la promulgación del Código de Enjuiciamiento para que, mientras se instalan las Audiencias de lo criminal, puedan estudiarlo y conocerlo los Magistrados, Jueces, Fiscales, Letrados y demás personas que por modo más o menso directo y eficaz han de concurrir a su planteamiento y aplicación.

No será su estudio muy difícil ni prolijo, porque al cabo el proyecto que el Ministro que suscribe somete hoy a la aprobación de V.M. está basado en la Compilación general de 16 de Octubre de 1879, de conformidad con la preceptuado en la autorización votada por las Cortes; pero así y todo, son tan radicales las reformas en él introducidas, que bien podía pasar por un Código completamente nuevo y de carácter tan liberad y progresivo como el más adelantado de los Códigos de procedimiento criminal del continente europeo.

Entre esas reformas son sin duda las menos importantes aquellas que, sugeridas por la experiencia, tienen por objeto ya aclarar varios preceptos más o menos oscuros y dudosos de la Compilación vigente, ya uniformar la jurisprudencia, o ya, en fin, facilitar la sustanciación de algunos recursos y muy especialmente el de casación, acerca del cual ha hecho observaciones muy oportunas y discretas el Tribunal Supremo, que naturalmente han sido acogidas con el respeto que merece una Corporación que está a la cabeza de la Magistratura española, y que es por la ley intérprete y guardián de la doctrina jurídica.

Las de verdadera importancia y trascendencia son aquellas otras qua se encaminan a suplir, como en las cuestiones prejudiciales, algún vacío sustancial por donde era frecuenta el arbitrio un tanto desmedido, y más que desmedido contradictorio de la jurisprudencia, a corregir los vicios crónicos de nuestro sistema de enjuiciar tradicional y a rodear al ciudadano de las garantías necesarias para que en ningún caso sean sacrificados los derechos individuales al interés mal entendido del Estado.

Sin desconocer que la Constitución de 1812, el reglamento provisional para la Administración de justicia de 1835 y otras disposiciones posteriores mejoraron considerablemente el procedimiento criminal, sería temerario negar que aun bajo la legislación vigente no es raro que un sumario dure ocho o más años, y es frecuente que no dure menos de dos, prolongándose en ocasiones por todo este tiempo la prisión preventiva de los acusados; y aun podrír añadirse, para completar el cuadro, que tan escandalosos procesos solían no ha mucho terminar por una absolución de la instancia, sin que nadie indemnizara en este caso a los procesados de las vejaciones sufridas en tan dilatado periodo, y lo que es más, dejándoles por todo el resto da su vida en situación incómoda y deshonrosa, bajo la amenaza perenne de abrir de nuevo el procedimiento el día que por malquerencia se prestaba a declarar contra ellos cualquier vecino rencoroso y vengativo. Esta práctica abusiva y atentatoria a los derechos del individuo pugna todavía por mantenerse con este o el otro disfraz en nuestras costumbres judiciales; y es menester que cese para siempre porque el ciudadano de un pueblo libre no debe expiar faltas que no son suyas, ni ser víctima de la impotencia o del egoísmo del Estado.

Con ser estos dos vicios tan capitales, no son sin embargo los únicos, ni acaso los más graves de nuestro procedimiento. Lo peor de todo es que en él no se da intervención alguna al inculpado en el sumario; que el Juez que instruyo este es el mismo que pronuncia la sentencia con todas las preocupaciones y prejuicios que ha hecho nacer en su ánimo la instrucción; que confundido lo civil con lo criminal y abrumados los Jueces de primera instancia por el cúmulo de sus múltiples y variadas atenciones, delegan frecuentemente la práctica de muchas diligencias en el Escribano, quien, a solas con el procesado y los testigos, no siempre interpreta bien el pensamiento ni retrata con perfecta fidelidad las impresiones de cada uno, por grande que sea su celo y recta su voluntad; que por la naturaleza misma de las cosas y la lógica del sistema, nuestras Jueces y Magistrados han adquirido el hábito de dar escasa importancia a las pruebas del plenario. formando su juicio por el resultado de las diligencias sumariales, y no parando mientes en la ratificación de los testigos, convertida en vana formalidad; que en ausencia del inculpado y su defensor, los funcionarios; que intervienen en la instrucción del sumario, animados de un espirite receloso y hostil que se engendra en su mismo patriótico celo por la causa de la Sociedad que representan, recogen con preferencia los datos adversos al procesado, descuidando a las veces consignar los que pueden favorecerle; y que en fin, de este conjunto de errores anejos a nuestro sistema de enjuiciar, y no imputable por tanto a los funcionarios del orden judicial y fiscal, resultan dos cosas a cual más funestas al ciudadano: una, que al compás qua adelanta el sumario se va fabricando inadvertidamente una verdad de artificio, que más tarde se convierte en verdad legal, pero que es contraria a la realidad de los hechos y subleva la conciencia del procesado; y otra, que cuando éste, llegado el plenario, quiere defenderse, no hace más que forcejear inútilmente porque entra en el palenque ya vencido, o por lo menos desarmado. Hay, pues, que restablecer la igualdad de condiciones en esta contienda jurídica hasta donde lo consientan los fines esenciales de la sociedad humana.

Quizás se tache de exagerada e injusta esta crítica de la organización de nuestra justicia criminal. ¡Ojalá que lo fuera! Pero el Ministro que suscribe no manda en su razón, y está obligado a decir a V. M. la verdad tal como la siente; que las llagas sociales no se curan ocultándolas, sino al revés, midiendo su extensión y profundidad, y estudiando su origen y naturaleza para aplicar el oportuno remedio. En sentir del que suscribe, sólo por la costumbre se puede explicar que el pueblo español, tan civilizado y culto y que tantos progresos ha hecho en lo que va de siglo en la ciencia, en el arte, en la industria y en su educación política, se resigne a un sistema semejante, mostrándose indiferente o desconociendo sus vicios y peligros, como no los aprecia ni mide, el que habituado a respirar en atmósfera mal sana, llega hasta la asfixia sin sentirla. El extranjero que estudia la organización de nuestra justicia criminal, al vernos apegados a un sistema ya caduco y desacreditado en Europa y en América, tiene por necesidad que formar una idea injusta y falsa de la civilización y cultura españolas.

Lo que hay que examinar, por tanto, es si el adjunto proyecto de Código remedia, si no todos, al menos los más capitales defectos de que adolece la vigente organización de la justicia criminal. Es preciso en primer término sustituir la marcha perezosa y lenta del actual procedimiento por un sistema que, dando amplitud a la defensa y garantías de acierto al fallo, asegure sin embargo la celeridad del juicio para la realización de dos fines a cual más importantes: uno, que la suerte del ciudadano no esté indefinidamente en lo incierto ni se le causen más vejaciones que las absolutamente indispensables para la averiguación del delito y el descubrimiento del verdadero delincuente; y otro, que la pena siga de cerca a la culpa para su debida eficacia y ejemplaridad.

Pues bien, Señor, he aquí el conjunto de medios que el nuevo sistema ofrece para el logro de resultado tan trascendental: la sustitución de los dos grados de jurisdicción por la instancia única, la oralidad del juicio, la separación de lo civil y lo criminal en cuanto al Tribunal sentenciador, igual separación en cuanto a los Jueces instructores en ciertas ciudades populosas en donde hay más de un Juez de primera instancia y es mucha la criminalidad, un alivio considerable de trabajo en cuanto a los demás Jueces, a quienes se descarga del plenario y del pronunciamiento y motivación de la sentencia, ya que razones indeclinables de economía no permiten extender a ellos dicha separación, multitud de reglas de detalle esparcirlas aquí y allá en el adjunto Código, y singularmente en sus dos primeros libros, para que los Jueces instructores en el examen de los testigos y en la práctica de los demás medios de investigación se ciñan a sólo lo que sea útil y pertinente y, por ultime, la intervención del procesado en todas las diligencias del sumario tan pronto como el Juez estime que la publicidad de las actuaciones no compromete la causa pública ni estorba el descubrimiento de la verdad. Por regla general nadie tiene más interés que el procesado en activar el procedimiento y si alguna vez su propósito fuera prolongarlo se lo impediría el Juez, y sobre todo el Fiscal, a quien se da el derecho de pedir la terminación del sumario y la apertura del juicio oral ante el Tribunal colegiado. Concurrirá también al propio fin la inspección continua y sistemáticamente organizada en la ley, de la Audiencia de lo criminal y del Ministerio público sobre la marcha de los procesos en el período de la instrucción y la conducta de los Jueces instructores. No es, finalmente, para echado en olvido, cuando de la brevedad del juicio se trata, el libro 4º, donde se establecen procedimientos especiales y sumarios para los delitos in fraganti, para los de injuria y calumnia y para los cometidos por medio de la imprenta.

Podrá ser que ni la Comisión de Códigos ni el Gobierno hayan acertado en la elección de los medios en este punto tan interesante de la ciencia procesal; pero la verdad es que no han encontrado otros, ni se los han sugerido el examen de los Códigos modernos atentamente estudiados con tal fin.

La ley de 11 de Febrero, en la base referente a la prisión preventiva, permite, por la flexibilidad de sus términos, mejorar considerablemente esta parte de nuestra legislación sin necesidad de pedir su reforma a las Cortes. El texto legal bien analizado resulta tan elástico, que lo mismo se presta al desenvolvimiento de la base en un sentido tirante y restrictivo, que en otro más amplio, expansivo y liberal.

Ocioso parece añadir que el Gobierno de V. M. se ha decidido por lo último, toda vez que podía hacerlo sin cometer una trasgresión de la ley; como en la materia de fianzas, tan íntimamente ligada con todo lo referente a la prisión preventiva, ha procurado armonizar los fines de la justicia con los derechos del procesado, poniendo coto a la posible arbitrariedad judicial y estableciendo reglas equitativas y prudentes que permitan mayor amplitud que hasta ahora, así en los medias y formas de las fianzas como en la entidad de ellas.

Es igualmente inútil decir que la absolución de la instancia, esta corruptela que hacía del ciudadano a quien el Estado no habla podido convencer de culpable, una especie de liberto de por vida, verdadero siervo de la curia marcado con el estigma del deshonor, está proscrita y expresamente prohibida por el nuevo Código, como había sido antes condenada por la ciencia, por la ley de 1872 y por la Compilación vigente. De esperar es que las disposiciones de la nueva ley sean bastante eficaces para impedir que semejante práctica vuelva de nuevo a ingerirse en forma más e menos disimularle en nuestras costumbres judiciales.

Los demás vicios del Enjuiciamiento vigente quedarán sin duda corregidos con el planteamiento del juicio oral y público y la introducción del sistema acusatorio en la ley procesal.

El reglamento provisional da 26 de Setiembre de 1835, y las disposiciones posteriores publicadas durante el reinado de la Augusta Madre de V. M., introdujeron, como ya se ha dicho, evidentes mejoras en el procedimiento criminal; pero no alteraron su índole esencialmente inquisitiva. Las leyes de Setiembre de 1870 y 22 de Diciembre de 1872, inspirándose en las ideas de libertad proclamadas por la revolución de 1868, realizaron una reforma radical en nuestro sistema de enjuiciar, con el establecimiento del juicio oral y público; pero mantuvieron el principio inquisitivo y el carácter secreto del procedimiento en el periodo de instrucción, siguiendo el ejemplo de Francia, Bélgica y otras naciones del continente europeo.

El Ministro que suscribe, de acuerdo con sus colegas, no ha vacilado en aconsejar a V. M. que dé un paso más en el camino del progreso, llevando en cierta medida el sistema acusatorio al sumario mismo, que es, después de todo, la piedra angular del juicio y la sentencia. En adelante el Juez instructor por su propia iniciativa y de oficio podrá, o mejor dicho, deberá, acordar que se comuniquen los autos al procesado desde el momento en que la publicidad y la contradicción no sean un peligro para la sociedad interesada en el descubrimiento de los delitos y en el castigo de los culpables. Si no se hace espontáneamente en el plazo de dos meses, contados desde que se incoó la causa, la ley da al acusado el derecho de solicitarlo, ya para preparar los elementos de su defensa, ya también para impedir con su vigilante intervención y el empleo de los recursos legales la prolongación indefinida del sumario. En todo caso, antes y después de los dos meses, el que tenga la inmensa desgracia de verse sometido a un procedimiento criminal gozará en absoluto de dos derechos preciosos, que no pueden menos de ser grandemente estimados donde quiera que se rinda culto a la personalidad humana: uno, el de nombrar defensor que lo asista con sus consejos y su inteligente dirección desde el instante en que se dicte el auto de procesamiento; y otro, el de concurrir por sí o debidamente representado a todo reconocimiento judicial, a toda inspección ocular, a las autopsias, a los análisis químicos, y en suma, a la práctica de todas las diligencias periciales que se decreten y puedan influir así sobre la determinación de la índole y gravedad del delito como sobre los indicios de su presunta culpabilidad.

Subsiste, pues, el secreto del sumario; poro sólo en cuanto es necesario para impedir que desaparezcan las huellas del delito, para recoger e inventariar los datos que basten a comprobar su existencia y reunir los elementos que más tarde han de utilizarse y depurarse en el crisol de la contradicción, durante los solemnes debates del juicio oral y público. Y a tal punto lleva la nueva ley su espíritu favorable a los fueros sagrados de la defensa, que proscribe y condena una preocupación hasta ahora muy extendida, que si puede ser excusable cuando el procedimiento inquisitivo estaba en su auge, implicaría hoy el desconocimiento de la índole y naturaleza del sistema acusatorio, con el cual es incompatible. Alude el infrascrito a la costumbre tan arraigada en nuestros Jueces y Tribunales de dar escaso o ningún valor a las pruebas del plenario, buscando principal o casi exclusivamente la verdad en las diligencias sumariales practicadas a espaldas del acusado. No: de hoy más las investigaciones del Juez instructor no serán sino una simple preparación del juicio. El juicio verdadero no comienza sino son la calificación provisional y la apertura de los debates delante del Tribunal que, extraño a la instrucción, va a juzgar imparcialmente y a dar el triunfo a aquel de los contendientes que tengan la razón y la justicia de su parte. La calificación jurídica provisional del hecho justiciable y de la persona del delincuente, hecha por el acusador y el acusado una vez concluso el sumario, es en el procedimiento criminal lo que en el civil la demanda y su contestación, la acción y las excepciones. Al formularlas empieza realmente la contienda jurídica, y ya entonces sería indisculpable que la ley no establecierais la perfecta igualdad de condiciones entre el acusador y el acusado. Están enfrente uno de otro, el ciudadano y el Estado. Sagrada es sin duda la causa de la sociedad, pero no lo son menos los derechos individuales. En los pueblos verdaderamente libres el ciudadano debe tener en su mano medios eficaces de defender y conservar su vida, su libertad, su fortuna, su dignidad, su honor; y si el interés de los habitantes del territorio es ayudar al Estado para que ejerza libremente una de sus funciones más esenciales, cual es la de castigar la infracción de la ley penal para restablecer, allí donde se turbe, la armonía del derecho, no por esto deben sacrificarse jamás los fueros de la inocencia, porque al cabo el orden social bien entendido no es más que el mantenimiento de la libertad de todos y el respeto recíproco de los derechos individuales.

Mirando las cosas por este prisma y aceptada la idea fundamental de que en el juicio oral y público es donde ha de desarrollarse con amplitud la prueba, donde las partes deben hacer valer en igualdad de condiciones los elementos de cargo y descargo, y donde los Magistrados han de formar su convicción para pronunciar su veredicto con abstracción de la parte del sumario susceptible de ser reproducida en el juicio, surgía natural y lógicamente una cuestión por todo extremo grave y delicada; es a saber: la de si la contradicción de un testigo entre su declaración en el juicio oral y las dadas ante el Juez instructor en el sumario sería por sí sola fundamento suficiente para someterle a un procedimiento criminal por el delito de falso testimonio. El Gobierno, después de madurada deliberación, ha optado por la negativa. Al adoptar esta solución ha cedido en primer término a las exigencias de la lógica que no permita atribuir a los datos recogidos en el sumario para la preparación del juicio, una validez y eficacia incompatibles con la índole y naturaleza del sistema acusatorio. No es esto ciertamente, autorizar ni menos santificar el engaño y la mentira en el periodo de la instrucción; esa misma contradicción en las declaraciones testificales podrá ser libremente apreciada por los Jueces y penetrar en el santuario de su conciencia como un elemento de convicción si llega el caso de juzgar el perjurio del testigo; lo que únicamente quiere la ley es que éste no sea procesado como autor de falso testimonio por la sola razón de aparecer en contradicción con sus declaraciones sumariales, debiendo serlo no más cuando haya motivos para presumir que faltó a la verdad en el acto del juicio; porque siendo este el arsenal donde el acusador y el acusado deben tomar sus armas de combate y de defensa y el Tribunal los fundamentos de su veredicto, claro es que en definitiva sólo en este trámite puede el testigo favorecer o perjudicar injustamente al procesado, y ser leal o traidor a la sociedad y a sus deberes de ciudadano. A esta razón puramente lógica, agrégase otra de mayor trascendencia, cual es la de facilitar la investigación de la verdad y asegurar el acierto de los fallos.

Inútil seria rendir culto a los progresos de la ciencia rompiendo con el procedimiento escrito, inquisitivo y secreto, pera sustituirlo con los principios tutelares de libertad, contradicción, igualdad de condiciones entre las partes contendientes, publicidad y oralidad, si el testigo, cuyas primeras impresiones ha recogido calladamente el Juez instructor trasladándolas a los autos con más o menos fidelidad, se presentara en el acto del juicio delante del Tribunal sentenciador y del público que asiste a los debates, cohibido y maniatado por el recuerdo o la lectura de sus declaraciones sumariales. Medroso de la responsabilidad criminal que podría exigírsele a la menor contradicción, en vez de contestar con soltura y perfecta tranquilidad a las preguntas del Presidente, del Ministerio público y de los defensores, limitaríase a ratificar pura y simplemente sus declaraciones convirtiéndose entonces su examen en el acta solemne del juicio en vana formalidad. Si no han faltado escritores distinguidos y jurisconsultos eminentes que al analizar las condiciones del procedimiento inquisitivo han censurado acerbamente que se obligara a los testigos del sumario a ratificarse en el plenario con la seguridad de ser castigados como perjuros en caso de apartarse en la diligencia de ratificación de lo que antes habían declarado; si esta fundadísima crítica iba dirigida a un sistema en el que el sumario era el alma de todo el organismo procesal, por no decir el proceso entero, tratándose en la hora presente de un método de enjuiciar en el cual el sumario es una mera preparación del juicio, siendo en éste donde deben esclarecerse todos los hechos y discutirse todas las cuestiones que jueguen en la causa, no es posible sostener aquella antigua legislación tan inflexible y rigurosa, que sobre anular la libertad y espontaneidad de los testigos , expuestos a una persecución originada en una traducción infiel de su pensamiento, pugnaría hoy abiertamente con la índole del sistema acusatorio y con la esencia y las altos fines del juicio público y oral.

Todas estas concesiones al principio de libertad, que a una parte de nuestros Jueces y Magistrados parecerán sin duda exorbitantes, no contentarán aun probablemente a ciertas escuelas radicales que intentan extender al sumario, desde el momento mismo en que se inicia, las reglas de publicidad, contradicción e igualdad que el proyecto de Código establece desde que se abre el juicio hasta que se dicta la sentencia firme. No niega el infrascrito que insignes escritores mantienen esta tesis con ardor y con fe; pero hasta ahora no puede considerársela más que como un ideal de la ciencia, al cual tiende a acercarse progresivamente la legislación positiva de los pueblos modernos. ¿Se realizará algún día por completo? El Ministro que suscribe lo duda mucho. Es difícil establecer la igualdad absoluta de condiciones jurídicas entre el individuo y el Estado en el comienzo mismo del procedimiento, por la desigualdad real que en momento tan crítico existe entre uno y otro: desigualdad calculadamente introducida por el criminal y de que esto sólo os responsable. Desde que surge en su mente la idea del delito, o por lo menos desde que pervertida su conciencia, forma el propósito deliberado de cometerle, estudia cauteloso un conjunto de precauciones para sustraerse a la acción de la justicia y coloca al Poder público en una posición análoga a la de la víctima, la cual sufre el golpe por sorpresa, indefensa y desprevenida. Para restablecer, pues, la igualdad en las condiciones de la lucha, ya que se pretende por los aludidos escritores que el procedimiento criminal no debe ser más que un duelo noblemente sostenido por ambos combatientes, menester es que el Estado tenga alguna ventaja en los primeros momentos siquiera para recoger los vestigios del crimen y los indicios de la culpabilidad de su autor. Pero sea de esto lo que quiera, la verdad es que sólo el porvenir puede resolver el problema de si llegará o no a realizarse aquel ideal. Entro tanto los que tienen la honra de dirigir los destinos de un pueblo están obligados a ser prudentes y a no dar carta de naturaleza en los Códigos a ideas que están todavía en el periodo de propaganda, que no han madurado en la opinión ni menos encarnado en las costumbres, ni se han probado en la piedra de toque de la experiencia.

El Gobierno de V. M. cree ser consecuente con el espíritu liberal que informa su política, introduciendo dentro de ciertos límites racionales el sistema acusatorio en el sumario, lo cual constituyo un gran progreso sobre la ley de 22 de Diciembre de 1872. No hay tampoco una sola nación en el continente europeo que vaya en esto más allá que el adjunto proyecto de Código, ni siquiera la Alemania, en cuyas leyes procesales quedó impreso como en roca de granito el sello característico del individualismo germánico, sin que hayan alcanzado a borrarle ni la autoridad prepotente de sus Monarcas, ni sus grandes glorias militares, ni su reciente y portentoso engrandecimiento territorial.

Con idéntico criterio resuelve el nuevo Código las demás cuestiones fundamentales del Enjuiciamiento. En materia penal hay siempre dos intereses rivales y contrapuestos: el de la sociedad, que tiene el derecho de castigar, y el del acusado, que tiene el derecho de defenderse. El carácter individualista del derecho se ostenta un el sistema acusatorio, en el cual se encarna el respeto a la personalidad del hombre y a la libertad de la conciencia, mientras que el procedimiento de oficio e inquisitivo representa el principio social y se encamina preferentemente a la restauración del orden jurídico perturbado por el delito, apaciguando al propio tiempo la alarma popular. Por lo tanto, el problema de la organización de la justicia criminal no se resuelve bien sino defendiendo claramente los derechos de la acusación y de la defensa, sin sacrificar ninguno de los dos ni subordinar el uno al otro, antes bien armonizándolos en una síntesis superior.

Formado de oficio o a instancia de parte el sumario por un funcionario independiente del Tribunal que ha de sentenciar; obligado por la ley este instructor a recoger, así los datos adversos como los favorables al procesado, bajo la inspección inmediata del fiscal, del acusador particular, y, hasta donde es posible, del acusado o su Letrado defensor; otorgada una acción pública y popular para acusar, en vez de limitarla al ofendido y sus herederos; reconocida y sancionada la existencia del Ministerio fiscal, a quien se encomienda la misión de promover la averiguación de los delitos y el castigo de los culpables, sin dejar por esto de defender a la vez al inculpado inocente, resulta que puede, sin peligro de los intereses públicos y particulares, ceñirse el Tribunal al ejercicio de una sola atribución: la de fallar como Juez imparcial del campo sin sujetarse a una prueba tasada de antemano por la ley; antes bien, siguiendo libremente las inspiraciones de su conciencia, exento de las pasiones que enciende siempre la lucha en el ánimo de los contendientes y sin el aguijón del amor propio excitado en el Juez instructor por las estratagemas que en ocasiones emplean el acusado y el acusador privado para burlar sus investigaciones, y aun sin esto, por las mismas dificultades inherentes de ordinario a la instrucción.

Para mantener al Tribunal en esta serena y elevada esfera, y no desvirtuar el principio acusatorio que informa el nuevo Código, ha creído el que suscribe que únicamente al Ministerio fiscal o al acusador particular, si le hubiere, corresponde formular el acta de acusación comprensiva de los puntos sobre que en adelante deben girar los debates, siguiendo en esto al Código de instrucción criminal austriaco, que es acaso, de los actualmente vigentes en la Europa continental, el que ha desarrollado con más lógica y extensión el sistema acusatorio. Así es como se logra que la cuestión criminal que en el proceso se agita o discute vaya intacta al Tribunal a quien corresponde decidirla; así es como las partes pueden preparar con perfecto conocimiento de causa los respetivos elementos de cargo y descargo y hacer sus acusaciones o defensas con fe y libertad completa, sin la coacción, siquiera sea moral, que no puede menos de existir cuando el que ha de fallar prejuzga en cierto modo el fallo formulando de oficio el acta de acusación, lo cual lleva naturalmente el desaliento al ánimo de aquel de los contendientes a quien perjudica la calificación jurídica hecha prematuramente, aunque con carácter provisorio por el Tribunal. Ni son estos los únicos inconvenientes que acarrea la admisión del acta de acusación de oficio, pues una vez formulada ésta, o se obliga al Ministerio fiscal a sostenerla contra sus convicciones poniendo en tortura su conciencia, o se le deja en libertad para combatirla, en cuyo caso ya no son las partes quienes contienden entre sí, sino que se discute únicamente el pensamiento, la opinión, el juicio formulado por el Tribunal, que de este modo desciende a la arena del combate para convertirse en acusador, con el riesgo inminente de que la excitación del amor propio de los Jueces ofusque o perturbe su inteligencia. No, los Magistrados deben permanecer durante la discusión pasivos, retraídos, neutrales, a semejanza de los Jueces de los antiguos torneos, limitándose a dirigir con ánimo sereno los debates. Por esto entre las obligaciones impuestas al Ministro fiscal en Francia y Alemania de formular un acta de acusación cuando así lo ha acordado el respectivo Tribuna, y la libertad que a dicho Ministerio otorga la ley austríaca, ha optado el que suscribe por la última solución que respeta más los fueros de la conciencia, los derechos individuales, y está más en consonancia con el principio fundamental en que descansa el sistema acusatorio.

Este principio aplicado en absoluto adolece sin embargo de un vicio, que han puesto en relieve insignes magistrados encanecidos en la administración de justicia. Proscrita para siempre la absolución de la instancia, y rigiendo sin excepción la máxima non bis in ídem, evidente es que el error del Fiscal en la calificación jurídica del hecho justiciable produce la impunidad del delincuente. Está bien que en los procesos civiles el Tribunal tenga la obligación de absolver o condenar, así como también la de ajustar estrictamente su fallo a los términos en que las partes hayan planteado el problema litigioso, o sea a la acción ejercitada por el demandante y a las excepciones formuladas por el demandado; porque las cuestiones que en esos procesos se ventilan son de mero interés privado, y porque además no es raro que pueda subsanarse total o parcialmente en un nuevo proceso el error padecido al entablar la acción, para lo cual suelen hacerse reservas de derecho en la sentencia a favor del acusado; pero en los procesos criminales, que pueden incoarse de oficio, están siempre en litigio el interés social y la paz pública, y teniendo el Tribunal la obligación de condenar o absolver libremente sin reserva alguna y sin que le sea lícito abrir un nuevo procedimiento sobre el mismo hecho ya juzgado, es violento torturar la conciencia de los Magistrados que le forman hasta el punto de colocarles en la dura alternativa de condenar al acusado a sabiendas de que faltan a la ley o cometen una nulidad, o absolverle con la convicción de que es criminal, dejando que insulte con su presencia y aire de triunfo a la víctima y su familia, tan solo porque el Ministerio público no ha sabido o no ha querido calificar el delito con arreglo a su naturaleza y a las prescripciones del Código penal. De todas suertes es innegable que llevados a tal exageración el sistema acusatorio y la pasividad de los Tribunales, estos abdican en el Fiscal, en cuyas manos queda toda entera la justicia. De su buena o mala fe, que no solo de su pericia, dependería exclusivamente en lo futuro la suerte de los acusados.

Y suponiendo que algún día el legislador, echándose en brazos de la lógica, llegase hasta este último límite del sistema acusatorio, el Gobierno de V. M. ha creído que la transición era demasiado brusca para este país en que los Jueces han sido hasta ahora omnipotentes, persiguiendo los delitos por su propia y espontánea iniciativa, instruyendo las causas los mismos que habían de fallarlas, ejerciendo la facultad omnímoda de separarse de los dictámenes fiscales, así durante la sustanciación como en la sentencia definitiva, calificando según su propio juicio el delito y designando la pena, sin consideración a las conclusiones de la acusación y la defensa, y empleando por último la fórmula de la absolución de la instancia, o lo que es lo mismo, dejando indefinidamente abierto el procedimiento cuando, faltos de pruebas para condenar, infundían en su mente las diligencias sumariales livianas sospechas contra el acusado. La sociedad debe marchar, como la naturaleza, gradualmente y no a saltos: los progresos jurídicos deben irse eslabonando, si han de encarnar en las costumbres del país. Por esto el Gobierno propone a V.M. la solución contenida en el artículo 733 que no altera en rigor la virtualidad del principio acusatorio. Según la estructura de la adjunta ley, concluso el sumario, las partes hacen la calificación provisional del hecho justiciable. Sobre sus conclusiones versan las pruebas que se practican durante todo el juicio, y al término de éste, cuando ya no faltan más que los informes del Fiscal y del defensor del acusado, autorízase a uno y otro para confirmar, rectificar o variar, en vista de las pruebas, su primera calificación. Al llegar a este trámite todo en rigor está acabado: los Jueces han oído al reo y los testigos; han examinado las demás piezas de convicción y están en condiciones de apreciar con amplitud y acierto la naturaleza del hecho que es materia del juicio. Si en tal momento les asalta una duda grave sobre su verdadera calificación jurídica, ¿qué dificultad puede haber en que hipotéticamente, sin prejuzgar el fallo definitivo y sólo por vía de ilustración, invite el Presidente del Tribunal al Ministerio público y defensor del procesado para que en sus informes discutan una tesis más? El principio acusatorio quedaría quebrantado si ésta no hubiera de discutirse y resolverse con arreglo a las pruebas ya practicadas, dando lugar a que se abriese de nuevo o se prorrogase el juicio; pero como éste está ya terminado y no es permitido volver sobre él, todo lo que puede suceder es que el fiscal o el Letrado necesiten 24 horas para razonar sobre la hipótesis del Tribunal con la conveniente preparación.

Con ser tan modesta y estar tan ceñida esta facultad, declara sin embargo la ley que no se extiende a los delitos privados o que sólo pueden perseguirse a instancia de parte, ni a la calificación de las circunstancias atenuantes o agravantes, ni a la de la participación respectiva de los procesados en la ejecución del crimen, quedando reducida a la satisfacción de una necesidad apremiante originada en un interés público y de orden social. Aun encerrada en tan estrechos límites, el Ministro que suscribe hubiera renunciado a ella, y mantenidose en el rigorismo del principio acusatorio, si los Códigos más progresivos y liberales de la Europa continental le hubieran alentado con su ejemplo; pero no hay ninguno que no dé mayor amplitud a la intervención del Tribunal en el juicio. En Francia y Alemania ya se ha visto que el ministerio fiscal tiene la obligación de formular el acta de acusación cuando así lo acuerda el Tribunal respectivo, y además la misma ley alemana y la austriaca dejan a éste en libertad de apreciar el hecho justiciable sin sujetarse a la calificación que de él hubieren hecho las partes, y sin tomar la precaución de someter a estas la nueva faz de la cuestión, a fin de que la discutan ampliamente antes de que recaiga el veredicto. Precediendo este solemne debate, no ampliándose ni reformándose en ningún caso las piezas de convicción no puede en rigor acusarse de incongruencia al fallo, puesto que la ley en suma se limita a establece un medio de suplir la omisión del Fiscal, cuyo deber es hacerse cargo de todas las calificaciones probables que autorice la prueba practicada y que pueda aceptar el Tribunal, redactando al efecto cuando fuere necesario la pretensión alternativa de que habla el artículo 732. El Tribunal propone, hipotéticamente y sobre la base de una prueba inalterable, un tema de discusión momentos antes de pronunciar su veredicto, cuando cada Magistrado tiene ya firmado su juicio definitivo sobre el voto que se va a dar. Mejor es por tanto que le emita después de un debate que puede iluminar su mente y rectificar su juicio, que no autorizarle para que en el fallo se separe de las condiciones debatidas por las partes y siga sus propias instrucciones no contrastadas en el crisol de la contradicción como le autorizan los Códigos austriaco y alemán, a pesar de ser los más adelantados de la Europa continental.

Tales son, Señor, prescindiendo de otras muchas reformas de menor importancia aunque sustanciales, y de evidentes mejoras de detalle en el método y la redacción, las novedades de más bulto que el proyecto adjunto introduce en nuestro procedimiento criminal.

No desconoce el Ministro que suscribe que la aplicación y cumplimiento de la nueva ley, singularmente en los primeros años, tropezará con graves dificultades, siendo la mayor de todas ellas la falta de costumbres adecuadas al sistema acusatorio y al juicio oral y público. Educados los españoles durante siglos en el procedimiento escrito, secreto e inquisitorial, lejos de haber adquirido confianza en la Justicia y de coadyuvar activamente a su recta administración, haciendo, como el ciudadano inglés, inútil la institución del Ministerio público para el descubrimiento y castigo de los delitos, han formado ideas falsas sobre la policía judicial y se han desviado cada vez más de los Tribunales, mirando con lamentable recelo a Magistrados, Jueces, Escribanos y Alguaciles y repugnando figurar como testigos en los procesos. Pero este mal será mayor cuanto más tiempo pase; y como lo actual no puede seguir sin desdoro de la Nación y de los Poderes que la gobiernan, lo mejor es decidirse, que alguna vez se ha de empezar, si la España no ha de ser una excepción entre los pueblos cultos de Europa y América.

El Gobierno de V.M. tiene tal confianza en la aptitud especial y las condiciones privilegiadas de nuestra raza, que espera será breve el aprendizaje, no tan solo en la aplicación de esta ley, sino en la obra aún más delicada de compartir con los Jueces la misión augusta de administrar justicia como Jurado; y que muy pronto el ciudadano español demostrará que es digno de gozar de las mismas ventajas que poseen los extranjeros.

Al logro de fin tan importante y trascendental coadyuvarán, sin duda, el celo e ilustración de la Magistratura y del Ministerio público; que no es posible. Señor, montar una máquina delicada y hacerla funcionar con éxito, sino contando con el asentimiento, el entusiasmo, la fe y el patriotismo de los que han de manejarla.

En vista de las razones expuestas, el Ministro que suscribe tiene la honra de someter a la aprobación de V.M. el adjunto proyecto de decreto.

REAL DECRETO

Teniendo presente lo dispuesto en la ley sancionada en 11 de Febrero de 1881, y promulgada en vicisitud de Real decreto de 22 de Junio de 1882, por la cual se autorizó a mi Gobierno para que, con sujeción a las reglas en la misma comprendidas, oyendo, como lo ha efectuado, a la Sección correspondiente de la Comisión general de Codificación, y tomando por base la Compilación general de 16 de Octubre de 1879, redactara y publicara una ley de Enjuiciamiento criminal; conformándome con lo propuesto por el Ministro de Gracia y Justicia, de acuerdo con el parecer de mi Consejo de Ministros,

Vengo en decretar lo siguiente:

1 introductorio. Se aprueba el adjunto proyecto de Código de Enjuiciamiento criminal redactado con arreglo a la autorización concedida al Gobierno por la ley sancionada en 11 de Febrero de 1881, y publicada en virtud del Real decreto de 22 de Junio de 1882.

2 introductorio. El nuevo Código de Enjuiciamiento criminal comenzará a regir en el tiempo y de la manera que establecen las reglas siguientes:

1ª Se aplicará y regirá en su totalidad desde el día siguiente al en que se constituyan los Tribunales de que habla la ley sancionada en 15 de Junio de 1882 y promulgada por virtud de Real decreto de 22 de Junio del propio año.

2ª Se aplicará y regirá desde 15 de Octubre próximo en la parte referente a la formación de los sumarios comprendida desde el título 4º del libro 2º hasta el artículo 622 del título 11 del mismo libro.

3ª Las causas por delitos cometidos con anterioridad al 15 de Octubre próximo continuarán sustanciándose con arreglo a las disposiciones del procedimiento vigente en la actualidad.

4ª Si las causas a que se refiere la regla anterior no hubieren llegado al periodo de calificación, podrán sustanciarse con arreglo a las disposiciones del nuevo Código si todos los procesados en cada una de ellas optan por el nuevo procedimiento.

Para ello el Juez que estuviese conociendo del sumario el 15 de Octubre próximo hará comparecer a su presencia a todos los procesados acompañados de sus defensores. Si aun no los tuvieren, se les nombrará de oficio para la comparecencia. Esta se hará constar en la causa por medio de acta.

5ª Cuando las causas por delitos cometidos con posterioridad al 15 de Octubre próximo, y las a que se refiere la regla anterior alcancen el estado de conclusión del sumario, antes de que se hayan constituido las nuevas Audiencias de lo criminal, se suspenderán en tal estado en los Juzgados que de ellas entiendan, debiendo remitirlas a dichas Audiencias en el mismo día en que éstas se constituyan.

6ª Las Salas de lo criminal de las actuales Audiencias conocerán, en tanto que se constituyan las nuevas, de los recusas que se entablen en los sumarios instruidos o continuados con sujeción a los preceptos de la nueva ley.

Los Jueces de primera instancia se considerarán desde luego como Jueces instructores en las causas que se ajusten al nuevo procedimiento.

3 introductorio. Un Real decreto fijará con la debida anticipación el día en que han de constituirse los nuevos Tribunales.

4 introductorio. Desde que cesen en sus cargos los actuales Promotores desempeñarán las funciones del Ministerio público durante la primera instancia, en las causas que se sigan sustanciando con arreglo al procedimiento vigente en la actualidad, los Fiscales municipales que sean Letrados, y, a falta de estos, los que designen los Fiscales de las Audiencias territoriales.

5 introductorio. Las Salas de gobierno del Tribunal Supremo y de las Audiencias y, en su día, los nuevos Tribunales consultarán directamente con el Ministerio de Gracia y Justicia para su resolución las dudas que puedan originarse en la inteligencia y aplicación de este Real decreto.

LEY DE ENJUICIAMIENTO CRIMINAL

LIBRO PRIMERO
DISPOSICIONES GENERALES

TÍTULO PRIMERO
Preliminares

CAPÍTULO PRIMERO
Reglas generales

1. No se impondrá pena alguna por consecuencia de actos punibles, cuya represión incumba a la jurisdicción ordinaria, sino de conformidad con las disposiciones del presente Código o de leyes especiales y en virtud de sentencia dictada por Juez competente [2] .

---

[2] Véase art. 25.1 CE; arts. 2.1 y 3.1 CP y arts. 9.3, 21.1 y 23 LOPJ

2. Todas las Autoridades y funcionarios que intervengan en el procedimiento penal cuidarán, dentro de los límites de su respectiva competencia, de consignar y apreciar las circunstancias así adversas como favorables al presunto reo; y estarán obligados, a falta de disposición expresa, a instruir a éste de sus derechos y de los recursos que pueda ejercitar, mientras no se hallare asistido de defensor [3].

CAPÍTULO II
Cuestiones prejudiciales [4]

3. Por regla general, la competencia de los Tribunales encargados de la justicia penal se extiende a resolver, para sólo el efecto de la represión, las cuestiones civiles y administrativas prejudiciales propuestas con motivo de los hechos perseguidos cuando tales cuestiones aparezcan tan íntimamente ligadas al hecho punible que sea racionalmente imposible su separación [5].

4. Sin embargo, si la cuestión prejudicial fuese determinante de la culpabilidad o de la inocencia, el Tribunal de lo criminal suspenderá el procedimiento hasta la resolución de aquélla por quien corresponda; pero puede fijar un plazo, que no exceda de dos meses, para que las partes acudan al Juez o Tribunal civil o contencioso-administrativo competente.

Pasado el plazo sin que el interesado acredite haberlo utilizado, el Secretario Judicial, mediante diligencia, alzará la suspensión y continuará el procedimiento. [6]

En estos juicios será parte el Ministerio Fiscal [7].

---

[3] Véase art. 24.1 CE y art. 7.3 LOPJ

[4] Véase art. 10 LOPJ

[5] Véase art. 4 LJCA

[6] Dada nueva redacción párrafo 2 por art. 2 apartado 1 de Ley 13/2009 de 3 de noviembre de 2009, con vigencia desde 04/05/2010

[7] Véanse arts. 111 y 114 de la presente Ley

5. No obstante lo dispuesto en los dos artículos anteriores, las cuestiones civiles prejudiciales, referentes a la validez de un matrimonio o a la supresión de estado civil se deferirán siempre al Juez o Tribunal que deba entender de las mismas, y su decisión servirá de base a la del Tribunal de lo criminal [8].

6. Si la cuestión civil prejudicial se refiere al derecho de propiedad sobre un inmueble o a otro derecho real, el Tribunal de lo criminal podrá resolver acerca de ella cuando tales derechos aparezcan fundados en un título auténtico o en actos indubitados de posesión [9].

7. El Tribunal de lo criminal se atemperará, respectivamente, a las reglas del Derecho civil o administrativo, en las cuestiones prejudiciales que, con arreglo a los artículos anteriores, deba resolver.

TÍTULO II
De la competencia de los Jueces y Tribunales en lo criminal [10]

CAPÍTULO PRIMERO
De las reglas por donde se determina la competencia

8. La jurisdicción criminal es siempre improrrogable [11].

9. [12] Los Jueces y Tribunales que tengan competencia para conocer de una causa determinada, la tendrán también para todas sus incidencias, para llevar a efecto las providencias de tramitación y para la

---

[8] Véase art. 4 LRC

[9] Véanse arts. 111 y 114 de la presente Ley

[10] Véanse arts. 117, 118, 120 a 122, 124, 125 y 127 CE; y arts. 1 a 3, 9.1, 3 y 6 y art. 23 LOPJ

[11] Véase art. 9.6 LOPJ

[12] Dada nueva redacción por disposición adicional 3 apartado 1 de Ley 38/2002 de 24 de octubre de 2002, con vigencia desde 28/04/2003

ejecución de las sentencias, sin perjuicio de lo dispuesto en el artículo 801 [13].

10. Corresponderá a la jurisdicción ordinaria el conocimiento de las causas y juicios criminales con excepción de los casos reservados por las leyes al Senado, a los Tribunales de Guerra y Marina y a las Autoridades administrativas o de policía [14].

11. El conocimiento de las causas por delitos en que aparezcan a la vez culpables personas sujetas a la jurisdicción ordinaria y otras aforadas corresponderá a la ordinaria salvo las excepciones consignadas expresamente en las leyes respecto a la competencia de otra jurisdicción [15].

12. Sin embargo de lo dispuesto en el artículo anterior, la jurisdicción ordinaria será siempre competente para prevenir las causas por delitos que cometan los aforados.

Esta competencia se limitará a instruir las primeras diligencias, concluidas las cuales la jurisdicción ordinaria remitirá las actuaciones al Juez o Tribunal que deba conocer de la causa con arreglo a las leyes, y pondrá a su disposición a los detenidos y los efectos ocupados.

La jurisdicción ordinaria cesará en las primeras diligencias tan luego como conste que la especial competente instruye causa sobre el mismo delito.

Los autos de inhibición de esta clase que pronuncien los Jueces instructores de la jurisdicción ordinaria son apelables ante la respectiva Audiencia.

Entre tanto que se sustancia y decide el recurso de apelación, se cumplirá lo dispuesto en el artículo 22 párrafo 2º, a cuyo efecto y para la sustanciación del recurso se remitirá el correspondiente testimonio [16].

---

[13] Véase art. 10.1 LOPJ y art. 61 LEC
[14] Véase art. 3.2 LOPJ; y CPM
[15] Véanse arts. 39 y 40 LOPJ
[16] Véanse arts. 1.3 y 2.1 LOTJ; y arts. 216 a 222, 232 y 499 de la presente Ley

13. [17] Se consideran como primeras diligencias la de consignar las pruebas del delito que puedan desaparecer, la de recoger y poner en custodia cuanto conduzca a su comprobación y a la identificación del delincuente, la de detener, en su caso, a los presuntos responsables del delito, y la de proteger a los ofendidos o perjudicados por el mismo, a sus familiares o a otras personas, pudiendo acordarse a tal efecto las medidas cautelares a las que se refiere el artículo 544 bis o la orden de protección prevista en el artículo 544 ter de esta Ley [18].

En la instrucción de delitos cometidos a través de internet, del teléfono o de cualquier otra tecnología de la información o de la comunicación, el juzgado podrá acordar, como primeras diligencias, de oficio o a instancia de parte, las medidas cautelares consistentes en laretiradaprovisionalde contenidos ilícitos, en la interrupción provisional de los servicios que ofrezcan dichos contenidos o en el bloqueo provisional de unos y otros cuando radiquen en el extranjero. [19]

14. [20] Fuera de los casos que expresa y limitadamente atribuyen la Constitución y las leyes a Jueces y Tribunales determinados, serán competentes:

1. Para el conocimiento y fallo de los juicios por delito leve, la Sección de Instrucción de los Tribunales de Instancia, salvo que corresponda a las secciones con competencia en materia de violencia sobre la mujer o de violencia contra la infancia y la adolescencia de conformidad con los números 5 y 6 de este artículo [21].

2. Para la instrucción de las causas, la Sección de Instrucción del Tribunal de Instancia del partido en que el delito se hubiere cometido, o las Secciones del Tribunal de Instancia con competencia en materia de violencia sobre la mujer o de violencia contra la infancia y la

[17] Dada nueva redacción por art. 1 de Ley 27/2003 de 31 de julio de 2003, con vigencia desde 02/08/2003

[18] Véase disposición adicional 2 Ley 27/2003, de 31 de julio, reguladora de la Orden de Protección de las Víctimas de Violencia doméstica

[19] Añadido párrafo 2 por disposición final 1 apartado 1 de Ley Orgánica 10/2022 de 6 de septiembre de 2022, con vigencia desde 07/10/2022

[20] Dada nueva redacción por art. 20 apartado 1 de Ley Orgánica 1/2025 de 2 de enero de 2025, con vigencia desde 03/10/2025

[21] Véanse arts. 88.1.c y 100.2 LOPJ

adolescencia, o el Juez Central de Instrucción respecto de los delitos que la Ley determine.

3. Para el conocimiento y fallo de las causas por delitos a los que la ley señale pena privativa de libertad de duración no superior a cinco años o pena de multa cualquiera que sea su cuantía, o cualesquiera otras de distinta naturaleza, bien sean únicas, conjuntas o alternativas, siempre que la duración de estas no exceda de diez años, así como por delitos leves, sean o no incidentales, imputables a los autores de estos delitos o a otras personas, cuando la comisión del delito leve o su prueba estuviesen relacionadas con aquellos, la Sección de lo Penal del Tribunal de Instancia de la circunscripción donde el delito fue cometido, o las secciones con competencia para el enjuiciamiento en materia de violencia sobre la mujer o de violencia contra la infancia y la adolescencia, en su caso, o el Juez Central de lo Penal en el ámbito que le es propio, sin perjuicio de la competencia de la Sección de Instrucción del Tribunal de Instancia con competencia en materia de guardia del lugar de comisión del delito para dictar sentencia de conformidad, o de las secciones con competencia en la instrucción en materia de violencia sobre la mujer o de violencia contra la infancia y la adolescencia competentes, en su caso, en los términos establecidos en el artículo 801, así como de las Secciones de Instrucción de los Tribunales de Instancia competentes para dictar sentencia [22].

No obstante, en los delitos comprendidos en el título VIII del libro II del Código Penal, a los solos efectos de determinar la competencia para el enjuiciamiento, se tendrán en cuenta únicamente las penas de prisión o de multa, correspondiendo a la Sección de lo Penal del Tribunal de Instancia de la circunscripción donde el delito fue cometido, o a las Secciones de los Tribunales de Instancia con competencia en materia de violencia sobre la mujer o de violencia contra la infancia y la adolescencia correspondiente a la circunscripción de las Secciones de Instrucción de los Tribunales de Instancia con competencia en estos delitos, en su caso, el conocimiento y fallo de los delitos para los que la ley señale pena privativa de libertad de duración no superior a cinco años o pena de multa cualquiera que sea su cuantía.

4. Para el conocimiento y fallo de las causas en los demás casos la Audiencia Provincial de la circunscripción donde el delito se haya cometido, o la Audiencia Provincial correspondiente a la circunscripción

---

[22] Véanse arts. 88.1.a y b, 89 y 95.b LOPJ

del Juzgado de Violencia sobre la Mujer en su caso, o la Sala de lo Penal de la Audiencia Nacional.

No obstante, en los supuestos de competencia de la Audiencia Provincial, si el delito fuere de los atribuidos al Tribunal de Jurado, el conocimiento y fallo corresponderá a éste [23].

5. Las Secciones de los Tribunales de Instancia con competencia en materia de violencia sobre la mujer conocerán [24]:

a) De la instrucción de los procesos para exigir responsabilidad penal por los delitos recogidos en los títulos del Código Penal relativos a homicidio, aborto, lesiones, lesiones al feto, delitos contra la libertad, delitos contra la integridad moral, contra la libertad e indemnidad sexual, contra la intimidad y el derecho a la propia imagen, contra el honor o cualquier otro delito cometido con violencia o intimidación, siempre que se hubiesen cometido contra quien sea o haya sido su esposa, o mujer que esté o haya estado ligada al autor por análoga relación de afectividad, aun sin convivencia, así como de los cometidos sobre los descendientes, propios o de la esposa o conviviente, o sobre los menores o personas con discapacidad que con él convivan o que se hallen sujetos a la potestad, tutela, curatela, acogimiento o guarda de hecho de la esposa o conviviente, cuando también se haya producido un acto de violencia de género.

b) De la instrucción de los procesos para exigir responsabilidad penal por cualquier delito contra las relaciones familiares, cuando la víctima sea alguna de las personas señaladas en la letra anterior.

c) De la adopción de las correspondientes órdenes de protección a las víctimas, sin perjuicio de las competencias atribuidas al juez o jueza de guardia.

d) Del conocimiento y fallo de los delitos leves que les atribuya la ley, cuando la víctima sea alguna de las personas señaladas como tales en la letra a).

e) Dictar sentencia de conformidad con la acusación en los casos establecidos por la ley.

f) De la emisión y la ejecución de los instrumentos de reconocimiento mutuo de resoluciones penales en la Unión Europea que les atribuya la ley.

---

[23] Véanse arts. 65.1 y 82.1 LOPJ; y art. 1.2 LOTJ
[24] Véase art. 89.5 LOPJ

g) De la instrucción de los procesos para exigir responsabilidad penal por el delito de quebrantamiento previsto y penado en el artículo 468 del Código Penal cuando la persona ofendida por el delito cuya condena, medida cautelar o medida de seguridad se haya quebrantado sea o haya sido su esposa, o mujer que esté o haya estado ligada al autor por una análoga relación de afectividad aun sin convivencia, así como los descendientes, propios o de la esposa o conviviente, o sobre los menores o personas con discapacidad con medidas de apoyo que con él convivan o que se hallen sujetos a la potestad, tutela, curatela, acogimiento o guarda de hecho de la esposa o conviviente, así como cuando la persona ofendida lo sea por alguno de los delitos señaladas en la letra h) de este apartado.

h) De la instrucción de los procesos para exigir responsabilidad penal por los delitos contra la libertad sexual previstos en el título VIII del libro II del Código Penal, por los delitos de mutilación genital femenina, matrimonio forzado, acoso con connotación sexual y la trata con fines de explotación sexual, cuando la persona ofendida por el delito sea mujer.

6. Las Secciones de Violencia contra la Infancia y la Adolescencia conocerán, en el orden penal, de conformidad en todo caso con los procedimientos y recursos previstos en la Ley de Enjuiciamiento Criminal, de la instrucción de los procesos para exigir responsabilidad penal por los delitos recogidos en los títulos del Código Penal relativos a [25] :

a) Homicidio, aborto, lesiones, lesiones al feto, cometidos contra niños, niñas, adolescentes.

b) Delitos contra la libertad, delito de torturas y contra la integridad moral, delitos contra la intimidad, el derecho a la propia imagen y la inviolabilidad del domicilio, delitos contra la libertad, delitos contra el honor, delitos contra las relaciones familiares, o cualquier otro delito cometido con violencia o intimidación, cuando la víctima sea niño, niña o adolescente.

c) Delito de trata de seres humanos del artículo 177 bis del Código Penal cuando al menos una de las víctimas sea niño, niña o adolescente.

d) De la instrucción de los procesos para exigir responsabilidad penal por el delito de quebrantamiento previsto y penado en el artículo

468 del Código Penal cuando la persona ofendida por el delito cuya condena, medida cautelar o medida de seguridad se haya quebrantado sea niño, niña o adolescente.

Las Secciones de Violencia contra la Infancia y la Adolescencia serán igualmente competentes para:

a) La adopción de las medidas cautelares legalmente previstas que aseguren la protección de las víctimas menores de edad, sin perjuicio de las competencias atribuidas al juez de guardia.

b) El conocimiento y fallo de los delitos leves que les atribuya la ley cuando la víctima sea niño, niña o adolescente.

c) Dictar sentencia de conformidad con la acusación en los casos establecidos por la ley.

d) La emisión y la ejecución de los instrumentos de reconocimiento mutuo de resoluciones penales en la Unión europea que les atribuya la ley.

7. En caso de que los hechos objeto de instrucción por la Sección de Violencia contra la Infancia y Adolescencia también pudieran ser conocidos por la Sección de Violencia sobre la Mujer, la competencia le corresponderá en todo caso a la segunda.

14 bis. [26] Cuando de acuerdo con lo dispuesto en el artículo anterior el conocimiento y fallo de una causa por delito dependa de la gravedad de la pena señalada a éste por la ley se atenderá en todo caso a la pena legalmente prevista para la persona física, aun cuando el procedimiento se dirija exclusivamente contra una persona jurídica.

15. Cuando no conste el lugar en que se haya cometido una falta o delito, serán Jueces y Tribunales competentes en su caso para conocer de la causa o juicio:

1º) El del término municipal, partido o circunscripción en que se hayan descubierto pruebas materiales del delito.

2º) El del término municipal, partido o circunscripción, en que el presunto reo haya sido aprehendido.

3º) El de la residencia del reo presunto.

4º) Cualquiera que hubiese tenido noticia del delito.

---

[26] Añadido por art. 1 apartado 1 de Ley 37/2011 de 10 de octubre de 2011, con vigencia desde 31/10/2011

Si se suscitase competencia entre estos Jueces o Tribunales, se decidirá dando la preferencia por el orden con que están expresados en los números que preceden.

Tan luego como conste el lugar en que se hubiese cometido el delito, el Juez o Tribunal que estuviere conociendo de la causa acordará la inhibición en favor del competente, poniendo en su caso los detenidos a disposición del mismo y acordando remitir, en la misma resolución las diligencias y efectos ocupados [27] . [28]

15 bis. [29] En el caso de que se trate de algunos de los delitos o faltas cuya instrucción o conocimiento corresponda al Juez de Violencia sobre la Mujer, la competencia territorial vendrá determinada por el lugar del domicilio de la víctima, sin perjuicio de la adopción de la orden de protección, o de medidas urgentes del artículo 13 de la presente Ley que pudiera adoptar el Juez del lugar de comisión de los hechos.

16. La jurisdicción ordinaria será la competente para juzgar a los reos de delitos conexos, siempre que alguno esté sujeto a ella, aun cuando los demás sean aforados.

Lo dispuesto en el párrafo anterior se entiende sin perjuicio de las excepciones expresamente consignadas en este Código o en leyes especiales, y singularmente en las leyes penales de Guerra y Marina, respecto a determinados delitos [30] .

17. [31] 1. Cada delito dará lugar a la formación de una única causa.

No obstante, los delitos conexos serán investigados y enjuiciados en la misma causa cuando la investigación y la prueba en conjunto

---

[27] Véase art. 499 de la presente Ley

[28] Dada nueva redacción párrafo 3 por art. 2 apartado 2 de Ley 13/2009 de 3 de noviembre de 2009, con vigencia desde 04/05/2010

[29] Añadido por art. 59 de Ley Orgánica 1/2004 de 28 de diciembre de 2004, con vigencia desde 29/06/2005

[30] Véase art. 14 LOJM y art. 76 LOPM

[31] Dada nueva redacción por art. único apartado 2 de Ley 41/2015 de 5 de octubre de 2015, con vigencia desde 06/12/2015

de los hechos resulten convenientes para su esclarecimiento y para la determinación de las responsabilidades procedentes salvo que suponga excesiva complejidad o dilación para el proceso.

2. A los efectos de la atribución de jurisdicción y de la distribución de la competencia se consideran delitos conexos:

1.º Los cometidos por dos o más personas reunidas.

2.º Los cometidos por dos o más personas en distintos lugares o tiempos si hubiera precedido concierto para ello.

3.º Los cometidos como medio para perpetrar otros o facilitar su ejecución.

4.º Los cometidos para procurar la impunidad de otros delitos.

5.º Los delitos de favorecimiento real y personal y el blanqueo de capitales respecto al delito antecedente.

6.º Los cometidos por diversas personas cuando se ocasionen lesiones o daños recíprocos.

3. Los delitos que no sean conexos pero hayan sido cometidos por la misma persona y tengan analogía o relación entre sí, cuando sean de la competencia del mismo órgano judicial, podrán ser enjuiciados en la misma causa, a instancia del Ministerio Fiscal, si la investigación y la prueba en conjunto de los hechos resultan convenientes para su esclarecimiento y para la determinación de las responsabilidades procedentes, salvo que suponga excesiva complejidad o dilación para el proceso [32].

17 bis. [33] La competencia de los Juzgados de Violencia sobre la Mujer se extenderá a la instrucción y conocimiento de los delitos y faltas conexas siempre que la conexión tenga su origen en alguno de los supuestos previstos en los números 3º y 4º del artículo 17 de la presente Ley.

18. 1. Son Jueces y Tribunales competentes, por su orden, para conocer de las causas por delitos conexos:

1º) El del territorio en que se haya cometido el delito a que esté señalada pena mayor.

---

[32] Véanse arts. 76.2 y 77 CP; art. 65.1 LOPJ y art. 15 LOJM

[33] Añadido por art. 60 de Ley Orgánica 1/2004 de 28 de diciembre de 2004, con vigencia desde 29/06/2005

2º) El que primero comenzare la causa en el caso de que a los delitos esté señalada igual pena.

3º) El que la Audiencia de lo criminal o el Tribunal Supremo en sus casos respectivos designen, cuando las causas hubieren empezado al mismo tiempo, o no conste cual comenzó primero [34] . [35]

2. No obstante lo anterior, será competente para conocer de los delitos conexos cometidos por dos o más personas en distintos lugares, si hubiera precedido concierto para ello, con preferencia a los indicados en el apartado anterior, el Juez o Tribunal del partido judicial sede de la correspondiente Audiencia Provincial, siempre que los distintos delitos se hubieren cometido en el territorio de una misma provincia y al menos uno de ellos se hubiera perpetrado dentro del partido judicial sede de la correspondiente Audiencia Provincial. [36]

CAPÍTULO II
De las cuestiones de competencia entre los Jueces y Tribunales ordinarios [37]

19. Podrán promover y sostener competencia:

1º) Los Jueces Municipales en cualquier estado del juicio, y las partes desde la citación hasta el acto de la comparecencia.

2º) Los Jueces de Instrucción durante el sumario.

3º) Las Audiencias de lo criminal durante la sustanciación del juicio.

4º. El Ministerio Fiscal en cualquier estado de la causa.

5º) El acusador particular, antes de formular su primera petición después de personado en la causa.

---

[34] Véase art. 65.1, último párrafo LOPJ

[35] Renumerado por disposición final 1 apartado 2 de Ley Orgánica 15/2003 de 25 de noviembre de 2003 como apartado 1, con vigencia desde 27/11/2003

[36] Añadido apartado 2 por disposición final 1 apartado 2 de Ley Orgánica 15/2003 de 25 de noviembre de 2003, con vigencia desde 27/11/2003

[37] Véanse arts. 51 y 52 LOPJ

6º) El procesado y la parte civil, ya figure como actora, ya aparezca como responsable, dentro de los tres días siguientes al en que se les comunique la causa para calificación [38].

20. Son superiores jerárquicos para resolver sobre las cuestiones de competencia, en la forma que determinarán los artículos siguientes:

1º) De los Jueces Municipales del mismo partido, el de instrucción.

2º) De los Jueces de Instrucción de una misma circunscripción, la Audiencia de lo criminal.

3º) De las Audiencias de lo criminal del mismo territorio, la Audiencia territorial en pleno.

4º) De las Audiencias territoriales, o cuando la competencia sea entre una Audiencia de lo criminal y la Sala de lo criminal de una territorial, el Tribunal Supremo.

Cuando cualquiera de los Jueces o Tribunales mencionados en los números 1º, 2º y 3º no tengan superior inmediato común, decidirá la competencia el que lo sea en el orden jerárquico, y, a falta de éste, el Tribunal Supremo [39].

21. El Tribunal Supremo no podrá formar ni promover competencias, y ningún Juez, Tribunal o parte podrá promoverlas contra él.

Cuando algún Juez o Tribunal viniere entendiendo en asunto cuyo conocimiento estuviere reservado al Tribunal Supremo, ordenará éste a aquél, de oficio, a excitación del Ministerio Fiscal o a solicitud de parte, que se abstenga de todo procedimiento y remita los antecedentes en el término de segundo día para, en su vista, resolver.

El Tribunal Supremo podrá, sin embargo, autorizar, en la misma orden y entre tanto que resuelve la competencia, la continuación de aquellas diligencias, cuya urgencia o necesidad fueren manifiestas.

Contra la decisión del Tribunal Supremo no se da recurso alguno [40].

22. Cuando dos o más Jueces de Instrucción se reputen competentes para actuar en un asunto, si a la primera comunicación no se

[38] Véase art. 52 LOPJ
[39] Véase art. 60.1 LOPJ
[40] Véase art. 52 LOPJ

pusieren de acuerdo sobre la competencia, darán cuenta con remisión de testimonio al superior competente; y éste, en su vista, decidirá de plano y sin ulterior recurso cuál de los Jueces instructores debe actuar.

Mientras no recaiga decisión, cada uno de los Jueces instructores seguirá practicando las diligencias necesarias para comprobar el delito y aquellas otras que considere de reconocida urgencia.

Dirimido el conflicto por el superior a quien competa, el Secretario Judicial del Juzgado de Instrucción que deje de actuar remitirá las diligencias practicadas y los objetos recogidos al declarado competente, dentro del segundo día, a contar desde aquél en que reciba la orden del superior para que deje de conocer [41] . [42]

23. [43] Si durante el sumario o en cualquier fase de instrucción de un proceso penal el Ministerio Fiscal o cualquiera de las partes entendieran que el Juez instructor no tiene competencia para actuar en la causa podrán reclamar ante el Tribunal superior a quien corresponda, el cual, previos los informes que estime necesarios, resolverá de plano y sin ulterior recurso.

En todo caso, se cumplirá lo dispuesto en el párrafo 2º del artículo anterior [44] .

24. Terminado el sumario, toda cuestión de competencia que se promueva suspenderá los procedimientos hasta la decisión de ella [45] .

25. El Juez o Tribunal que se considere competente deberá promover la competencia.

También acordará la inhibición a favor del Juez o Tribunal competente cuando considere que el conocimiento de la causa no le corresponde, aunque sobre ello no haya precedido reclamación de los interesados, ni del Ministerio Fiscal.

---

[41] Véanse arts. 12.5 y 782.1 de la presente Ley

[42] Dada nueva redacción párrafo 3 por art. 2 apartado 3 de Ley 13/2009 de 3 de noviembre de 2009, con vigencia desde 04/05/2010

[43] Dada nueva redacción por art. 2 de Ley 53/1978 de 4 de diciembre de 1978, con vigencia desde 28/12/1978

[44] Véase art. 303 de la presente Ley

[45] Véase art. 16 LOPM

Entretanto no recaiga decisión judicial firme resolviendo definitivamente la cuestión promovida o aceptando la competencia, el Juez de Instrucción que acuerde la inhibición a favor de otro de la misma clase seguirá practicando todas las diligencias necesarias para comprobar el delito, averiguar e identificar a los posibles culpables y proteger a los ofendidos o perjudicados por el mismo. A tal efecto, la resolución que inicialmente acuerde la inhibición expresará esta circunstancia, y a ella se acompañará únicamente testimonio de las actuaciones. Dirimida la cuestión o aceptada la competencia por resolución firme, el Secretario Judicial remitirá los autos originales y las piezas de convicción al Juez que resulte competente. [46]

Los autos que los Jueces Municipales o de instrucción dicten inhibiéndose a favor de otro Juez o jurisdicción, serán apelables, observándose en este caso lo dispuesto en el último párrafo del artículo 12. Contra los de las Audiencias podrá interponerse el recurso de casación [47].

26. El Ministerio Fiscal y las partes promoverán las competencias por inhibitoria o por declinatoria.

El uso de uno de estos medios excluye absolutamente el del otro, así durante la sustanciación de la competencia como una vez que ésta se halle determinada.

La inhibitoria se propondrá ante el Juez o Tribunal que se repute competente.

La declinatoria, ante el Juez o Tribunal que se repute incompetente [48].

27. El Juez Municipal ante quien se proponga la inhibitoria, oyendo al Fiscal cuando éste no la hubiera propuesto, resolverá en término de segundo día, si procede o no el requerimiento de inhibición.

---

[46] Dada nueva redacción párrafo 3 por art. 2 apartado 4 de Ley 13/2009 de 3 de noviembre de 2009, con vigencia desde 04/05/2010

[47] Véanse arts. 217, 219, 782.2 y 848.1 de la presente Ley

[48] Véanse arts. 35, 36 y 45 de la presente Ley

El auto denegatorio de requerimiento es apelable en ambos efectos para ante el Juez de Instrucción respectivo [49].

28. Si el Juez Municipal estimare que procede el requerimiento de inhibición, lo mandará practicar por medio de oficio, en el cual consignará los fundamentos de su auto.

El oficio se remitirá dentro de veinticuatro horas precisamente.

29. El Juez Municipal requerido de inhibición, oyendo al Fiscal, resolverá en término de segundo día si desiste de conocer o mantiene su competencia.

En el primer caso remitirá, dentro de las veinticuatro horas siguientes, las diligencias practicadas al Juez requirente.

Si mantiene su competencia se lo comunicará, dentro del mismo plazo, exponiendo los fundamentos de su resolución.

30. Recibidos los autos por el Juez requirente, declarará, sin más trámites, y dentro de veinticuatro horas, si insiste en la competencia o se aparta de ella.

En el primer caso, lo participará en el mismo día al Juez requerido para que remita las diligencias al Juez o Tribunal que deba resolver la competencia a tenor de lo dispuesto en el artículo 20, haciendo él la remisión de las suyas dentro de las veinticuatro horas siguientes.

En el segundo caso, lo participará en el mismo plazo al Juez requerido para que éste pueda continuar conociendo.

Los autos que los Jueces requeridos dicten accediendo a la inhibición serán apelables para ante el respectivo Juez de Instrucción. También lo serán los que dicten los requirentes desistiendo de la inhibición [50].

31. Recibidas las diligencias en el Juzgado o Tribunal llamado a resolver la competencia y oído el Fiscal por término de segundo día, la decidirá dentro de los tres siguientes al en que el Ministerio Fiscal evacue el traslado.

---

[49] Véase disposición transitoria 3 LOPJ
[50] Véase art. 20 LOPM y art. 848.1 de la presente Ley

Contra lo resuelto por el Juzgado o Audiencia procederá el recurso de casación.

Contra la resolución del Supremo no se da recurso alguno [51].

32. Cuando se proponga declinatoria ante un Juez Municipal, resolverá éste en término de segundo día, oyendo previamente al Fiscal, sobre si procede o no acordar la inhibición.

El auto en que se deniegue la inhibición es apelable en ambos efectos para ante el Juzgado a quien corresponda resolver la competencia, el cual sustanciará el recurso en la forma prevenida en el párrafo 1º del artículo anterior.

Contra la resolución del Juzgado procederá el recurso de casación.

33. La inhibición ante los Tribunales de lo criminal se propondrá en escrito con firma de Letrado.

En el escrito expresará el que la proponga que no ha empleado la declinatoria. Si resultase lo contrario, será condenado en costas, aunque se decida en su favor la competencia o aunque la abandone en lo sucesivo [52].

34. [53] El Secretario del Tribunal ante quien se proponga la inhibitoria dará traslado por término de uno o dos días, según el volumen de la causa, al Ministerio Fiscal, cuando éste no lo haya propuesto, así como a las demás partes que figuren en la causa de que pudiera a la vez estar conociendo el Tribunal a quien se haya instado para que haga el requerimiento y, en su vista, el Tribunal mandará, dentro de los dos días siguientes, librar oficio inhibitorio, o declarará no haber lugar a ello.

---

[51] Véase art. 848.1 de la presente Ley

[52] Véase art. 19 LOPM

[53] Dada nueva redacción por art. 2 apartado 5 de Ley 13/2009 de 3 de noviembre de 2009, con vigencia desde 04/05/2010

35. Contra el auto en que se deniegue el requerimiento de inhibición, sólo habrá lugar al recurso de casación [54].

36. Con el oficio de inhibición se acompañará testimonio del escrito en que se haya pedido, de lo expuesto por el Ministerio Fiscal y por las partes en su caso, del auto que se haya dictado y de lo demás que el Tribunal estime conducente para fundar su competencia.

El testimonio se extenderá y remitirá en el plazo improrrogable de uno a tres días, según el volumen de la causa.

37. [55] El Secretario del Tribunal requerido acusará inmediatamente recibo y dará traslado al Ministerio Fiscal, al acusador particular, si lo hubiere, a los referidos en los artículos 118 y 520 que se hubieren personado y a los que figuren como parte civil, por un plazo que no podrá exceder de veinticuatro horas a cada uno, tras lo cual el Tribunal dictará auto inhibiéndose o declarando que no ha lugar a hacerlo. [56]

Contra el auto en que el Tribunal se inhibiera no se dará otro recurso que el de casación [57].

38. [58] Consentido o ejecutoriado el auto en que el Tribunal se hubiese inhibido, el Secretario Judicial remitirá la causa, dentro del plazo de tres días, al Tribunal que hubiera propuesto la inhibitoria, con emplazamiento de las partes y poniendo a disposición de aquél los procesados, las pruebas materiales del delito y los bienes embargados [59].

---

[54] Véanse arts. 847 y ss de la presente Ley

[55] Dada nueva redacción por art. 2 de Ley 53/1978 de 4 diciembre de 1978, con vigencia desde 28/12/1978

[56] Dada nueva redacción párrafo 1 por art. 2 apartado 6 de Ley 13/2009 de 3 de noviembre de 2009, con vigencia desde 04/05/2010

[57] Véase art. 782.1 de la presente Ley

[58] Dada nueva redacción por art. 2 apartado 7 de Ley 13/2009 de 3 de noviembre de 2009, con vigencia desde 04/05/2010

[59] Véase art. 141 párrafo 3 de la presente Ley

39. Si se denegare la inhibición se comunicará el auto al Tribunal requirente con testimonio de lo expuesto por el Ministerio Fiscal y por las partes y de todo lo demás que se crea conducente.

El testimonio se expedirá y remitirá dentro de tres días.

En el oficio de remisión se exigirá que el Tribunal requirente conteste inmediatamente para continuar actuando si no insiste en la inhibición, o que en otro caso remita la causa a quien corresponda para que decida la competencia [60] .

40. Recibido el oficio que expresa el artículo anterior, el Tribunal que hubiere propuesto la inhibitoria dictará, sin más trámites, auto en término de segundo día.

Contra el auto desistiendo de la inhibición sólo procederá el recurso de casación.

41. Consentido o ejecutoriado el auto en que el Tribunal desista de la inhibitoria lo comunicará en el término de veinticuatro horas al requerido de inhibición, remitiéndole al propio tiempo todo lo actuado para su unión a la causa.

42. Si el Tribunal requirente mantiene su competencia, lo comunicará en el término de veinticuatro horas al requerido de inhibición para que remita la causa al Tribunal a quien corresponda la resolución, haciéndolo él de lo actuado ante el mismo [61] .

43. Las competencias se decidirán por el Tribunal dentro de los tres días siguientes al en que el Ministerio Fiscal hubiese emitido dictamen, que evacuará en el término de segundo día.

Contra estos autos, cuando procedan de las Audiencias territoriales, habrá lugar al recurso de casación.

Contra los pronunciados por el Tribunal Supremo no se da recurso alguno.

44. El Tribunal que resuelva la competencia podrá condenar al pago de las costas causadas en la inhibitoria a las partes que la hubieren

[60] Véase art. 782.1 de la presente Ley
[61] Véanse arts. 20 y 782.1 de la presente Ley

sostenido o impugnado con notoria temeridad, determinando en su caso la proporción en que deban pagarlas.

Cuando no hiciere especial condenación de costas, se entenderán de oficio las causadas en la competencia [62].

Párrafo 3 (Derogado) [63]

45. Las declinatorias se sustanciarán como artículos de previo pronunciamiento [64].

CAPÍTULO III
De la competencias negativas y de las que se promueven con Jueces o Tribunales especiales y de los recursos de queja contra las Autoridades administrativas [65]

46. Cuando la cuestión de competencia empeñada entre dos o más Jueces o Tribunales fuere negativa por rehusar todos entender en la causa, la decidirá el Juez o Tribunal superior y en su caso el Supremo, siguiendo para ello los mismos trámites prescritos para las demás competencias [66].

47. En el caso de competencia negativa entre la jurisdicción ordinaria y otra privilegiada, la ordinaria empezará o continuará la causa [67].

48 a 50. [68] (Derogados)

---

[62] Véanse arts. 239 y ss de la presente Ley

[63] Derogado párrafo 3 por disposición derogatoria única de Ley Orgánica 16/1994 de 8 de noviembre de 1994, con vigencia desde 10/12/1994

[64] Véanse arts. 666 a 679 de la presente Ley

[65] Véanse arts. 51 y 52 LOPJ

[66] Véanse arts. 22.2, 24, 40 y 782 de la presente Ley

[67] Véanse arts. 38 y 39 LOPJ

[68] Derogado por disposición derogatoria 1 apartado 1 de Ley Orgánica 2/1987 de 18 de mayo de 1987, con vigencia desde 09/06/1987

51. [69] (Derogado)

TÍTULO III
De las recusaciones y excusas de los Magistrados, Jueces, Asesores,
Auxiliares de los Juzgados y Tribunales y de la abstención del
Ministerio Fiscal [70]

CAPÍTULO PRIMERO
Disposiciones generales

52. Los Magistrados, Jueces y Asesores, cualesquiera que sean su
grado y jerarquía, sólo podrán ser recusados por causa legítima [71].

53. [72] Podrán únicamente recusar en los negocios criminales:

El representante del Ministerio Fiscal.

El acusador particular o los que legalmente representen sus acciones y derechos.

Las personas que se encuentren en la situación de los artículos 118
y 520.

Los responsables civilmente por delito o falta [73].

---

[69] Derogado por disposición derogatoria única de Ley de 17 de julio de 1948, con
vigencia desde 07/08/1948

[70] Véanse arts. 217 a 228 LOPJ

[71] Véase art. 217 LOPJ

[72] Dada nueva redacción por art. 2 de Ley 53/1978 de 4 de diciembre de 1978, con
vigencia desde 28/12/1978

[73] Véase art. 218.2 LOPJ

54. [74] La abstención y la recusación se regirán, en cuanto a sus causas, por la Ley Orgánica del Poder Judicial, y en cuanto al procedimiento, por lo dispuesto en la Ley de Enjuiciamiento Civil [75].

55. Los Magistrados y Jueces comprendidos en cualquiera de los casos que expresa el artículo anterior, se inhibirán del conocimiento del asunto sin esperar a que se les recuse. Contra esta inhibición no habrá recurso alguno.

De igual manera se inhibirán, sin recurso alguno, cuando al ser recusados en cualquier forma estimasen procedente la causa alegada. En uno y otro caso mandarán pasar las diligencias a quien deba reemplazarles [76].

56. [77] La recusación deberá proponerse tan luego como se tenga conocimiento de la causa en que se funde, pues, en otro caso, no se admitirá a trámite. Concretamente, se inadmitirán las recusaciones:

1º) Cuando no se propongan al comparecer o intervenir por vez primera en el proceso, en cualquiera de sus fases, si el conocimiento de la concurrencia de la causa de recusación fuese anterior a aquél.

2º) Cuando se propusieren iniciado ya el proceso, si la causa de recusación se conociese con anterioridad al momento procesal en que la recusación se proponga [78].

---

[74] Dada nueva redacción por disposición final 12 de Ley 1/2000 de 7 de enero de 2000, con vigencia desde 08/01/2001

[75] Véanse arts. 219 y 220 LOPJ y arts. 99 y ss. LEC

[76] Véase art. 221 LOPJ

[77] Dada nueva redacción por disposición final 12 de Ley 1/2000 de 7 de enero de 2000, con vigencia desde 08/01/2001

[78] Véase art. 223.1 LOPJ y art. 107.1 LEC

CAPÍTULO II
De la sustanciación de las recusaciones y de los Jueces de Instrucción y de los Magistrados [79]

57. La recusación se hará en escrito firmado por Letrado, por Procurador y por el recusante si supiere firmar y estuviere en el lugar de la causa. El último deberá ratificarse ante el Juez o Tribunal.

Cuando el recusante no estuviese presente, firmarán sólo el Letrado y el Procurador. En todo caso se expresará en el escrito concreta y claramente la causa de la recusación [80].

58. No obstante lo dispuesto en el artículo anterior, podrá el procesado, si estuviere en incomunicación, proponer verbalmente la recusación en el acto de recibírsele declaración o podrá llamar al Juez por conducto del Alcaide de la cárcel para recusarle.

En este caso, deberá el Juez de Instrucción presentarse acompañado del Secretario, que hará constar por diligencia la petición de recusación y la causa en que se funde.

Cuando fuese denegada la recusación, se le advertirá que podrá reproducirla una vez alzada la incomunicación [81].

59. El auto admitiendo o denegando la recusación será fundado y bastará notificarlo al Procurador del recusante, aunque éste se halle en el pueblo en que se siga la causa y haya firmado el escrito de recusación.

60. Cuando el recusado no se inhibiere por no considerarse comprendido en la causa alegada para la recusación, se mandará formar pieza separada.

---

[79] Véanse arts. 223 a 228 LOPJ
[80] Véase art. 223.2 LOPJ y art. 107.2 LEC
[81] Véanse arts. 2 y 506 de la presente Ley

Esta contendrá el escrito original de recusación y el auto denegatorio de la inhibición, quedando nota expresiva de uno y otro en el proceso [82].

61. Durante la sustanciación de la pieza separada no podrá intervenir el recusado en la causa ni en el incidente de recusación y será sustituido por aquel a quien corresponda con arreglo a la Ley.

Si el recusado fuese un Juez de Instrucción, deberá éste, no obstante, bajo su responsabilidad, practicar aquellas diligencias urgentes que no puedan dilatarse mientras su sucesor se encargue de continuar la instrucción [83].

62. La recusación no detendrá el curso de la causa. Exceptúase el caso en que el incidente de recusación no se hubiese decidido cuando sean citadas las partes para la vista de alguna cuestión o incidente o para la celebración del juicio oral.

63. [84] Instruirán los incidentes de recusación:

a) Cuando el recusado sea el Presidente o uno o más Magistrados de la Sala de lo Penal del Tribunal Supremo, de la Sala de lo Penal de los Tribunales Superiores de Justicia, o de la Sala de lo Penal de la Audiencia Nacional, un Magistrado de la Sala a la que pertenezca el recusado, designado en virtud de un turno establecido por orden de antigüedad.

b) Cuando el recusado sea el Presidente o uno o más Magistrados de una Audiencia Provincial, un Magistrado de una Sección distinta a la que pertenezca el recusado, designado en virtud de un turno establecido por orden de antigüedad. Si sólo existiere una Sección, se procederá del modo que se establece en el apartado segundo del artículo 107 de la Ley de Enjuiciamiento Civil.

c) Cuando se recusare a todos los Magistrados de una Sala de Justicia, el Magistrado que corresponda por turno de antigüedad de los que integren el Tribunal correspondiente, siempre que no estuviere

---

[82] Véase art. 59 LOPM

[83] Véanse arts. 207 a 211 y 225.1 LOPJ; art. 60 LOPM y art. 55 de la presente Ley

[84] Dada nueva redacción por disposición final 12 de Ley 1/2000 de 7 de enero de 2000, con vigencia desde 08/01/2001

afectado por la recusación, y si se recusare a todos los Magistrados que integran la Sala del Tribunal correspondiente, un Magistrado designado por sorteo entre todos los integrantes de Tribunales del mismo ámbito territorial pertenecientes al resto de órdenes jurisdiccionales.

d) Cuando se recusare a un Juez Central de lo Penal o a un Juez Central de Instrucción, un Magistrado de la Sala de lo Penal de la Audiencia Nacional, designado en virtud de un turno establecido por orden de antigüedad.

e) Cuando el recusado sea un Juez de Instrucción o un Juez de lo Penal, un Magistrado de la Audiencia Provincial correspondiente, designado en virtud de un turno establecido por orden de antigüedad.

f) Cuando el recusado fuere un Juez de Paz, el Juez de Instrucción del partido correspondiente o, si hubiere en él varios Juzgados de Instrucción, el Juez titular designado en virtud de un turno establecido por orden de antigüedad [85].

64. Formada la pieza separada, se oirá a la otra u otras partes que hubiese en la causa, por término de tres días a cada una, que sólo podrá prorrogarse por otros dos cuando a juicio del Tribunal hubiese justa causa para ello [86].

65. Transcurrido el término señalado en el artículo anterior, con la prórroga en su caso, y recogida la causa sin necesidad de petición por parte del recusante, se recibirá a prueba el incidente de recusación, cuando la cuestión fuese de hecho, por ocho días, durante los cuales se practicará la que hubiere sido solicitada por las partes y admitida como pertinente [87].

66. Contra el auto en que las Audiencias o el Tribunal Supremo admitieren o denegaren la prueba, no se dará ulterior recurso [88].

67. Cuando por ser la cuestión de derecho no se hubiere recibido a prueba el incidente de recusación o hubiere transcurrido el término

---

[85] Véase art. 224 LOPJ y art. 108 de la presente Ley

[86] Véase art. 225 LOPJ

[87] Véase art. 225.3 LOPJ

[88] Véase art. 63 LOPM

concedido en el artículo 65, se mandará citar a las partes señalando día para la vista.

68. [89] Decidirán los incidentes de recusación:

a) La Sala prevista en el artículo 61 de la Ley Orgánica del Poder Judicial cuando el recusado sea el Presidente del Tribunal Supremo o el Presidente de la Sala de lo Penal o dos o más de los Magistrados de dicha Sala.

b) La Sala de lo Penal del Tribunal Supremo, cuando se recuse a uno de los Magistrados que la integran.

c) La Sala a que se refiere el artículo 77 de la Ley Orgánica del Poder Judicial, cuando se hubiera recusado al Presidente del Tribunal Superior de Justicia, al Presidente de la Sala de lo Civil y Penal de dicho Tribunal Superior o al Presidente de Audiencia Provincial con sede en la Comunidad Autónoma o a dos o más Magistrados de una Sala o Sección o de una Audiencia Provincial.

d) La Sala a que se refiere el artículo 69 de la Ley Orgánica del Poder Judicial, cuando se hubiera recusado al Presidente de la Audiencia Nacional, al Presidente de su Sala de lo Penal o a más de dos Magistrados de una Sección de dicha Sala.

e) La Sala de lo Penal de la Audiencia Nacional, cuando se recusare a uno o dos de los Magistrados.

f) La Sala de lo Civil y Penal de los Tribunales Superiores de Justicia, cuando se recusara a uno de sus Magistrados.

g) Cuando el recusado sea Magistrado de una Audiencia Provincial, la Audiencia Provincial en pleno o, si ésta se compusiere de dos o más Secciones, la Sección en la que no se encuentre integrado el recusado o la Sección que siga en orden numérico a aquella de la que el recusado forme parte.

h) Cuando se recusara a un Juez Central, decidirá la recusación la Sección de la Sala de lo Penal de la Audiencia Nacional a la que corresponda por turno, establecido por la Sala de Gobierno de dicha Audiencia, excluyendo la Sección a la que corresponda conocer de los recursos que dicte el Juzgado del que sea titular el recusado.

---

[89] Dada nueva redacción por disposición final 12 de Ley 1/2000 de 7 de enero de 2000, con vigencia desde 08/01/2001

i) Cuando el recusado sea un Juez de lo Penal o de Instrucción, la Audiencia Provincial o, si ésta se compusiere de dos o más Secciones, la Sección Segunda.

j) Cuando el recusado sea un Juez de Paz, resolverá el mismo Juez instructor del incidente de recusación [90].

69. Los autos en que se declare haber o no lugar a la recusación, serán siempre fundados.

Contra el auto que dictaren las Audiencias sólo procederá el recurso de casación.

Contra el que dictare el Tribunal Supremo no habrá recurso alguno [91].

70. [92] En los autos en que se deniegue la recusación se condenará en las costas al que la hubiere promovido. Cuando se apreciare que obró con temeridad o mala fe se le impondrá además una multa de 200 a 2.000 pesetas, cuando el recusado fuese Juez de Instrucción; de 500 a 2.500, cuando fuese Magistrado de Audiencia, y de 1.000 a 5.000, si lo fuera del Tribunal Supremo.

Se exceptúa de la imposición de las costas y de la multa al Ministerio Fiscal [93].

71. Cuando no se hicieren efectivas las multas respectivamente señaladas en el artículo anterior, el multado quedará sujeto a la responsabilidad personal subsidiaria correspondiente, por vía de sustitución y apremio, en los términos que para las causas por delitos establece el Código Penal [94].

---

[90] Véase art. 227 LOPJ y art. 110 LEC

[91] Véase art. 228 LOPJ; y art. 113 LEC

[92] Dada nueva redacción por art. 1 de Ley de 14 de abril de 1955, con vigencia desde 05/05/1955

[93] Véase art. 228 LOPJ y art. 112 LEC

[94] Véase art. 43 CP

CAPÍTULO III
De la sustanciación de las recusaciones de los Jueces Municipales [95]

72. En los juicios de faltas se propondrá la recusación en el mismo acto de la comparecencia [96].

73. En vista de la recusación, si la causa alegada fuese de las expresadas en el artículo 54 y cierta, el Juez Municipal se dará por recusado, pasando el conocimiento de la falta a su suplente.

74. Cuando el recusado no considerase legítima la recusación, pasará el conocimiento del incidente a su suplente, haciéndolo constar en el acta.

Ni en este caso ni en el del artículo anterior se da recurso alguno contra lo resuelto por el Juez Municipal.

75. El Juez Municipal recusado no podrá intervenir en la sustanciación de la pieza de recusación y se suspenderá la celebración del juicio de faltas hasta que aquélla se decida.

76. El Juez suplente encargado de la sustanciación de la pieza de recusación hará comparecer a las partes a su presencia, y en el mismo acto recibirá las pruebas que ofrezcan y conceptúe pertinentes, cuando la cuestión verse sobre algún hecho.

Contra el auto denegatorio de la prueba podrá pedirse reposición en el acto de hacerse saber a las partes [97].

77. Recibida la prueba o cuando por tratarse de cuestión de derecho no fuera necesaria, el Juez Municipal suplente resolverá si ha o no lugar a la recusación en auto fundado y en el mismo acto si es posible. En ningún caso dejará de hacerlo dentro del segundo día. De lo actuado y del auto se hará mención en el acta que se extienda.

---

[95] Véase art. 226 LOPJ y art. 111 LEC
[96] Véase art. 226 LOPJ
[97] Véase art. 226 LOPJ

Si desestimare la recusación, impondrá al recusante las costas y una multa de 25 a 100 pesetas con la responsabilidad personal subsidiaria establecida en el artículo 71. [98]

Será aplicable a la sanción de multa, en este caso, lo dispuesto en el párrafo 2º del artículo 70 [99] . [100]

78. Contra el auto del Juez suplente declarando haber lugar a la recusación, no se dará recurso alguno.

Contra el auto en que la denegare, habrá apelación para ante el Juez de Instrucción [101] .

79. La apelación se interpondrá verbalmente en el acto de la comparecencia ante el mismo Juez Municipal suplente, si éste resolviese en el momento.

Si para resolver utilizare el término de segundo día, se interpondrá la apelación en el acto mismo de la notificación siempre que sea personal, y si no dentro de las veinticuatro horas siguientes a ella. La apelación en este caso se interpondrá también verbalmente ante el Secretario del Juzgado y se hará constar por diligencia.

80. Cuando no se apelase dentro de los términos señalados en el artículo anterior, el auto del Juez suplente será firme.

Interpuesta apelación en tiempo, se remitirán los antecedentes al Juez de Instrucción respectivo con citación de las partes y a expensas del apelante.

81. En el Juzgado de instrucción se dará cuenta inmediatamente por el Secretario sin admitir escritos, y se citará a las partes a una comparecencia dentro del término de segundo día.

Los interesados o sus apoderados podrán hacer en ella verbalmente las observaciones que estimen, previa la venia de Juez de Instrucción.

---

[98] Añadido párrafo 2 por art. 1 de Ley de 14 de abril de 1955, con vigencia desde 05/05/1955

[99] Véase art. 226 LOPJ y art. 53 CP

[100] Añadido párrafo 3 por art. 1 de Ley de 14 de abril de 1955, con vigencia desde 05/05/1955

[101] Véase art. 228 LOPJ

Este pronunciará auto en el mismo día o en el siguiente, y contra lo que decida no habrá ulterior recurso.

Si el Juez instructor entendiese que el Municipal suplente debió reponer el auto denegatorio de la prueba a que se refiere el párrafo 2º del artículo 76, lo declarará así, absteniéndose de pronunciar sobre el fondo, y mandará devolver las diligencias al Juzgado Municipal de que procedan para que se practique la prueba propuesta y se dicte nuevo auto.

Serán aplicables a éste las disposiciones de los artículos 78 al 81.

82. Cuando el auto sea confirmatorio, se condenará en costas al apelante.

83. Declarada procedente la recusación por auto firme, entenderá el suplente en el juicio.

Declarada improcedente, el Juez recusado volverá a entender en el conocimiento de la falta [102].

CAPÍTULO IV
De la recusación de los Auxiliares de los Juzgados y Tribunales [103]

84. Los Secretarios de los Juzgados Municipales, de los de Instrucción, de las Audiencias y del Tribunal Supremo serán recusables [104].

Lo serán también los Oficiales de Sala.

85. Son aplicables a los Secretarios y Oficiales de Sala las prescripciones de este Título, con las modificaciones que establecen los artículos siguientes.

86. Cuando los recusados fueren auxiliares de los Juzgados de instrucción, de las Audiencias o del Tribunal Supremo, la pieza de

---

[102] Véase art. 227.2 LOPJ
[103] Véanse arts. 446 y 499 LOPJ
[104] Véase art. 446 LOPJ

recusación se instruirá por el Juez instructor respectivo o Magistrado más moderno, y se fallará por el mismo Juez o por el Tribunal correspondiente.

El Juez o Magistrado instructor podrá delegar la práctica de las diligencias que no pudiere ejecutar por sí mismo en el Juez Municipal o en uno de los Jueces de Instrucción de la respectiva circunscripción [105].

87. Los auxiliares recusados no podrán actuar en la causa en que lo fueren ni en la pieza de recusación, reemplazándoles aquellos a quienes correspondería si la recusación fuese admitida.

88. En las recusaciones de Secretarios de Juzgados municipales, instruirá y fallará la pieza de recusación el Juez Municipal donde sólo hubiere uno.

Si hubiere dos, el del Juzgado a que no pertenezca el recusado; y si tres o más, el de mayor edad [106].

89. Cuando se desestimare la recusación se condenará en costas al recusante [107].

90. Cuando sea firme el auto en que se admita la recusación, quedará el recusado separado de toda intervención en la causa, continuando en su reemplazo el que le haya sustituido durante la sustanciación del incidente; y si fuere Secretario de Juzgado Municipal o de instrucción, no percibirá derechos de ninguna clase desde que se hubiese solicitado la recusación o desde que, siéndole conocido el motivo alegado, no se separó del conocimiento del asunto.

91. Cuando se desestimase la recusación por auto firme, volverá el auxiliar recusado a ejercer sus funciones; y si fuese éste Secretario de Juzgado Municipal o de instrucción, le abonará el recusante los

---

[105] Véase art. 499 LOPJ
[106] Véase art. 476 LOPJ
[107] Véanse arts. 239 a 246 de la presente ley

derechos correspondientes a las actuaciones practicadas en la causa, haciendo igual abono al que haya sustituido al recusado.

92. No podrán los auxiliares ser recusados después de citadas las partes para sentencia, ni durante la práctica de alguna diligencia de que estuvieren encargados, ni después de comenzada la celebración del juicio oral.

93. Es aplicable a los actuales Relatores y Escribanos de Cámara: primero, lo dispuesto en los artículos anteriores respecto a las recusaciones de los Secretarios de Sala y segundo, lo prevenido en los artículos 90 y 91 referente al abono de derechos.

CAPÍTULO V
De las excusas y recusaciones de los Asesores [108]

94. Los Asesores de los Jueces Municipales, cuando éstos desempeñen accidentalmente funciones de Jueces de Instrucción, se excusarán si concurrieren en ellos algunas de las causas enumeradas en el artículo 54 de esta Ley.

El mismo Juez Municipal apreciará la excusa para admitirla o desestimarla. Si la desestimase, podrá el Asesor recurrir en queja a la respectiva Audiencia y ésta, pidiendo informes y antecedentes, resolverá de plano sin ulterior recurso lo que crea procedente [109].

95. Los que sean parte en una causa podrán recusar al Asesor por cualquiera de los motivos señalados en el artículo 54.

La recusación se hará por medio de escrito dirigido al Juez Municipal.

Contra las decisiones del Juzgado Municipal desestimando la recusación, procederá igualmente el recurso de queja ante la Audiencia respectiva.

---

[108] Véanse arts. 470 y ss LOPJ
[109] Véase disposición transitoria 3 LOPJ

CAPÍTULO VI
De la abstención del Ministerio Fiscal [110]

96. Los representantes del Ministerio Fiscal no podrán ser recusados, pero se abstendrán de intervenir en los actos judiciales cuando concurra en ellos alguna de las causas señaladas en el artículo 54 de esta Ley [111].

97. Si concurriere en el Fiscal del Tribunal Supremo o en los Fiscales de las Audiencias alguna de las causas por razón de las cuales deben abstenerse de conformidad con lo dispuesto en el artículo anterior, designarán para que los reemplacen al Teniente Fiscal, y en su defecto a los Abogados fiscales por el orden de categoría y antigüedad.

Lo dispuesto en el párrafo anterior es aplicable a los Tenientes o Abogados fiscales cuando ejerzan las funciones de su jefe respectivo [112].

98. Los Tenientes y Abogados fiscales del Tribunal Supremo y de las Audiencias harán presente su excusa al superior respectivo, quien les relevará de intervenir en los actos judiciales y elegirá para sustituirles al que tenga por conveniente entre sus subordinados.

99. Cuando los representantes del Ministerio Fiscal no se excusaren a pesar de comprenderles alguna de las causas expresadas en el artículo 54, podrán los que se consideren agraviados acudir en queja al superior inmediato.

Este oirá al subordinado que hubiese sido objeto de la queja y, encontrándola fundada, decidirá su sustitución. Si no la encontrare fundada, podrá acordar que intervenga en el proceso. Contra esta determinación no se da recurso alguno.

Los Fiscales de las Audiencias Territoriales decidirán las quejas que se les dirijan contra los Fiscales de las Audiencias de lo criminal.

---

[110] Véase art. 28 EOMF y art. 219 LOPJ
[111] Véanse arts. 219 y 220 LOPJ; art. 28 EOMF; y art. 67 LOPM
[112] Véase art. 22.4 EOMF

Si fuere el Fiscal del Tribunal Supremo el que diera motivo a la queja, deberá ésta dirigirse al Ministerio de Gracia y Justicia por conducto del Presidente del mismo Tribunal. El Ministro de Gracia y Justicia, oída la Sala de Gobierno del Tribunal Supremo si lo considera oportuno, resolverá lo que estime procedente [113].

TÍTULO IV
De las personas a quienes corresponde el ejercicio de las acciones que nacen de los delitos y faltas

100. De todo delito o falta nace acción penal para el castigo del culpable, y puede nacer también acción civil para la restitución de la cosa, la reparación del daño y la indemnización de perjuicios causados por el hecho punible [114].

101. La acción penal es pública.

Todos los ciudadanos españoles podrán ejercitarla con arreglo a las prescripciones de la Ley [115].

102. Sin embargo de lo dispuesto en el artículo anterior, no podrán ejercitar la acción penal:

1º) El que no goce de la plenitud de los derechos civiles.

2º) El que hubiera sido condenado dos veces por sentencia firme como reo del delito de denuncia o querella calumniosas.

3º) El Juez o Magistrado.

Los comprendidos en los números anteriores podrán, sin embargo, ejercitar la acción penal por delito o falta cometidos contra sus personas o bienes, o contra las personas o bienes de sus cónyuges, ascendientes, descendientes, hermanos consanguíneos o uterinos y afines.

---

[113] Véase art. 28 EOMF y art. 67.2 LOPM
[114] Véanse arts. 109 y ss CP; y art. 1813 CC
[115] Véase art. 125 CE y art. 19.1 LOPJ

Los comprendidos en los números 2º y 3º podrán ejercitar también la acción penal por el delito o falta cometidos contra las personas o bienes de los que estuviesen bajo su guarda legal [116].

103. [117] Tampoco podrán ejercitar acciones penales entre sí:

1º) Los cónyuges, a no ser por delito o falta cometidos por el uno contra la persona del otro o la de sus hijos, y por el delito de bigamia.

2º) Los ascendientes, descendientes y hermanos por naturaleza, por la adopción o por afinidad, a no ser por delito o falta cometidos por los unos contra las personas de los otros [118].

104. [119] Las acciones penales que nacen de los delitos de estupro, calumnia e injuria, tampoco podrán ser ejercitadas por otras personas, ni en manera distinta que las prescritas en los respectivos artículos del Código Penal [120].

Las faltas consistentes en el anuncio por medio de la imprenta de hechos falsos o relativos a la vida privada, con el que se perjudique u ofenda a particulares, y en injurias leves sólo podrán ser perseguidas por los ofendidos o por sus legítimos representantes [121].

105. [122] 1. Los funcionarios del Ministerio Fiscal tendrán la obligación de ejercitar, con arreglo a las disposiciones de la Ley, todas las acciones penales que consideren procedentes, haya o no acusador particular en las causas, menos aquellas que el Código Penal reserva exclusivamente a la querella privada.

2. En los delitos perseguibles a instancias de la persona agraviada también podrá denunciar el Ministerio Fiscal si aquélla fuere menor

---

[116] Véase art. 456 CP

[117] Dada nueva redacción por art. 3 de Ley Orgánica 14/1999 de 9 de junio de 1999, con vigencia desde 10/06/1999

[118] Véase art. 217 CP

[119] Dada nueva redacción por art. 3 de Ley Orgánica 14/1999 de 9 de junio de 1999, con vigencia desde 10/06/1999

[120] Véanse arts. 180.1.4, 181.4, 182, 183, y 205 a 216 CP

[121] Véanse arts. 620.2 y 639 CP

[122] Dada nueva redacción por disposición final 2 apartado 2 de Ley Orgánica 1/2015 de 30 de marzo de 2015, con vigencia desde 01/07/2015

de edad, persona con discapacidad necesitada de especial protección o desvalida.

La ausencia de denuncia no impedirá la práctica de diligencias a prevención.

106. La acción penal por delito o falta que dé lugar al procedimiento de oficio no se extingue por la renuncia de la persona ofendida.

Pero se extinguen por esta causa las que nacen de delito o falta que no puedan ser perseguidos sino a instancia de parte, y las civiles, cualquiera que sea el delito o falta de que procedan [123].

107. La renuncia de la acción civil o de la penal renunciable no perjudicará más que al renunciante; pudiendo continuar el ejercicio de la penal en el estado en que se halle la causa, o ejercitarla nuevamente los demás a quienes también correspondiere.

108. La acción civil ha de entablarse juntamente con la penal por el Ministerio Fiscal, haya o no en el proceso acusador particular; pero si el ofendido renunciare expresamente su derecho de restitución, reparación o indemnización, el Ministerio Fiscal se limitará a pedir el castigo de los culpables [124].

109. [125] En el acto de recibirse declaración por el juez la persona ofendida o perjudicada, el letrado o letrada de la Administración de Justicia le instruirá del derecho que le asiste para mostrarse parte en el proceso y renunciar o no a la restitución de la cosa, reparación del daño e indemnización del perjuicio causado por el hecho punible. Asimismo, le informará de los derechos recogidos en la legislación vigente, pudiendo delegar esta función en personal especializado en la asistencia a víctimas.

Si fuera menor se practicará igual diligencia con su representante legal.

---

[123] Véanse arts. 130.5, 191, 201.3, 215.3, 267, 620, 621.6 y 639 CP; y art. 117 de la presente Ley

[124] Véase art. 781 de la presente Ley

[125] Dada nueva redacción por art. 101 apartado 1 de Real Decreto-Ley 6/2023 de 19 de diciembre de 2023, con vigencia desde 20/03/2024

En los procesos en los que participen personas con discapacidad, se realizarán las adaptaciones y los ajustes que sean necesarios. Dichas adaptaciones podrán venir referidas a la comunicación, la comprensión y la interacción con el entorno. Se deberá garantizar que:

a) Todas las comunicaciones con las personas con discapacidad, orales o escritas, se realicen en un lenguaje claro, sencillo y accesible, de un modo que tenga en cuenta sus características personales y sus necesidades, haciendo uso de medios como la lectura fácil. Si fuera necesario, la comunicación también se hará a la persona que preste apoyo a la persona con discapacidad para el ejercicio de su capacidad jurídica.

b) Se facilite a la persona con discapacidad la asistencia o apoyos necesarios para que pueda hacerse entender, lo que incluirá la interpretación en las lenguas de signos reconocidas legalmente y los medios de apoyo a la comunicación oral de personas sordas, con discapacidad auditiva y sordociegas.

c) Se permita la participación de un profesional experto que a modo de facilitador realice tareas de adaptación y ajuste necesarias para que la persona con discapacidad pueda entender y ser entendida.

d) La persona con discapacidad pueda estar acompañada de una persona de su elección desde el primer contacto con las autoridades y funcionarios.

Fuera de los casos previstos en los dos párrafos anteriores, no se hará a los interesados en las acciones civiles o penales notificación alguna que prolongue o detenga el curso de la causa, lo cual no obsta para que el letrado o letrada de la Administración de Justicia procure instruir de aquel derecho al ofendido ausente.

En cualquier caso, en los procesos que se sigan por delitos comprendidos en el artículo 57 del Código Penal, el letrado o letrada de la Administración de Justicia asegurará la comunicación a la víctima de los actos procesales que puedan afectar a su seguridad [126] .

109 bis. [127] 1. Las víctimas del delito que no hubieran renunciado a su derecho podrán ejercer la acción penal en cualquier momento

---

[126] Véase art. 25.2 LOTJ y arts. 761 y 776 de la presente Ley

[127] Añadido por disposición final 1 apartado 2 de Ley 4/2015 de 27 de abril de 2015, con vigencia desde 28/10/2015

antes del trámite de calificación del delito, si bien ello no permitirá retrotraer ni reiterar las actuaciones ya practicadas antes de su personación. Si se personasen una vez transcurrido el término para formular escrito de acusación podrán ejercitar la acción penal hasta el inicio del juicio oral adhiriéndose al escrito de acusación formulado por el Ministerio Fiscal o del resto de las acusaciones personadas. [128]

En el caso de muerte o desaparición de la víctima a consecuencia del delito, la acción penal podrá ser ejercida por su cónyuge no separado legalmente o de hecho y por los hijos de ésta o del cónyuge no separado legalmente o de hecho que en el momento de la muerte o desaparición de la víctima convivieran con ellos; por la persona que hasta el momento de la muerte o desaparición hubiera estado unida a ella por una análoga relación de afectividad y por los hijos de ésta que en el momento de la muerte o desaparición de la víctima convivieran con ella; por sus progenitores y parientes en línea recta o colateral dentro del tercer grado que se encontraren bajo su guarda, personas sujetas a su tutela o curatela o que se encontraren bajo su acogimiento familiar.

En caso de no existir los anteriores, podrá ser ejercida por los demás parientes en línea recta y por sus hermanos, con preferencia, entre ellos, del que ostentara la representación legal de la víctima.

2. El ejercicio de la acción penal por alguna de las personas legitimadas conforme a este artículo no impide su ejercicio posterior por cualquier otro de los legitimados. Cuando exista una pluralidad de víctimas, todas ellas podrán personarse independientemente con su propia representación. Sin embargo, en estos casos, cuando pueda verse afectado el buen orden del proceso o el derecho a un proceso sin dilaciones indebidas, el Juez o Tribunal, en resolución motivada y tras oír a todas las partes, podrá imponer que se agrupen en una o varias representaciones y que sean dirigidos por la misma o varias defensas, en razón de sus respectivos intereses.

3. La acción penal también podrá ser ejercitada por las asociaciones de víctimas y por las personas jurídicas a las que la ley reconoce legitimación para defender los derechos de las víctimas, siempre que ello fuera autorizado por la víctima del delito.

Cuando el delito o falta cometida tenga por finalidad impedir u obstaculizar a los miembros de las corporaciones locales el ejercicio

---

[128] Dada nueva redacción apartado 1 párrafo 1 por disposición final 1 apartado 1 de Ley Orgánica 8/2021 de 4 de junio de 2021, con vigencia desde 25/06/2021

de sus funciones públicas, podrá también personarse en la causa la Administración local en cuyo territorio se hubiere cometido el hecho punible.

110. [129] Las personas perjudicadas por un delito que no hubieren renunciado a su derecho podrán mostrarse parte en la causa si lo hicieran antes del trámite de calificación del delito y ejercitar las acciones civiles que procedan, según les conviniere, sin que por ello se retroceda en el curso de las actuaciones. Si se personasen una vez transcurrido el término para formular escrito de acusación podrán ejercitar la acción penal hasta el inicio del juicio oral adhiriéndose al escrito de acusación formulado por el Ministerio Fiscal o del resto de las acusaciones personadas.

Aun cuando las personas perjudicadas no se muestren parte en la causa, no por esto se entiende que renuncian al derecho de restitución, reparación o indemnización que a su favor puede acordarse en sentencia firme, siendo necesario que la renuncia de este derecho se haga en su caso de una manera clara y terminante [130].

111. Las acciones que nacen de un delito o falta podrán ejercitarse junta o separadamente; pero mientras estuviese pendiente la acción penal no se ejercitará la civil con separación hasta que aquélla haya sido resuelta en sentencia firme, salvo siempre lo dispuesto en los artículos 4, 5 y 6 de este Código [131].

112. Ejercitada sólo la acción penal, se entenderá utilizada también la civil, a no ser que el dañado o perjudicado la renunciase o la reservase expresamente para ejercitarla después de terminado el juicio criminal, si a ello hubiere lugar.

No obstante, aun cuando se hubiera previamente renunciado a la acción civil, si las consecuencias del delito son más graves de las que se preveían en el momento de la renuncia, o si la renuncia pudo estar

---

[129] Dada nueva redacción por disposición final 1 apartado 2 de Ley Orgánica 8/2021 de 4 de junio de 2021, con vigencia desde 25/06/2021

[130] Véase art. 25.2 LOTJ y art. 761 de la presente Ley

[131] Véase art. 117 de la presente Ley

condicionada por la relación de la víctima con alguna de las personas responsables del delito, se podrá revocar la renuncia al ejercicio de la acción civil por resolución judicial, a solicitud de la persona dañada o perjudicada y oídas las partes, siempre y cuando se formule antes del trámite de calificación del delito. [132]

Si se ejercitase sólo la civil que nace de un delito de los que no pueden perseguirse sino en virtud de querella particular, se considerará extinguida desde luego la acción penal. [133]

113. Podrán ejercitarse expresamente las dos acciones por una misma persona o por varias; pero siempre que sean dos o más las personas por quienes se utilicen las acciones derivadas de un delito o falta lo verificaran en un sólo proceso y, si fuere posible, bajo una misma dirección y representación, a juicio del Tribunal.

114. Promovido juicio criminal en averiguación de un delito o falta, no podrá seguirse pleito sobre el mismo hecho; suspendiéndole, si le hubiese, en el estado en que se hallare, hasta que recaiga sentencia firme en la causa criminal [134].

No será necesario para el ejercicio de la acción penal que haya precedido el de la civil originada del mismo delito o falta.

Lo dispuesto en este artículo se entiende sin perjuicio de lo establecido en el Capítulo II, Título I de este Libro, respecto a las cuestiones prejudiciales [135].

115. La acción penal se extingue por la muerte del culpable; pero en este caso subsiste la civil contra sus herederos y causahabientes, que sólo podrá ejercitarse ante la jurisdicción y por la vía de lo civil [136].

---

[132] Añadido párrafo 2 por disposición final 1 apartado 2 de Ley Orgánica 10/2022 de 6 de septiembre de 2022, con vigencia desde 07/10/2022

[133] Renumerado párrafo 2 por disposición final 1 apartado 2 de Ley Orgánica 10/2022 de 6 de septiembre de 2022 como párrafo 3, con vigencia desde 07/10/2022

[134] Véanse arts. 40, 569 y 697 LEC

[135] Véase art. 10.2 LOPJ y arts. 3 a 7 de la presente Ley

[136] Véase art. 130.1 CP

116. La extinción de la acción penal no lleva consigo la de la civil, a no ser que la extinción proceda de haberse declarado por sentencia firme que no existió el hecho de que la civil hubiese podido nacer.

En los demás casos, la persona a quien corresponda la acción civil podrá ejercitarla, ante la jurisdicción y por la vía de lo civil que proceda, contra quien estuviere obligado a la restitución de la cosa, reparación del daño o indemnización del perjuicio sufrido [137].

117. La extinción de la acción civil tampoco lleva consigo la de la penal que nazca del mismo delito o falta.

La sentencia firme absolutoria dictada en el pleito promovido por el ejercicio de la acción civil, no será obstáculo para el ejercicio de la acción penal correspondiente.

Lo dispuesto en este artículo se entiende sin perjuicio de lo que establece el Capítulo II Título I de este Libro y los artículos 106, 107, 110 y párrafo 2º del 112 [138].

TÍTULO V
Del derecho a la defensa, a la asistencia jurídica gratuita y a la traducción e interpretación en los juicios criminales [139]

CAPÍTULO PRIMERO
Del derecho a la defensa y a la asistencia jurídica gratuita [140]

118. [141] 1. Toda persona a quien se atribuya un hecho punible podrá ejercitar el derecho de defensa, interviniendo en las actuaciones,

---

[137] Véanse arts. 109 y ss CP; y art. 1903 CC

[138] Véanse arts. 3 a 7 de la presente Ley

[139] Dada nueva redacción por art. 1 apartado 1 de Ley Orgánica 5/2015 de 27 de abril de 2015, con vigencia desde 28/05/2015

[140] Añadido por art. 1 apartado 2 de Ley Orgánica 5/2015 de 27 de abril de 2015, con vigencia desde 28/05/2015

[141] Dada nueva redacción por art. único apartado 1 de Ley Orgánica 13/2015 de 5 de octubre de 2015, con vigencia desde 01/11/2015

desde que se le comunique su existencia, haya sido objeto de detención o de cualquier otra medida cautelar o se haya acordado su procesamiento, a cuyo efecto se le instruirá, sin demora injustificada, de los siguientes derechos:

a) Derecho a ser informado de los hechos que se le atribuyan, así como de cualquier cambio relevante en el objeto de la investigación y de los hechos imputados. Esta información será facilitada con el grado de detalle suficiente para permitir el ejercicio efectivo del derecho de defensa.

b) Derecho a examinar las actuaciones con la debida antelación para salvaguardar el derecho de defensa y en todo caso, con anterioridad a que se le tome declaración.

c) Derecho a actuar en el proceso penal para ejercer su derecho de defensa de acuerdo con lo dispuesto en la ley.

d) Derecho a designar libremente abogado, sin perjuicio de lo dispuesto en el apartado 1 a) del artículo 527.

e) Derecho a solicitar asistencia jurídica gratuita, procedimiento para hacerlo y condiciones para obtenerla.

f) Derecho a la traducción e interpretación gratuitas de conformidad con lo dispuesto en los artículos 123 y 127.

g) Derecho a guardar silencio y a no prestar declaración si no desea hacerlo, y a no contestar a alguna o algunas de las preguntas que se le formulen.

h) Derecho a no declarar contra sí mismo y a no confesarse culpable.

La información a que se refiere este apartado se facilitará en un lenguaje comprensible y que resulte accesible. A estos efectos se adaptará la información a la edad del destinatario, su grado de madurez, discapacidad y cualquier otra circunstancia personal de la que pueda derivar una modificación de la capacidad para entender el alcance de la información que se le facilita.

2. El derecho de defensa se ejercerá sin más limitaciones que las expresamente previstas en la ley desde la atribución del hecho punible investigado hasta la extinción de la pena.

El derecho de defensa comprende la asistencia letrada de un abogado de libre designación o, en su defecto, de un abogado de oficio, con el que podrá comunicarse y entrevistarse reservadamente, incluso antes de que se le reciba declaración por la policía, el fiscal o la autoridad judicial, sin perjuicio de lo dispuesto en el artículo 527 y que estará presente en todas sus declaraciones así como en las diligencias de reconocimiento, careos y reconstrucción de hechos.

3. Para actuar en el proceso, las personas investigadas deberán ser representadas por procurador y defendidas por abogado, designándoseles de oficio cuando no los hubiesen nombrado por sí mismos y lo solicitaren, y en todo caso, cuando no tuvieran aptitud legal para hacerlo.

Si no hubiesen designado procurador o abogado, se les requerirá para que lo hagan o se les nombrará de oficio si, requeridos, no los nombrasen, cuando la causa llegue a estado en que se necesite el consejo de aquéllos o haya de intentar algún recurso que hiciese indispensable su actuación.

4. Todas las comunicaciones entre el investigado o encausado y su abogado tendrán carácter confidencial.

Si estas conversaciones o comunicaciones hubieran sido captadas o intervenidas durante la ejecución de alguna de las diligencias reguladas en esta ley, el juez ordenará la eliminación de la grabación o la entrega al destinatario de la correspondencia detenida, dejando constancia de estas circunstancias en las actuaciones.

Lo dispuesto en el párrafo primero no será de aplicación cuando se constate la existencia de indicios objetivos de la participación del abogado en el hecho delictivo investigado o de su implicación junto con el investigado o encausado en la comisión de otra infracción penal, sin perjuicio de lo dispuesto en la Ley General Penitenciaria.

5. La admisión de denuncia o querella, y cualquier actuación procesal de la que resulte la imputación de un delito contra persona o personas determinadas, serán puestas inmediatamente en conocimiento de los presuntamente responsables [142].

118 bis. [143] Del mismo modo que en el artículo anterior se procederá cuando se impute un acto punible contra un Diputado o Senador, los cuales podrán ejercitar su derecho de defensa en los

---

[142] Véanse arts. 17.3 y 24.2 CE; art. 545 LOPJ; arts. 30 y 31 RD 135/2021 de 2 marzo, Estatuto General de la Abogacía Española; arts. 42 a 46 RD 1281/2002, de 5 de diciembre, Estatuto General de los Procuradores de los Tribunales de España y arts. 384, 520, 767, 768 y 784.1 de la presente Ley

[143] Añadido por art. único de Ley Orgánica 7/2002 de 5 de julio de 2002, con vigencia desde 26/07/2002

términos previstos en el artículo anterior, y todo ello sin perjuicio de lo previsto en el artículo 71.2 y 3 de la Constitución española.

119. [144] 1. Cuando de acuerdo con lo dispuesto en el artículo 118 de esta Ley, haya de procederse a la imputación de una persona jurídica, se practicará con ésta la comparecencia prevista en el artículo 775, con las siguientes particularidades:

a) La citación se hará en el domicilio social de la persona jurídica, requiriendo a la entidad que proceda a la designación de un representante, así como Abogado y Procurador para ese procedimiento, con la advertencia de que, en caso de no hacerlo, se procederá a la designación de oficio de estos dos últimos. La falta de designación del representante no impedirá la sustanciación del procedimiento con el Abogado y Procurador designado.

b) La comparecencia se practicará con el representante especialmente designado de la persona jurídica imputada acompañada del Abogado de la misma. La inasistencia al acto de dicho representante determinará la práctica del mismo con el Abogado de la entidad.

c) El Juez informará al representante de la persona jurídica imputada o, en su caso, al Abogado, de los hechos que se imputan a ésta. Esta información se facilitará por escrito o mediante entrega de una copia de la denuncia o querella presentada.

d) La designación del Procurador sustituirá a la indicación del domicilio a efectos de notificaciones, practicándose con el Procurador designado todos los actos de comunicación posteriores, incluidos aquellos a los que esta Ley asigna carácter personal. Si el Procurador ha sido nombrado de oficio se comunicará su identidad a la persona jurídica imputada.

120. [145] 1. Las disposiciones de esta Ley que requieren o autorizan la presencia del investigado en la práctica de diligencias de investigación o de prueba anticipada se entenderán siempre referidas

---

[144] Añadido por art. 1 apartado 2 de Ley 37/2011 de 10 de octubre de 2011, con vigencia desde 31/10/2011

[145] Añadido por art. 1 apartado 3 de Ley 37/2011 de 10 de octubre de 2011, con vigencia desde 31/10/2011

al representante especialmente designado por la entidad, que podrá asistir acompañado del letrado encargado de la defensa de ésta. [146]

2. La incomparecencia de la persona especialmente designada no impedirá la celebración del acto de investigación o de prueba anticipada que se sustanciará con el Abogado defensor.

121. [147] Todos los que sean parte en una causa, si no se les hubiere reconocido el derecho a la asistencia jurídica gratuita, tendrán obligación de satisfacer los derechos de los procuradores que les representen, los honorarios de los abogados que les defiendan, los de los peritos que informen a su instancia y las indemnizaciones de los testigos que presentaren, cuando los peritos y testigos, al declarar, hubiesen formulado su reclamación y el Juez o Tribunal la estimaren [148].

Ni durante la causa ni después de terminada tendrán la obligación de satisfacer las demás costas procesales, a no ser que a ello fueren condenados.

Párrafo 3 (Derogado) [149]

Los que tuvieren reconocido el derecho a la asistencia jurídica gratuita, podrán valerse de abogado y procurador de su elección; pero en este caso estarán obligados a abonarles sus honorarios y derechos, como se dispone respecto de los que no tengan reconocido dicho derecho, salvo que los profesionales de libre elección renunciaran a la percepción de honorarios o derechos en los términos previstos en el artículo 27 de la Ley de Asistencia Jurídica Gratuita [150].

---

[146] Dada nueva redacción apartado 1 por art. único apartado 21 apartado 1 de Ley Orgánica 13/2015 de 5 de octubre, con vigencia desde 06/12/2015

[147] Dada nueva redacción por disposición adicional 4 de Ley 1/1996 de 10 de enero de 1996, con vigencia desde 12/07/1996

[148] Véanse arts. 44 y 45.2 RD 658/2001, de 22 de junio, Estatuto General de la Abogacía Española; y árt. 34 RD 1281/2002, de 5 de diciembre, Estatuto General de los Procuradores de los Tribunales de España

[149] Derogado párrafo 3 por art. 2 apartado 9 de Ley 13/2009 de 3 de noviembre de 2009, con vigencia desde 04/05/2010

[150] Véanse arts. 242, 465 y 722 de la presente Ley

122. Se usará papel de oficio en los juicios sobre faltas y en las causas criminales, sin perjuicio del correspondiente reintegro si hubiere condenación de costas [151] .

CAPÍTULO II
Del derecho a la traducción e interpretación [152]

123. [153] 1. Los imputados o acusados que no hablen o entiendan el castellano o la lengua oficial en la que se desarrolle la actuación tendrán los siguientes derechos:

a) Derecho a ser asistidos por un intérprete que utilice una lengua que comprenda durante todas las actuaciones en que sea necesaria su presencia, incluyendo el interrogatorio policial o por el Ministerio Fiscal y todas las vistas judiciales.

b) Derecho a servirse de intérprete en las conversaciones que mantenga con su Abogado y que tengan relación directa con su posterior interrogatorio o toma de declaración, o que resulten necesarias para la presentación de un recurso o para otras solicitudes procesales.

c) Derecho a la interpretación de todas las actuaciones del juicio oral.

d) Derecho a la traducción escrita de los documentos que resulten esenciales para garantizar el ejercicio del derecho a la defensa. Deberán ser traducidos, en todo caso, las resoluciones que acuerden la prisión del imputado, el escrito de acusación y la sentencia.

e) Derecho a presentar una solicitud motivada para que se considere esencial un documento.

Los gastos de traducción e interpretación derivados del ejercicio de estos derechos serán sufragados por la Administración, con independencia del resultado del proceso.

2. En el caso de que no pueda disponerse del servicio de interpretación simultánea, la interpretación de las actuaciones del juicio oral a

---

[151] Véase art. 101 Ley 66/1997, de 30 de diciembre, de Medidas Fiscales, Administrativas y del Orden Social

[152] Añadido por art. 1 apartado 3 de Ley Orgánica 5/2015 de 27 de abril de 2015, con vigencia desde 28/05/2015

[153] Añadido por art. 1 apartado 4 de Ley Orgánica 5/2015 de 27 de abril de 2015, con vigencia desde 28/05/2015

que se refiere la letra c) del apartado anterior se realizará mediante una interpretación consecutiva de modo que se garantice suficientemente la defensa del imputado o acusado.

3. En el caso de la letra d) del apartado 1, podrá prescindirse de la traducción de los pasajes de los documentos esenciales que, a criterio del Juez, Tribunal o funcionario competente, no resulten necesarios para que el imputado o acusado conozca los hechos que se le imputan.

Excepcionalmente, la traducción escrita de documentos podrá ser sustituida por un resumen oral de su contenido en una lengua que comprenda, cuando de este modo también se garantice suficientemente la defensa del imputado o acusado.

4. La traducción se deberá llevar a cabo en un plazo razonable y desde que se acuerde por parte del Tribunal o Juez o del Ministerio Fiscal quedarán en suspenso los plazos procesales que sean de aplicación.

5. La asistencia del intérprete se podrá prestar por medio de videoconferencia o cualquier medio de telecomunicación, salvo que el Tribunal o Juez o el Fiscal, de oficio o a instancia del interesado o de su defensa, acuerde la presencia física del intérprete para salvaguardar los derechos del imputado o acusado.

6. Las interpretaciones orales o en lengua de signos, con excepción de las previstas en la letra b) del apartado 1, podrán ser documentadas mediante la grabación audiovisual de la manifestación original y de la interpretación. En los casos de traducción oral o en lengua de signos del contenido de un documento, se unirá al acta copia del documento traducido y la grabación audiovisual de la traducción. Si no se dispusiera de equipos de grabación, o no se estimare conveniente ni necesario, la traducción o interpretación y, en su caso, la declaración original, se documentarán por escrito.

124. [154] 1. El traductor o intérprete judicial será designado de entre aquellos que se hallen incluidos en los listados elaborados por la Administración competente. Excepcionalmente, en aquellos supuestos que requieran la presencia urgente de un traductor o de un intérprete, y no sea posible la intervención de un traductor o intérprete judicial inscrito en las listas elaboradas por la Administración, en su caso,

[154] Añadido por art. 1 apartado 5 de Ley Orgánica 5/2015 de 27 de abril de 2015, con vigencia desde 28/05/2015

conforme a lo dispuesto en el apartado 5 del artículo anterior, se podrá habilitar como intérprete o traductor judicial eventual a otra persona conocedora del idioma empleado que se estime capacitado para el desempeño de dicha tarea.

2. El intérprete o traductor designado deberá respetar el carácter confidencial del servicio prestado.

3. Cuando el Tribunal, el Juez o el Ministerio Fiscal, de oficio o a instancia de parte, aprecie que la traducción o interpretación no ofrecen garantías suficientes de exactitud, podrá ordenar la realización de las comprobaciones necesarias y, en su caso, ordenar la designación de un nuevo traductor o intérprete. En este sentido, las personas sordas o con discapacidad auditiva que aprecien que la interpretación no ofrece garantías suficientes de exactitud, podrán solicitar la designación de un nuevo intérprete.

125. [155] 1. Cuando se pongan de manifiesto circunstancias de las que pueda derivarse la necesidad de la asistencia de un intérprete o traductor, el Presidente del Tribunal o el Juez, de oficio o a instancia del Abogado del imputado o acusado, comprobará si éste conoce y comprende suficientemente la lengua oficial en la que se desarrolle la actuación y, en su caso, ordenará que se nombre un intérprete o un traductor conforme a lo dispuesto en el artículo anterior y determinará qué documentos deben ser traducidos.

2. La decisión del Juez o Tribunal por la que se deniegue el derecho a la interpretación o a la traducción de algún documento o pasaje del mismo que la defensa considere esencial, o por la que se rechacen las quejas de la defensa con relación a la falta de calidad de la interpretación o de la traducción, será documentada por escrito.

Si la decisión hubiera sido adoptada durante el juicio oral, la defensa del imputado o acusado podrá hacer constar en el acta su protesta.

Contra estas decisiones judiciales podrá interponerse recurso de conformidad con lo dispuesto en esta Ley.

---

[155] Añadido por art. 1 apartado 6 de Ley Orgánica 5/2015 de 27 de abril de 2015, con vigencia desde 28/05/2015

126. [156] La renuncia a los derechos a que se refiere el artículo 123 deberá ser expresa y libre, y solamente será válida si se produce después de que el imputado o acusado haya recibido un asesoramiento jurídico suficiente y accesible que le permita tener conocimiento de las consecuencias de su renuncia. En todo caso, los derechos a los que se refieren las letras a) y c) del apartado 1 del artículo 123 no podrán ser renunciados.

127. [157] Las disposiciones contenidas en los artículos precedentes son igualmente aplicables a las personas con discapacidad sensorial, que podrán contar con medios de apoyo a la comunicación oral.

128 a 140. [158] (Derogados)

TÍTULO VI
De la forma de dictar resoluciones y del modo de dirimir las discordias [159]

CAPÍTULO PRIMERO
De las resoluciones procesales [160]

141. [161] Las resoluciones de carácter judicial que dicten los Juzgados y Tribunales se denominarán:

Providencias, cuando resuelvan cuestiones procesales reservadas al Juez y que no requieran legalmente la forma de auto.

Autos, cuando decidan incidentes o puntos esenciales que afecten de una manera directa a los investigados o encausados, responsables civiles, acusadores particulares o actores civiles; cuando decidan la competencia del Juzgado o Tribunal, la procedencia o improcedencia de la recusación, cuando decidan recursos contra providencias o decretos, la prisión o libertad provisional, la admisión o denegación de prueba o del derecho de justicia gratuita o afecten a un derecho fundamental y, finalmente, los demás que según las Leyes deben fundarse. [162]

Sentencias, cuando decidan definitivamente la cuestión criminal.

Sentencias firmes, cuando no quepa contra ellas recurso alguno ordinario ni extraordinario, salvo los de revisión y rehabilitación.

Llámase ejecutoria el documento público y solemne en que se consigna una sentencia firme.

La fórmula de las providencias se limitará a la determinación de lo mandado y del Juez o Tribunal que las disponga, sin más fundamento ni adiciones que la fecha en que se acuerde, la firma o rúbrica del Juez o del Presidente y la firma del Secretario Judicial. No obstante, podrán

---

[159] Dada nueva redacción por art. 2 apartado 10 de Ley 13/2009 de 3 de noviembre de 2009, con vigencia desde 04/05/2010

[160] Dada nueva redacción por art. 2 apartado 10 de Ley 13/2009 de 3 de noviembre de 2009, con vigencia desde 04/05/2010

[161] Dada nueva redacción por art. 2 apartado 11 de Ley 13/2009 de 3 de noviembre de 2009, con vigencia desde 04/05/2010

[162] Dada nueva redacción párrafo 3 por art. único apartado 21 apartado 3 de Ley Orgánica 13/2015 de 5 de octubre de 2015, con vigencia desde 06/12/2015

ser sucintamente motivadas sin sujeción a requisito alguno cuando se estime conveniente.

Los autos serán siempre fundados y contendrán en párrafos separados y numerados los antecedentes de hecho y los fundamentos de derecho y, por último, la parte dispositiva. Serán firmados por el Juez, Magistrado o Magistrados que los dicten.

Todas las resoluciones incluirán la mención del lugar y fecha en que se adopten, y si la misma es firme o si cabe algún recurso contra ella, con expresión, en este último caso, del recurso que proceda, del órgano ante el que debe interponerse y del plazo para recurrir [163] .

142. Las sentencias se redactarán con sujeción a las reglas siguientes [164] :

1ª) Se principiarán expresando el lugar y la fecha en que se dictaren, los hechos que hubieren dado lugar a la formación de la causa, los nombres y apellidos de los actores particulares, si los hubiere, y de los procesados; los sobrenombres o apodos con que sean conocidos, su edad, estado, naturaleza, domicilio, oficio o profesión, y, en su defecto, todas las demás circunstancias con que hubieren figurado en la causa, y además el nombre y apellido del Magistrado ponente.

2ª) Se consignarán en Resultandos numerados los hechos que estuvieren enlazados con las cuestiones que hayan de resolverse en el fallo, haciendo declaración expresa y terminante de los que se estimen probados.

3ª) Se consignarán las conclusiones definitivas de la acusación y de la defensa y la que en su caso hubiese propuesto al Tribunal, en virtud de lo dispuesto en el artículo 733.

4ª) Se consignarán también en párrafos numerados, que empezarán con la palabra Considerando:

Primero. Los fundamentos doctrinales y legales de la calificación de los hechos que se hubiesen estimado probados.

Segundo. Los fundamentos doctrinales y legales determinantes de la participación que en los referidos hechos hubiese tenido cada uno de los procesados.

---

[163] Véanse arts. 245 y 248.1 y 2 LOPJ y arts. 206 a 208 LEC
[164] Véase art. 248.3 LOPJ y art. 209 LEC

Tercero. Los fundamentos doctrinales y legales de la calificación de las circunstancias atenuantes, agravantes o eximentes de responsabilidad criminal en caso de haber concurrido.

Cuarto. Los fundamentos doctrinales y legales de la calificación de los hechos que se hubiesen estimado probados con relación a la responsabilidad civil en que hubiesen incurrido los procesados o las personas sujetas a ella a quienes se hubiere oído en la causa, y los correspondientes a las resoluciones que hubieren de dictarse sobre costas, y en su caso a la declaración de querella calumniosa.

Quinto. La cita de las disposiciones legales que se consideren aplicables, pronunciándose por último el fallo, en el que se condenará o absolverá no sólo por el delito principal y sus conexos, sino también por las faltas incidentales de que se hubiere conocido en la causa, reputándose faltas incidentales las que los procesados hubiesen cometido antes, al tiempo o después del delito como medio de perpetrarlo o encubrirlo.

También se resolverán en la sentencia todas las cuestiones referentes a la responsabilidad civil que hubieren sido objeto del juicio, y se declarará calumniosa la querella cuando procediere [165].

143. Las ejecutorias se encabezarán en nombre del Rey [166].

144. La absolución se entenderá libre en todos los casos [167].

144 bis. [168] Las resoluciones de los Secretarios judiciales se denominarán diligencias y decretos.

Salvo que la Ley disponga otra cosa, se dictará diligencia de ordenación cuando la resolución tenga por objeto dar a los autos el curso que la Ley establezca. Se dictarán diligencias de constancia, comunicación o ejecución a efectos de reflejar en autos hechos o actos con trascendencia procesal.

---

[165] Véase art. 988.1 y 2 de la presente Ley

[166] Véase art. 245.5 LOPJ y art. 141.6 de la presente ley

[167] Véase art. 86 LOPM

[168] Añadido por art. 2 apartado 12 de Ley 13/2009 de 3 de noviembre de 2009, con vigencia desde 04/05/2010

Se llamará decreto a la resolución que dicte el Secretario Judicial cuando sea preciso o conveniente razonar su decisión.

Las diligencias se limitarán a la expresión de lo que se disponga, el lugar, la fecha y el nombre y la firma del Secretario Judicial que las dicte. Las diligencias de ordenación incluirán además una sucinta motivación cuando así lo disponga la Ley o cuando el Secretario Judicial lo estime conveniente.

Los decretos serán siempre motivados y contendrán, en párrafos separados y numerados, los antecedentes de hecho y los los fundamentos de derecho en los que se base la subsiguiente parte dispositiva. Expresarán el lugar, la fecha y el nombre del Secretario Judicial que los dicte, con extensión de su firma.

Todas las resoluciones del Secretario Judicial incluirán la mención de si son firmes o si cabe algún recurso contra ellas, con expresión, en este último caso, del recurso que proceda, del órgano ante el que debe interponerse y del plazo para recurrir.

145. [169] Para dictar autos en los asuntos de que conozca el Tribunal Supremo bastarán tres Magistrados y para el dictado de sentencias serán necesarios siete, salvo que la Ley disponga otra cosa [170].

Para dictar autos y sentencias en las Audiencias Provinciales, la Audiencia Nacional y los Tribunales Superiores de Justicia bastarán tres Magistrados.

Cuando no asistieren Magistrados en número suficiente para constituir Sala, se estará a lo dispuesto en la Ley Orgánica del Poder Judicial.

Para dictar providencias en unos y otros Tribunales, bastarán dos Magistrados, si estuviesen conformes.

146. En cada causa habrá un Magistrado ponente.

Turnarán en este cargo los Magistrados del Tribunal, a excepción del que le presida.

---

[169] Dada nueva redacción por art. 2 apartado 13 de Ley 13/2009 de 3 de noviembre de 2009, con vigencia desde 04/05/2010

[170] Véase art. 898 de la presente Ley

Cuando los Tribunales o Salas se compongan sólo de un Presidente con dos Magistrados, turnará también el primero en las Ponencias, correspondiéndole una de cinco [171].

147. Corresponderá a los Ponentes [172]:

1º) Informar al Tribunal sobre las solicitudes de las partes.

2º) Examinar todo lo referente a las pruebas que se propongan, e informar al Tribunal acerca de su procedencia o improcedencia.

3º) Recibir las declaraciones de los testigos y practicar cualesquiera diligencias de prueba, cuando según la Ley no deban o puedan practicarse ante el Tribunal que las ordena, o se hagan fuera del pueblo en que éste se halle constituido y no se dé comisión a los Jueces de Instrucción o municipales para que las practiquen.

4º) Proponer los autos o sentencias que hayan de someterse a discusión del Tribunal y redactarlos definitivamente en los términos que se acuerden.

Cuando el Ponente no se conformase con el voto de la mayoría, se encargará otro Magistrado de la redacción de la sentencia; pero en este caso estará aquél obligado a formular voto particular.

5º) Leer en audiencia pública la sentencia [173].

148. Si por cualquier circunstancia no pudiere fallarse alguna causa en el día correspondiente, esto no será obstáculo a que se decidan o sentencien otras que hayan sido vistas con posterioridad, sin que por ello se altere el orden más que en lo absolutamente indispensable [174].

149. Inmediatamente después de celebrado el juicio oral o en el siguiente día, antes de las horas de despacho, el Tribunal discutirá y votará todas las cuestiones de hecho y de derecho que hayan sido

[171] Véanse arts. 203 y 204 LOPJ y art. 180 LEC
[172] Véanse arts. 205 y 206 LOPJ y art. 181 LEC
[173] Véase art. 46 LOPM
[174] Véase art. 253 LOPJ

objeto del juicio. La sentencia que resulte aprobada se redactará y firmará dentro del término señalado en el artículo 203 [175].

150. La discusión y votación de las sentencias se verificará en todos los Tribunales a puerta cerrada y antes o después de las horas señaladas para el despacho ordinario [176].

151. Discutida la sentencia propuesta por el ponente votará éste primero, y después de él los demás Magistrados, por orden inverso de su antigüedad [177].

152. Cuando la importancia de la discusión lo exija, deberá el que presida hacer un breve resumen de ella, antes de la votación.

153. [178] Las providencias, los autos y las sentencias se dictarán por mayoría absoluta de votos, excepto en los casos en que la Ley exigiese expresamente mayor número [179].

154. Si después de la vista y antes de la votación algún Magistrado se imposibilitare y no pudiere asistir al acto, dará su voto fundado y firmado y lo remitirá directamente al Presidente. Si no pudiere escribir ni firmar, se valdrá del Secretario.

El voto así emitido se conservará rubricado por el que presida en el libro de sentencias.

Cuando el Magistrado no pudiere votar ni aun de este modo, se votará la causa por los no impedidos que hubiesen asistido a la vista y, si hubiere los necesarios para formar mayoría, éstos dictarán sentencia.

---

[175] Véanse arts. 249, 250 y 253 LOPJ; y arts. 182 y 196 LEC

[176] Véase art. 233 LOPJ y art. 197.1 LEC

[177] Véase art. 254.2 LOPJ y art. 198.2 LEC

[178] Dada nueva redacción por artículo adicional único de Ley de 20 de abril de 1888, con vigencia desde 15/05/1888

[179] Véase art. 255 LOPJ y art. 889 de la presente Ley

Cuando no resulte mayoría, se estará a lo que la Ley ordena respecto de las discordias [180].

155. Cuando fuere trasladado, jubilado, separado o suspenso algún Magistrado, votará las causas a cuya vista hubiere asistido y que aún no se hubiesen fallado [181].

156. Comenzada la votación de una sentencia, no podrá interrumpirse sino por algún impedimento insuperable [182].
Todo el que tome parte en la votación de una providencia, auto o sentencia firmará lo acordado, aunque hubiese disentido de la mayoría; pero podrá en este caso salvar su voto, que se insertará con su firma al pie en el libro de votos reservados, dentro de las veinticuatro horas siguientes [183].

157. En las certificaciones o testimonios de sentencias que expidieren los Tribunales no se insertarán los votos reservados; pero se remitirán al Tribunal Supremo y se harán públicos cuando se interponga y admita el recurso de casación [184].

158. Las sentencias se firmarán por todos los Magistrados no impedidos [185].

159. [186] En cada Juzgado o Tribunal, bajo la responsabilidad y custodia del Secretario Judicial, se llevará un libro de sentencias, en el cual se incluirán firmadas todas las definitivas, autos de igual carácter,

---

[180] Véanse arts. 257, 258 y 262 LOPJ; arts. 199 y 202 LEC; art. 92 LOPM y arts. 163 a 165 de la presente Ley
[181] Véase art. 256 LOPJ y art. 199.3 LEC
[182] Véase art. 254.3 LOPJ y art. 198.3 LEC
[183] Véase art. 260 LOPJ y art. 205 LEC
[184] Véase art. 260 LOPJ
[185] Véase art. 259 LOPJ
[186] Dada nueva redacción por art. 2 apartado 14 de Ley 13/2009 de 3 de noviembre de 2009, con vigencia desde 04/05/2010

así como los votos particulares que se hubieren formulado, que serán ordenados correlativamente según su fecha de publicación [187].

160. Las sentencias definitivas se leerán y notificarán a las partes y a sus Procuradores en todo juicio oral el mismo día en que se firmen, o a lo más en el siguiente [188].

Si por cualquier circunstancia o accidente no se encontrare a las partes al ir a hacerles la notificación, se hará constar por diligencia y bastará en tal caso con la notificación hecha a sus Procuradores.

Los autos que resuelvan incidentes se notificarán únicamente a los Procuradores.

Cuando la instrucción de la causa hubiera correspondido a un Juzgado de Violencia sobre la Mujer la sentencia será remitida al mismo por testimonio de forma inmediata, con indicación de si la misma es o no firme [189]. [190]

161. [191] Los Tribunales no podrán variar las resoluciones que pronuncien después de firmadas, pero sí aclarar algún concepto oscuro y rectificar cualquier error material de que adolezcan.

Las aclaraciones a que se refiere el párrafo anterior podrán hacerse de oficio, por el Tribunal o Secretario Judicial, según corresponda, dentro de los dos días hábiles siguientes al de la publicación de la resolución, o a petición de parte o del Ministerio Fiscal formulada dentro del mismo plazo, siendo en este caso resuelta por quien hubiera dictado la resolución de que se trate dentro de los tres días siguientes al de la presentación del escrito en que se solicite la aclaración.

Los errores materiales manifiestos y los aritméticos en que incurran las resoluciones de los Tribunales y Secretarios judiciales podrán ser rectificados en cualquier momento.

Las omisiones o defectos de que pudieren adolecer sentencias y autos y que fuere necesario remediar para llevar plenamente a efecto

---

[187] Véase art. 265 LOPJ

[188] Véanse arts. 248.4 y 270 LOPJ y art. 182 de la presente Ley

[189] Véase art. 49.2 EOMF

[190] Añadido párrafo 4 por art. 53 de Ley Orgánica 1/2004 de 28 de diciembre de 2004, con vigencia desde 29/06/2005

[191] Dada nueva redacción por art. 2 apartado 15 de Ley 13/2009 de 3 de noviembre de 2009, con vigencia desde 04/05/2010

dichas resoluciones, podrán ser subsanados, mediante auto, en los mismos plazos y por el mismo procedimiento establecidos en los párrafos anteriores.

Si se tratase de sentencias o autos que hubieren omitido manifiestamente pronunciamientos relativos a pretensiones oportunamente deducidas y sustanciadas en el proceso, el Tribunal, a solicitud escrita de parte en el plazo de cinco días a contar desde la notificación de la resolución, previo traslado por el Secretario Judicial de dicha solicitud a las demás partes, para alegaciones escritas por otros cinco días, dictará auto por el que resolverá completar la resolución con el pronunciamiento omitido o no haber lugar a completarla.

Si el Tribunal advirtiese en sentencias o autos que dictara las omisiones a que se refiere el párrafo anterior, podrá, en el plazo de cinco días a contar desde la fecha en que se dicta, proceder de oficio, mediante auto, a completar su resolución, pero sin modificar ni rectificar lo que hubiere acordado.

Del mismo modo al establecido en los párrafos anteriores se procederá por el Secretario Judicial cuando se precise subsanar o completar los decretos que hubiere dictado.

No cabrá recurso alguno contra las resoluciones en que se resuelva acerca de la aclaración, rectificación, subsanación o complemento a que se refieren los párrafos anteriores de este artículo, sin perjuicio de los recursos que procedan, en su caso, contra la resolución a que se refiriera la solicitud o la actuación de oficio del Tribunal o Secretario Judicial.

Los plazos para los recursos que procedan contra la resolución de que se trate se interrumpirán desde que se solicite su aclaración, rectificación, subsanación o complemento y, en todo caso, comenzarán a computarse desde el día siguiente a la notificación de la resolución que reconociera o negase la omisión de pronunciamiento y acordase o denegara remediarla [192].

162. Los Tribunales conservarán metódicamente coleccionadas las minutas de los autos que resuelvan incidentes y sentencias que dictaren, haciendo referencia a cada una en el asiento correspondiente de los libros de autos y sentencias del Tribunal.

---

[192] Véase art. 267 LOPJ y art. 214 LEC

Las hojas de los libros de autos y de sentencias de los Tribunales estarán numeradas y selladas, rubricándolas el Presidente respectivo [193].

CAPÍTULO II
Del modo de dirimir las discordias [194]

163. Cuando en la votación de una sentencia definitiva, auto o providencia no resultase mayoría de votos sobre cualquiera de los pronunciamientos de hecho o de derecho que deban hacerse o sobre la decisión que haya de dictarse, volverán a discutirse y a votarse los puntos en que hayan disentido los votantes [195].

164. Si en la siguiente votación insistieren los discordantes en sus respectivos pareceres, se someterán a nueva deliberación tan solo los dos votos más favorables al procesado, y entre éstos optarán precisamente todos los votantes, de modo que resulte aprobado cualquiera de ambos.

En este caso, pondrán en lugar oportuno de la sentencia las siguientes palabras: «Visto el resultado de la votación, la Ley decide:...»

La determinación de cuáles sean los dos pareceres más favorables al procesado se hará a pluralidad de votos.

Lo dispuesto en este artículo y en el anterior no es aplicable al caso a que se refiere el párrafo 2º del artículo 153 [196].

165. En las sentencias que pronuncie el Tribunal Supremo en los recursos de casación o en los de revisión no habrá discordia, quedando al efecto desechados los resultandos y considerandos que no reúnan mayoría absoluta de votos.

---

[193] Véase art. 265 LOPJ
[194] Véanse arts. 262 y 263 LOPJ
[195] Véase art. 262.1 LOPJ
[196] Véanse arts. 262.2 y 263 LOPJ

TÍTULO VII
De las notificaciones, citaciones y emplazamientos [197]

166. [198] Los actos de comunicación se realizarán bajo la dirección del Secretario Judicial.

Las notificaciones, citaciones y emplazamientos que se practiquen fuera de los estrados del Juzgado o Tribunal se harán por el funcionario correspondiente. Cuando el Secretario Judicial lo estime conveniente, podrán hacerse por correo certificado con acuse de recibo, dando fe el Secretario en los autos del contenido del sobre remitido y uniéndose el acuse de recibo.

Las notificaciones, citaciones y emplazamientos se practicarán en la forma prevista en el Capítulo V del Título V del Libro I de la Ley de Enjuiciamiento Civil.

Las notificaciones, citaciones y emplazamientos por correo se entenderán practicados en la fecha en que el destinatario haga constar su recepción en el acuse de recibo.

Los certificados enviados conforme a lo establecido en los párrafos precedentes gozarán de franquicia postal; su importe no se incluirá en la tasación de costas.

Los que tuvieren lugar en los estrados, se practicarán leyendo íntegramente la resolución a la persona a quien se notifiquen, dándole en el acto copia de ella, aunque no la pidiere, y haciendo mérito de uno y otro en la diligencia que se extienda, que suscribirá el Secretario Judicial o el funcionario que la realice [199].

167. Para la práctica de las notificaciones, el Secretario que interviniere en la causa extenderá una cédula, que contendrá:

1º) La expresión del objeto de dicha causa y los nombres y apellidos de los que en ella fueren parte.

2º) La copia literal de la resolución que hubiere de notificarse.

3º) El nombre y apellidos de la persona o personas que han de ser notificadas.

---

[197] Véanse arts. 270 a 272 LOPJ y arts. 149 a 168 LEC

[198] Dada nueva redacción por art. 2 apartado 16 de Ley 13/2009 de 3 de noviembre de 2009, con vigencia desde 04/05/2010

[199] Véanse arts. 270 y 271 LOPJ y arts. 150 y 160 LEC

4º) La fecha en que la cédula se expidiere.

5º) La firma del Secretario [200].

168. Se harán constar en los autos por nota sucinta la expedición de la cédula y el Oficial de Sala o alguacil a quien se encargare su cumplimiento.

169. El que recibiere la cédula sacará y autorizará con su firma tantas copias cuantas sean las personas a quienes hubiere de notificar.

170. La notificación consistirá en la lectura íntegra de la resolución que deba ser notificada, entregando la copia de la cédula a quien se notifique y haciendo constar la entrega por diligencia sucinta al pie de la cédula original [201].

171. En la diligencia se anotará el día y hora de la entrega, y será firmada por la persona a quien ésta se hiciere y por el funcionario que practique la notificación.

Si la persona a quien se haga la entrega no supiere firmar, lo hará otra a su ruego; y si no quisiere, firmarán dos testigos buscados al efecto. Estos testigos no podrán negarse a serlo, bajo la multa de 25 a 100 pesetas [202]. [203]

172. Cuando a la primera diligencia en busca no fuere hallado en su habitación el que haya de ser notificado, cualquiera que fuere la causa y el tiempo de su ausencia, se entregará la cédula al pariente, familiar o criado, mayor de catorce años, que se halle en dicha habitación.

---

[200] Véase art. 453 LOPJ y art. 152 LEC

[201] Véase art. 161 LEC

[202] Véase art. 114.2 LOPM

[203] Dada nueva redacción párrafo 2 por art. 1 de Ley de 14 de abril de 1955, con vigencia desde 05/05/1955

Si no hubiere nadie, se hará la entrega a uno de los vecinos más próximos [204].

173. [205] En la diligencia de entrega se hará constar la obligación del que recibiere la copia de la cédula de entregarla al que deba ser notificado inmediatamente que regrese a su domicilio, bajo la multa de 25 a 200 pesetas si deja de entregarla.

174. Cuando no se pueda practicar una notificación por haber cambiado de habitación el que deba ser notificado y no ser posible averiguar la nueva, o por cualquier otra causa, se hará constar en la cédula original [206].

175. [207] Las citaciones y emplazamientos se practicarán en la forma establecida para las notificaciones, con las siguientes diferencias:
La cédula de citación contendrá:
1. Expresión del Juez, Tribunal o Secretario Judicial que hubiere dictado la resolución, de la fecha de ésta y de la causa en que haya recaído.
2. Los nombres y apellidos de los que debieren ser citados y las señas de sus habitaciones; y si éstas fuesen ignoradas, cualesquiera otras circunstancias por las que pueda descubrirse el lugar en que se hallaren.
3. El objeto de la citación, y calidad en la que se es citado.
4. El lugar, día y hora en que haya de concurrir el citado.
5. La obligación, si la hubiere, de concurrir al primer llamamiento, bajo la multa de 200 a 5.000 euros o si fuese ya el segundo el que se hiciere, la de concurrir bajo apercibimiento de ser perseguido como reo del delito de obstrucción a la justicia tipificado en el artículo 463.1 del Código Penal.

---

[204] Véase art. 161.3 LEC y art. 835.1 de la presente Ley

[205] Dada nueva redacción por art. 1 de Ley de 14 de abril de 1955, con vigencia desde 05/05/1955

[206] Véase art. 161.4 LEC y art. 762.3 de la presente Ley

[207] Dada nueva redacción por art. 2 apartado 17 de Ley 13/2009 de 3 de noviembre de 2009, con vigencia desde 04/05/2010

La cédula del emplazamiento contendrá los requisitos 1), 2) y 3) anteriormente mencionados para la de la citación y, además, los siguientes:

1. El término dentro del cual ha de comparecer el emplazado.

2. El lugar en que haya de comparecer y el Juez o Tribunal ante quien deba hacerlo.

3. La prevención de que, si no compareciere, le pararán los perjuicios a que hubiere lugar en derecho [208].

176. Cuando el citado no comparezca en el lugar, día y hora que se le hubiesen señalado, el que haya practicado la citación volverá a constituirse en el domicilio de quien hubiese recibido la copia de la cédula, haciendo constar por diligencia en la original, la causa de no haberse efectuado la comparecencia. Si esta causa no fuere legítima, se procederá inmediatamente por el Juez o Tribunal que hubiere acordado la citación, a llevar a efecto la prevención que corresponda, entre las establecidas en el número 5º del artículo anterior.

177. Cuando las notificaciones, citaciones o emplazamientos hubieren de practicarse en territorio de otra autoridad judicial española, se expedirá suplicatorio, exhorto o mandamiento, según corresponda, insertando en ellos los requisitos que deba contener la cédula [209].

Si hubiere de practicarse en el extranjero se observarán para ello los trámites prescritos en los tratados, si los hubiese, y en su defecto, se estará al principio de reciprocidad [210].

178. [211] Si el que haya de ser notificado, citado o emplazado no tuviere domicilio conocido, el Juez instructor ordenará lo conveniente para la averiguación del mismo. En este caso el Secretario Judicial se dirigirá a la Policía Judicial, Registros oficiales, colegios profesionales,

---

[208] Véase art. 152.2 LEC

[209] Véanse arts. 183 y ss de la presente Ley

[210] Véase art. 193 de la presente Ley

[211] Dada nueva redacción por art. 2 apartado 18 de Ley 13/2009 de 3 de noviembre de 2009, con vigencia desde 04/05/2010

entidad o empresas en el que el interesado ejerza su actividad interesando dicha averiguación [212].

179. Practicada la notificación, citación o emplazamiento o hecho constar el motivo que lo hubiese impedido, se unirá a los autos la cédula original o el suplicatorio, exhorto o mandamiento expedidos.

180. Serán nulas las notificaciones, citaciones y emplazamientos que no se practicaren con arreglo a lo dispuesto en este Capítulo.

Sin embargo, cuando la persona notificada, citada o emplazada se hubiere dado por enterada en el juicio, surtirá desde entonces la diligencia todos sus efectos, como si se hubiese hecho con arreglo a las disposiciones de la Ley; no por esto quedará relevado el auxiliar o subalterno de la corrección disciplinaria establecida en el artículo siguiente [213].

181. [214] El auxiliar o subalterno que incurriere en morosidad en el desempeño de las funciones que por este Capítulo le correspondan, o faltare a alguna de las formalidades en el mismo establecidas, será corregido disciplinariamente por el Juez o Tribunal de quien dependa, con multa de 50 a 500 pesetas [215].

182. Las notificaciones, citaciones y emplazamientos podrán hacerse a los Procuradores de las partes.

Se exceptúan:

1º) Las citaciones que por disposición expresa de la Ley deban hacerse a los mismos interesados en persona.

2º) Las citaciones que tengan por objeto la comparecencia obligatoria de éstos [216].

---

[212] Véase art. 164 LEC

[213] Véase art. 166 LEC

[214] Dada nueva redacción por art. 1 de Ley de 14 de abril de 1955, con vigencia desde 05/05/1955

[215] Véase art. 168.1 LEC

[216] Véase art. 438.1 LOPJ

TÍTULO VIII
De los suplicatorios, exhortos y mandamientos [217]

183. Los Jueces y Tribunales se auxiliarán mutuamente para la práctica de todas las diligencias que fueren necesarias en la sustanciación de las causas criminales [218].

184. Cuando una diligencia judicial hubiere de ser ejecutada por un Juez o Tribunal distinto del que la haya ordenado, éste encomendará su cumplimiento por medio de suplicatorio, exhorto o mandamiento.

Empleará la forma del suplicatorio cuando se dirija a un Juez o Tribunal superior en grado; la de exhorto, cuando se dirija a uno de igual grado, y la de mandamiento o carta-orden, cuando se dirija a un subordinado suyo [219].

185. El Juez o Tribunal que haya ordenado la práctica de una diligencia judicial no podrá dirigirse a Jueces o Tribunales de categoría o grado inferior que no le estuvieren subordinados, debiendo entenderse directamente con el superior de éstos que ejerza la jurisdicción en el mismo grado que él [220].

Se exceptúan los casos en que expresamente se disponga otra cosa en la Ley [221].

186. Para ordenar el libramiento de certificación o testimonio y la práctica de cualquier diligencia judicial, cuya ejecución corresponda a Registradores de la Propiedad, Notarios, auxiliares o subalternos de Juzgados o Tribunales y funcionarios de Policía Judicial que estén a las órdenes de los mismos, se empleará la forma de mandamiento [222].

---

[217] Véanse arts. 273, 274, 275, 276, y 278 LOPJ
[218] Véase art. 273 LOPJ y art. 169.1 LEC
[219] Véase art. 274.1 LOPJ y arts. 186, 427, 784.2 y 831 de la presente Ley
[220] Véase art. 274.2 LOPJ
[221] Véase art. 275 LOPJ
[222] Véase art. 149.5 LEC

187. Cuando los Jueces o Tribunales tengan que dirigirse a Autoridades o funcionarios de otro orden, usarán la forma de oficios o exposiciones, según el caso requiera [223].

188. Los suplicatorios, exhortos o mandamientos en causas en que se persigan delitos que no sean de los que sólo por querella privada pueden ser perseguidos, se expedirán de oficio y se cursarán directamente para su cumplimiento por el Juez o Tribunal que los hubiere librado.

Los que procedan de causas por delitos que sólo pueden ser perseguidos en virtud de querella particular, podrán entregarse bajo recibo al interesado o a su representante a cuya instancia se libraren, fijándole término para presentarlos a quien deba cumplirlos.

Se exceptuarán los casos en que expresamente se disponga otra cosa en la Ley.

189. La persona que reciba los documentos los presentará en el término que se le hubiese fijado, al Juez o Tribunal a quien se haya encomendado el cumplimiento, dando aviso, acto continuo, de haberlo hecho así al Juez o Tribunal de quien procedan.

Al verificar la presentación, el funcionario correspondiente extenderá diligencia a continuación del suplicatorio, exhorto o carta-orden, expresando la fecha de su entrega y la persona que lo hubiese presentado, a la que dará recibo, firmando ambos la diligencia. Dicho funcionario dará, además, cuenta al Juez o Tribunal en el mismo día, y si no fuere posible, en el siguiente.

190. Cuando hubiesen sido remitidos de oficio, el Juez o Tribunal que los reciba acusará inmediatamente recibo al remitente.

191. El Juez o Tribunal que reciba, o a quien sea presentado un suplicatorio, exhorto o carta-orden, acordará su cumplimiento, sin perjuicio de reclamar la competencia que estimare corresponderle, disponiendo lo conducente para que se practiquen las diligencias dentro

---

[223] Véanse arts. 195 y 196 de la presente Ley

del plazo, si se hubiere fijado en el exhorto, o lo más pronto posible en otro caso.

Una vez cumplimentado, lo devolverá sin demora en la misma forma en que lo hubiere recibido o en que se le hubiese presentado [224].

192. Cuando se demorare el cumplimiento de un suplicatorio más tiempo del absolutamente necesario para ello, atendidas la distancia y la índole de la diligencia que haya de practicarse, el Juez o Tribunal que lo hubiese expedido remitirá de oficio o a instancia de parte, según los casos, un recuerdo al Juez o Tribunal suplicado.

Si la demora en el cumplimiento se refiriese a un exhorto, en vez de recuerdo dirigirá suplicatorio al superior inmediato del exhortado, dándole conocimiento de la demora. [225]

Del mismo apremio se valdrá el que haya expedido una carta-orden, para obligar a su inferior moroso a que la devuelva cumplimentada [226].

193. Los exhortos a Tribunales extranjeros se dirigirán por la vía diplomática, en la forma establecida en los tratados, y a falta de éstos, en la que determinen las disposiciones generales del Gobierno.

En cualquier otro caso se estará al principio de reciprocidad [227].

194. Las mismas reglas establecidas en el artículo anterior se observarán para dar cumplimiento en España a los exhortos de Tribunales extranjeros, por los que se requiera la práctica de alguna diligencia judicial [228].

195. Con las Autoridades, funcionarios, agentes y Jefes de fuerza armada, que no estuvieren a las órdenes inmediatas de los Jueces y

---

[224] Véase art. 173 LEC

[225] Dada nueva redacción párrafo 2 por disposición derogatoria única apartado 3 de Ley Orgánica 16/1994 de 8 de noviembre de 1994, con vigencia desde 09/12/1994

[226] Véase art. 419 LOPJ

[227] Véase art. 276 LOPJ; Ley 3/2003, de 14 de marzo, sobre la orden europea de detención y entrega, y art. 177 LEC

[228] Véanse arts. 277 y 278 LOPJ

Tribunales, se comunicarán éstos por medio de atentos oficios, a no ser que la urgencia del caso exija verificarlo verbalmente, haciéndolo constar en la causa.

196. Los Jueces y Tribunales se dirigirán en forma de exposición, por conducto del Ministerio de Gracia y Justicia, a los Cuerpos Colegisladores y a los Ministros de la Corona, tanto para que auxilien a la Administración de Justicia en sus propias funciones como para que obliguen a las Autoridades, sus subordinadas, a que suministren los datos o presten los servicios que se les hubieren pedido [229] .

TÍTULO IX
De los términos judiciales [230]

197. [231] Las resoluciones de Jueces, Tribunales y Secretarios Judiciales, y las diligencias judiciales, se dictarán y practicarán dentro de los términos señalados para cada una de ellas [232] .

198. Cuando no se fije término, se entenderá que han de dictarse y practicarse sin dilación [233] .
Párrafo 2 (Derogado) [234]

199. Los Jueces y Tribunales impondrán en su caso dicha corrección disciplinaria a sus auxiliares y subalternos, sin necesidad de peti-

---

[229] Véanse arts. 187 y 755 de la presente Ley

[230] Véanse arts. 182 a 185 LOPJ y arts. 132 a 136 LEC

[231] Dada nueva redacción por art. 2 apartado 19 de Ley 13/2009 de 3 de noviembre de 2009, con vigencia desde 04/05/2010

[232] Véase art. 132.1 LEC

[233] Véase art. 132.2 LEC

[234] Derogado párrafo 2 por disposición derogatoria única apartado 3 de Ley Orgánica 16/1994 de 8 de noviembre de 1994, con vigencia desde 09/12/1994

ción de parte; y si no lo hicieren, incurrirán a su vez en responsabilidad [235].

200. [236] Los que se consideren perjudicados por dilaciones injustificadas de los términos judiciales podrán deducir queja ante el Ministerio de Gracia y Justicia, que, si la estima fundada, la remitirá al Fiscal a quien corresponda, para que entable de oficio el recurso de responsabilidad que proceda con arreglo a la Ley [237].

201. [238] Todos los días y horas del año serán hábiles para la instrucción de las causas criminales, sin necesidad de habilitación especial [239].

202. Serán improrrogables los términos judiciales cuando la Ley no disponga expresamente lo contrario.

Pero podrán suspenderse o abrirse de nuevo, si fuere posible sin retroceder el juicio del estado en que se halle cuando hubiere causa justa y probada.

Se reputará causa justa la que hubiere hecho imposible dictar la resolución o practicar la diligencia judicial, independientemente de la voluntad de quienes hubiesen debido hacerlo [240].

203. Las sentencias se dictarán y firmarán dentro de los tres días siguientes al en que se hubiese celebrado la vista del incidente o se hubiese terminado el juicio.

---

[235] Véase art. 168.1 LEC

[236] Dada nueva redacción por disposición derogatoria única de Ley Orgánica 16/1994 de 8 de noviembre de 1994, derogando el último inciso, con vigencia desde 09/12/1994

[237] Véase art. 292 LOPJ

[238] Dada nueva redacción por disposición final 12 apartado 5 de Ley 1/2000 de 7 de enero de 2000, con vigencia desde 08/01/2001

[239] Véanse arts. 184 y 185 LOPJ; art. 5 CC; arts. 130 y 131 LEC; Ley 18/1987, de 7 de octubre que establece el día de la Fiesta NAcional de España en el 12 de octubre; y art. 37.2 ET

[240] Véase art. 134 LEC

Se exceptúan las sentencias en los juicios sobre faltas, las cuales habrán de dictarse en el mismo día o al siguiente [241] .

204. [242] Los autos y decretos se dictarán y firmarán en el día siguiente al en que se hubiesen entablado las pretensiones que por ellos se hayan de resolver, o hubieren llegado las actuaciones a estado de que aquéllos sean dictados.

Las providencias y diligencias se dictarán y firmarán inmediatamente que resulte de las actuaciones la necesidad de dictarlas, o en el mismo día o en el siguiente al en que se hayan presentado las pretensiones sobre que recaigan [243] .

205. [244] Se exceptúan de lo dispuesto en el artículo anterior los autos, decretos, providencias y diligencias que deban dictarse en más corto término para no interrumpir el curso del juicio público, o para no infringir con el retraso alguna disposición legal.

206. El Secretario dará cuenta al Juez o Tribunal de todas las pretensiones escritas, en el mismo día en que le fueren entregadas, si esto sucediese antes de las horas de audiencia o durante ella, y al día siguiente si se le entregaren después.

En todo caso, pondrán al pie de la pretensión, en el acto de recibirla y a presencia de quien se la entregase, una breve nota consignando el día y hora de la entrega, y facilitará al interesado que lo pidiere documento bastante para acreditarlo [245] .

207. Las notificaciones, citaciones y emplazamientos que hubieren de hacerse en la capital del Juzgado o Tribunal, se practicarán lo más

---

[241] Véanse arts. 248.3 y 259 LOPJ; y arts. 741, 789.1 y 973 de la presente Ley

[242] Dada nueva redacción por art. 2 apartado 20 de Ley 13/2009 de 3 de noviembre de 2009, con vigencia desde 04/05/2010

[243] Véase art. 248.1 y 2 LOPJ

[244] Dada nueva redacción por art. 2 apartado 21 de Ley 13/2009 de 3 de noviembre de 2009, con vigencia desde 04/05/2010

[245] Véanse arts. 453 y ss LOPJ y art. 135.3 y 4 LEC

tarde al siguiente día de dictada resolución que deba ser notificada, o en virtud de la cual se haya de hacer la citación o emplazamiento [246].

208. Si las mencionadas diligencias hubieren de practicarse fuera de la capital, el Secretario entregará al Oficial de Sala o subalterno la cédula, o remitirá de oficio o entregará a la parte, según corresponda, el suplicatorio, exhorto o mandamiento, al siguiente día de dictada la resolución [247].

209. Las diligencias de que habla el artículo anterior se practicarán en un término que no exceda de un día por cada 20 kilómetros de distancia entre la capital y el punto en que deban tener lugar.

210. Las demás diligencias judiciales se practicarán en los términos que se fijen para ello, al dictar la resolución en que se ordenen [248].

211. [249] Los recursos de reforma o de súplica contra las resoluciones de los Jueces y Tribunales se interpondrán en el plazo de los tres días siguientes a su notificación a los que sean parte en el juicio [250].

En el mismo plazo se interpondrán los recursos de reposición y de revisión contra las resoluciones de los Secretarios judiciales [251].

212. [252] El recurso de apelación se entablará dentro de cinco días, a contar desde el siguiente al de la última notificación de la reso-

---

[246] Véase art. 166 de la presente Ley

[247] Véase art. 104 LOPM y arts. 166 y ss, 177, 184 y 189 de la presente Ley

[248] Véase art. 197 de la presente Ley

[249] Dada nueva redacción por art. 2 apartado 22 de Ley 13/2009 de 3 de noviembre de 2009, con vigencia desde 04/05/2010

[250] Véanse arts. 216 a 221 y 236 a 238 de la presente Ley

[251] Véanse arts. 238 bis y 238 ter de la presente Ley

[252] Dada nueva redacción por art. 1 de Ley de 16 de julio de 1949, con vigencia desde 06/08/1949

lución judicial que fuere su objeto hecha a los que expresa el artículo anterior [253].

La preparación del recurso de casación se hará dentro de los cinco días siguientes al de la última notificación de la sentencia o auto contra que se intente entablarlo [254].

Se exceptúa el recurso de apelación contra la sentencia dictada en juicio sobre faltas. Para este recurso, el término será el primer día siguiente al en que se hubiere practicado la última notificación [255].

213. El recurso de queja para cuya interposición no señale término la Ley podrá interponerse en cualquier tiempo, mientras estuviese pendiente la causa [256].

214. Los Secretarios tendrán obligación de poner, sin la menor demora y bajo su responsabilidad, en conocimiento del Juez o Tribunal el vencimiento de los términos judiciales, consignándolo así por medio de diligencia [257].

215. Transcurrido el término señalado por la Ley o por el Juez o Tribunal, según los casos, se continuará de oficio el curso de los procedimientos en el estado en que se hallaren.

Si el proceso estuviere en poder de alguna persona, se recogerá sin necesidad de providencia, bajo la responsabilidad del Secretario, con imposición de multa de 25 a 250 pesetas a quien diere lugar a la recogida, si no lo entregare en el acto o lo entregare sin despachar cuando estuviere obligado a formular algún dictamen o pretensión. En este segundo supuesto, se le señalará por el Juez o Tribunal un segundo término prudencial; y si, transcurrido, tampoco devolviese el proceso

---

[253] Véanse arts. 216, 217, 219 a 232 y 766 de la presente Ley
[254] Véanse arts. 855 y ss de la presente Ley
[255] Véase art. 974 de la presente Ley
[256] Véanse arts. 218 y 233 a 235 de la presente Ley
[257] Véase art. 456 LOPJ y sus concordantes

despachado, la persona a que se refiere este artículo será procesada como culpable de desobediencia. [258]

También será procesado en este concepto el que, ni aún después de apremiado con la multa, devolviere el expediente [259].

TÍTULO X
De los recursos contra las resoluciones procesales [260]

CAPÍTULO PRIMERO
De los recursos contra las resoluciones de los Jueces y Tribunales [261]

216. Contra las resoluciones del Juez de Instrucción podrán ejercitarse los recursos de reforma, apelación y queja [262].

217. El recurso de reforma podrá interponerse contra todos los autos del Juez de Instrucción. El de apelación podrá interponerse únicamente en los casos determinados en la Ley, y se admitirá en ambos efectos tan sólo cuando la misma lo disponga expresamente [263].

218. El recurso de queja podrá interponerse contra todos los autos no apelables del Juez, y contra las resoluciones en que se denegare la admisión de un recurso de apelación [264].

---

[258] Dada nueva redacción párrafo 2 por art. 1 de Ley de 14 de abril de 1955, con vigencia desde 05/05/1955

[259] Véase art. 556 CP y art. 106 LOPM

[260] Dada nueva redacción por art. 2 apartado 23 de Ley 13/2009 de 3 de noviembre de 2009, con vigencia desde 04/05/2010

[261] Añadido por art. 2 apartado 23 de Ley 13/2009 de 3 de noviembre de 2009, con vigencia desde 04/05/2010

[262] Véase art. 766 de la presente Ley

[263] Véanse arts. 211, 212, 223 y 766 de la presente Ley

[264] Véanse arts. 862 y ss de la presente Ley

219. Los recursos de reforma y apelación se interpondrán ante el mismo Juez que hubiere dictado el auto.

El de queja se producirá ante el Tribunal superior competente [265].

220. Será Juez competente para conocer del recurso de reforma el mismo ante quien se hubiese interpuesto, con arreglo al artículo anterior.

Será Tribunal competente para conocer del recurso de apelación aquél a quien correspondiese el conocimiento de la causa en juicio oral. Este mismo será el competente para conocer de la apelación contra el auto de no admisión de una querella.

Será Juez o Tribunal competente para conocer del recurso de queja el mismo ante quien se hubiese interpuesto, con arreglo al párrafo segundo del artículo 219 [266].

221. Los recursos de reforma, apelación y queja se interpondrán siempre en escrito, autorizado con firma de Letrado.

222. El recurso de apelación no podrá interponerse sino después de haberse ejercitado el de reforma; pero podrán interponerse ambos en un mismo escrito, en cuyo caso el de apelación se propondrá subsidiariamente, por si fuere desestimado el de reforma.

El que interpusiere el recurso de reforma presentará con el escrito tantas copias del mismo cuantas sean las demás partes, a las cuáles habrán de ser entregadas dichas copias.

El Juez resolverá el recurso al segundo día de entregadas las copias, hubiesen o no presentado escrito las demás partes [267].

223. Interpuesto el recurso de apelación, el Juez lo admitirá, en uno o en ambos efectos, según sea procedente [268].

---

[265] Véase art. 220 de la presente Ley
[266] Véanse arts. 65.5 y 82.1.2 LOPJ
[267] Véase art. 766 de la presente Ley
[268] Véase art. 217 de la presente Ley

224. [269] Si se admitiere el recurso en ambos efectos, el Secretario Judicial remitirá los autos originales al Tribunal que hubiere de conocer de la apelación, y emplazará a las partes para que se personen ante éste en el término de quince si el Tribunal fuere el Supremo o diez días, si fuere el Tribunal Superior de Justicia o la Audiencia.

225. [270] Si el recurso no fuere admisible más que en un solo efecto, el Juez, en la misma resolución en que así lo declare en cumplimiento del artículo 223, mandará sacar testimonio del auto primeramente recurrido, de los escritos referentes al recurso de reforma, del auto apelado y de cuantos otros particulares considere necesario incluir, fijando el término dentro del cual ha de quedar expedido el testimonio, término que se contará desde la fecha siguiente a la de la resolución en que se fije.

Dentro de los dos días siguientes al de serles notificada esta providencia, sin necesidad de ninguna otra, el Ministerio Fiscal y el apelante podrán pedir al Juez que sean incluidos en el testimonio los particulares que crean procede incluir, y el Juez acordará sobre lo solicitado, dentro del siguiente día, sin ulterior recurso, teniendo siempre presente el carácter reservado del sumario. Cuando varias partes solicitasen testimonio de un mismo particular, sólo se insertará éste una vez, y será desestimada la nueva inserción de los que ya haya acordado el Juez incluir.

El término que, según lo expresado en el primer párrafo de este artículo, ha de fijar el Juez para expedir el testimonio no excederá nunca de quince días, pudiendo ser prorrogado a instancia del actuario hasta este límite si se otorgase por menor tiempo; pero si antes de expirar los quince días el actuario exhibiera al Juez más de cien folios escritos del testimonio, sin que éste estuviera terminado, el Juez podrá acordar la prórroga por un término prudencial, que en ningún caso excederá de diez días. La exhibición de los folios escritos, en número mayor de cien, antes de expirar el primer término, se hará constar mediante diligencia, que firmarán el Juez y el actuario, en el lugar al cual alcance el testimonio al ser exhibido, teniendo las partes derecho

[269] Dada nueva redacción por art. 2 apartado 24 de Ley 13/2009 de 3 de noviembre de 2009, con vigencia desde 04/05/2010

[270] Dada nueva redacción por art. 1 de Real Decreto-Ley de 14 de diciembre de 1925, con vigencia desde 15/12/1925

a que se les exhiba esta diligencia al serles notificada la providencia de prórroga.

226. Para el señalamiento de los particulares que hayan de testimoniarse no podrá darse vista al apelante de los autos que para él tuvieren carácter de reservados [271].

227. Puesto el testimonio, se emplazará a las partes para que dentro del término fijado en el artículo 224, se personen en el Tribunal que hubiere de conocer del recurso [272].

228. [273] Recibidos los autos en el Tribunal superior, si en el término del emplazamiento no se hubiere personado el apelante, el Secretario Judicial mediante decreto declarará de oficio, desierto el recurso, comunicándolo inmediatamente por certificación al Juez, y devolviendo los autos originales si el recurso se hubiese admitido en ambos efectos. Contra este decreto cabrá recurso directo de revisión.

En el mismo día en que sea recibido por el Tribunal superior el testimonio para sustanciar una apelación, o en el siguiente, el Secretario Judicial acusará recibo al Juez instructor, que se unirá al sumario. Si el recibo no le fuere remitido, el Secretario Judicial lo reclamará al Secretario del Tribunal a quien competa conocer de la apelación; y si aun así no lo recibiera, lo pondrá directamente en conocimiento del Secretario de Gobierno, a los efectos procedentes.

229. [274] Si el apelante se hubiese personado, el Secretario Judicial le dará vista de los autos por término de tres días para instrucción.

Después de él seguirá la vista, por igual término, a las demás partes personadas, y por último al Fiscal, si la causa fuese por delito de los que dan lugar a procedimiento de oficio, o de aquellos que puedan perseguirse previa denuncia de los interesados.

---

[271] Véase art. 229 de la presente Ley

[272] Véase art. 622.3 de la presente Ley

[273] Dada nueva redacción por art. 2 apartado 25 de Ley 13/2009 de 3 de noviembre de 2009, con vigencia desde 04/05/2010

[274] Dada nueva redacción por art. 2 apartado 26 de Ley 13/2009 de 3 de noviembre de 2009, con vigencia desde 04/05/2010

Sin embargo, de lo dispuesto en los párrafos anteriores, no se dará vista a las partes de lo que fuese para ellas de carácter reservado, tal como lo hubiera acordado el Juez o Tribunal [275].

230. [276] Devueltos los autos por el Fiscal, o si éste no fuere parte en la causa, por la última de las personas a quien se hubiesen entregado, el Secretario Judicial señalará día para la vista, en la que el Fiscal, si fuese parte, y los defensores de las demás, podrán informar lo que tuvieren por conveniente a su derecho.

La vista se celebrará el día señalado, asistan o no las partes, sin que entre el día en que se haga el señalamiento y el de la vista medien más de diez días. Será obligatoria la asistencia del Ministerio Fiscal en todas las causas en que éste interviniere. Y no podrá acordarse la suspensión por motivo alguno, siendo rechazadas de plano, sin ulterior recurso, cuantas pretensiones de suspensión se formulen.

El Secretario Judicial competente cuidará, bajo su responsabilidad, de que el recurso sea sustanciado en el término más breve posible, sin que en caso alguno transcurran más de dos meses entre el día de ingreso en la Audiencia del testimonio para la apelación, o del sumario, en su caso y el del día de la vista [277].

231. Las partes podrán presentar, antes del día de la vista, los documentos que tuvieren por conveniente en justificación de sus pretensiones.

No será admisible otro medio de prueba.

232. [278] Cuando fuere firme el auto dictado, el Secretario del Tribunal lo comunicará al Juez para su cumplimiento, devolviéndole el proceso si la apelación hubiese sido en ambos efectos.

El Secretario del Tribunal que haya conocido de la apelación cuidará, bajo su responsabilidad, de que en ningún caso dejen de ser

[275] Véase art. 766 de la presente Ley

[276] Dada nueva redacción por art. 2 apartado 27 de Ley 13/2009 de 3 de noviembre de 2009, con vigencia desde 04/05/2010

[277] Véase art. 766 de la presente Ley

[278] Dada nueva redacción por art. 2 apartado 28 de Ley 13/2009 de 3 de noviembre de 2009, con vigencia desde 04/05/2010

devueltos los autos al Juez instructor, o deje de comunicársele la resolución recaída dentro de los tres días siguientes al de ser firme ésta, cuando el sumario no haya sido aún terminado. El Secretario Judicial competente acusará inmediatamente recibo, y si no lo hiciere le será éste reclamado por el Secretario del Tribunal, con el apercibimiento de que, de no hacerlo, pondrá los hechos en conocimiento del Secretario de Gobierno.

233. Cuando se interpusiere el recurso de queja, el Tribunal ordenará al Juez que informe en el corto término que al efecto le señale [279].

234. [280] Recibido dicho informe, el Secretario Judicial lo pasará al Fiscal, si la causa fuere por delito en que tenga que intervenir, para que emita dictamen por escrito en el término de tres días [281].

235. Con vista a este dictamen, si le hubiere, y del informe del Juez, el Tribunal resolverá lo que estime justo.

El auto que se dicte no podrá afectar al estado que tuviere la causa cuando el recurso se haya interpuesto fuera del término ordinario de las apelaciones, sin perjuicio de lo que el Tribunal acuerde en su día cuando llegue a conocer de aquélla [282].

236. [283] Contra los autos de los Tribunales de lo criminal podrá interponerse el recurso de súplica ante el mismo que los hubiese dictado y de apelación únicamente en aquellos casos expresamente previstos en la Ley.

---

[279] Véanse arts. 219.2 y 220 de la presente Ley

[280] Dada nueva redacción por art. 2 apartado 29 de Ley 13/2009 de 3 de noviembre de 2009, con vigencia desde 04/05/2010

[281] Véase art. 787.2 de la presente Ley

[282] Véase art. 787.2 de la presente Ley

[283] Dada nueva redacción por art. 2 apartado 30 de Ley 13/2009 de 3 de noviembre de 2009, con vigencia desde 04/05/2010

237. Se exceptúan aquéllos contra los cuales se otorgue expresamente otro recurso en la Ley.

238. El recurso de súplica contra un auto de cualquier Tribunal se sustanciará por el procedimiento señalado para el recurso de reforma que se entable contra cualquiera resolución de un Juez de Instrucción [284].

CAPÍTULO II
Del recurso de revisión contra las resoluciones de los Secretarios Judiciales [285]

238 bis. [286] [287]

Contra todas las diligencias de ordenación dictadas por los Secretarios judiciales podrá ejercitarse ante ellos mismos recurso de reposición.

También podrá interponerse recurso de reposición contra los decretos de los Secretarios judiciales, excepto en aquellos supuestos en que proceda la interposición directa de recurso de revisión por así preverlo expresamente la Ley.

El recurso de reposición, que se interpondrá siempre por escrito autorizado con firma de Letrado y acompañado de tantas copias cuantas sean las demás partes personadas, expresará la infracción en que la resolución hubiere incurrido a juicio del recurrente y en ningún caso tendrá efectos suspensivos.

Admitido a trámite el recurso de reposición, por el Secretario Judicial se concederá al Ministerio Fiscal y a las demás partes personadas un plazo común de dos días para presentar por escrito sus alegaciones, transcurrido el cual resolverá sin más trámite.

---

[284] Véase art. 222.2 y 3 de la presente Ley

[285] Añadido por art. 2 apartado 31 de Ley 13/2009 de 3 de noviembre de 2009, con vigencia desde 04/05/2010

[286] Añadido por art. 2 apartado 31 de Ley 13/2009 de 3 de noviembre de 2009, con vigencia desde 04/05/2010

[287] Véanse arts. 211 y 866 de la presente Ley

Párrafo 5 (Derogado) [288]

238 ter. [289] El recurso de revisión se interpondrá ante el Juez o Tribunal con competencia funcional en la fase del proceso en la que haya recaído el decreto del Secretario Judicial que se impugna, mediante escrito en el que deberá citarse la infracción en que ésta hubiere incurrido, autorizado con firma de Letrado y del que deberán presentarse tantas copias cuantas sean las demás partes personadas.

Admitido a trámite el recurso de revisión, por el Secretario Judicial se concederá al Ministerio Fiscal y a las demás partes personadas un plazo común de dos días para que presenten sus alegaciones por escrito, transcurrido el cual el Juez o Tribunal resolverá sin más trámite. Contra el auto resolutorio del recurso de revisión no cabrá interponer recurso alguno.

El régimen de recursos frente a las resoluciones de los Secretarios judiciales dictadas para la ejecución de los pronunciamientos civiles de la sentencia y para la realización de la medida cautelar real de embargo prevista en los artículos 589 y 615 de esta Ley, será el previsto en la Ley de Enjuiciamiento Civil [290].

TÍTULO XI
De las costas procesales [291]

239. En los autos o sentencias que pongan término a la causa o a cualquiera de los incidentes deberá resolverse sobre el pago de las costas procesales.

240. Esta resolución podrá consistir:
1º) En declarar las costas de oficio.

---

[288] Anulado párrafo 5 por sentencia 151/2020 del Tribunal Constitucional de 22 de octubre de 2020, con vigencia desde 20/11/2020

[289] Añadido por art. 2 apartado 31 de Ley 13/2009 de 3 de noviembre de 2009, con vigencia desde 04/05/2010

[290] Véanse arts. 451 a 454 bis LEC

[291] Véanse arts. 241 a 246 LEC y arts. 123 a 126 CP

2º) En condenar a su pago a los procesados, señalando la parte proporcional de que cada uno de ellos deba responder, si fuesen varios.

No se impondrán nunca las costas a los procesados que fueren absueltos [292].

3º) En condenar a su pago al querellante particular o actor civil.

Serán éstos condenados al pago de las costas cuando resultare de las actuaciones que han obrado con temeridad o mala fe.

241. Las costas consistirán:

1º) En el reintegro del papel sellado empleado en la causa.

2º) En el pago de los derechos de Arancel.

3º) En el de los honorarios devengados por los Abogados y peritos.

4º) En el de las indemnizaciones correspondientes a los testigos que las hubiesen reclamado, si fueren de abono, y en los demás gastos que se hubieren ocasionado en la instrucción de la causa [293].

242. [294] Cuando se declaren de oficio las costas no habrá lugar al pago de las cantidades a que se refiere los números 1 y 2 del artículo anterior.

Los Procuradores y Abogados que hubiesen representado y defendido a cualquiera de las partes, y los Peritos y testigos que hubiesen declarado a su instancia, podrán exigir de aquélla, si no se le hubiere reconocido el derecho a la asistencia jurídica gratuita, el abono de los derechos, honorarios e indemnizaciones que les correspondieren, reclamándolos del Juez o Tribunal que conociese de la causa.

Se procederá a su exacción por la vía de apremio si, presentadas las respectivas reclamaciones y hechas saber a las partes, no pagasen éstas en el término prudencial que el Secretario Judicial señale, ni tacharen aquéllas de indebidas o excesivas. En este último caso se procederá con arreglo a lo dispuesto en la Ley de Enjuiciamiento Civil [295].

El Secretario Judicial que interviniere en la ejecución de la sentencia hará la tasación de las costas de que habla el número 1 y 2 del

---

[292] Véase art. 123 CP

[293] Véase art. 124 CP y arts. 121, 122, 465 y 722 de la presente ley

[294] Dada nueva redacción por art. 2 apartado 32 de Ley 13/2009 de 3 de noviembre de 2009, con vigencia desde 04/05/2010

[295] Véanse arts. 634 a 636 LEC

artículo anterior. Los honorarios de los Abogados y Peritos se acreditarán por minutas firmadas por los que los hubiesen devengado. Las indemnizaciones de los testigos se computarán por la cantidad que oportunamente se hubiese fijado en la causa. Los demás gastos serán regulados por el Secretario Judicial, con vista de los justificantes.

243. Hechas la tasación y regulación de costas, se dará vista al Ministerio Fiscal y a la parte condenada al pago, para que manifiesten lo que tengan por conveniente en el término de tres días.

244. [296] Transcurrido el plazo establecido en el artículo anterior sin haber sido impugnada la tasación de costas practicada, o tachadas de indebidas o excesivas alguna de las partidas de honorarios, se procederá con arreglo a lo dispuesto en la Ley de Enjuiciamiento Civil [297].

245. Aprobadas o reformadas la tasación y regulación, se procederá a hacer efectivas las costas por la vía de apremio establecida en la Ley de Enjuiciamiento Civil, con los bienes de los que hubiesen sido condenados a su pago [298].

246. Si los bienes del penado no fuesen bastantes para cubrir todas las responsabilidades pecuniarias, se procederá, para el orden y preferencia de pago, con arreglo a lo establecido en los artículos respectivos del Código penal [299].

---

[296] Dada nueva redacción por art. 2 apartado 33 de Ley 13/2009 de 3 de noviembre de 2009, con vigencia desde 04/05/2010

[297] Véanse arts. 634 a 636 LEC y 242.3 de la presente Ley

[298] Véanse arts. 634 a 639 LEC

[299] Véanse arts. 125 y 126 CP

TÍTULO XII
De las obligaciones de los Jueces y Tribunales relativas a la estadística judicial [300]

247. Los Jueces Municipales tendrán obligación de remitir cada mes al Presidente de la Audiencia territorial respectiva un estado de los juicios sobre faltas que durante el mes anterior se hubiesen celebrado [301].

248. Los Jueces de Instrucción remitirán mensualmente al Presidente de la respectiva Sala o Audiencia de lo criminal un estado de los sumarios principiados, pendientes y conclusos durante el mes anterior.

249. Los Presidentes de las expresadas Salas o Audiencias remitirán al Presidente de la Audiencia territorial, cada trimestre, un estado-resumen de los que hubieren recibido mensualmente de los Jueces de Instrucción, y otro de las causas pendientes y terminadas ante su Tribunal durante el trimestre.

Los trimestres se formarán contando desde el comienzo del año judicial [302].

250. Los Presidentes de las Audiencias territoriales remitirán al Ministerio de Gracia y Justicia, en el primer mes de cada trimestre, estados en resumen de los que hubieren recibido de los Jueces Municipales y de los Tribunales de lo Criminal.

251. Las Salas Segunda y Tercera del Tribunal Supremo remitirán al Ministerio de Gracia y Justicia un estado de los recursos de casación ante ellas pendientes y por ellas fallados durante el trimestre.

Cuando la Sala de lo Criminal de cualquier Audiencia territorial o la Tercera del Tribunal Supremo, o éste constituido en pleno, principiaren o fallaren alguna causa criminal que especialmente les estuviese

---

[300] Véase art. 461 LOPJ
[301] Véase disposición transitoria 3 LOPJ
[302] Véase art. 179 LOPJ

encomendada, lo pondrán inmediatamente en conocimiento del Ministro de Gracia y Justicia, remitiendo en su caso testimonio de la sentencia [303].

252. [304] [305]

Los tribunales remitirán, a través de procedimientos electrónicos, al Registro Central de Penados y al Registro Central de Medidas Cautelares, Requisitorias y Sentencias no Firmes y al Registro Central para la Protección de las Víctimas de la Violencia Doméstica y de Género, establecidos en el Ministerio Justicia, respectivamente, notas autorizadas de las sentencias firmes en las que se imponga alguna pena o medida de seguridad por delito y de los autos en que se declare la rebeldía de los procesados.

En los procedimientos de cancelación de la inscripción de antecedentes penales en el Registro Central de Penados iniciados a instancia del interesado, una vez transcurrido el plazo máximo establecido sin que se haya dictado y notificado resolución expresa, la solicitud se entenderá desestimada.

253. El Tribunal que dicte sentencia firme condenatoria en cualquiera causa criminal, remitirá testimonio de la parte dispositiva de la misma al Juez de Instrucción del lugar en que se hubiere formado el sumario.

254. Cada Juez de Instrucción llevará un libro que se titulará "Registro de Penados".

Las hojas de este libro serán numeradas, selladas y rubricadas por el Juez de Instrucción y su Secretario de gobierno.

---

[303] Véase art. 55 LOPJ

[304] Dada nueva redacción por art. 101 apartado 2 de Real Decreto-Ley 6/2023 de 19 de diciembre de 2023, con vigencia desde 20/03/2024

[305] Véase RD 295/2009, de 6 de febrero, por el que se regula el Sistema de registros administrativos de apoyo a la Administración de Justicia y RD 435/1992, de 30 de abril, sobre comunicación al Registro Central de Penados y Rebeldes y a la Oficina del Censo Electoral de las condenas que lleven aparejada privación del derecho de sufragio

En dicho libro se extractarán las certificaciones expresadas en el artículo anterior.

255. Llevará también cada Juez de Instrucción otro libro titulado "Registro de procesados en rebeldía", con las formalidades prescritas para el de penados.

En este libro se anotarán todas las causas cuyos procesados hayan sido declarados rebeldes, y se hará en el asiento de cada uno la anotación correspondiente cuando el rebelde fuere habido.

256. Las Audiencias o Salas de lo criminal llevarán un libro igual al expresado en el artículo anterior para anotar los procesados declarados rebeldes después de la conclusión del sumario.

257. Sin perjuicio de lo dispuesto en este Título, el Ministerio de Gracia y Justicia establecerá, por medio de los correspondientes Reglamentos, el servicio de la estadística criminal que debe organizarse en dicho Centro y las reglas que en consonancia con él han de observar los Jueces y Tribunales [306].

TÍTULO XIII
De las correcciones disciplinarias

258. Sin perjuicio de las correcciones especiales que establece esta Ley para casos determinados, son también aplicables las disposiciones contenidas en el Título XIII del Libro I de la Ley de Enjuiciamiento Civil a cuantas personas, sean o no funcionarios, asistan o de cualquier modo intervengan en los juicios criminales, siendo los Jueces Municipales, los Jueces de Instrucción, los Tribunales de lo criminal y el Supremo quienes, respectivamente en su caso, podrán imponer las correcciones disciplinarias correspondientes [307].

---

[306] Véase art. 9.1 EOMF

[307] Véanse arts. 190 y ss, 534 a 540, 546 y 552 a 557 LOPJ; art. 22.5.c EOMF; art. 34.2 CP; arts. 149 a 156 LOJM; y arts. 181, 199, 295, 298, 379, 684 y 894 de la presente Ley

TÍTULO XIV
De los actos procesales mediante presencia telemática [308]

258 bis. *Celebración de actos procesales mediante presencia telemática.* [309] 1. Constituido el órgano judicial en su sede, los actos de juicio, vistas, audiencias, comparecencias, declaraciones y, en general, todas las actuaciones procesales, se realizarán preferentemente, salvo que el juez o jueza o tribunal, en atención a las circunstancias, disponga otra cosa, mediante presencia telemática, siempre que las oficinas judiciales o fiscales tengan a su disposición los medios técnicos necesarios para ello, con las especialidades previstas en los artículos 325, 731 bis y 306 de la Ley de Enjuiciamiento Criminal, de conformidad con lo dispuesto en el apartado 3 del artículo 229 y artículo 230 de la Ley Orgánica del Poder Judicial, y supletoriamente por lo dispuesto en la el artículo 137 bis de la Ley 1/2000, de 7 de enero, de Enjuiciamiento Civil. La intervención mediante presencia telemática se practicará siempre a través de punto de acceso seguro, de conformidad con la normativa que regule el uso de la tecnología en la Administración de Justicia.

2. No obstante lo dispuesto en el apartado anterior, será necesaria la presencia física del acusado en la sede del órgano judicial de enjuiciamiento en los juicios por delito grave y juicios de Tribunal de Jurado, sin perjuicio de lo previsto en los tratados internacionales en los que España sea parte, las normas de la Unión Europea y demás normativa aplicable a la cooperación con autoridades extranjeras para el desempeño de la función jurisdiccional.

En los juicios por delito menos grave, cuando la pena exceda de dos años de prisión o, si fuera de distinta naturaleza, cuando su duración no exceda de seis años, el acusado comparecerá físicamente ante la sede del órgano de enjuiciamiento si así lo solicita este o su letrado, o si el órgano judicial lo estima necesario. La decisión deberá adoptarse en auto motivado.

En el resto de juicios, cuando el acusado comparezca, lo hará físicamente ante la sede del órgano de enjuiciamiento si así lo solicita él o su

---

[308] Añadido por art. 101 apartado 3 de Real Decreto-Ley 6/2023 de 19 de diciembre de 2023, con vigencia desde 20/03/2024

[309] Añadido por art. 101 apartado 3 de Real Decreto-Ley 6/2023 de 19 de diciembre de 2023, con vigencia desde 20/03/2024

letrado, o si el órgano judicial lo estima necesario. La decisión deberá adoptarse en auto motivado.

En todo caso, en los procesos y juicios, cuando el acusado resida en la misma demarcación del órgano judicial que conozca o deba conocer de la causa, su comparecencia en juicio deberá realizarse de manera física en la sede del órgano judicial o enjuiciamiento, salvo que concurran causas justificadas o de fuerza mayor.

Cuando se disponga la presencia física del investigado o acusado, será también necesaria la presencia física de su defensa letrada. Cuando se permita su declaración telemática, el abogado del investigado o acusado comparecerá junto con este o en la sede del órgano judicial.

Cuando el acusado decida no comparecer en la sede del órgano judicial, deberá notificarlo con, al menos, cinco días de antelación.

3. Se garantizará especialmente que las declaraciones o interrogatorios de las partes acusadoras, testigos o peritos se realicen de forma telemática en los siguientes supuestos, salvo que el Juez o Tribunal, mediante resolución motivada, en atención a las circunstancias del caso concreto, estime necesaria su presencia física:

a) Cuando sean víctimas de violencia de género, de violencia sexual, de trata de seres humanos o cuando sean víctimas menores de edad o con discapacidad. Todas ellas podrán intervenir desde los lugares donde se encuentren recibiendo oficialmente asistencia, atención, asesoramiento o protección, o desde cualquier otro lugar, siempre que dispongan de medios suficientes para asegurar su identidad y las adecuadas condiciones de la intervención.

b) Cuando el testigo o perito comparezca en su condición de Autoridad o funcionario público, realizando entonces su intervención desde un punto de acceso seguro.

4. Lo dispuesto en este artículo será de aplicación igualmente a las actuaciones que se celebren ante los letrados o letradas de la Administración de Justicia o ante el Ministerio fiscal.

5. En las citaciones se informará de la posibilidad de declarar de forma telemática en las condiciones establecidas en este artículo.

LIBRO II
DEL SUMARIO

TÍTULO PRIMERO
De la denuncia

259. [310] El que presenciare la perpetración de cualquier delito público está obligado a ponerlo inmediatamente en conocimiento del Juez de Instrucción, de Paz, Comarcal o Municipal, o Funcionario Fiscal más próximo al sitio en que se hallare, bajo la multa de 25 a 250 pesetas [311].

260. La obligación establecida en el artículo anterior no comprende a los impúberes ni a los que no gozaren del pleno uso de su razón [312].

261. [313] Tampoco estarán obligados a denunciar:

1º) Quien sea cónyuge del delincuente no separado legalmente o de hecho o la persona que conviva con él en análoga relación de afectividad.

2º) Quienes sean ascendientes y descendientes del delincuente y sus parientes colaterales hasta el segundo grado inclusive.

Esta disposición no será aplicable cuando se trate de un delito contra la vida, de un delito de homicidio, de un delito de lesiones de los artículos 149 y 150 del Código Penal, de un delito de maltrato habitual previsto en el artículo 173.2 del Código Penal, de un delito contra la libertad o contra la libertad e indemnidad sexual o de un delito de trata de seres humanos y la víctima del delito sea una persona

---

[310] Dada nueva redacción por art. 1 de Ley de 14 de abril de 1955, con vigencia desde 05/05/1955

[311] Véase art. 5 EOMF y art. 450 CP

[312] Véase art. 315 CC

[313] Dada nueva redacción por disposición final 1 apartado 3 de Ley Orgánica 8/2021 de 4 de junio de 2021, con vigencia desde 25/06/2021

menor de edad o una persona con discapacidad necesitada de especial protección.

262. Los que por razón de sus cargos, profesiones u oficios tuvieren noticia de algún delito público, estarán obligados a denunciarlo inmediatamente al Ministerio Fiscal, al Tribunal competente, al Juez de Instrucción y, en su defecto, al Municipal o al funcionario de policía más próximo al sitio, si se tratare de un delito flagrante.

Los que no cumpliesen esta obligación incurrirán en la multa señalada en el artículo 259, que se impondrá disciplinariamente.

Si la omisión en dar parte fuere de un Profesor en Medicina, Cirugía o Farmacia y tuviesen relación con el ejercicio de sus actividades profesionales, la multa no podrá ser inferior a 125 pesetas, ni superior a 250. [314]

Si el que hubiese incurrido en la omisión fuere empleado público, se pondrá además en conocimiento de su superior inmediato para los efectos a que hubiere lugar en el orden administrativo.

Lo dispuesto en este artículo se entiende cuando la omisión no produjere responsabilidad con arreglo a las leyes [315].

263. La obligación impuesta en el párrafo primero del artículo anterior no comprenderá a los Abogados ni a los Procuradores respecto de las instrucciones o explicaciones que recibieren de sus clientes [316]. Tampoco comprenderá a los eclesiásticos y ministros de cultos disidentes respecto de las noticias que se les hubieren revelado en el ejercicio de las funciones de su ministerio.

263 bis. [317] 1. El Juez de Instrucción competente y el Ministerio Fiscal, así como los Jefes de las Unidades Orgánicas de Policía

---

[314] Dada nueva redacción párrafo 3 por art. 1 de Ley de 14 de abril de 1955, con vigencia desde 05/05/1955

[315] Véase art. 134 LOPM

[316] Véase art. 32.1 RD 658/2001, de 22 de junio, Estatuto General de la Abogacía Española; y arts. 2.2 y 39.e RD 1281/2002, de 5 de diciembre, Estatuto General de los Procuradores de los Tribunales de España

[317] Dada nueva redacción por art. 1 de Ley Orgánica 5/1999 de 13 de enero de 1999, con vigencia desde 15/01/1999

Judicial, centrales o de ámbito provincial, y sus mandos superiores podrán autorizar la circulación o entrega vigilada de drogas tóxicas, estupefacientes o sustancias psicotrópicas, así como de otras sustancias prohibidas. Esta medida deberá acordarse por resolución fundada, en la que se determine explícitamente, en cuanto sea posible, el objeto de autorización o entrega vigilada, así como el tipo y cantidad de la sustancia de que se trate. Para adoptar estas medidas se tendrá en cuenta su necesidad a los fines de investigación en relación con la importancia del delito y con las posibilidades de vigilancia. El Juez que dicte la resolución dará traslado de copia de la misma al Juzgado Decano de su jurisdicción, el cual tendrá custodiado un registro de dichas resoluciones [318].

También podrá ser autorizada la circulación o entrega vigilada de los equipos, materiales y sustancias a los que se refiere el artículo 371 del Código Penal, de los bienes y ganancias a que se hace referencia en el artículo 301 de dicho Código en todos los supuestos previstos en el mismo, así como de los bienes, materiales, objetos y especies animales y vegetales a los que se refieren los artículos 332, 334, 386, 399 bis, 566, 568 y 569, también del Código Penal. [319]

2. Se entenderá por circulación o entrega vigilada la técnica consistente en permitir que remesas ilícitas o sospechosas de drogas tóxicas, sustancias psicotrópicas u otras sustancias prohibidas, los equipos, materiales y sustancias a que se refiere el apartado anterior, las sustancias por las que se haya sustituido las anteriormente mencionadas, así como los bienes y ganancias procedentes de las actividades delictivas tipificadas en los artículos 301 a 304 y 368 a 373 del Código Penal, circulen por territorio español o salgan o entren en él sin interferencia obstativa de la autoridad o sus agentes y bajo su vigilancia, con el fin de descubrir o identificar a las personas involucradas en la comisión de algún delito relativo a dichas drogas, sustancias, equipos, materiales, bienes y ganancias, así como también prestar auxilio a Autoridades extranjeras en esos mismos fines.

3. El recurso a la entrega vigilada se hará caso por caso y, en el plano internacional, se adecuará a lo dispuesto en los tratados internacionales.

---

[318] Véase art. 548 LOPJ; art. 19.3 EOMF; y art. 30 LO 2/1986, de 13 de marzo, de Fuerzas y Cuerpos de Seguridad

[319] Dada nueva redacción apartado 1 párrafo 2 por disposición final 1 apartado 1 de Ley Orgánica 5/2010 de 22 de junio de 2010, con vigencia desde 23/12/2010

Los Jefes de las Unidades Orgánicas de la Policía Judicial centrales o de ámbito provincial o sus mandos superiores darán cuenta inmediata al Ministerio Fiscal sobre las autorizaciones que hubiesen otorgado de conformidad con el apartado 1 de este artículo y, si existiese procedimiento judicial abierto, al Juez de Instrucción competente [320].

4. La interceptación y apertura de envíos postales sospechosos de contener estupefacientes y, en su caso, la posterior sustitución de la droga que hubiese en su interior se llevarán a cabo respetando en todo momento las garantías judiciales establecidas en el ordenamiento jurídico, con excepción de lo previsto en el artículo 584 de la presente Ley.

264. El que por cualquier medio diferente de los mencionados tuviere conocimiento de la perpetración de algún delito de los que deben perseguirse de oficio, deberá denunciarlo al Ministerio Fiscal, al Tribunal competente o al Juez de Instrucción o Municipal, o funcionario de policía, sin que se entienda obligado por esto a probar los hechos denunciados ni a formalizar querella.

El denunciador no contraerá en ningún caso otra responsabilidad que la correspondiente a los delitos que hubiese cometido por medio de la denuncia, o con su ocasión [321].

265. [322] 1. Las denuncias podrán hacerse por escrito o de palabra, personalmente o por medio de mandatario con poder especial [323].

2. La denuncia contendrá la identificación de la persona denunciante y la narración circunstanciada del hecho. En caso de persona jurídica o ente sin personalidad jurídica, deberá identificarse también la persona física que formula la denuncia en su nombre, indicando su relación con la persona jurídica o el ente sin personalidad denunciante.

Igualmente, si fueran conocidas, contendrá la identificación de las personas que lo hayan cometido y de quienes lo hayan presenciado

---

[320] Véanse arts. 6 a 9 RD 769/1987, de 19 junio 1987, de Policía Judicial

[321] Véase art. 5 EOMF y art. 456 CP

[322] Dada nueva redacción por art. 101 apartado 4 de Real Decreto-Ley 6/2023 de 19 de diciembre de 2023, con vigencia desde 20/03/2024

[323] Véase art. 136 LOPM

o tengan información sobre él. También indicará la existencia de cualquier fuente de conocimiento de la que el denunciante tenga noticia, que pueda servir para esclarecer el hecho denunciado.

266. [324] [325]

La denuncia que se haga por escrito deberá estar firmada por el denunciante de forma autógrafa o manuscrita, si es presencial, y si no pudiere hacerlo, por otra persona a su ruego; o si se interpone por vía telemática, con firma electrónica conforme a lo establecido en artículo 10 de la Ley 39/2015, de 1 de octubre, del Procedimiento Administrativo Común de las Administraciones Públicas y en el Reglamento (UE) n.º 910/2014 del Parlamento Europeo y del Consejo, de 23 de julio de 2014, relativo a la identificación electrónica y los servicios de confianza para las transacciones electrónicas en el mercado interior y por la que se deroga la Directiva 1999/93/CE. En el caso de las personas jurídicas, se firmará con certificado electrónico cualificado con atributo de representante o los medios previstos en la regulación de firma digital que permitan identificar la persona jurídica, así como la persona física que formula la denuncia.

No se podrán denunciar por vía telemática aquellos hechos que se hayan producido con violencia o intimidación, ni si tienen autor conocido, ni si existen testigos, ni si el denunciante es menor de edad, ni si se ha cometido delito flagrante, ni aquellos hechos de naturaleza violenta o sexual.

267. Cuando la denuncia sea verbal, se extenderá un acta por la autoridad o funcionario que la recibiere, en la que, en forma de declaración, se expresarán cuantas noticias tenga el denunciante relativas al hecho denunciado y a sus circunstancias, firmándola ambos a continuación. Si el denunciante no pudiere firmar, lo hará otra persona a su ruego [326].

268. El Juez, Tribunal, Autoridad o funcionario que recibieren una denuncia verbal o escrita harán constar por la cédula personal, o por

---

[324] Dada nueva redacción por art. 20 apartado 2 de Ley Orgánica 1/2025 de 2 de enero de 2025, con vigencia desde 03/04/2025

[325] Véase art. 297 de la presente Ley

[326] Véase art. 138 LOPM

otros medios que reputen suficientes, la identidad de la persona del denunciador.

Si éste lo exigiere, le darán un resguardo de haber formalizado la denuncia.

269. Formalizada que sea la denuncia, se procederá o mandará proceder inmediatamente por el Juez o funcionario a quien se hiciese a la comprobación del hecho denunciado, salvo que éste no revistiere carácter de delito, o que la denuncia fuere manifiestamente falsa. En cualquiera de estos dos casos, el Tribunal o funcionario se abstendrán de todo procedimiento, sin perjuicio de la responsabilidad en que incurran si desestimasen aquélla indebidamente [327].

TÍTULO II
De la querella

270. Todos los ciudadanos españoles, hayan sido o no ofendidos por el delito, pueden querellarse, ejercitando la acción popular establecida en el artículo 101 de esta Ley [328].

También pueden querellarse los extranjeros por los delitos cometidos contra sus personas o bienes, o las personas o bienes de sus representados, previo cumplimiento de lo dispuesto en el artículo 280, si no estuvieren comprendidos en el último párrafo del 281 [329].

271. Los funcionarios del Ministerio Fiscal ejercitarán también, en forma de querella, las acciones penales en los casos en que estuvieren obligados con arreglo a lo dispuesto en el artículo 105 [330].

272. La querella se interpondrá ante el Juez de Instrucción competente.

---

[327] Véase art. 139 LOPM y art. 456 CP
[328] Véase art. 125 CE; art. 19.1 LOPJ; y arts. 312, 313 y 761 de la presente ley
[329] Véase art. 24.2 LOTJ y art. 130.5 LOPM
[330] Véase art. 3.4 EOMF

Si el querellado estuviese sometido, por disposición especial de la Ley, a determinado Tribunal, ante éste se interpondrá la querella.

Lo mismo se hará cuando fueren varios los querellados por un mismo delito o por dos o más conexos, y alguno de aquellos estuviese sometido excepcionalmente a un Tribunal que no fuere el llamado a conocer por regla general del delito [331].

273. En los casos del artículo anterior, cuando se trate de un delito «in fraganti» o de los que no dejan señales permanentes de su perpetración, o en que fuere de temer fundadamente la ocultación o fuga del presunto culpable, el particular que intentare querellarse del delito podrá acudir desde luego al Juez de Instrucción o Municipal que estuviere más próximo, o a cualquier funcionario de policía, a fin de que se practiquen las primeras diligencias necesarias para hacer constar la verdad de los hechos y para detener al delincuente [332].

274. El particular querellante, cualquiera que sea su fuero, quedará sometido, para todos los efectos del juicio por él promovido, al Juez de Instrucción o Tribunal competente para conocer del delito objeto de la querella.

Pero podrá apartarse de la querella en cualquier tiempo, quedando, sin embargo, sujeto a las responsabilidades que pudieran resultarle por sus actos anteriores [333].

275. Si la querella fuese por delito que no pueda ser perseguido sino a instancia de parte, se entenderá abandonada por el que la hubiere interpuesto cuando dejare de instar el procedimiento dentro de los diez días siguientes a la notificación del auto en que el Juez o el Tribunal así lo hubiese acordado.

Al efecto, a los diez días de haberse practicado las últimas diligencias pedidas por el querellante, o de estar paralizada la causa por falta de instancia del mismo, mandará de oficio el Juez o Tribunal que

---

[331] Véanse arts. 17 y 18 de la presente Ley
[332] Véase art. 13 de la presente Ley
[333] Véase art. 456 CP

conociere de los autos que aquél pida lo que convenga a su derecho en el término fijado en el párrafo anterior [334] .

276. Se tendrá también por abandonada la querella cuando por muerte o por haberse incapacitado el querellante para continuar la acción, no compareciere ninguno de sus herederos o representantes legales a sostenerla dentro de los treinta días siguientes a la citación que al efecto se les hará, dándoles conocimiento de la querella.

277. La querella se presentará siempre por medio de Procurador con poder bastante y suscrita por Letrado.

Se extenderá en papel de oficio, y en ella se expresará:

1º) El Juez o Tribunal ante quien se presente.

2º) El nombre, apellidos y vecindad del querellante.

3º) El nombre, apellidos y vecindad del querellado.

En el caso de ignorarse estas circunstancias, se deberá hacer la designación del querellado por las señas que mejor pudieran darle a conocer.

4º) La relación circunstanciada del hecho, con expresión del lugar, año, mes, día y hora en que se ejecute, si se supieren.

5º) Expresión de las diligencias que se deberán practicar para la comprobación del hecho.

6º) La petición de que se admita la querella, se practiquen las diligencias indicadas en el número anterior, se proceda a la detención y prisión del presunto culpable o a exigirle la fianza de libertad provisional, y se acuerde el embargo de sus bienes en la cantidad necesaria en los casos en que así proceda.

7º) La firma del querellante o la de otra persona a su ruego si no supiere o no pudiere firmar, cuando el Procurador no tuviese poder especial para formular la querella.

278. Si la querella tuviere por objeto algún delito de los que solamente pueden perseguirse a instancia de parte, excepto el de violación o rapto, acompañará también la certificación que acredite haberse

---

[334] Véase art. 215 CP

celebrado o intentado el acto de conciliación entre querellante y querellado [335].

Podrán, sin embargo, practicarse sin este requisito las diligencias de carácter urgente para la comprobación de los hechos o para la detención del delincuente, suspendiendo después el curso de los autos hasta que se acredite el cumplimiento de lo dispuesto en el párrafo anterior.

279. En los delitos de calumnia o injuria causadas en juicio se presentará además la licencia del Juez o Tribunal que hubiese conocido de aquél, con arreglo a lo dispuesto en el Código Penal [336].

280. El particular querellante prestará fianza de la clase y en la cuantía que fijare el Juez o Tribunal para responder de las resultas del juicio [337].

281. [338] Quedan exentos de cumplir lo dispuesto en el artículo anterior:

1º) El ofendido y sus herederos o representantes legales.

2º) En los delitos de asesinato o de homicidio, el cónyuge del difunto o persona vinculada a él por una análoga relación de afectividad, los ascendientes y descendientes y sus parientes colaterales hasta el segundo grado inclusive, los herederos de la víctima y los padres, madres e hijos del delincuente.

3º) Las asociaciones de víctimas y las personas jurídicas a las que la ley reconoce legitimación para defender los derechos de las víctimas siempre que el ejercicio de la acción penal hubiera sido expresamente autorizado por la propia víctima.

---

[335] Véanse arts. 191 y 215.1 CP

[336] Véase art. 215.2 CP y art. 805 de la presente Ley

[337] Véanse arts. 589 y ss de la presente Ley

[338] Dada nueva redacción por disposición final 1 apartado 5 de Ley 4/2015 de 27 de abril de 2015, con vigencia desde 28/10/2015

La exención de fianza no es aplicable a los extranjeros si no les correspondiere en virtud de tratados internacionales o por el principio de reciprocidad [339] .

TÍTULO III
De la Policía Judicial [340]

282. La Policía Judicial tiene por objeto y será obligación de todos los que la componen, averiguar los delitos públicos que se cometieren en su territorio o demarcación; practicar, según sus atribuciones, las diligencias necesarias para comprobarlos y descubrir a los delincuentes, y recoger todos los efectos, instrumentos o pruebas del delito de cuya desaparición hubiere peligro, poniéndolos a disposición de la autoridad judicial [341] . Cuando las víctimas entren en contacto con la Policía Judicial, cumplirá con los deberes de información que prevé la legislación vigente. Asimismo, llevarán a cabo una valoración de las circunstancias particulares de las víctimas para determinar provisionalmente qué medidas de protección deben ser adoptadas para garantizarles una protección adecuada, sin perjuicio de la decisión final que corresponderá adoptar al Juez o Tribunal. [342]

Si el delito fuera de los que sólo pueden perseguirse a instancia de parte legítima, tendrán la misma obligación expresada en el párrafo anterior, si se les requiere al efecto. La ausencia de denuncia no impedirá la práctica de las primeras diligencias de prevención

---

[339] Véase art. 270 de la presente Ley

[340] Véanse arts. 547 a 550 LOPJ; LO 2/1986, de 13 de marzo, de Fuerzas y Cuerpos de Seguridad; RD 769/1987, de 19 de junio, sobre regulación de la Policía Judicial; y arts. 769 a 772 y 796 de la presente Ley

[341] Véase art. 126 CE; art. 547 LOPJ; y art. 5.1.e, 11.1.g y 29 LO 2/1986, de 13 de marzo, de Fuerzas y Cuerpos de Seguridad

[342] Dada nueva redacción párrafo 1 por disposición final 1 apartado 6 de Ley 4/2015 de 27 de abril de 2015, con vigencia desde 28/10/2015

y aseguramiento de los delitos relativos a la propiedad intelectual e industrial [343] . [344]

282 bis. [345] 1. A los fines previstos en el artículo anterior y cuando se trate de investigaciones que afecten a actividades propias de la delincuencia organizada, el Juez de Instrucción competente o el Ministerio Fiscal dando cuenta inmediata al Juez, podrán autorizar a funcionarios de la Policía Judicial, mediante resolución fundada y teniendo en cuenta su necesidad a los fines de la investigación, a actuar bajo identidad supuesta y a adquirir y transportar los objetos, efectos e instrumentos del delito y diferir la incautación de los mismos. La identidad supuesta será otorgada por el Ministerio del Interior por el plazo de seis meses prorrogables por períodos de igual duración, quedando legítimamente habilitados para actuar en todo lo relacionado con la investigación concreta y a participar en el tráfico jurídico y social bajo tal identidad.

La resolución por la que se acuerde deberá consignar el nombre verdadero del agente y la identidad supuesta con la que actuará en el caso concreto. La resolución será reservada y deberá conservarse fuera de las actuaciones con la debida seguridad.

La información que vaya obteniendo el agente encubierto deberá ser puesta a la mayor brevedad posible en conocimiento de quien autorizó la investigación. Asimismo, dicha información deberá aportarse al proceso en su integridad y se valorará en conciencia por el órgano judicial competente.

2. Los funcionarios de la Policía Judicial que hubieran actuado en una investigación con identidad falsa de conformidad a lo previsto en el apartado 1, podrán mantener dicha identidad cuando testifiquen en el proceso que pudiera derivarse de los hechos en que hubieran intervenido y siempre que así se acuerde mediante resolución judicial

---

[343] Véanse arts. 270 y ss CP

[344] Dada nueva redacción párrafo 2 por art. 1 de Ley 38/2002 de 24 de octubre de 2002, con vigencia desde 28/04/2003

[345] Añadido por art. 2 de Ley Orgánica 5/1999 de 13 de enero de 1999, con vigencia desde 15/01/1999

motivada, siéndole también de aplicación lo previsto en la Ley Orgánica 19/1994, de 23 de diciembre [346] .

Ningún funcionario de la Policía Judicial podrá ser obligado a actuar como agente encubierto.

3. Cuando las actuaciones de investigación puedan afectar a los derechos fundamentales, el agente encubierto deberá solicitar del órgano judicial competente las autorizaciones que, al respecto, establezca la Constitución y la Ley, así como cumplir las demás previsiones legales aplicables.

4. A los efectos señalados en el apartado 1 de este artículo, se considerará como delincuencia organizada la asociación de tres o más personas para realizar, de forma permanente o reiterada, conductas que tengan como fin cometer alguno o algunos de los delitos siguientes: [347]

a) Delitos de obtención, tráfico ilícito de órganos humanos y trasplante de los mismos, previstos en el artículo 156 bis del Código Penal. [348]

b) Delito de secuestro de personas previsto en los artículos 164 a 166 del Código Penal. [349]

c) Delito de trata de seres humanos previsto en el artículo 177 bis del Código Penal. [350]

d) Delitos relativos a la prostitución previstos en los artículos 187 a 189 del Código Penal. [351]

---

[346] Véase LO 19/1994, de 23 de diciembre, de protección a testigos y peritos en causas criminales

[347] Dada nueva redacción apartado 4 párrafo introductorio por disposición final 1 apartado 2 de Ley Orgánica 5/2010 de 22 de junio de 2010, con vigencia desde 23/12/2010

[348] Dada nueva redacción apartado 4 letra a por disposición final 1 apartado 2 de Ley Orgánica 5/2010 de 22 de junio de 2010, con vigencia desde 23/12/2010

[349] Dada nueva redacción apartado 4 letra b por disposición final 1 apartado 2 de Ley Orgánica 5/2010 de 22 de junio de 2010, con vigencia desde 23/12/2010

[350] Dada nueva redacción apartado 4 letra c por disposición final 1 apartado 2 de Ley Orgánica 5/2010 de 22 de junio de 2010, con vigencia desde 23/12/2010

[351] Dada nueva redacción apartado 4 letra d por disposición final 1 apartado 2 de Ley Orgánica 5/2010 de 22 de junio de 2010, con vigencia desde 23/12/2010

e) Delitos contra el patrimonio y contra el orden socioeconómico previstos en los artículos 237, 243, 244, 248 y 301 del Código Penal. [352]

f) Delitos relativos a la propiedad intelectual e industrial previstos en los artículos 270 a 277 del Código Penal. [353]

g) Delitos contra los derechos de los trabajadores previstos en los artículos 312 y 313 del Código Penal. [354]

h) Delitos contra los derechos de los ciudadanos extranjeros previstos en el artículo 318 bis del Código Penal. [355]

i) Delitos de tráfico de especies de flora o fauna amenazada previstos en los artículos 332 y 334 del Código Penal. [356]

j) Delito de tráfico de material nuclear y radiactivo previsto en el artículo 345 del Código Penal. [357]

k) Delitos contra la salud pública previstos en los artículos 368 a 373 del Código Penal. [358]

l) Delitos de falsificación de moneda, previsto en el artículo 386 del Código Penal, y de falsificación de tarjetas de crédito o débito o cheques de viaje, previsto en el artículo 399 bis del Código Penal. [359]

m) Delito de tráfico y depósito de armas, municiones o explosivos previsto en los artículos 566 a 568 del Código Penal. [360]

---

[352] Dada nueva redacción apartado 4 letra e por disposición final 1 apartado 2 de Ley Orgánica 5/2010 de 22 de junio de 2010, con vigencia desde 23/12/2010

[353] Dada nueva redacción apartado 4 letra f por disposición final 1 apartado 2 de Ley Orgánica 5/2010 de 22 de junio de 2010, con vigencia desde 23/12/2010

[354] Dada nueva redacción apartado 4 letra g por disposición final 1 apartado 2 de Ley Orgánica 5/2010 de 22 de junio de 2010, con vigencia desde 23/12/2010

[355] Dada nueva redacción apartado 4 letra h por disposición final 1 apartado 2 de Ley Orgánica 5/2010 de 22 de junio de 2010, con vigencia desde 23/12/2010

[356] Dada nueva redacción apartado 4 letra i por disposición final 1 apartado 2 de Ley Orgánica 5/2010 de 22 de junio de 2010, con vigencia desde 23/12/2010

[357] Dada nueva redacción apartado 4 letra j por disposición final 1 apartado 2 de Ley Orgánica 5/2010 de 22 de junio de 2010, con vigencia desde 23/12/2010

[358] Dada nueva redacción apartado 4 letra k por disposición final 1 apartado 2 de Ley Orgánica 5/2010 de 22 de junio de 2010, con vigencia desde 23/12/2010

[359] Dada nueva redacción apartado 4 letra l por disposición final 1 apartado 2 de Ley Orgánica 5/2010 de 22 de junio de 2010, con vigencia desde 23/12/2010

[360] Añadida apartado 4 letra m por disposición final 1 apartado 2 de Ley Orgánica 5/2010 de 22 de junio de 2010, con vigencia desde 23/12/2010

n) Delitos de terrorismo previstos en los artículos 572 a 578 del Código Penal. [361]

o) Delitos contra el patrimonio histórico previstos en el artículo 2.1.e de la Ley Orgánica 12/1995, de 12 de diciembre, de represión del contrabando. [362]

5. El agente encubierto estará exento de responsabilidad criminal por aquellas actuaciones que sean consecuencia necesaria del desarrollo de la investigación, siempre que guarden la debida proporcionalidad con la finalidad de la misma y no constituyan una provocación al delito.

Para poder proceder penalmente contra el mismo por las actuaciones realizadas a los fines de la investigación, el Juez competente para conocer la causa deberá, tan pronto tenga conocimiento de la actuación de algún agente encubierto en la misma, requerir informe relativo a tal circunstancia de quien hubiere autorizado la identidad supuesta, en atención al cual resolverá lo que a su criterio proceda.

6. El juez de instrucción podrá autorizar a funcionarios de la Policía Judicial para actuar bajo identidad supuesta en comunicaciones mantenidas en canales cerrados de comunicación con el fin de esclarecer alguno de los delitos a los que se refiere el apartado 4 de este artículo o cualquier delito de los previstos en el artículo 588 ter a.

El agente encubierto informático, con autorización específica para ello, podrá intercambiar o enviar por sí mismo archivos ilícitos por razón de su contenido y analizar los resultados de los algoritmos aplicados para la identificación de dichos archivos ilícitos. [363]

7. En el curso de una investigación llevada a cabo mediante agente encubierto, el juez competente podrá autorizar la obtención de imágenes y la grabación de las conversaciones que puedan mantenerse en los encuentros previstos entre el agente y el investigado, aun cuando se desarrollen en el interior de un domicilio. [364]

---

[361] Añadida apartado 4 letra n por disposición final 1 apartado 2 de Ley Orgánica 5/2010 de 22 de junio de 2010, con vigencia desde 23/12/2010

[362] Añadida apartado 4 letra o por disposición final 1 apartado 2 de Ley Orgánica 5/2010 de 22 de junio de 2010, con vigencia desde 23/12/2010

[363] Añadido apartado 6 por art. único apartado 2 de Ley Orgánica 13/2015 de 5 de octubre de 2015, con vigencia desde 06/12/2015

[364] Añadido apartado 7 por art. único apartado 2 de Ley Orgánica 13/2015 de 5 de octubre de 2015, con vigencia desde 06/12/2015

283. [365] Constituirán la Policía Judicial y serán auxiliares de los Jueces y Tribunales competentes en materia penal y del Ministerio Fiscal, quedando obligados a seguir las instrucciones que de aquellas Autoridades reciban a efectos de la investigación de los delitos y persecución de los delincuentes [366]:

Primero. Las Autoridades administrativas encargadas de la seguridad pública y de la persecución de todos los delitos o de algunos especiales.

Segundo. Los empleados o subalternos de la policía de seguridad cualquiera que sea su denominación.

Tercero. Los Alcaldes, Tenientes de Alcalde y Alcaldes de barrio.

Cuarto. Los Jefes, Oficiales e individuos de la Guardia Civil o de cualquiera otra fuerza destinada a la persecución de malhechores.

Quinto. Los Serenos, Celadores y cualesquiera otros Agentes municipales de policía urbana o rural.

Sexto. Los Guardas de montes, campos y sembrados, jurados o confirmados por la Administración.

Séptimo. Los funcionarios del Cuerpo especial de Prisiones.

Octavo. Los Agentes judiciales y los subalternos de los Tribunales y Juzgados.

Noveno. El personal dependiente de la Jefatura Central de Tráfico, encargado de la investigación técnica de los accidentes.

284. [367] 1. Inmediatamente que los funcionarios de la Policía judicial tuvieren conocimiento de un delito público o fueren requeridos para prevenir la instrucción de diligencias por razón de algún delito privado, lo participarán a la autoridad judicial o al representante del Ministerio Fiscal, si pudieren hacerlo sin cesar en la práctica de las diligencias de prevención. En otro caso, lo harán así que las hubieren terminado [368].

---

[365] Dada nueva redacción por art. 2 de Ley 3/1967 de 8 de abril de 1967, con vigencia desde 01/05/1967

[366] Véanse arts. 548 y 550 LOPJ; y arts. 29 a 36, 38.2.b y 53.1.e LO 2/1986, de 13 de marzo, de Fuerzas y Cuerpos de Seguridad

[367] Dada nueva redacción por art. único apartado 3 de Ley 41/2015 de 5 de octubre de 2015, con vigencia desde 06/12/2015

[368] Véase el art. 4 RD 769/1987, de 19 de junio, regulador de la Policía Judicial

2. No obstante, cuando no exista autor conocido del delito la Policía Judicial conservará el atestado a disposición del Ministerio Fiscal y de la autoridad judicial, sin enviárselo, salvo que concurra alguna de las siguientes circunstancias:

a) Que se trate de delitos contra la vida, contra la integridad física, contra la libertad e indemnidad sexuales o de delitos relacionados con la corrupción;

b) Que se practique cualquier diligencia después de transcurridas setenta y dos horas desde la apertura del atestado y éstas hayan tenido algún resultado; o

c) Que el Ministerio Fiscal o la autoridad judicial soliciten la remisión.

De conformidad con el derecho reconocido en el artículo 6 de la Ley 4/2015, de 27 de abril, del Estatuto de la Víctima del delito, la Policía Judicial comunicará al denunciante que en caso de no ser identificado el autor en el plazo de setenta y dos horas, las actuaciones no se remitirán a la autoridad judicial, sin perjuicio de su derecho a reiterar la denuncia ante la fiscalía o el juzgado de instrucción.

3. Si hubieran recogido armas, instrumentos o efectos de cualquier clase que pudieran tener relación con el delito y se hallen en el lugar en que éste se cometió o en sus inmediaciones, o en poder del reo o en otra parte conocida, extenderán diligencia expresiva del lugar, tiempo y ocasión en que se encontraren, que incluirá una descripción minuciosa para que se pueda formar idea cabal de los mismos y de las circunstancias de su hallazgo, que podrá ser sustituida por un reportaje gráfico. La diligencia será firmada por la persona en cuyo poder fueren hallados.

4. La incautación de efectos que pudieran pertenecer a una víctima del delito será comunicada a la misma. La persona afectada por la incautación podrá recurrir en cualquier momento la medida ante el juez de instrucción de conformidad con lo dispuesto en el párrafo tercero del artículo 334.

285. Si concurriere algún funcionario de Policía Judicial de categoría superior a la del que estuviese actuando, deberá éste darle conocimiento de cuanto hubiese practicado, poniéndose desde luego a su disposición [369] .

286. Cuando el Juez de Instrucción o el Municipal se presentaren a formar el sumario, cesarán las diligencias de prevención que estuviere practicando cualquiera Autoridad o agente de policía; debiendo éstos entregarlas en el acto a dicho Juez, así como los efectos relativos al delito que se hubiesen recogido, y poniendo a su disposición a los detenidos, si los hubiese [370] .

287. Los funcionarios que constituyen la Policía Judicial practicarán sin dilación, según sus atribuciones respectivas, las diligencias que los funcionarios del Ministerio Fiscal les encomienden para la comprobación del delito y averiguación de los delincuentes y todas las demás que durante el curso de la causa les encargaren los Jueces de Instrucción y Municipales [371] .

288. El Ministerio Fiscal, los Jueces de Instrucción y los municipales podrán entenderse directamente con los funcionarios de Policía Judicial, cualquiera que sea su categoría, para todos los efectos de este Título; pero si el servicio que de ellos exigiesen admitiese espera, deberán acudir al superior respectivo del funcionario de Policía Judicial, mientras no necesitasen del inmediato auxilio de éste [372] .

289. El funcionario de Policía Judicial que por cualquier causa no pueda cumplir el requerimiento o la orden que hubiese recibido del Ministerio Fiscal, del Juez de Instrucción, del Juez Municipal, o de la Autoridad o agente que hubiese prevenido las primeras diligencias, lo pondrá inmediatamente en conocimiento del que haya hecho el

---

[369] Véase art. 5 RD 769/1987, de 19 de junio, regulación de la Policía Judicial

[370] Véase art. 318 de la presente Ley

[371] Véase art. 2 RD 769/1987, de 19 de junio, regulador de la Policía Judicial, y art. 773.2 de la presente Ley

[372] Véase art. 3 RD 769/1987, de 19 de junio, sobre Regulación de la Policía Judicial

requerimiento o dado la orden para que provea de otro modo a su ejecución [373].

290. Si la causa no fuere legítima, el que hubiese dado la orden o hecho el requerimiento lo pondrá en conocimiento del superior jerárquico del que se excuse para que le corrija disciplinariamente, a no ser que hubiere incurrido en mayor responsabilidad con arreglo a las leyes.

El superior jerárquico comunicará a la Autoridad o funcionario que le hubiere dado la queja la resolución que adopte respecto de su subordinado [374].

291. El jefe de cualquiera fuerza pública que no pudiere prestar el auxilio que por los Jueces de Instrucción o municipales o por un funcionario de Policía Judicial le fuere pedido, se atenderá también a lo dispuesto en el artículo 289.

El que hubiere hecho el requerimiento lo pondrá en conocimiento del Jefe superior inmediato del que se excusare, en la forma y para el objeto expresado en los párrafos del artículo anterior.

292. Los funcionarios de Policía Judicial extenderán, bien en papel sellado, bien en papel común, un atestado de las diligencias que practiquen, en el cual especificarán con la mayor exactitud los hechos por ellos averiguados, insertando las declaraciones e informes recibidos y anotando todas las circunstancias que hubiesen observado y pudiesen ser prueba o indicio del delito.

La Policía Judicial remitirá con el atestado un informe dando cuenta de las detenciones anteriores y de la existencia de requisitorias para su llamamiento y busca cuando así conste en sus bases de datos [375] . [376]

---

[373] Véase art. 291 de la presente Ley

[374] Véase art. 35.d LO 2/1986, de 13 de marzo, de Fuerzas y Cuerpos de Seguridad; y art. 17 RD 769/1987, de 19 de junio, sobre regulación de la Policía Judicial

[375] Véase art. 772.2 de la presente Ley

[376] Añadido párrafo 2 por disposición final 1 de Ley Orgánica 15/2003 de 25 de noviembre de 2003, con vigencia desde 28/11/2003

293. El atestado será firmado por el que se lo haya extendido, y si usare sello lo estampará con su rúbrica en todas las hojas.

Las personas presentes, peritos y testigos que hubieren intervenido en las diligencias relacionadas en el atestado, serán invitadas a firmarlo en la parte a ellos referente. Si no lo hicieren, se expresará la razón.

294. Si no pudiere redactar el atestado el funcionario a quien correspondiese hacerlo, se sustituirá por una relación verbal circunstanciada, que reducirá a escrito de un modo fehaciente el funcionario del Ministerio Fiscal, el Juez de Instrucción o el Municipal a quien deba presentarse el atestado, manifestándose el motivo de no haberse redactado en la forma ordinaria.

295. En ningún caso los funcionarios de Policía Judicial podrán dejar transcurrir más de veinticuatro horas sin dar conocimiento a la autoridad judicial o al Ministerio Fiscal de las diligencias que hubieran practicado, salvo en los supuestos de fuerza mayor y en el previsto en el apartado 2 del artículo 284. [377]

Los que infrinjan esta disposición serán corregidos disciplinariamente con multa de 250 a 1.000 pesetas, si la omisión no mereciere la calificación de delito, y al propio tiempo será considerada dicha infracción como falta grave la primera vez y como falta muy grave las siguientes. [378]

Los que, sin exceder el tiempo de las veinticuatro horas, demorasen más de lo necesario el dar conocimiento, serán corregidos disciplinariamente con una multa de 100 a 350 pesetas, y además, esta infracción constituirá a efectos del expediente personal del interesado, falta leve la primera vez, grave las dos siguientes y muy graves las restantes [379] . [380]

---

[377] Dada nueva redacción párrafo 1 por art. único apartado 4 de Ley 41/2015 de 5 de octubre de 2015, con vigencia desde 06/12/2015

[378] Dada nueva redacción párrafo 2 por art. 1 de Ley de 14 de abril de 1955, con vigencia desde 05/05/1955

[379] Véase art. 35.d LO 2/1986, de 13 de marzo, de Fuerzas y Cuerpos de Seguridad y art. 17 RD 769/1987, de 19 de junio, sobre regulación de la Policía Judicial

[380] Dada nueva redacción párrafo 3 por art. 1 de Ley de 14 de abril de 1955, con vigencia desde 05/05/1955

296. Cuando hubieren practicado diligencias por orden o requerimiento de la Autoridad judicial o del Ministerio Fiscal, comunicarán el resultado obtenido en los plazos que en la orden o en el requerimiento se hubiesen fijado [381].

297. Los atestados que redactaren y las manifestaciones que hicieren los funcionarios de Policía Judicial, a consecuencia de las averiguaciones que hubiesen practicado, se considerarán denuncias para los efectos legales [382].

Las demás declaraciones que prestaren deberán ser firmadas, tendrán el valor de declaraciones testificales en cuanto se refieran a hechos de conocimiento propio.

En todo caso, los funcionarios de Policía Judicial están obligados a observar estrictamente las formalidades legales en cuantas diligencias practiquen, y se abstendrán bajo su responsabilidad de usar medios de averiguación que la Ley no autorice [383].

298. Los Jueces de Instrucción y los Fiscales calificarán en un registro reservado el comportamiento de los funcionarios que bajo su inspección prestan servicios de Policía Judicial; y cada semestre, con referencia a dicho registro, comunicarán a los superiores de cada uno de aquéllos, para los efectos a que hubiere lugar, la calificación razonada de su comportamiento.

Cuando los funcionarios de Policía Judicial que hubieren de ser corregidos disciplinariamente con arreglo a esta Ley fuesen de categoría superior a la de la Autoridad judicial o fiscal que entendiesen en las diligencias en que se hubiere cometido la falta, se abstendrán éstos de imponer por sí mismos la corrección, limitándose a poner lo ocurrido en conocimiento del Jefe inmediato del que debiere ser corregido [384].

---

[381] Véase art. 12 RD 769/1987, de 19 de junio, sobre regulación de la Policía Judicial

[382] Véanse arts. 259 y ss de la presente Ley

[383] Véase art. 174 CP y art. 717 de la presente Ley

[384] Véase art. 35.d LO 2/1986, de 13 de marzo, de Fuerzas y Cuerpos de Seguridad; y art. 17 RD 769/1987, de 19 de junio, sobre regulación de la Policía Judicial

TÍTULO IV
De la instrucción

CAPÍTULO PRIMERO
Del sumario y de las Autoridades competentes para instruirlo

299. Constituyen el sumario las actuaciones encaminadas a preparar el juicio y practicadas para averiguar y hacer constar la perpetración de los delitos con todas las circunstancias que puedan influir en su calificación, y la culpabilidad de los delincuentes, asegurando sus personas y las responsabilidades pecuniarias de los mismos [385].

300. [386] (Derogado)

301. [387] Las diligencias del sumario serán reservadas y no tendrán carácter público hasta que se abra el juicio oral, con las excepciones determinadas en la presente Ley.

El abogado o procurador de cualquiera de las partes que revelare indebidamente el contenido del sumario, será corregido con multa de 500 a 10.000 euros.

En la misma multa incurrirá cualquier otra persona que no siendo funcionario público cometa la misma falta.

El funcionario público, en el caso de los párrafos anteriores, incurrirá en la responsabilidad que el Código Penal señale en su lugar respectivo [388].

---

[385] Véase art. 146 LOPM y art. 789.2 y 3 de la presente Ley

[386] Derogado por art. único apartado 5 de Ley 41/2015 de 5 de octubre de 2015, con vigencia desde 06/12/2015

[387] Dada nueva redacción por disposición final 1 apartado 8 de Ley 4/2015 de 27 de abril de 2015, con vigencia desde 28/10/2015

[388] Véanse arts. 417 y 466 CP; y arts. 771.1 y 774 de la presente Ley

301 bis. [389] El Juez podrá acordar, de oficio o a instancia del Ministerio Fiscal o de la víctima, la adopción de cualquiera de las medidas a que se refiere el apartado 2 del artículo 681 cuando resulte necesario para proteger la intimidad de la víctima o el respeto debido a la misma o a su familia.

302. [390] Las partes personadas podrán tomar conocimiento de las actuaciones e intervenir en todas las diligencias del procedimiento.

No obstante, si el delito fuere público, podrá el Juez de Instrucción, a propuesta del Ministerio Fiscal, de cualquiera de las partes personadas o de oficio, declararlo, mediante auto, total o parcialmente secreto para todas las partes personadas, por tiempo no superior a un mes cuando resulte necesario para:

a) evitar un riesgo grave para la vida, libertad o integridad física de otra persona; o

b) prevenir una situación que pueda comprometer de forma grave el resultado de la investigación o del proceso.

El secreto del sumario deberá alzarse necesariamente con al menos diez días de antelación a la conclusión del sumario [391].

Lo dispuesto en este artículo se entenderá sin perjuicio de lo previsto en el párrafo segundo del apartado 3 del artículo 505.

303. La formación del sumario, ya empiece de oficio, ya a instancia de parte, corresponderá a los Jueces de Instrucción por los delitos que se cometan dentro de su partido o demarcación respectiva, y en su defecto a los demás de la misma ciudad o población, cuando en ella hubiere más de uno, y a prevención con ellos o por su delegación a los Jueces Municipales [392].

Esta disposición no es aplicable a las causas encomendadas especialmente por la Ley orgánica a determinados Tribunales, pues para

---

[389] Añadido por disposición final 1 apartado 9 de Ley 4/2015 de 27 de abril de 2015, con vigencia desde 28/10/2015

[390] Dada nueva redacción por art. 2 apartado 2 de Ley Orgánica 5/2015 de 27 de abril de 2015, con vigencia desde 28/10/2015

[391] Véase art. 232 LOPJ y arts. 771.1, 774 y 795.3 de la presente Ley

[392] Véase art. 88 LOPJ

ellas podrán éstos nombrar un Juez instructor especial, o autorizar al ordinario para el seguimiento del sumario.

El nombramiento de Juez instructor únicamente podrá recaer en un Magistrado del mismo Tribunal, o en un funcionario del orden judicial en activo servicio de los existentes dentro del territorio de dicho Tribunal. Una vez designado, obrará con jurisdicción propia e independiente.

Cuando el instructor fuese un Magistrado, podrá delegar sus funciones, en caso de imprescindible necesidad, en el Juez de Instrucción del punto donde hayan de practicarse las diligencias.

Cuando el delito fuese, por su naturaleza, de aquéllos que solamente pueden cometerse por Autoridades o funcionarios sujetos a un fuero superior, los Jueces de Instrucción ordinarios, en casos urgentes, podrán acordar las medidas de precaución necesarias para evitar su ocultación; pero remitirán las diligencias en el término más breve posible, que en ningún caso podrá exceder de tres días, al Tribunal competente, el cual resolverá sobre la incoación del sumario, y en su día sobre si ha o no lugar al procesamiento de la Autoridad o funcionario inculpados [393].

304. Las Salas de gobierno de las Audiencias territoriales podrán nombrar también un Juez instructor especial cuando las causas versen sobre delitos cuyas extraordinarias circunstancias, o las de lugar y tiempo de su ejecución, o de las personas que en ellos hubiesen intervenido como ofensores u ofendidos, motivaren fundadamente el nombramiento de aquél para la más acertada investigación o para la más segura comprobación de los hechos.

Las facultades de las Salas de gobierno serán extensivas a las causas procedentes de las Audiencias comprendidas dentro de su demarcación, y los nombramientos deberán recaer en los mismos funcionarios expresados en el artículo anterior de entre los existentes en el territorio, prefiriendo, a ser posible, uno de los Magistrados de la misma, cuando no fuere autorizado el Juez instructor ordinario para el seguimiento del sumario.

Lo mismo las Salas de gobierno que los Tribunales, cuando hagan uso de la facultad expresada en éste y en el precedente artículo, darán cuenta motivada al Ministerio de Gracia y Justicia.

---

[393] Véanse arts. 14.2 y 309 de la presente Ley

Igual facultad tendrá la Sala de gobierno del Tribunal Supremo para designar cuando proceda Juez especial que conozca de delito o delitos cometidos en lugares pertenecientes a la jurisdicción de más de una Audiencia territorial o en aquellos casos en que por las circunstancias del hecho lo estimare conveniente la mencionada Sala, debiendo recaer el nombramiento en cualquier funcionario del servicio activo de la carrera judicial. [394]

La competencia para la respectiva Audiencia a que deba el proceso ser sometido después de concluido el sumario, se atribuirá por las reglas del artículo 18 de esta Ley. [395]

305. El nombramiento de Jueces especiales de instrucción que se haga conforme a los artículos anteriores, será y habrá de entenderse sólo para la instrucción del sumario con todas sus incidencias. Terminado éste, se remitirá por el Juez especial al Tribunal a quien, según las disposiciones vigentes corresponda el conocimiento de la causa, para que la prosiga y falle con arreglo a derecho.

CAPÍTULO II
De la formación del sumario

306. Conforme a lo dispuesto en el Capítulo anterior, los Jueces de Instrucción formarán los sumarios de los delitos públicos bajo la inspección directa del Fiscal del Tribunal competente.

La inspección será ejercida, bien constituyéndose el Fiscal por sí o por medio de sus auxiliares al lado del Juez instructor, bien por medio de testimonios en relación, suficientemente expresivos, que le remitirá el Juez instructor periódicamente y cuantas veces se los reclame, pudiendo en este caso el Fiscal hacer presente sus observaciones en atenta comunicación y formular sus pretensiones por requerimientos igualmente atentos. También podrá delegar sus funciones en los Fiscales municipales.

---

[394] Añadido párrafo 4 por art. único de Ley de 6 de febrero de 1935, con vigencia desde 03/03/1935

[395] Añadido párrafo 5 por art. único de Ley de 6 de febrero de 1935, con vigencia desde 03/03/1935

Tan pronto como se ordene la incoación del procedimiento para las causas ante el Tribunal del Jurado, se pondrán en conocimiento del Ministerio Fiscal quien comparecerá e intervendrá en cuantas actuaciones se lleven a cabo ante aquél [396] . [397]

Cuando en los órganos judiciales existan los medios técnicos precisos, el Fiscal podrá intervenir en las actuaciones de cualquier procedimiento penal, incluida la comparecencia del artículo 505, mediante videoconferencia u otro sistema similar que permita la comunicación bidireccional y simultánea de la imagen y el sonido [398] . [399]

307. En el caso de que el Juez Municipal comenzare a instruir las primeras diligencias del sumario, practicadas que sean las más urgentes y todas las que el Juez de Instrucción le hubiere prevenido, le remitirá la causa, que nunca podrá retener más de tres días [400] .

308. [401] Inmediatamente que los Jueces de Instrucción o de Paz, en su caso, tuvieren noticia de la perpetración de un delito, el Secretario Judicial lo pondrá en conocimiento del Fiscal de la respectiva Audiencia, y dará, además, parte al Presidente de ésta de la formación del sumario, en relación sucinta, suficientemente expresiva del hecho, de sus circunstancias y de su autor, dentro de los dos días siguientes al en que hubieren principiado a instruirle.

Los Jueces de Paz darán cuenta inmediata de la prevención de las diligencias al de Instrucción a quien corresponda [402] .

---

[396] Véase art. 25 LOTJ y arts. 646 y 773 de la presente Ley

[397] Añadido párrafo 3 por disposición final 2 de Ley Orgánica 5/1995 de 22 de mayo de 1995, con vigencia desde 23/11/1995

[398] Véase Instrucción 1/2002, de 7 de febrero, de la Fiscalía General del Estado, sobre la posibilidad de celebrar juicios orales penales por videoconferencia; e Instrucción 3/2002, de 1 de marzo, de la Fiscalía General del Estado, sobre actos procesales que pueden celebrarse a través de videoconferencia

[399] Añadido párrafo 4 por art. 4 de Ley Orgánica 13/2003 de 24 de octubre de 2003, con vigencia desde 28/10/2003

[400] Véase art. 299 y disposición transitoria 3 LOPJ

[401] Dada nueva redacción por art. 2 apartado 34 de Ley 13/2009 de 3 de noviembre de 2009, con vigencia desde 04/05/2010

[402] Véanse arts. 646 y 648 de la presente Ley

309. Si la persona contra quien resultaren cargos fuere alguna de las sometidas en virtud de disposición especial de la Ley orgánica a un Tribunal excepcional, practicadas las primeras diligencias y antes de dirigir el procedimiento contra aquélla, esperará las órdenes del Tribunal competente a los efectos de lo prevenido en el párrafo segundo y última parte del quinto del artículo 303 de esta Ley [403].

Si el delito fuere de los que dan motivo a la prisión preventiva, con arreglo a lo dispuesto en esta Ley, y el presunto culpable hubiese sido sorprendido "in fraganti", podrá ser, desde luego, detenido y preso, si fuere necesario, sin perjuicio de lo dispuesto en el párrafo precedente [404].

309 bis. [405] Cuando de los términos de la denuncia o de la relación circunstanciada del hecho en la querella, así como cuando de cualquier actuación procesal, resulte contra persona o personas determinadas la imputación de un delito, cuyo enjuiciamiento venga atribuido al Tribunal del Jurado, procederá el Juez a la incoación del procedimiento previsto en su Ley reguladora, en el que, en la forma que en ella se establece, se pondrá inmediatamente aquella imputación en conocimiento de los presuntamente inculpados [406].

El Ministerio Fiscal, demás partes personadas, y el investigado en todo caso, podrán instarlo así, debiendo el Juez resolver en plazo de una audiencia. Si no lo hiciere, o desestimare la petición, las partes podrán recurrir directamente en queja ante la Audiencia Provincial que resolverá antes de ocho días, recabando el informe del Instructor por el medio mas rápido. [407]

310. Los Jueces de Instrucción podrán delegar en los municipales la práctica de todos los actos y diligencias que esta Ley no reserve exclusivamente a los primeros cuando alguna causa justificada les

---

[403] Véanse arts. 56.3, 71 y 102 CE; y arts. 57 y 73.3 LOPJ

[404] Véanse arts. 503 y 504 de la presente Ley

[405] Añadido por disposición final 2 apartado 4 de Ley Orgánica 5/1995 de 22 de mayo de 1995, con vigencia desde 23/11/1995

[406] Véase art. 24 LOTJ y art. 760 de la presente Ley

[407] Dada nueva redacción párrafo 2 por art. único apartado 21 apartado 1 de Ley Orgánica 13/2015 de 5 de octubre de 2015, con vigencia desde 06/12/2015

impida practicarlos por sí. Pero procurarán hacer uso moderado de esta facultad, y el Tribunal inmediato superior cuidará de impedir y corregir la frecuencia injustificada de estas delegaciones.

311. [408] El Juez que instruya el sumario practicará las diligencias que le propusieran el Ministerio Fiscal o cualquiera de las partes personadas, si no las considera inútiles o perjudiciales.

Contra el auto denegatorio de las diligencias pedidas podrá interponerse recurso de apelación, que será admitido en un solo efecto para ante la respectiva Audiencia o Tribunal competente [409].

Cuando el Fiscal no estuviere en la misma localidad que el Juez de Instrucción, en vez de apelar, recurrirá en queja al Tribunal competente, acompañando al efecto testimonio de las diligencias sumariales que conceptúe necesarias, cuyo testimonio deberá facilitarle el Juez de Instrucción y, previo informe del mismo, acordará el Tribunal lo que estime procedente [410].

312. Cuando se presentare querella, el Juez de Instrucción, después de admitirla si fuere procedente, mandará practicar las diligencias que en ella se propusieren, salvo las que considere contrarias a las leyes, o innecesarias o perjudiciales para el objeto de la querella, las cuales denegará en resolución motivada [411].

313. Desestimará en la misma forma la querella cuando los hechos en que se funde no constituyan delito, o cuando no se considere competente para instruir el sumario objeto de la misma.

Contra el auto a que se refiere este artículo procederá el recurso de apelación, que será admisible en ambos efectos [412].

---

[408] Dada nueva redacción por art. 2 de Ley 53/1978 de 4 de diciembre de 1978, con vigencia desde 28/12/1978

[409] Véanse arts. 217 y 219 a 232 de la presente Ley

[410] Véanse arts. 218 a 221 y 233 a 235 de la presente Ley

[411] Véase art. 277.5 y 6 de la presente Ley

[412] Véanse arts. 222 a 232 de la presente Ley

314. Las diligencias pedidas y denegadas en el sumario podrán ser propuestas de nuevo en el juicio oral [413].

315. El Juez hará constar cuantas diligencias se practicaren a instancia de parte.

De las ordenadas de oficio solamente constarán en el sumario aquéllas cuyo resultado fuere conducente al objeto del mismo.

316. [414] (Derogado)

317. El Juez Municipal tendrá las mismas facultades que el de instrucción para no comunicar al querellante particular las actuaciones que practicare.

318. Sin embargo del deber impuesto a los Jueces Municipales de instruir en su caso las primeras diligencias de los sumarios, cuando el Juez de Instrucción tuviere noticia de algún delito que revista carácter de gravedad, o cuya comprobación fuere difícil por circunstancias especiales, o que hubiese causado alarma, se trasladará inmediatamente al lugar del delito y procederá a formar el sumario, haciéndose cargo de las actuaciones que hubiese practicado el Juez Municipal, y recibiendo las averiguaciones y datos que le suministren los funcionarios de la Policía Judicial. Permanecerá en dicho lugar el tiempo necesario para practicar todas las diligencias cuya dilación pudiera ofrecer inconvenientes.

319. Cuando el Fiscal de la respectiva Audiencia tuviere conocimiento de la perpetración de alguno de los delitos expresados en el artículo anterior, deberá trasladarse personalmente, o acordar que se traslade al lugar del suceso alguno de sus subordinados para contribuir con el Juez de Instrucción al mejor y más pronto esclarecimiento de los hechos, si otras ocupaciones tanto o más graves no lo impidieren, sin

---

[413] Véase art. 785 de la presente Ley

[414] Derogado por art. 1 de Ley 53/1978 de 4 de diciembre de 1978, con vigencia desde 28/12/1978

perjuicio de proceder de igual manera en cualquier otro caso en que lo conceptuare conveniente.

320. La intervención del actor civil en el sumario se limitará a procurar la práctica de aquellas diligencias que puedan conducir al mejor éxito de su acción, apreciadas discrecionalmente por el Juez instructor [415].

321. Los Jueces de Instrucción formarán el sumario ante sus Secretarios.

En casos urgentes y extraordinarios, faltando éstos, podrán proceder con la intervención de un Notario o de dos hombres buenos mayores de edad, que sepan leer y escribir, los cuales jurarán guardar fidelidad y secreto [416].

322. Las diligencias del sumario que hayan de practicarse fuera de la circunscripción del Juez de Instrucción o del término del Juez Municipal que las ordenaren tendrán lugar en la forma que determina el Título VIII del Libro I [417], y serán reservadas para todos los que no deban intervenir en ellas [418].

323. Sin embargo de lo dispuesto en el artículo anterior, cuando el lugar en que se hubiere de practicar alguna diligencia del sumario estuviese fuera de la jurisdicción del Juez instructor, pero en lugar próximo al punto en que éste se hallare, y hubiese peligro en demorar aquélla, podrá ejecutarla por sí mismo, dando inmediato aviso al Juez competente [419].

---

[415] Véase art. 148.2 LOPM y art. 385 de la presente Ley
[416] Véanse arts. 281.1 y 2 y 282.1 LOPJ
[417] Véanse arts. 183 a 196 de la presente Ley
[418] Véase art. 274 LOPJ
[419] Véase art. 275 LOPJ

324. *[420]* [421]

1. La investigación judicial se desarrollará en un plazo máximo de doce meses desde la incoación de la causa.

Si, con anterioridad a la finalización del plazo, se constatare que no será posible finalizar la investigación, el juez, de oficio o a instancia de parte, oídas las partes podrá acordar prórrogas sucesivas por periodos iguales o inferiores a seis meses.

Las prórrogas se adoptarán mediante auto donde se expondrán razonadamente las causas que han impedido finalizar la investigación en plazo, así como las concretas diligencias que es necesario practicar y su relevancia para la investigación. En su caso, la denegación de la prórroga también se acordará mediante resolución motivada.

2. Las diligencias de investigación acordadas con anterioridad al transcurso del plazo o de sus prórrogas serán válidas, aunque se reciban tras la expiración del mismo.

3. Si, antes de la finalización del plazo o de alguna de sus prórrogas, el instructor no hubiere dictado la resolución a la que hace referencia el apartado 1, o bien esta fuera revocada por vía de recurso, no serán válidas las diligencias acordadas a partir de dicha fecha.

4. El juez concluirá la instrucción cuando entienda que ha cumplido su finalidad. Transcurrido el plazo máximo o sus prórrogas, el instructor dictará auto de conclusión del sumario o, en el procedimiento abreviado, la resolución que proceda.

325. *[422]* El Juez, de oficio o a instancia de parte, por razones de utilidad, seguridad o de orden público, así como en aquellos supuestos en que la comparecencia de quien haya de intervenir en cualquier tipo de procedimiento penal como investigado o encausado, testigo, perito, o en otra condición resulte particularmente gravosa o perjudicial, podrá acordar que la comparecencia se realice a través de videoconferen-

---

[420] Dada nueva redacción por art. único de Ley 2/2020 de 27 de julio de 2020, con vigencia desde 29/07/2020

[421] Téngase en cuenta que la presente redacción de este artículo será de aplicación a los procesos en tramitación a 29 de julio de 2020, fecha que será considerado como día inicial para el cómputo de los plazos máximos de instrucción establecidos en aquél, conforme a la disposición transitoria Ley 2/2020 de 27 julio

[422] Dada nueva redacción por art. único apartado 21 apartado 2 de Ley Orgánica 13/2015 de 5 de octubre de 2015, con vigencia desde 06/12/2015

cia u otro sistema similar que permita la comunicación bidireccional y simultánea de la imagen y el sonido, de acuerdo con lo dispuesto en el apartado 3 del artículo 229 de la Ley Orgánica del Poder Judicial [423].

TÍTULO V
De la comprobación del delito y averiguación del delincuente [424]

CAPÍTULO PRIMERO
De la inspección ocular

326. [425] Cuando el delito que se persiga haya dejado vestigios o pruebas materiales de su perpetración, el Juez instructor o el que haga sus veces ordenará que se recojan y conserven para el juicio oral si fuere posible, procediendo al efecto a la inspección ocular y a la descripción de todo aquello que pueda tener relación con la existencia y naturaleza del hecho. [426]

A este fin hará consignar en los autos la descripción del lugar del delito, el sitio y estado en que se hallen los objetos que en él se encuentren, los accidentes del terreno o situación de las habitaciones, y todos los demás detalles que puedan utilizarse, tanto para la acusación como para la defensa.

Cuando se pusiera de manifiesto la existencia de huellas o vestigios cuyo análisis biológico pudiera contribuir al esclarecimiento del hecho investigado, el Juez de Instrucción adoptará u ordenará a la Policía Judicial o al médico forense que adopte las medidas necesarias para que la recogida, custodia y examen de aquellas muestras se verifique

---

[423] Véase Instrucción 1/2002, de 7 de febrero, de la Fiscalía General del Estado, sobre la posibilidad de celebrar juicios orales penales por videoconferencia; e Instrucción 3/2002, de 1 de marzo, sobre actos procesales que pueden celebrarse a través de videoconferencia

[424] Véase art. 762 de la presente ley

[425] Añadido por disposición final 1 de Ley Orgánica 15/2003 de 25 de noviembre de 2003, con vigencia desde 27/11/2003

[426] Dada nueva redacción párrafo 1 por art. 2 apartado 36 de Ley 13/2009 de 3 de noviembre de 2009, con vigencia desde 04/05/2010

en condiciones que garanticen su autenticidad, sin perjuicio de lo establecido en el artículo 282 [427].

327. Cuando fuere conveniente para mayor claridad o comprobación de los hechos, se levantará el plano del lugar suficientemente detallado, o se hará el retrato de las personas que hubiesen sido objeto del delito, o la copia o diseño de los efectos o instrumentos del mismo que se hubiesen hallado [428].

328. Si se tratare de un robo o de cualquier otro delito cometido con fractura, escalamiento o violencia, el Juez instructor deberá describir los vestigios que haya dejado, y consultará el parecer de peritos sobre la manera, instrumentos, medios o tiempo de la ejecución del delito [429].

329. Para llevar a efecto lo dispuesto en los artículos anteriores, podrá ordenar el Juez instructor que no se ausenten durante la diligencia de descripción las personas que hubieren sido halladas en el lugar del delito, y que comparezcan además inmediatamente las que se encontraren en cualquier otro sitio próximo, recibiendo a todas separadamente la oportuna declaración.

330. Cuando no hayan quedado huellas o vestigios del delito que hubiese dado ocasión al sumario, el Juez instructor averiguará y hará constar, siendo posible, si la desaparición de las pruebas materiales ha ocurrido natural, casual o intencionalmente, y las causas de la misma o los medios que para ello se hubieren empleado, procediendo seguidamente a recoger y consignar en el sumario las pruebas de cualquiera clase que se puedan adquirir acerca de la perpetración del delito.

---

[427] Véase art. 28.a RD 769/1987, de 19 de junio, sobre Regulación de la Policía Judicial

[428] Véase art. 230 LOPJ

[429] Véase art. 238 CP

331. Cuando el delito fuere de los que no dejan huellas de su perpetración, el Juez instructor procurará hacer constar por declaraciones de testigos y por los demás medios de comprobación la ejecución del delito y sus circunstancias, así como la preexistencia de la cosa cuando el delito hubiese tenido por objeto la sustracción de la misma [430].

332. Todas las diligencias comprendidas en este Capítulo se extenderán por escrito en el acto mismo de la inspección ocular, y serán firmadas por el Juez instructor, el Fiscal, si asistiere al acto, el Secretario y las personas que se hallaren presentes.

333. [431] Cuando al practicarse las diligencias enumeradas en los artículos anteriores hubiese alguna persona declarada procesada como presunta autora del hecho punible, podrá presenciarlas, ya sola, ya asistida del defensor que eligiese o le fuese nombrado de oficio, si así lo solicitara; uno y otro podrán hacer en el acto las observaciones que estimen pertinentes, las cuales se consignarán por diligencia si no fuesen aceptadas.

Al efecto el Secretario Judicial pondrá en conocimiento del procesado el acuerdo relativo a la práctica de la diligencia con la anticipación que permita su índole y no se suspenderá por la falta de comparecencia del procesado o de su defensor. Igual derecho asiste a quien se halle privado de libertad en razón de estas diligencias. [432]

CAPÍTULO II
Del cuerpo del delito

334. El Juez instructor ordenará recoger en los primeros momentos las armas, instrumentos o efectos de cualquiera clase que puedan tener relación con el delito y se hallen en el lugar en que éste se

---

[430] Véanse arts. 364 y 726.9 de la presente Ley

[431] Dada nueva redacción por art. 2 de Ley 53/1978 de 4 de diciembre de 1978, con vigencia desde 28/12/1978

[432] Dada nueva redacción párrafo 2 por art. 2 apartado 37 de Ley 13/2009 de 3 de noviembre de 2009, con vigencia desde 04/05/2010

cometió, o en sus inmediaciones, o en poder del reo, o en otra parte conocida. El Secretario Judicial extenderá diligencia expresiva del lugar, tiempo y ocasión en que se encontraren, describiéndolos minuciosamente para que se pueda formar idea cabal de los mismos y de las circunstancias de su hallazgo. [433]

La diligencia será firmada por la persona en cuyo poder fueren hallados, notificándose a la misma el auto en que se mande recogerlos [434].

La persona afectada por la incautación podrá recurrir en cualquier momento la medida ante el Juez de Instrucción. Este recurso no requerirá de la intervención de abogado cuando sea presentado por terceras personas diferentes del imputado. El recurso se entenderá interpuesto cuando la persona afectada por la medida o un familiar suyo mayor de edad hubieran expresado su disconformidad en el momento de la misma. [435]

Los efectos que pertenecieran a la víctima del delito serán restituidos inmediatamente a la misma, salvo que excepcionalmente debieran ser conservados como medio de prueba o para la práctica de otras diligencias, y sin perjuicio de su restitución tan pronto resulte posible. Los efectos serán también restituidos inmediatamente cuando deban ser conservados como medio de prueba o para la práctica de otras diligencias, pero su conservación pueda garantizarse imponiendo al propietario el deber de mantenerlos a disposición del Juez o Tribunal. La víctima podrá, en todo caso, recurrir esta decisión conforme a lo dispuesto en el párrafo anterior. [436]

335. Siendo habida la persona o cosa objeto del delito, el Juez instructor describirá detalladamente su estado y circunstancias, y especialmente todas las que tuviesen relación con el hecho punible.

---

[433] Dada nueva redacción párrafo 1 por art. 2 apartado 38 de Ley 13/2009 de 3 de noviembre de 2009, con vigencia desde 04/05/2010

[434] Véanse arts. 127 y 128 CP, RD 2783/1976, de 15 de octubre, sobre conservación y destino de piezas de convicción y arts. 338 y 622 de la presente Ley

[435] Añadido párrafo 3 por disposición final 1 apartado 10 de Ley 4/2015 de 27 de abril de 2015, con vigencia desde 28/10/2015

[436] Añadido párrafo 4 por disposición final 1 apartado 10 de Ley 4/2015 de 27 de abril de 2015, con vigencia desde 28/10/2015

Si por tratarse de delito de falsificación cometida en documentos o efectos existentes en dependencias de las Administraciones Públicas hubiere imprescindible necesidad de tenerlos a la vista para su reconocimiento pericial y examen por parte del Juez o Tribunal, el Secretario Judicial los reclamará a las correspondientes Autoridades, sin perjuicio de devolverlos a los respectivos Centros oficiales después de terminada la causa [437] . [438]

336. En los casos de los dos artículos anteriores ordenará también el Juez el reconocimiento por peritos, siempre que esté indicado para apreciar mejor la relación con el delito, de los lugares, armas, instrumentos y efectos a que dichos artículos se refieren, haciéndose constar por diligencia el reconocimiento y el informe pericial.

A esta diligencia podrán asistir también el procesado y su defensor en los términos expresados en el artículo 333 [439] .

337. Cuando en el acto de describir la persona o cosa objeto del delito, y los lugares, armas, instrumentos o efectos relacionados con el mismo, estuvieren presentes o fueren conocidas personas que puedan declarar acerca del modo y forma con que aquel hubiese sido cometido, y de las causas de las alteraciones que se observaren en dichos lugares, armas, instrumentos o efectos, acerca de su estado anterior, serán examinadas inmediatamente después de la descripción, y sus declaraciones se considerarán como complemento de ésta.

338. [440] Sin perjuicio de lo establecido en el Capítulo II bis del presente Título, los instrumentos, armas y efectos a que se refiere el artículo 334 se recogerán de tal forma que se garantice su integridad

---

[437] Véase art. 786.2.b de la presente Ley

[438] Dada nueva redacción párrafo 2 por art. 2 apartado 39 de Ley 13/2009 de 3 de noviembre de 2009, con vigencia desde 04/05/2010

[439] Véanse arts. 456, 478 y 723 a 725 de la presente Ley

[440] Dada nueva redacción por art. 2 apartado 40 de Ley 13/2009 de 3 de noviembre de 2009, con vigencia desde 04/05/2010

y el Juez acordará su retención, conservación o envío al organismo adecuado para su depósito [441].

339. Si fuere conveniente recibir algún informe pericial sobre los medios empleados para la desaparición del cuerpo del delito, o sobre las pruebas de cualquiera clase que, en su defecto, se hubiesen recogido, el Juez lo ordenará inmediatamente del modo prevenido en el Capítulo VII de este mismo Título [442].

340. Si la instrucción tuviere lugar por causa de muerte violenta o sospechosa de criminalidad, antes de proceder al enterramiento del cadáver o inmediatamente después de su exhumación, hecha la descripción ordenada en el artículo 335, se identificará por medio de testigos que, a la vista del mismo, den razón satisfactoria de su conocimiento [443].

341. No habiendo testigos de conocimiento, si el estado del cadáver lo permitiere, se expondrá al público antes de practicarse la autopsia, por tiempo a lo menos de veinticuatro horas, expresando en un cartel, que se fijará a la puerta del depósito de cadáveres, el sitio, hora y día en que aquél se hubiese hallado y el Juez que estuviese instruyendo el sumario, a fin de que quien tenga algún dato que pueda contribuir al reconocimiento del cadáver o al esclarecimiento del delito y de sus circunstancias, lo comunique al Juez instructor.

342. [444] Cuando a pesar de tales prevenciones no fuere el cadáver reconocido, ordenará el Juez que se recojan todos los efectos personales con que se le hubiere encontrado, a fin de que puedan servir oportunamente para hacer la identificación.

---

[441] Véase RD 2783/1976, de 15 de octubre, sobre conservación y destino de piezas de convicción

[442] Véanse arts. 456 a 485 de la presente Ley

[443] Véase art. 83 LRC y art. 274 RRC

[444] Dada nueva redacción por art. 2 apartado 41 de Ley 13/2009 de 3 de noviembre de 2009, con vigencia desde 04/05/2010

343. En los sumarios a que se refiere el artículo 340, aun cuando por la inspección exterior pueda presumirse la causa de la muerte, se procederá a la autopsia del cadáver por los Médicos forenses, o en su caso por los que el Juez designe, los cuales, después de describir exactamente dicha operación, informarán sobre el origen del fallecimiento y sus circunstancias [445].

Para practicar la autopsia, se observará lo dispuesto en el artículo 353.

344. Con el nombre de Médico forense habrá en cada Juzgado de Instrucción, un facultativo encargado de auxiliar a la administración de justicia en todos los casos y actuaciones en que sea necesaria o conveniente la intervención y servicios de su profesión en cualquier punto de la demarcación judicial [446].

345. El Médico forense residirá en la capital del Juzgado para que haya sido nombrado, y no podrá ausentarse de ella sin licencia del Juez, del Presidente de la Audiencia de lo criminal o del Ministro de Gracia y Justicia, según que sea por ocho días a lo más en el primer caso, veinte en el segundo, y por el tiempo que el Ministro estime conveniente en el tercero [447].

346. En las ausencias, enfermedades y vacantes, sustituirá al Médico forense otro Profesor que desempeñe igual cargo en la misma población, y si no lo hubiese, el que el Juez designe, dando cuenta de ello al Presidente de la Audiencia de lo criminal.

Lo mismo sucederá cuando por cualquier otro motivo no pudiese valerse el Juez instructor del Médico forense. Los que se negaren al

---

[445] Véase el cap. IV RD 144/2023 de 28 febrero, por el que se aprueba el Reglamento de los Institutos de Medicina Legal y Ciencias Forenses

[446] Véase art. 1 RD 296/1996, de 23 de febrero, Reglamento Orgánico del Cuerpo de Médicos Forenses; arts. 479 y 480 LOPJ; y art. 778.6 de la presente Ley

[447] Véase RD 296/1996, de 23 de febrero, Reglamento Orgánico del Cuerpo de Médicos Forenses

cumplimiento de este deber o lo eludieren, incurrirán en multa de 125 a 500 pesetas [448]. [449]

347. El Médico forense está obligado a practicar todo acto o diligencia propios de su profesión e instituto con el celo, esmero y prontitud que la naturaleza del caso exija y la administración de justicia requiera [450].

348. Cuando en algún caso, además de la intervención del Médico forense, el Juez estimase necesaria la cooperación de uno o más facultativos, hará el oportuno nombramiento.

Lo establecido en el párrafo anterior tendrá también lugar cuando por la gravedad del caso el Médico forense crea necesaria la cooperación de uno o más coprofesores y el Juez lo estimare así [451].

349. Siempre que sea compatible con la buena administración de justicia, el Juez podrá conceder prudencialmente un término al Médico forense para que preste sus declaraciones, evacúe los informes y consultas y redacte otros documentos que sean necesarios, permitiéndole asimismo designar las horas que tenga por más oportunas para practicar las autopsias y exhumaciones de los cadáveres [452].

350. En los casos de envenenamiento, heridas u otras lesiones cualesquiera, quedará el Médico forense encargado de la asistencia facultativa del paciente, a no ser que éste o su familia prefieran la de uno o más Profesores de su elección, en cuyo caso conservará aquél la inspección y vigilancia que le incumbe para llenar el correspondiente servicio médico-forense.

---

[448] Véase art. 30 RD 296/1996, de 23 de febrero, Reglamento Orgánico del Cuerpo de Médicos Forenses, y art. 357 de la presente Ley

[449] Dada nueva redacción párrafo 2 por art. 1 de Ley de 14 de abril de 1955, con vigencia desde 05/05/1955

[450] Véase RD 296/1996, de 23 de febrero, Reglamento Orgánico del Cuerpo de Médicos Forenses

[451] Véase art. 507.2 LOPJ

[452] Véase art. 479.2 LOPJ y art. 353 de la presente Ley

El procesado tendrá derecho a designar un Profesor que, con los nombrados por el Juez instructor o el designado por la parte acusadora, intervenga en la asistencia del paciente [453] .

351. Cuando el Médico forense o en su defecto el designado o designados por el Juez instructor no estuvieren conformes con el tratamiento o plan curativo empleado por los facultativos que el paciente o su familia hubiesen nombrado darán parte a dicho Juez instructor a los efectos que en justicia procedan. Lo mismo podrá hacer en su caso el facultativo designado por el procesado.

El Juez instructor, cuando tal discordia resultare, designará mayor número de Profesores para que manifiesten su parecer, y, consignados todos los datos necesarios, se tendrán presentes para cuando en su día haya de fallarse la causa.

352. Lo dispuesto en los artículos anteriores es aplicable cuando el paciente ingrese en la cárcel, hospital u otro establecimiento, y sea asistido por los Facultativos de los mismos.

353. Las autopsias se harán en un local público que en cada pueblo o partido tendrá destinado la Administración para el objeto y para depósito de cadáveres. Podrá, sin embargo, el Juez de Instrucción disponer, cuando lo considere conveniente, que la operación se practique en otro lugar o en el domicilio del difunto, si su familia lo pidiere, y esto no perjudicase al éxito del sumario.

Si el Juez de Instrucción no pudiere asistir a la operación anatómica, delegará en un funcionario de Policía Judicial, dando fe de su asistencia, así como de lo que en aquélla ocurriere, el Secretario de la causa [454] .

354. Cuando la muerte sobreviniere por consecuencia de algún accidente ocurrido en las vías férreas yendo un tren en marcha, úni-

---

[453] Véase art. 479.2 LOPJ y art. 3.c RD 296/1996, de 23 de febrero, Reglamento Orgánico del Cuerpo de Médicos Forenses

[454] Véase art. 14.4 RD 144/2023 de 28 febrero, Reglamento de los Institutos de Medicina Legal y Ciencias Forenses

camente se detendrá éste el tiempo preciso para separar el cadáver o cadáveres de la vía, haciéndose constar previamente su situación y estado, bien por la Autoridad o funcionario de Policía Judicial que inmediatamente se presente en el lugar del siniestro, bien por los que accidentalmente se hallen en el mismo tren, bien, en defecto de estas personas, por el empleado de mayor categoría a cuyo cargo vaya, debiendo ser preferidos para el caso los empleados o agentes del Gobierno.

Se dispondrá asimismo lo conveniente para que, sin perjuicio de seguir el tren su marcha, sea avisada la Autoridad que deba instruir las primeras diligencias y acordar el levantamiento de los cadáveres; y las personas antedichas recogerán en el acto con prontitud los datos y antecedentes precisos, que comunicarán a la mayor brevedad a la Autoridad competente para la instrucción de las primeras diligencias con el fin de que pueda esclarecerse el motivo del siniestro [455].

355. Si el hecho criminal que motivare la formación de una causa cualquiera consistiese en lesiones, los Médicos que asistieren al herido estarán obligados a dar parte de su estado y adelantos en los períodos que se les señalen, e inmediatamente que ocurra cualquiera novedad que merezca ser puesta en conocimiento del Juez instructor [456].

356. Las operaciones de análisis químico que exija la sustanciación de los procesos criminales se practicarán por Doctores en Medicina, en Farmacia, en Ciencias Físico-químicas o por Ingenieros que se hayan dedicado a la especialidad química. Si no hubiere Doctores en aquellas Ciencias, podrán ser nombrados Licenciados que tengan los conocimientos y práctica suficientes para hacer dichas operaciones.

Los Jueces de Instrucción designarán, entre los comprendidos en el párrafo anterior, los peritos que han de hacer el análisis de las sustancias que en cada caso exija la administración de justicia.

Cuando en el partido judicial donde se instruya el proceso no haya ninguno de los peritos a quienes se refiere el párrafo primero, o estén

---

[455] Véase art. 770.4 de la presente Ley

[456] Véase art. 3.c RD 296/1996, de 23 de febrero, Reglamento Orgánico del Cuerpo de Médicos Forenses y art. 8.4 RD 386/1996, de 1 de marzo, Reglamento de los Institutos de Medicina Legal

imposibilitados legal o físicamente de practicar el análisis los que en aquél residieren, el Juez instructor lo pondrá en conocimiento del Presidente de la Sala o Audiencia de lo criminal, y éste nombrará el perito o peritos que hayan de practicar dicho servicio entre las personas que designa el párrafo primero domiciliadas en el territorio. Al mismo tiempo comunicará el nombramiento de peritos al Juez instructor para que ponga a su disposición, con las debidas precauciones y formalidades, las sustancias que hayan de ser analizadas.

El procesado o procesados tendrán derecho a nombrar un perito que concurra con los designados por el Juez [457].

357. Los indicados Profesores prestarán este servicio en el concepto de peritos titulares, y no podrán negarse a efectuarlo sin justa causa, siéndoles aplicable en otro caso lo dispuesto en el párrafo 2° del artículo 346 [458].

358. Cada uno de los citados Profesores que informe como perito en virtud de orden judicial, percibirá por sus honorarios e indemnización de los gastos que el desempeño de este servicio le ocasione, la cantidad que se fije en los reglamentos, no estando obligado a trabajar más de tres horas por día, excepto en casos urgentes o extraordinarios, lo que se hará constar en los autos [459].

359. Concluido el análisis y firmada la declaración correspondiente, los Profesores pasarán al Juez instructor o al Presidente de la Sala o Audiencia de lo criminal en su caso una nota firmada de los objetos o sustancias analizados y de los honorarios que les correspondan a tenor de lo dispuesto en el artículo anterior.

El Juzgado dirigirá esta nota, con las observaciones que crea justas, al Presidente de la Audiencia de lo criminal, quien la cursará elevándola al Ministerio de Gracia y Justicia, a no encontrar excesivo el número

[457] Véase art. 3 RD 296/1996, de 23 de febrero, Reglamento Orgánico del Cuerpo de Médicos Forenses y art. 8.5 RD 386/1996, de 1 de marzo, Reglamento de los Institutos de Medicina Legal

[458] Véase art. 30 RD 296/1996, de 23 de febrero, Reglamento Orgánico del Cuerpo de Médicos Forenses

[459] Véase art. 17.1 LOPJ

de horas que se supongan empleadas en cualquier análisis, en cuyo caso acordará que informen tres coprofesores del que lo haya verificado; y en vista de su dictamen, confirmará o rebajará los honorarios reclamados a lo que fuere justo, remitiendo todo con su informe, al expresado Ministerio.

Otro tanto hará el Presidente de la Audiencia cuando el análisis se hubiere practicado durante el juicio oral.

360. El Ministro de Gracia y Justicia, si conceptuare excesivos los honorarios, podrá también, antes de decretar su pago, pedir informe, y en su caso nueva tasación de los mismos a la Academia de Ciencias Exactas, Físicas y Naturales; y en vista de lo que esta Corporación expusiere o de la nueva tasación que practicare, se confirmarán los honorarios o se reducirán a lo que resultare justo, decretándose su pago.

361. Para verificar éste se incluirá por el Ministro de Gracia y Justicia en los presupuestos de cada año la cantidad que se conceptúe necesaria.

362. Los Profesores mencionados no podrán reclamar otros honorarios que los anteriormente fijados por virtud de este servicio, ni exigir que el Juez o Tribunal les facilite los medios materiales de laboratorio o reactivos, ni tampoco auxiliares subalternos para llenar su cometido.

Cuando por falta de peritos, laboratorio o reactivos no sea posible practicar el análisis en la circunscripción de la Audiencia de lo criminal, se practicará en la capital de la provincia, y en último extremo en la del Reino [460].

363. [461] Los Juzgados y Tribunales ordenarán la práctica de los análisis químicos únicamente en los casos en que se consideren abso-

---

[460] Véase art. 485 de la presente Ley

[461] Añadido por disposición final 1 de Ley Orgánica 15/2003 de 25 de noviembre de 2003, con vigencia desde 27/11/2003

lutamente indispensables para la necesaria investigación judicial y la recta administración de justicia [462] .

Siempre que concurran acreditadas razones que lo justifiquen, el Juez de Instrucción podrá acordar, en resolución motivada, la obtención de muestras biológicas del sospechoso que resulten indispensables para la determinación de su perfil de ADN. A tal fin, podrá decidir la práctica de aquellos actos de inspección, reconocimiento o intervención corporal que resulten adecuados a los principios de proporcionalidad y razonabilidad.

364. En los delitos de robo, hurto, estafa, y en cualquiera otro en que deba hacerse constar la preexistencia de las cosas robadas, hurtadas o estafadas, si no hubiere testigos presenciales del hecho, se recibirá información sobre los antecedentes del que se presentare como agraviado, y sobre todas las circunstancias que ofrecieren indicios de hallarse éste poseyendo aquéllas al tiempo en que resulte cometido el delito [463] .

365. [464] Cuando para la calificación del delito o de sus circunstancias fuere necesario estimar el valor de la cosa que hubiere sido su objeto o el importe del perjuicio causado o que hubiera podido causarse, el Juez oirá sobre ello al dueño o perjudicado, y acordará después el reconocimiento pericial en la forma determinada en el Capítulo VII de este mismo Título. El Secretario Judicial facilitará a los peritos nombrados las cosas y elementos directos de apreciación sobre que hubiere de recaer el informe. Si tales efectos no estuvieren a disposición del órgano judicial, el Secretario Judicial les suministrará los datos oportunos que se pudieren reunir, a fin de que, en tal caso, hagan la tasación y regulación de perjuicios de un modo prudente, con arreglo a los datos suministrados.

---

[462] Véase art. 778.3 de la presente Ley

[463] Véanse arts. 234, 237 y 248 CP y arts. 331 y 762.9 de la presente Ley

[464] Dada nueva redacción por art. 2 apartado 42 de Ley 13/2009 de 3 de noviembre de 2009, con vigencia desde 04/05/2010

La valoración de las mercancías sustraídas en establecimientos comerciales se fijará atendiendo a su precio de venta al público [465] .

366. Las diligencias prevenidas en este Capítulo y en el anterior se practicarán con preferencia a las demás del sumario, no suspendiéndose su ejecución sino para asegurar la persona del presunto culpable o para dar el auxilio necesario a los agraviados por el delito.

367. [466] En ningún caso admitirá el Juez durante el sumario reclamaciones ni tercerías que tengan por objeto la devolución de los efectos que constituyen el cuerpo del delito, cualquiera que sea su clase y la persona que los reclame.

CAPÍTULO II BIS
De la destrucción y la realización anticipada de los efectos judiciales [467] [468]

367 bis. [469] Tendrán la consideración de efectos judiciales, en el orden penal, todos aquellos bienes puestos a disposición judicial, embargados, incautados o aprehendidos en el curso de un procedimiento penal.

---

[465] Véanse arts. 456 a 485 de la presente Ley; y Consulta 2/2009, de 21 de diciembre

[466] Dada nueva redacción por art. 2 apartado 43 de Ley 13/2009 de 3 de noviembre de 2009, con vigencia desde 04/05/2010

[467] Véanse arts. 127 y 374 CP; art. 5 LO 12/1995, de 12 de diciembre, de Represión del Contrabando; y Ley 17/2003, de 29 de mayo, por la que se regula el Fondo de bienes decomisados por tráfico ilícito de drogas y otros delitos relacionados

[468] Añadido por disposición final 1 apartado 2 de Ley 18/2006 de 5 de junio de 2006, con vigencia desde 07/06/2006

[469] Añadido por disposición final 1 apartado 2 de Ley 18/2006 de 5 de junio de 2006, con vigencia desde 07/06/2006

367 ter. [470] 1. Podrá decretarse la destrucción de los efectos judiciales, dejando muestras suficientes, cuando resultare necesaria o conveniente por la propia naturaleza de los efectos intervenidos o por el peligro real o potencial que comporte su almacenamiento o custodia, previa audiencia al Ministerio Fiscal y al propietario, si fuere conocido, o a la persona en cuyo poder fueron hallados los efectos cuya destrucción se pretende.

Cuando se trate de drogas tóxicas, estupefacientes o sustancias psicotrópicas, la autoridad administrativa bajo cuya custodia se encuentren, una vez realizados los informes analíticos pertinentes, asegurada la conservación de las muestras mínimas e imprescindibles que, conforme a criterios científicos, resulten necesarias para garantizar ulteriores comprobaciones o investigaciones, y previa comunicación al Juez instructor, procederá a su inmediata destrucción si, trascurrido el plazo de un mes desde que se efectuó aquella, la autoridad judicial no hubiera ordenado mediante resolución motivada la conservación íntegra de dichas sustancias. En todo caso, lo conservado se custodiará siempre a disposición del órgano judicial competente [471]. [472]

2. En todo caso, el Secretario Judicial extenderá la oportuna diligencia y, si se hubiera acordado la destrucción, deberá quedar constancia en los autos de la naturaleza, calidad, cantidad, peso y medida de los efectos destruidos. Si no hubiese tasación anterior, también se dejará constancia de su valor cuando su fijación fuere imposible después de la destrucción.

3. Lo dispuesto en los dos apartados anteriores será también aplicable a los efectos intervenidos en relación con la comisión de delitos contra la propiedad intelectual e industrial. Podrá igualmente procederse a su destrucción anticipada una vez que tales efectos hayan sido examinados pericialmente, asegurando la conservación de las muestras que resulten necesarias para garantizar ulteriores comprobaciones o

---

[470] Dada nueva redacción por art. 2 apartado 44 de Ley 13/2009 de 3 de noviembre de 2009, con vigencia desde 04/05/2010

[471] El régimen de destrucción de drogas tóxicas, estupefacientes o sustancias psicotrópicas regulado en este apartado, será aplicable a las que se encuentren bajo custodia de las autoridades administrativas a la entrada en vigor de esta redacción, conforme disp. trans. 2ª RDL 3/2013, de 22 febrero

[472] Dada nueva redacción apartado 1 por art. 4 de Real Decreto-Ley 3/2013 de 22 de febrero de 2013, con vigencia desde 24/02/2013

investigaciones, salvo que la autoridad judicial acuerde mediante resolución motivada su conservación íntegra en el plazo de un mes desde la solicitud de destrucción. [473]

4. Si los objetos no pudieren, por su naturaleza, conservarse en su forma primitiva, el Juez resolverá lo que estime conveniente para conservarlos del mejor modo posible.

367 quater. [474] 1. Podrán realizarse los efectos judiciales de lícito comercio, sin esperar al pronunciamiento o firmeza del fallo, y siempre que no se trate de piezas de convicción o que deban quedar a expensas del procedimiento, en cualquiera de los casos siguientes:

a) Cuando sean perecederos.

b) Cuando su propietario haga expreso abandono de ellos.

c) Cuando los gastos de conservación y depósito sean superiores al valor del objeto en sí.

d) Cuando su conservación pueda resultar peligrosa para la salud o seguridad pública, o pueda dar lugar a una disminución importante de su valor, o pueda afectar gravemente a su uso y funcionamiento habituales.

e) Cuando se trate de efectos que, sin sufrir deterioro material, se deprecien sustancialmente por el transcurso del tiempo.

f) Cuando, debidamente requerido el propietario sobre el destino del efecto judicial, no haga manifestación alguna.

2. Cuando concurra alguno de los supuestos previstos en el apartado anterior, el Juez, de oficio o a instancia del Ministerio Fiscal, de las partes o de la Oficina de Recuperación y Gestión de Activos, y previa audiencia del interesado, acordará la realización de los efectos judiciales, salvo que concurra alguna de las siguientes circunstancias:

a) Esté pendiente de resolución el recurso interpuesto por el interesado contra el embargo o decomiso de los bienes o efectos.

b) La medida pueda resultar desproporcionada, a la vista de los efectos que pudiera suponer para el interesado y, especialmente, de la

[473] Dada nueva redacción apartado 3 por disposición final 2 apartado 3 de Ley Orgánica 1/2015 de 30 de marzo de 2015, con vigencia desde 01/07/2015

[474] Añadido por disposición final 1 apartado 2 de Ley 18/2006 de 5 de junio de 2006, con vigencia desde 07/06/2006

mayor o menor relevancia de los indicios en que se hubiera fundado la resolución cautelar de decomiso. [475]

3. No obstante lo dispuesto en los apartados anteriores, cuando el bien de que se trate esté embargado en ejecución de un acuerdo adoptado por una autoridad judicial extranjera en aplicación de la Ley de reconocimiento mutuo de resoluciones penales en la Unión Europea, su realización no podrá llevarse a cabo sin obtener previamente la autorización de la autoridad judicial extranjera. [476]

367 quinquies. [477] 1. La realización de los efectos judiciales podrá consistir en:

a) La entrega a entidades sin ánimo de lucro o a las Administraciones públicas.

b) La realización por medio de persona o entidad especializada.

c) La subasta pública.

2. Podrá entregarse el efecto judicial a entidades sin ánimo de lucro o a las Administraciones públicas cuando sea de ínfimo valor o se prevea que la realización por medio de persona o entidad especializada o por medio de subasta pública será antieconómica.

3. La realización de los efectos judiciales se llevará a cabo conforme al procedimiento que se determine reglamentariamente. No obstante lo anterior, previamente a acordarla se concederá audiencia al Ministerio Fiscal y a los interesados.

El producto de la realización de los efectos, bienes, instrumentos y ganancias se aplicará a los gastos que se hubieran causado en la conservación de los bienes y en el procedimiento de realización de los mismos, y la parte sobrante se ingresará en la cuenta de consignaciones del Juzgado o Tribunal, quedando afecta al pago de las responsabilidades civiles y costas que se declaren, en su caso, en el procedimiento. También podrá asignarse total o parcialmente de manera definitiva, en los términos y por el procedimiento que reglamentariamente se establezcan, a la Oficina de Recuperación y Gestión de Activos y a

---

[475] Dada nueva redacción apartado 2 por disposición final 2 apartado 4 de Ley Orgánica 1/2015 de 30 de marzo de 2015, con vigencia desde 01/07/2015

[476] Dada nueva redacción apartado 3 por disposición final 2 apartado 4 de Ley Orgánica 1/2015 de 30 de marzo de 2015, con vigencia desde 01/07/2015

[477] Añadido por disposición final 1 apartado 2 de Ley 18/2006 de 5 de junio de 2006, con vigencia desde 07/06/2006

los órganos del Ministerio Fiscal encargados de la represión de las actividades de las organizaciones criminales. Todo ello sin perjuicio de lo dispuesto para el Fondo de bienes decomisados por tráfico ilícito de drogas y otros delitos relacionados.

En el caso de realización de un bien embargado o decomisado por orden de una autoridad judicial extranjera se aplicará lo dispuesto en la Ley de reconocimiento mutuo de resoluciones penales en la Unión Europea. [478]

367 sexies. [479] 1. Podrá autorizarse la utilización provisional de los bienes o efectos decomisados cautelarmente en los siguientes casos:

a) Cuando concurran las circunstancias expresadas en las letras b) a f) del apartado 1 del artículo 367 quater, y la utilización de los efectos permita a la Administración un aprovechamiento de su valor mayor que con la realización anticipada, o no se considere procedente la realización anticipada de los mismos.

b) Cuando se trate de efectos especialmente idóneos para la prestación de un servicio público.

2. Cuando concurra alguno de los supuestos previstos en el apartado anterior, el Juez, de oficio o a instancia del Ministerio Fiscal o de la Oficina de Recuperación y Gestión de activos, y previa audiencia del interesado, autorizará la utilización provisional de los efectos judiciales, salvo que concurra alguna de las circunstancias expresadas en el párrafo segundo del apartado 2 del artículo 367 quater.

3. Corresponderá a la Oficina de Recuperación y Gestión de activos resolver, conforme a lo previsto legal y reglamentariamente, sobre la adjudicación del uso de los efectos decomisados cautelarmente y sobre las medidas de conservación que deban ser adoptadas. La oficina informará al Juez o Tribunal, y al Fiscal, de lo que hubiera acordado.

---

[478] Dada nueva redacción apartado 3 por disposición final 2 apartado 5 de Ley Orgánica 1/2015 de 30 de marzo de 2015, con vigencia desde 01/07/2015

[479] Dada nueva redacción por disposición final 2 apartado 6 de Ley Orgánica 1/2015 de 30 de marzo de 2015, con vigencia desde 01/07/2015

367 septies. [480] El Juez o Tribunal, de oficio o a instancia del Ministerio Fiscal o de la propia Oficina de Recuperación y Gestión de activos, podrá encomendar la localización, la conservación y la administración de los efectos, bienes, instrumentos y ganancias procedentes de actividades delictivas cometidas en el marco de una organización criminal a la Oficina de Recuperación y Gestión de Activos.

La organización y funcionamiento de dicha Oficina se regularán reglamentariamente.

CAPÍTULO III
De la identidad del delincuente y de sus circunstancias personales

368. Cuantos dirijan cargo a determinada persona deberán reconocerla judicialmente, si el Juez instructor, los acusadores o el mismo inculpado conceptúan fundadamente precisa la diligencia para la identificación de este último, con relación a los designantes, a fin de que no ofrezca duda quién es la persona a que aquéllos se refieren.

369. La diligencia de reconocimiento se practicará poniendo a la vista del que hubiere de verificarlo la persona que haya de ser reconocida, haciéndola comparecer en unión con otras de circunstancias exteriores semejantes. A presencia de todas ellas, o desde un punto en que no pudiere ser visto, según al Juez pareciere más conveniente, el que deba practicar el reconocimiento manifestará si se encuentra en la rueda o grupo la persona a quien hubiese hecho referencia en sus declaraciones, designándola, en caso afirmativo, clara y determinadamente.

En la diligencia que se extienda se harán constar todas las circunstancias del acto, así como los nombres de todos los que hubiesen formado la rueda o grupo [481].

370. Cuando fueren varios los que hubieren de reconocer a una persona, la diligencia expresada en el artículo anterior deberá practi-

---

[480] Dada nueva redacción por disposición final 2 apartado 7 de Ley Orgánica 1/2015 de 30 de marzo de 2015, con vigencia desde 01/07/2015

[481] Véase art. 155 LOPM

carse separadamente con cada uno de ellos, sin que puedan comunicarse entre sí hasta que se haya efectuado el último reconocimiento.

Cuando fueren varios los que hubieren de ser reconocidos por una misma persona, podrá hacerse el reconocimiento de todos en un solo acto.

371. El que detuviere o prendiere a algún presunto culpable tomará las precauciones necesarias para que el detenido o preso no haga en su persona o traje alteración alguna que pueda dificultar su reconocimiento por quien corresponda.

372. Análogas precauciones deberán tomar los Alcaides de las cárceles y los Jefes de los depósitos de detenidos; y si en los establecimientos de su cargo hubiere traje reglamentario, conservarán cuidadosamente el que lleven los presos detenidos al ingresar en el establecimiento, a fin de que puedan vestirlo cuantas veces fuere conveniente para diligencias de reconocimiento.

373. Si se originase alguna duda sobre la identidad del procesado, se procurará acreditar ésta por cuantos medios fueren conducentes al objeto [482].

374. El Juez hará constar, con la minuciosidad posible, las señas personales del procesado, a fin de que la diligencia pueda servir de prueba de su identidad.

375. Para acreditar la edad del procesado y comprobar la identidad de su persona, el Secretario Judicial traerá al sumario certificación de su inscripción de nacimiento en el Registro civil o de su partida de bautismo, si no estuviere inscrito en el Registro [483] . [484]

En todo caso, cuando no fuere posible averiguar el Registro civil o parroquia en que deba constar el nacimiento o el bautismo del proce-

---

[482] Véase art. 18 RP

[483] Véanse arts. 40 y ss LRC,. 165 a 170 RRC y 762.7 de la presente Ley

[484] Dada nueva redacción párrafo 1 por art. 2 apartado 45 de Ley 13/2009 de 3 de noviembre de 2009, con vigencia desde 04/05/2010

sado, o no existiesen su inscripción y partida; y cuando por manifestar el procesado haber nacido en punto lejano hubiere necesidad de emplear mucho tiempo en traer a la causa la certificación oportuna no se detendrá el sumario, y se suplirá el documento del artículo anterior por informe que acerca de la edad del procesado, y previo su examen físico, dieren los Médicos forenses o los nombrados por el Juez.

376. Cuando no ofreciere duda la identidad del procesado, y conocidamente tuviese la edad que el Código Penal requiere para poderle exigir la responsabilidad criminal en toda su extensión, podrá prescindirse de la justificación expresada en el artículo anterior, si su práctica ofreciese alguna dificultad u ocasionase dilaciones extraordinarias [485].

En las actuaciones sucesivas y durante el juicio, el procesado será designado con el nombre con que fuere conocido o con el que él mismo dijere tener.

377. [486] Si el Juez instructor lo considerase conveniente, podrá pedir informes sobre el procesado a las Alcaldías o a los correspondientes funcionarios de policía del pueblo o pueblos en que hubiese residido.

Estos informes serán fundados, y si no fuere posible fundarlos, se manifestará la causa que lo impidiere.

Los que los dieren no contraerán responsabilidad alguna, salvo en el caso de dolo o negligencia grave [487].

378. Podrá además el Juez recibir declaración acerca de la conducta del procesado a todas las personas que por el conocimiento que tuvieren de éste puedan ilustrarle sobre ello [488].

---

[485] Véase art. 19 CP y LORPM
[486] Dada nueva redacción por art. 5 de Ley Orgánica 7/1988 de 28 de diciembre de 1988, con vigencia desde 01/03/1989
[487] Véase art. 762.7 de la presente Ley
[488] Véase art. 762.10 de la presente Ley

379. Se traerán a la causa los antecedentes penales del procesado, pidiendo los anteriores a la creación del Registro Central de Penados de 2 de Octubre de 1878, a los Juzgados donde se presuma que puedan en su caso constar, y los posteriores exclusivamente al Ministerio de Gracia y Justicia [489].

El Jefe del Registro en el Ministerio está obligado a dar los antecedentes que se le reclamen, o certificación negativa en su caso, en el improrrogable término de tres días, a contar desde aquél en que se reciba la petición, justificando, si así no lo hiciere, la causa legítima que lo hubiese impedido.

En los Juzgados se atenderá también preferentemente al cumplimiento de este servicio, debiendo ser corregidos disciplinariamente los funcionarios que lo posterguen.

380. Si el procesado fuere mayor de nueve años y menor de quince, el Juez recibirá información acerca del criterio del mismo, y especialmente de su aptitud para apreciar la criminalidad del hecho que hubiese dado motivo a la causa [490].

En esta información serán oídas las personas que puedan deponer con acierto por sus circunstancias personales y por las relaciones que hayan tenido con el procesado antes y después de haberse ejecutado el hecho. En su defecto se nombrarán dos Profesores de instrucción primaria para que en unión del Médico forense o del que haga sus veces examinen al procesado y emitan su dictamen.

381. Si el Juez advirtiese en el procesado indicios de enajenación mental, le someterá inmediatamente a la observación de los Médicos forenses en el establecimiento en que estuviese preso, o en otro público si fuere más a propósito o estuviese en libertad [491].

Los Médicos darán en tal caso su informe del modo expresado en el Capítulo VII de este Título [492].

---

[489] Véase RD 295/2009, de 6 de febrero, por el que se regula el Sistema de registros administrativos de apoyo a la Administración de Justicia. y art. 136 CP

[490] Véase art. 19 CP y LORPM

[491] Véase art. 20.1 CP

[492] Véanse arts. 456 a 485 de la presente Ley

382. Sin perjuicio de lo dispuesto en el artículo anterior, el Juez recibirá información acerca de la enajenación mental del procesado, en la forma prevenida en el artículo 380.

383. Si la demencia sobreviniera después de cometido el delito, concluso que sea el sumario, se mandará archivar la causa por el Tribunal competente hasta que el procesado recobre la salud, disponiéndose además respecto de éste lo que el Código penal prescribe para los que ejecutan el hecho en estado de demencia.

Si hubiese algún otro procesado por razón del mismo delito que no se encontrase en el caso del anterior, continuará la causa solamente en cuanto al mismo [493].

384. Desde que resultare del sumario algún indicio racional de criminalidad contra determinada persona, se dictará auto declarándola procesada y mandando que se entiendan con ella las diligencias en la forma y del modo dispuesto en este Título y en los demás de esta Ley.

El procesado podrá, desde el momento de serlo, aconsejarse de Letrado, mientras no estuviere incomunicado, y valerse de él, bien para instar la pronta terminación del sumario, bien para solicitar la práctica de diligencias que le interesen, y para formular pretensiones que afecten a su situación. En el primer caso podrá recurrir en queja a la Audiencia, y en los otros dos apelar para ante la misma si el Juez instructor no accediese a sus deseos.

Estas apelaciones no serán admisibles más que en un solo efecto.

Para cumplir lo determinado en este artículo, el Juez instructor dispondrá que el procesado menor de edad sea habilitado de Procurador y Abogado, a no ser que él mismo o su representante legal designen personas que merezcan su confianza para dicha representación y defensa.

Contra los autos que dicten los Jueces de Instrucción, decretando el procesamiento de alguna persona, podrá utilizarse, por la representación de ésta, recurso de reforma dentro de los tres días siguientes al de haberle sido notificada la resolución; y contra los autos denegatorios de la reforma podrá ser interpuesto recurso de apelación en

---

[493] Véanse arts. 20.1 y 60 de la presente ley

un efecto dentro de los cinco días siguientes al de la notificación del auto denegatorio a la representación recurrente. También podrá ser interpuesto el recurso de apelación en un efecto subsidiariamente con el de reforma, en cuyo caso, el Juez instructor declarará admitido aquél al denegar éste. Si se diera lugar a la reforma, quedando sin efecto los procesamientos antes acordados, se estará a lo preceptuado en el párrafo siguiente, en cuanto a la reproducción de la solicitud de procesamiento ante la Audiencia. [494]

Contra los autos denegatorios de procesamiento, sólo se concederá a quien haya solicitado éstos el recurso de reforma, utilizado dentro de los tres días siguientes al de la notificación. Contra los autos denegatorios de la reforma así pretendida, no se podrá utilizar recurso de apelación ni ningún otro recurso; pero podrá reproducirse ante la Audiencia correspondiente la petición de procesamiento formulada por la parte a quien le haya sido denegada, cuando personada ante dicho Tribunal, si hace uso de tal derecho, evacúe el traslado a que se refiere el artículo 627 de esta misma Ley, precisamente dentro del término por el cual le haya sido conferido dicho traslado. El Tribunal, en tales casos, al dictar el auto que ordena el artículo 630, resolverá fundadamente lo que proceda; y sin que pueda dejar al criterio del instructor la resolución, cuando estime procedentes las declaraciones de procesamiento solicitadas, mandará al Juez instructor que las haga. Los procesados a quienes estas resoluciones del instructor se refieran podrán utilizar directamente el recurso de apelación en un efecto, sin necesidad de que utilicen previamente el de reforma. [495]

Cuando la resolución del recurso de reforma interpuesto contra un auto denegatorio de procesamiento sea favorable al recurrente y, por tanto, se acuerde el procesamiento primeramente solicitado contra la resolución en que así se declara, podrán las representaciones de los procesados a quienes afecte utilizar los mismos recursos de reforma

---

[494] Añadido párrafo 5 por art. 5 de Real Decreto-Ley de 14 de diciembre de 1925, con vigencia desde 15/12/1925

[495] Añadido párrafo 6 por art. 5 de Real Decreto-Ley de 14 de diciembre de 1925, con vigencia desde 15/12/1925

y apelación otorgados a los procesados directamente en este mismo artículo [496] . [497]

384 bis. [498] Firme un auto de procesamiento y decretada la prisión provisional por delito cometido por persona integrada o relacionada con bandas armadas o individuos terroristas o rebeldes, el procesado que estuviere ostentando función o cargo público quedará automáticamente suspendido en el ejercicio del mismo mientras dure la situación de prisión [499] .

CAPÍTULO IV
De las declaraciones de los procesados

385. El Juez, de oficio o a instancia del Ministerio Fiscal o del querellante particular, hará que los procesados presten cuantas declaraciones considere convenientes para la averiguación de los hechos, sin que ni el acusador privado ni el actor civil puedan estar presentes al interrogatorio, cuando así lo disponga el Juez instructor [500] .

386. Si el procesado estuviere detenido, se le recibirá la primera declaración dentro del término de veinticuatro horas.

Este plazo podrá prorrogarse por otras cuarenta y ocho, si mediare causa grave, la cual se expresará en la providencia en que se acordase la prórroga [501] .

---

[496] Véanse arts. 216 a 235 de la presente Ley

[497] Añadido párrafo 7 por art. 5 de Real Decreto-Ley de 14 de diciembre de 1925, con vigencia desde 15/12/1925

[498] Añadido por art. 1 de Ley Orgánica 4/1988 de 25 de mayo de 1988, con vigencia desde 15/06/1988

[499] Véase art. 520 bis de la presente Ley

[500] Véase art. 229.2 y 3 LOPJ

[501] Véase art. 520.2 de la presente Ley

387. [502] (Derogado)

388. En la primera declaración será preguntado el procesado por su nombre, apellidos paterno y materno, apodo, si lo tuviere, edad, naturaleza, vecindad, estado, profesión, arte, oficio o modo de vivir, si tiene hijos, si fue procesado anteriormente, por qué delito, ante qué Juez o Tribunal, qué pena se le impuso, si la cumplió, si sabe leer y escribir y si conoce el motivo por que se le ha procesado [503].

389. Las preguntas que se le hagan en todas las declaraciones que hubiere de prestar se dirigirán a la averiguación de los hechos y a la participación en ellos del procesado y de las demás personas que hubieren contribuido a ejecutarlos o encubrirlos.

Las preguntas serán directas, sin que por ningún concepto puedan hacérsele de un modo capcioso o sugestivo.

Tampoco se podrá emplear con el procesado género alguno de coacción o amenaza [504].

390. Las relaciones que hagan los procesados o respuestas que den serán orales. Sin embargo, el Juez de Instrucción, teniendo siempre en cuenta las circunstancias de aquéllos y la naturaleza de la causa, podrá permitirles que redacten a su presencia una contestación escrita sobre puntos difíciles de explicar, o que también consulten a su presencia apuntes o notas.

391. Se pondrán de manifiesto al procesado todos los objetos que constituyen el cuerpo del delito o los que el Juez considere conveniente, a fin de que los reconozca.

Se le interrogará sobre la procedencia de dichos objetos, su destino y la razón de haberlos encontrado en su poder, y, en general, será siempre interrogado sobre cualquiera otra circunstancia que conduzca al esclarecimiento de la verdad.

---

[502] Derogado por disposición derogatoria única de Ley Orgánica 13/2015 de 5 de octubre de 2015, con vigencia desde 06/12/2015

[503] Véase art. 789.4 de la presente Ley

[504] Véase art. 172 CP

El Juez podrá ordenar al procesado, pero sin emplear ningún género de coacción, que escriba a su presencia algunas palabras o frases, cuando esta medida la considere útil para desvanecer las dudas que surjan sobre la legitimidad de un escrito que se le atribuya [505].

392. Cuando el procesado rehúse contestar o se finja loco, sordo o mudo, el Juez instructor le advertirá que, no obstante su silencio y su simulada enfermedad, se continuará la instrucción del proceso.

De estas circunstancias se tomará razón por el Secretario, y el Juez instructor procederá a investigar la verdad de la enfermedad que aparente el procesado, observando a este efecto lo dispuesto en los respectivos artículos de los Capítulos II y VII de este mismo Título [506].

393. Cuando el examen del procesado se prolongue mucho tiempo, o el número de preguntas que se le hayan hecho sea tan considerable que hubiese perdido la serenidad de juicio necesaria para contestar a lo demás que deba preguntársele, se suspenderá el examen, concediendo al procesado el tiempo necesario para descansar y recuperar la calma. Siempre se hará constar en la declaración misma el tiempo que se haya invertido en el interrogatorio.

394. [507] (Derogado)

395. [508] (Derogado)

396. Se permitirá al procesado manifestar cuanto tenga por conveniente para su exculpación o para la explicación de los hechos, evacuándose con urgencia las citas que hiciere y las demás diligencias que propusiere, si el Juez las estima conducentes para la comprobación de sus manifestaciones.

---

[505] Véanse arts. 334 y 335 de la presente Ley

[506] Véanse arts. 334 a 367 y 456 a 485 de la presente Ley

[507] Derogado por disposición derogatoria única apartado 3 de Ley Orgánica 16/1994 de 8 de noviembre de 1994, con vigencia desde 09/12/1994

[508] Derogado por disposición derogatoria única de Ley Orgánica 13/2015 de 5 de octubre de 2015, con vigencia desde 06/12/2015

En ningún caso podrán hacerse al procesado cargos ni reconvenciones, ni se le leerá parte alguna del sumario más que sus declaraciones anteriores si lo pidiere, a no ser que el Juez hubiese autorizado la publicidad de aquél en todo o en parte.

397. [509] El procesado podrá dictar por sí mismo las declaraciones. Si no lo hiciere, lo hará el Secretario Judicial procurando, en cuanto fuere posible, consignar las mismas palabras de que aquél se hubiese valido.

398. Si el procesado no supiere el idioma español o fuere sordomudo, se observará lo dispuesto en los artículos 440, 441 y 442 [510].

399. Cuando el Juez considere conveniente el examen del procesado en el lugar de los hechos acerca de los cuales deba ser examinado o ante las personas o cosas con ellos relacionadas, se observará lo dispuesto en el artículo 438.

400. El procesado podrá declarar cuantas veces quisiere, y el Juez le recibirá inmediatamente la declaración si tuviere relación con la causa [511].

401. En la declaración se consignarán íntegramente las preguntas y las contestaciones.

402. El procesado podrá leer la declaración, y el Juez le enterará de que le asiste este derecho.
Si no usare de él, la leerá el Secretario a su presencia.

---

[509] Dada nueva redacción por art. 2 apartado 46 de Ley 13/2009 de 3 de noviembre de 2009, con vigencia desde 04/05/2010
[510] Véase art. 762.8 de la presente Ley
[511] Véase art. 385 de la presente Ley

403. Se observará lo dispuesto en el artículo 450 respecto a tachaduras o enmiendas.

404. La diligencia se firmará por todos los que hubiesen intervenido en el acto, y se autorizará por el Secretario.

405. Si en las declaraciones posteriores se pusiere el procesado en contradicción con sus declaraciones primeras o retractare sus confesiones anteriores, deberá ser interrogado sobre el móvil de sus contradicciones y sobre las causas de su retractación.

406. La confesión del procesado no dispensará al Juez de Instrucción de practicar todas las diligencias necesarias a fin de adquirir el convencimiento de la verdad de la confesión y de la existencia del delito.

Con este objeto, el Juez instructor interrogará al procesado confeso para que explique todas las circunstancias del delito y cuanto pueda contribuir a comprobar su confesión, si fue autor o cómplice, y si conoce a algunas personas que fueren testigos o tuvieren conocimiento del hecho [512].

407. Respecto a la incomunicación de los procesados, se observará lo dispuesto en los artículos 506 al 511 [513].

408. No se leerán al procesado los fundamentos del auto de incomunicación cuando le fuere notificado, ni se le dará copia de ellos.

409. Para recibir declaración al procesado menor de edad no habrá necesidad de nombrarle curador [514].

---

[512] Véase art. 820 de la presente Ley
[513] Véanse arts. 520 bis.2 y 527 de la presente Ley
[514] Véase art. 520.3 de la presente Ley

409 bis. [515] Cuando se haya procedido a la imputación de una persona jurídica, se tomará declaración al representante especialmente designado por ella, asistido de su Abogado. La declaración irá dirigida a la averiguación de los hechos y a la participación en ellos de la entidad imputada y de las demás personas que hubieran también podido intervenir en su realización. A dicha declaración le será de aplicación lo dispuesto en los preceptos del presente capítulo en lo que no sea incompatible con su especial naturaleza, incluidos los derechos a guardar silencio, a no declarar contra sí misma y a no confesarse culpable.

No obstante, la incomparecencia de la persona especialmente designada por la persona jurídica para su representación determinará que se tenga por celebrado este acto, entendiéndose que se acoge a su derecho a no declarar.

CAPÍTULO V
De las declaraciones de los testigos [516]

410. Todos los que residan en territorio español, nacionales o extranjeros, que no estén impedidos, tendrán obligación de concurrir al llamamiento judicial para declarar cuanto supieren sobre lo que les fuere preguntado si para ello se les cita con las formalidades prescritas en la Ley [517].

411. [518] Se exceptúan de lo dispuesto en el artículo anterior: El Rey, la Reina, sus respectivos consortes, el Príncipe heredero y los Regentes del Reino.

---

[515] Añadido por art. 1 apartado 4 de Ley 37/2011 de 10 de octubre de 2011, con vigencia desde 31/10/2011

[516] Véanse arts. 229.2 y 3 y 230.1 LOPJ; LO 19/1994, de 23 de diciembre, de protección a testigos y peritos en causas criminales; e Instrucción 3/2002, de 1 de marzo, de la Fiscalía General del Estado, sobre actos procesales que pueden celebrarse a través de videoconferencia

[517] Véanse arts. 412, 420 y 702 de la presente Ley

[518] Dada nueva redacción por art. único de Ley Orgánica 12/1991 de 10 de julio de 1991, con vigencia desde 31/07/1991

También están exentos del deber de declarar los Agentes Diplomáticos acreditados en España, en todo caso, y el personal administrativo, técnico o de servicio de las misiones diplomáticas, así como sus familiares, si concurren en ellos los requisitos exigidos en los tratados [519].

412. [520] 1. Estarán exentas también de concurrir al llamamiento del Juez, pero no de declarar, pudiendo hacerlo por escrito, las demás personas de la Familia Real.

2. Están exentos de concurrir al llamamiento del Juez, pero no de declarar, pudiendo informar por escrito sobre los hechos de que tengan conocimiento por razón de su cargo:

1º El Presidente y los demás miembros del Gobierno.

2º Los Presidentes del Congreso de los Diputados y del Senado.

3.º El Presidente del Tribunal Constitucional.

4.º El Presidente del Consejo General del Poder Judicial.

5º El Fiscal General del Estado.

6º Los Presidentes de las Comunidades Autónomas.

3. Si fuera conveniente recibir declaración a alguna de las personas a las que se refiere el apartado 2 anterior sobre cuestiones de las que no haya tenido conocimiento por razón de su cargo, se tomará la misma en su domicilio o despacho oficial.

4. Quienes hubiesen desempeñado los cargos a que se refiere el apartado 2 del presente artículo estarán igualmente exentos de concurrir al llamamiento del Juez, pero no de declarar, pudiendo informar por escrito sobre los hechos de que hubieren tenido conocimiento por razón de su cargo.

5. Estarán exentos también de concurrir al llamamiento del Juez, pero no de declarar, pudiendo hacerlo en su despacho oficial o en la sede del órgano del que sean miembros:

1º Los Diputados y Senadores.

2º Los Magistrados del Tribunal Constitucional y los Vocales del Consejo General del Poder Judicial.

3º Los Fiscales de Sala del Tribunal Supremo.

4º El Defensor del Pueblo.

---

[519] Véase art. 415 de la presente Ley

[520] Dada nueva redacción por art. único de Ley Orgánica 12/1991 de 10 de julio de 1991, con vigencia desde 31/07/1991

5º Las Autoridades Judiciales de cualquier orden jurisdiccional de categoría superior a la del que recibiere la declaración.

6º Los Presidentes de las Asambleas Legislativas de las Comunidades Autónomas.

7º El Presidente y los Consejeros Permanentes del Consejo de Estado.

8º El Presidente y los Consejeros del Tribunal de Cuentas.

9º Los miembros de los Consejos de Gobierno de las Comunidades Autónomas.

10. Los Secretarios de Estado, los Subsecretarios y asimilados, los Delegados del Gobierno en las Comunidades Autónomas y en Ceuta y Melilla, los Gobernadores civiles y los Delegados de Hacienda.

6. Si se trata de cargos cuya competencia esté limitada territorialmente, sólo será aplicable la exención correspondiente respecto de las declaraciones que hubieren de recibirse en su territorio, excepción hecha de los Presidentes de las Comunidades Autónomas y de sus Asambleas Legislativas.

7. En cuanto a los miembros de las Oficinas Consulares, se estará a lo dispuesto en los Convenios Internacionales en vigor [521] .

413. [522] Para recibir la declaración a que se refiere el apartado 3 del artículo anterior, el Juez pasará al domicilio o despacho oficial de la persona concernida, previo aviso, señalándole día y hora.

El Juez procederá de igual modo para recibir la declaración de alguna de las personas a que se refiere el apartado 5 del artículo anterior, cuando la misma fuere a tener lugar en su despacho oficial o en la sede del órgano del que sean miembros [523] .

414. [524] La resistencia de cualquiera de las personas a que se refieren los apartados 3 y 5 del artículo 412 a recibir en su domicilio o residencia oficial al Juez, o a declarar cuanto supieren sobre lo que

---

[521] Véase art. 400 LOPJ y arts. 414, 415, 702 y 703 de la presente Ley

[522] Dada nueva redacción por art. único de Ley Orgánica 12/1991 de 10 de julio de 1991, con vigencia desde 31/07/1991

[523] Véase art. 400 LOPJ

[524] Dada nueva redacción por art. único de Ley Orgánica 12/1991 de 10 de julio de 1991, con vigencia desde 31/07/1991

les fuere preguntado respecto a los hechos del sumario, se pondrá en conocimiento del Ministerio Fiscal para los efectos que procedan.

Si las personas mencionadas en el apartado 7 de dicho artículo incurrieren en la resistencia expresada, el Juez lo comunicará inmediatamente al Ministerio de Justicia, remitiendo testimonio instructivo y se abstendrá de todo procedimiento respecto a ellas, hasta que el Ministro le comunique la resolución que sobre el caso se dictare.

415. [525] Serán invitadas a prestar su declaración por escrito las personas mencionadas en el párrafo segundo del artículo 411 y en el apartado 7 del artículo 412, remitiéndose al efecto al Ministerio de Justicia, con atenta comunicación para el de Asuntos Exteriores, un interrogatorio que comprenda todos los extremos a que deban contestar, a fin de que puedan hacerlo por vía diplomática [526].

416. [527] Están dispensados de la obligación de declarar:

1. Los parientes del procesado en líneas directa ascendente y descendente, su cónyuge o persona unida por relación de hecho análoga a la matrimonial, sus hermanos consanguíneos o uterinos y los colaterales consanguíneos hasta el segundo grado civil. El Juez instructor advertirá al testigo que se halle comprendido en el párrafo anterior que no tiene obligación de declarar en contra del procesado; pero que puede hacer las manifestaciones que considere oportunas, y el Letrado de la Administración de Justicia consignará la contestación que diere a esta advertencia.

Lo dispuesto en el apartado anterior no será de aplicación en los siguientes casos:

1.º Cuando el testigo tenga atribuida la representación legal o guarda de hecho de la víctima menor de edad o con discapacidad necesitada de especial protección.

2.º Cuando se trate de un delito grave, el testigo sea mayor de edad y la víctima sea una persona menor de edad o una persona con discapacidad necesitada de especial protección.

---

[525] Dada nueva redacción por art. único de Ley Orgánica 12/1991 de 10 de julio de 1991, con vigencia desde 31/07/1991

[526] Véanse arts. 702 y 703 de la presente Ley

[527] Dada nueva redacción por art. 2 apartado 47 de Ley 13/2009 de 3 de noviembre de 2009, con vigencia desde 04/05/2010

3.º Cuando por razón de su edad o discapacidad el testigo no pueda comprender el sentido de la dispensa. A tal efecto, el Juez oirá previamente a la persona afectada, pudiendo recabar el auxilio de peritos para resolver.

4.º Cuando el testigo esté o haya estado personado en el procedimiento como acusación particular.

5.º Cuando el testigo haya aceptado declarar durante el procedimiento después de haber sido debidamente informado de su derecho a no hacerlo. [528]

2. El Abogado del procesado respecto a los hechos que éste le hubiese confiado en su calidad de defensor.

Si alguno de los testigos se encontrase en las relaciones indicadas en los párrafos precedentes con uno o varios de los procesados, estará obligado a declarar respecto a los demás, a no ser que su declaración pudiera comprometer a su pariente o defendido [529].

3. Los traductores e intérpretes de las conversaciones y comunicaciones entre el imputado, procesado o acusado y las personas a que se refiere el apartado anterior, con relación a los hechos a que estuviera referida su traducción o interpretación. [530]

417. No podrán ser obligados a declarar como testigos:

1º) Los eclesiásticos y ministros de los cultos disidentes sobre los hechos que les fueren revelados en el ejercicio de las funciones de su ministerio.

2º) Los funcionarios públicos, tanto civiles como militares, de cualquiera clase que sean, cuando no pudieren declarar sin violar el secreto que por razón de sus cargos estuviesen obligado a guardar, o cuando, procediendo en virtud de obediencia debida, no fueren autorizados por su superior jerárquico para prestar la declaración que se les pida.

---

[528] Dada nueva redacción apartado 1 por disposición final 1 apartado 4 de Ley Orgánica 8/2021 de 4 de junio de 2021, con vigencia desde 25/06/2021

[529] Véanse arts. 542.3 y 543.3 LOPJ, arts. 199, 466 y 467 CP, art. 32 RD 658/2001, de 22 de junio, Estatuto General de la Abogacía Española y arts. 2.2 y 39.e RD 1281/2002, de 5 de diciembre, Estatuto General de los Procuradores de los Tribunales de España

[530] Añadido apartado 3 por art. 1 apartado 9 de Ley Orgánica 5/2015 de 27 de abril de 2015, con vigencia desde 28/05/2015

3º) Los incapacitados física o moralmente [531].

418. Ningún testigo podrá ser obligado a declarar acerca de una pregunta cuya contestación pueda perjudicar material o moralmente y de una manera directa e importante, ya a la persona, ya a la fortuna de alguno de los parientes a que se refiere el artículo 416.

Se exceptúa el caso en que el delito revista suma gravedad por atentar a la seguridad del Estado, a la tranquilidad pública o a la sagrada persona del Rey o de su sucesor [532].

419. Si el testigo estuviere físicamente impedido de acudir al llamamiento judicial, el Juez instructor que hubiere de recibirle la declaración se constituirá en su domicilio, siempre que el interrogatorio no haya de poner en peligro la vida del enfermo.

420. [533] El que sin estar impedido no concurriere al primer llamamiento judicial, excepto las personas mencionadas en el artículo 412, o se resistiere a declarar lo que supiese acerca de los hechos sobre que fuere preguntado, a no estar comprendido en las exenciones de los artículos anteriores, incurrirá en la multa de 200 a 5.000 euros, y si persistiere en su resistencia será conducido en el primer caso a la presencia del Juez instructor por los agentes de la autoridad, y perseguido por el delito de obstrucción a la justicia tipificado en el artículo 463.1 del Código Penal, y en el segundo caso será también perseguido por el de desobediencia grave a la autoridad. [534]

La multa será impuesta en el acto de notarse o cometerse la falta [535].

421. El Juez de Instrucción o Municipal en su caso hará concurrir a su presencia y examinará a los testigos citados en la denuncia o

---

[531] Véase art. 417 CP

[532] Véase art. 707 de la presente Ley

[533] Dada nueva redacción por art. 6 apartado 2 de Ley 10/1992 de 30 de abril de 1992, con vigencia desde 06/05/1992

[534] Dada nueva redacción párrafo 1 por art. 4 apartado 2 de Ley 38/2002 de 24 de octubre de 2002, con vigencia desde 28/04/2003

[535] Véanse arts. 463 y 556 de la presente Ley

en la querella, o en cualesquiera otras declaraciones o diligencias, y a todos los demás que supieren hechos o circunstancias, o poseyeren datos convenientes para la comprobación o averiguación del delito y del delincuente.

Se procurará, no obstante, omitir la evacuación de citas impertinentes o inútiles.

422. Si el testigo residiere fuera del partido o término municipal del Juez que instruyese el sumario, éste se abstendrá de mandarle comparecer a su presencia, a no ser que lo considere absolutamente necesario para la comprobación del delito o para el reconocimiento de la persona del delincuente, ordenándolo en este caso por auto motivado.

También deberá evitar la comparecencia de los empleados de vigilancia pública que tengan su residencia en punto distinto de la capital del Juzgado, de los jefes de estación, maquinistas, fogoneros, conductores, telegrafistas, factores, recaudadores, guarda-agujas u otros agentes que desempeñen funciones análogas, a los cuales citará por conducto de sus jefes inmediatos cuando sea absolutamente indispensable su comparecencia.

423. En el caso de la regla general comprendida en el párrafo primero artículo anterior, así como en el del segundo, cuando la urgencia de la declaración fuese tal que no permitiera la dilación consiguiente a la citación del testigo por conducto de sus jefes inmediatos, y el empleado de que se trate no pudiera abandonar el servicio que presta sin grave peligro o extorsión para el público, el Juez instructor de la causa comisionará para recibir la declaración al que lo fuera del término municipal o de partido en que se hallare el testigo.

424. Si el testigo residiere en el extranjero, se dirigirá suplicatorio por la vía diplomática y por conducto del Ministerio de Gracia y Justicia al Juez extranjero competente para recibir la declaración. El suplicatorio debe contener los antecedentes necesarios e indicar las preguntas que se han de hacer al testigo, sin perjuicio de que dicho Juez las amplíe según le sugieran su discreción y prudencia.

Si la comparecencia del testigo ante el Juez instructor o Tribunal fuere indispensable y no se presentase voluntariamente, se pondrá en conocimiento del Ministerio de Gracia y Justicia para que adopte la resolución que estime oportuna.

425. Si la persona llamada a declarar ejerce funciones o cargo público, se dará aviso, al mismo tiempo que se practique la citación, a su superior inmediato para que le nombre sustituto durante su ausencia, si lo exigiere así el interés o la seguridad pública.

426. Los testigos serán citados en la forma establecida en el Título VII del Libro Primero de este Código [536].

427. Cuando el testigo no hubiere de comparecer ante el Juez instructor para prestar la declaración, se harán constar en el suplicatorio, exhorto o mandamiento que se expida, las circunstancias precisas para la designación del testigo y las preguntas a que deba contestar, sin perjuicio de las que el Juez o Tribunal que le recibiere la declaración considere conveniente hacerle para el mayor esclarecimiento de los hechos.

428. El Secretario del Juez comisionado que haya de autorizar la declaración expedirá la cédula prevenida en el artículo 175, con todas las circunstancias expresadas en el mismo, y la de haberse de recibir la declaración en virtud de suplicatorio, exhorto o mandamiento [537].

429. Los testigos que dependan de la jurisdicción militar podrán, según el Juez de Instrucción lo estime oportuno, ser examinados por él mismo, como los demás testigos, o por el Juez militar competente. En el primer caso el Juez de Instrucción deberá mandar que la citación hecha al testigo se ponga en conocimiento del Jefe del Cuerpo a que perteneciere. En el segundo caso se observará lo dispuesto en los dos artículos anteriores.

Si algún testigo dependiente de la jurisdicción militar rehusare comparecer ante el Juez de Instrucción, o se negare a prestar juramen-

---

[536] Véanse arts. 166 a 182 y 661 de la presente Ley
[537] Véase art. 184 de la presente Ley

to o a contestar al interrogatorio que se le hiciere, el Juez de Instrucción se dirigirá al superior del testigo desobediente, cuyo superior, además de corregir al testigo, de lo cual dará inmediato conocimiento al Juez instructor, le hará comparecer ante éste para declarar.

430. Los testigos podrán ser citados personalmente donde fueren habidos.

Cuando sea urgente el examen de un testigo, podrá citársele verbalmente para que comparezca en el acto, sin esperar a la expedición de la cédula prescrita en el artículo 175, haciendo constar, sin embargo, en los autos el motivo de la urgencia.

También podrá en igual caso constituirse el Juez instructor en el domicilio de un testigo o en el lugar en que se encuentre para recibirle declaración [538].

431. El Juez instructor podrá habilitar a los agentes de policía para practicar las diligencias de citación verbal o escrita si lo considera conveniente [539].

432. [540] Si el testigo no tuviere domicilio conocido o se ignorare su paradero, el Juez instructor ordenará lo conveniente para la averiguación del mismo. En este caso el Secretario Judicial se dirigirá a la Policía Judicial, Registros oficiales, colegios profesionales, entidad o empresas en el que el interesado ejerza su actividad interesando dicha averiguación [541].

433. [542] Al presentarse a declarar, los testigos entregarán al secretario la copia de la cédula de citación.

---

[538] Véase art. 419 de la presente Ley

[539] Véanse arts. 288 y 786.2 de la presente Ley

[540] Dada nueva redacción por art. 2 apartado 48 de Ley 13/2009 de 3 de noviembre de 2009, con vigencia desde 04/05/2010

[541] Véase art. 762.3 de la presente Ley

[542] Dada nueva redacción por disposición final 1 apartado 11 de Ley 4/2015 de 27 de abril de 2015, con vigencia desde 28/10/2015

Los testigos mayores de edad penal prestarán juramento o promesa de decir todo lo que supieren respecto a lo que les fuere preguntado, estando el Juez obligado a informarles, en un lenguaje claro y comprensible, de la obligación que tienen de ser veraces y de la posibilidad de incurrir en un delito de falso testimonio en causa criminal [543] .

Los testigos que, de acuerdo con lo dispuesto en el Estatuto de la Víctima del Delito, tengan la condición de víctimas del delito, podrán hacerse acompañar por su representante legal y por una persona de su elección durante la práctica de estas diligencias, salvo que en este último caso, motivadamente, se resuelva lo contrario por el Juez de Instrucción para garantizar el correcto desarrollo de la misma.

Párrafo 4 (Derogado) [544]

El Juez ordenará la grabación de la declaración por medios audiovisuales.

434. El juramento se prestará en nombre de Dios.

Los testigos prestarán el juramento con arreglo a su religión [545] .

435. [546] Los testigos declararán separada y secretamente a presencia del Juez instructor y del Secretario.

436. [547] El testigo manifestará primeramente su nombre, apellidos paterno y materno, edad, estado y profesión, si conoce o no al procesado y a las demás partes, y si tiene con ellos parentesco, amistad o relaciones de cualquier otra clase, si ha estado procesado y la pena que se le impuso. Si el testigo fuera miembro de las Fuerzas y Cuerpos de Seguridad en el ejercicio de sus funciones, será suficiente para su identificación el numero de su registro personal y la unidad administrativa a la que está adscrito.

---

[543] Véanse arts. 458 a 462 CP

[544] Derogado párrafo 4 por disposición final 1 apartado 5 de Ley Orgánica 8/2021 de 4 de junio de 2021, con vigencia desde 25/06/2021

[545] Véase art. 16 CE y arts. 474 y 706 de la presente Ley

[546] Dada nueva redacción por disposición derogatoria única apartado 3 de Ley Orgánica 16/1994 de 8 de noviembre de 1994 derogando el segundo inciso, con vigencia desde 09/12/1994

[547] Dada nueva redacción por art. 4 de Ley 38/2002 de 24 de octubre de 2002, con vigencia desde 28/04/2003

El Juez dejará al testigo narrar sin interrupción los hechos sobre los cuales declare, y solamente le exigirá las explicaciones complementarias que sean conducentes a desvanecer los conceptos oscuros o contradictorios. Después le dirigirá las preguntas que estime oportunas para el esclarecimiento de los hechos [548].

437. Los testigos declararán de viva voz, sin que les sea permitido leer declaración ni respuesta alguna que lleven escrita.

Podrán, sin embargo, consultar algún apunte o memoria que contenga datos difíciles de recordar.

El testigo podrá dictar las contestaciones por sí mismo.

438. El Juez instructor podrá mandar que se conduzca al testigo al lugar en que hubieren ocurrido los hechos, y examinarle allí o poner a su presencia los objetos sobre que hubiere de versar la declaración.

En este último caso podrá el Juez instructor poner a presencia del testigo dichos objetos, solos o mezclados con otros semejantes, adoptando además todas las medidas que su prudencia le sugiera para la mayor exactitud de la declaración [549].

439. No se harán al testigo preguntas capciosas ni sugestivas, ni se empleará coacción, engaño, promesa ni artificio alguno para obligarle o inducirle a declarar en determinado sentido [550].

440. Si el testigo no entendiere o no hablare el idioma español, se nombrará un intérprete, que prestará a su presencia juramento de conducirse bien y fielmente en el desempeño de su cargo.

Por este medio se harán al testigo las preguntas y se recibirán sus contestaciones, que éste podrá dictar por su conducto.

---

[548] Véase art. 708 de la presente Ley
[549] Véase art. 712 de la presente Ley
[550] Véase art. 709 de la presente Ley

En este caso, la declaración deberá consignarse en el proceso en el idioma empleado por el testigo y traducido a continuación al español [551].

441. El intérprete será elegido entre los que tengan título de tales, si los hubiere en el pueblo. En su defecto será nombrado un maestro del correspondiente idioma, y si tampoco lo hubiere, cualquier persona que lo sepa.

Si ni aún de esta manera pudiera obtenerse la traducción, y las revelaciones que se esperasen del testigo fueren importantes, se redactará el pliego de preguntas que hayan de dirigírsele y se remitirá a la Oficina de Interpretación de Lenguas del Ministerio de Estado para que, con preferencia a todo otro trabajo, sean traducidas al idioma que hable el testigo.

El interrogatorio ya traducido se entregará al testigo para que, a presencia del Juez, se entere de su contenido y redacte por escrito en su idioma las oportunas contestaciones, las cuales se remitirán del mismo modo que las preguntas a la Interpretación de Lenguas.

Estas diligencias las practicarán los Jueces con la mayor actividad [552].

442. [553] Si el testigo fuere sordo, se nombrará un intérprete de lengua de signos adecuado, por cuyo conducto se le harán las preguntas y se recibirán sus contestaciones.

El nombrado prestará juramento a presencia del sordo antes de comenzar a desempeñar el cargo [554].

443. El testigo podrá leer por sí mismo la diligencia de su declaración; si no pudiere, por hallarse en alguno de los casos comprendidos en los artículos 440 y 442, se la leerá el intérprete, y en los demás casos el Secretario.

---

[551] Véase art. 231 LOPJ

[552] Véase art. 231 LOPJ

[553] Dada nueva redacción por disposición adicional 13 de Ley Orgánica 19/2003 de 23 de diciembre de 2003, con vigencia desde 15/01/2004

[554] Véase art. 711 de la presente Ley

El Juez advertirá siempre a los interesados el derecho que tienen de leer por sí mismos sus declaraciones.

444. Estas serán firmadas por el Juez y por todos los que en ellas hubiesen intervenido, si supieren y pudieren hacerlo, autorizándolas el Secretario.

445. No se consignarán en los autos las declaraciones de los testigos que, según el Juez, fuesen manifiestamente inconducentes para la comprobación de los hechos objeto del sumario. Tampoco se consignarán en cada declaración las manifestaciones del testigo que se hallen en el mismo caso, pero se consignará siempre todo lo que pueda servir así de cargo como de descargo.

En el primer caso se hará expresión por medio de diligencia de la comparecencia del testigo y del motivo de no escribirse su declaración.

446. [555] Terminada la declaración, el Secretario Judicial hará saber al testigo la obligación de comparecer para declarar de nuevo ante el Tribunal competente cuando se le cite para ello, así como la de poner en conocimiento de la Oficina judicial los cambios de domicilio que hiciere hasta ser citado para el juicio oral, bajo apercibimiento si no lo cumple de ser castigado con una multa de 200 a 1.000 euros, a no ser que incurriere en responsabilidad criminal por la falta.

Estas prevenciones se harán constar al final de la misma diligencia de la declaración.

447. [556] El Secretario Judicial, al remitir el sumario al Tribunal competente, pondrá en su conocimiento los cambios de domicilio que los testigos hubiesen comunicado.

Lo mismo hará respecto de los cambios comunicados después que hubiese remitido el sumario, hasta la terminación de la causa.

---

[555] Dada nueva redacción por art. 2 apartado 49 de Ley 13/2009 de 3 de noviembre de 2009, con vigencia desde 04/05/2010

[556] Dada nueva redacción por art. 2 apartado 50 de Ley 13/2009 de 3 de noviembre de 2009, con vigencia desde 04/05/2010

448. [557] [558]

Si el testigo manifestare, al hacerle la prevención referida en el artículo 446, la imposibilidad de concurrir por haber de ausentarse del territorio nacional, y también en el caso en que hubiere motivo racionalmente bastante para temer su muerte o incapacidad física o intelectual antes de la apertura del juicio oral, el Juez instructor mandará practicar inmediatamente la declaración, asegurando en todo caso la posibilidad de contradicción de las partes. Para ello, el Secretario judicial hará saber al reo que nombre abogado en el término de veinticuatro horas, si aún no lo tuviere, o de lo contrario, que se le nombrará de oficio, para que le aconseje en el acto de recibir la declaración del testigo. Transcurrido dicho término, el Juez recibirá juramento y volverá a examinar a éste, a presencia del procesado y de su abogado defensor y a presencia, asimismo, del Fiscal y del querellante, si quisieren asistir al acto, permitiendo a éstos hacerle cuantas repreguntas tengan por conveniente, excepto las que el Juez desestime como manifiestamente impertinentes.

Por el Secretario judicial se consignarán las contestaciones a estas preguntas, y esta diligencia será firmada por todos los asistentes.

Párrafo 3 (Derogado) [559]

449. En caso de inminente peligro de muerte del testigo, se procederá con toda urgencia a recibirle declaración en la forma expresada en el artículo anterior, aunque el procesado no pudiese ser asistido de Letrado.

---

[557] Dada nueva redacción por disposición final 1 apartado 12 de Ley 4/2015 de 27 de abril de 2015, con vigencia desde 28/10/2015

[558] Véanse LO 19/1994, de 23 de diciembre, de protección a testigos y peritos en causas criminales; Instrucción 3/2002, de 1 de marzo, de la Fiscalía General del Estado, sobre actos procesales que pueden celebrarse a través de videoconferencia y Circular 3/2009, de 10 de noviembre, sobre protección de los menores víctimas y testigos

[559] Derogado párrafo 3 por disposición final 1 apartado 6 de Ley Orgánica 8/2021 de 4 de junio de 2021, con vigencia desde 25/06/2021

449 bis. [560] Cuando, en los casos legalmente previstos, la autoridad judicial acuerde la práctica de la declaración del testigo como prueba preconstituida, la misma deberá desarrollarse de conformidad con los requisitos establecidos en este artículo.

La autoridad judicial garantizará el principio de contradicción en la práctica de la declaración. La ausencia de la persona investigada debidamente citada no impedirá la práctica de la prueba preconstituida, si bien su defensa letrada, en todo caso, deberá estar presente. En caso de incomparecencia injustificada del defensor de la persona investigada o cuando haya razones de urgencia para proceder inmediatamente, el acto se sustanciará con el abogado de oficio expresamente designado al efecto.

La autoridad judicial asegurará la documentación de la declaración en soporte apto para la grabación del sonido y la imagen, debiendo el Letrado de la Administración de Justicia, de forma inmediata, comprobar la calidad de la grabación audiovisual. Se acompañará acta sucinta autorizada por el Letrado de la Administración de Justicia, que contendrá la identificación y firma de todas las personas intervinientes en la prueba preconstituida.

Para la valoración de la prueba preconstituida obtenida conforme a lo previsto en los párrafos anteriores, se estará a lo dispuesto en el artículo 730.2.

449 ter. [561] Cuando una persona menor de catorce años o una persona con discapacidad necesitada de especial protección deba intervenir en condición de testigo en un procedimiento judicial que tenga por objeto la instrucción de un delito de homicidio, lesiones, contra la libertad, contra la integridad moral, trata de seres humanos, contra la libertad e indemnidad sexuales, contra la intimidad, contra las relaciones familiares, relativos al ejercicio de derechos fundamentales y libertades públicas, de organizaciones y grupos criminales y terroristas y de terrorismo, la autoridad judicial acordará, en todo caso, practicar la audiencia del menor como prueba preconstituida, con todas las garantías de la práctica de prueba en el juicio oral y de conformidad

---

[560] Añadido por disposición final 1 apartado 7 de Ley Orgánica 8/2021 de 4 de junio de 2021, con vigencia desde 25/06/2021

[561] Añadido por disposición final 1 apartado 8 de Ley Orgánica 8/2021 de 4 de junio de 2021, con vigencia desde 25/06/2021

con lo establecido en el artículo anterior. Este proceso se realizará con todas las garantías de accesibilidad y apoyos necesarios.

La autoridad judicial podrá acordar que la audiencia del menor de catorce años se practique a través de equipos psicosociales que apoyarán al Tribunal de manera interdisciplinar e interinstitucional, recogiendo el trabajo de los profesionales que hayan intervenido anteriormente y estudiando las circunstancias personales, familiares y sociales de la persona menor o con discapacidad, para mejorar el tratamiento de los mismos y el rendimiento de la prueba. En este caso, las partes trasladarán a la autoridad judicial las preguntas que estimen oportunas quien, previo control de su pertinencia y utilidad, se las facilitará a las personas expertas. Una vez realizada la audiencia del menor, las partes podrán interesar, en los mismos términos, aclaraciones al testigo. La declaración siempre será grabada y el Juez, previa audiencia de las partes, podrá recabar del perito un informe dando cuenta del desarrollo y resultado de la audiencia del menor.

Para el supuesto de que la persona investigada estuviere presente en la audiencia del menor se evitará su confrontación visual con el testigo, utilizando para ello, si fuese necesario, cualquier medio técnico.

Las medidas previstas en este artículo podrán ser aplicables cuando el delito tenga la consideración de leve.

450. No se harán tachaduras, enmiendas ni entrerrenglonaduras en las diligencias del sumario. A su final se consignarán las equivocaciones que se hubieren cometido [562].

CAPÍTULO VI
Del careo de los testigos y procesados [563]

451. Cuando los testigos o los procesados entre sí o aquéllos con éstos discordaren acerca de algún hecho o de alguna circunstancia que interese en el sumario, podrá el Juez celebrar careo entre los que

---

[562] Véase art. 403 de la presente Ley
[563] Véase arts. 229.2 y 3 LOPJ

estuvieren discordes, sin que esta diligencia deba tener lugar, por regla general, más que entre dos personas a la vez [564] .

452. El careo se verificará ante el Juez, leyendo el Secretario a los procesados o testigos entre quienes tenga lugar el acto las declaraciones que hubiesen prestado, y preguntando el primero a los testigos después de recordarles su juramento y las penas del falso testimonio, si se ratifican en ellas o tienen alguna variación que hacer.

El Juez manifestará en seguida las contradicciones que resulten en dichas declaraciones, e invitará a los careados para que se pongan de acuerdo entre sí.

453. El Secretario dará fe de todo lo que ocurriere en el acto del careo y de las preguntas, contestaciones y reconvenciones que mutuamente se hicieren los careados, así como de lo que se observare en su actitud durante el acto; y firmará la diligencia con todos los concurrentes, expresando, si alguno no lo hiciere, la razón que para ello alegue [565] .

454. El Juez no permitirá que los careados se insulten o amenacen [566] .

455. No se practicarán careos sino cuando no fuere conocido otro modo de comprobar la existencia del delito o la culpabilidad de alguno de los procesados.

No se practicarán careos con testigos que sean menores de edad salvo que el Juez lo considere imprescindible y no lesivo para el interés de dichos testigos, previo informe pericial [567] . [568]

---

[564] Véase art. 713 de la presente Ley
[565] Véase art. 180 LOPM
[566] Véase art. 713 de la presente Ley
[567] Véase art. 729 de la presente Ley
[568] Añadido párrafo 2 por art. 3 de Ley Orgánica 14/1999 de 9 de junio de 1999, con vigencia desde 10/06/1999

CAPÍTULO VII
Del informe pericial [569]

456. El Juez acordará el informe pericial cuando, para conocer o apreciar algún hecho o circunstancia importante en el sumario, fuesen necesarios o convenientes conocimientos científicos o artísticos [570].

457. Los peritos pueden ser o no titulares.

Son peritos titulares los que tienen Título oficial de una ciencia o arte cuyo ejercicio esté reglamentado por la Administración.

Son peritos no titulares los que, careciendo de Título oficial, tienen, sin embargo, conocimientos o práctica especiales en alguna ciencia o arte [571].

458. El Juez se valdrá de peritos titulares con preferencia a los que no tuviesen Título.

459. Todo reconocimiento pericial se hará por dos peritos.

Se exceptúa el caso en que no hubiese más de uno en el lugar y no fuere posible esperar la llegada de otro sin graves inconvenientes para el curso del sumario [572].

460. El nombramiento se hará saber a los peritos por medio de oficio, que les será entregado por alguacil o portero del Juzgado, con las formalidades prevenidas para la citación de los testigos, reemplazándose la cédula original, para los efectos del artículo 175, por un atestado que extenderá el alguacil o portero encargado de la entrega.

461. Si la urgencia del caso lo exige, podrá hacerse el llamamiento verbalmente de orden del Juez, haciéndolo constar así en los autos;

---

[569] Véase art. 713 de la presente Ley
[570] Véase art. 336 de la presente Ley
[571] Véanse arts. 479 y 480 LOPJ
[572] Véanse arts. 778.1 y 788.2 de la presente Ley

pero extendiendo siempre el atestado prevenido en el artículo anterior el encargado del cumplimiento de la orden de llamamiento.

462. Nadie podrá negarse a acudir al llamamiento del Juez para desempeñar un servicio pericial, si no estuviere legítimamente impedido.

En este caso deberá ponerlo en conocimiento del Juez en el acto de recibir el nombramiento, para que se provea a lo que haya lugar [573].

463. El perito, que sin alegar excusa fundada, deje de acudir al llamamiento del Juez o se niegue a prestar el informe, incurrirá en las responsabilidades señaladas para los testigos en el artículo 420.

464. No podrán prestar informe pericial acerca del delito, cualquiera que sea la persona ofendida, los que según el artículo 416 no están obligados a declarar como testigos.

El perito que, hallándose comprendido en alguno de los casos de dicho artículo, preste el informe sin poner antes esa circunstancia en conocimiento del Juez que le hubiese nombrado incurrirá en la multa de 200 a 5.000 euros, a no ser que el hecho diere lugar a responsabilidad criminal. [574]

465. Los que presten informe como peritos en virtud de orden judicial tendrán derecho a reclamar los honorarios e indemnizaciones que sean justas, si no tuvieren en concepto de tales peritos, retribución fija satisfecha por el Estado, por la Provincia o por el Municipio [575].

466. [576] Hecho el nombramiento de peritos, el Secretario Judicial lo notificará inmediatamente al Ministerio Fiscal, al actor particular, si lo hubiere, como al procesado, si estuviere a disposición del Juez o se

---

[573] Véase art. 17.1 LOPJ

[574] Dada nueva redacción párrafo 2 por art. 4 de Ley 38/2002 de 24 de octubre de 2002, con vigencia desde 28/04/2003

[575] Véase art. 17.1 LOPJ y art. 121 de la presente Ley

[576] Dada nueva redacción por art. 2 apartado 52 de Ley 13/2009 de 3 de noviembre de 2009, con vigencia desde 04/05/2010

encontrare en el mismo lugar de la instrucción, o a su representante si lo tuviere.

467. Si el reconocimiento e informe periciales pudieren tener lugar de nuevo en el juicio oral, los peritos nombrados no podrán ser recusados por las partes.

Si no pudiere reproducirse en el juicio oral, habrá lugar a la recusación [577].

468. Son causa de recusación de los peritos:

1ª) El parentesco de consanguinidad o de afinidad dentro del cuarto grado con el querellante o con el reo.

2ª) El interés directo o indirecto en la causa o en otra semejante.

3ª) La amistad íntima o la enemistad manifiesta [578].

469. El actor o el procesado que intente recusar al perito o peritos nombrados por el Juez deberá hacerlo por escrito antes de empezar la diligencia pericial, expresando la causa de la recusación y la prueba testifical que ofrezca, y acompañando la documental o designando el lugar en que ésta se halle si no la tuviere a su disposición.

Para la presentación de este escrito, no estará obligado a valerse de Procurador [579].

470. El Juez, sin levantar mano, examinará los documentos que produzca el recusante y oirá a los testigos que presente en el acto, resolviendo lo que estime justo respecto de la recusación.

Si hubiere lugar a ella, suspenderá el acto pericial por el tiempo estrictamente necesario para nombrar el perito que haya de sustituir al recusado, hacérselo saber y constituirse el nombrado en el lugar correspondiente.

Si no la admitiere, se procederá como si no se hubiese usado de la facultad de recusar.

---

[577] Véanse arts. 471 y 476 de la presente Ley

[578] Véanse arts. 662 y 723 de la presente Ley

[579] Véase art. 723 de la presente Ley

Cuando el recusante no produjese los documentos, pero designare el archivo o lugar en que se encuentren, se reclamarán por el Secretario Judicial, y el Juez instructor los examinará una vez recibidos sin detener por esto el curso de las actuaciones; y si de ellos resultase justificada la causa de la recusación, anulará el informe pericial que se hubiese dado, mandando que se practique de nuevo esta diligencia [580]. [581]

471. En el caso del párrafo segundo del artículo 467, el querellante tendrá derecho a nombrar a su costa un perito que intervenga en el acto pericial.

El mismo derecho tendrá el procesado.

Si los querellantes o los procesados fuesen varios, se pondrán respectivamente de acuerdo entre sí para hacer el nombramiento.

Estos peritos deberán ser titulares, a no ser que no los hubiere de esta clase en el partido o demarcación, en cuyo caso podrán ser nombrados sin título.

Si la práctica de la diligencia pericial no admitiere espera, se procederá como las circunstancias lo permitan para que el actor y el procesado puedan intervenir en ella [582].

472. Si las partes hicieren uso de la facultad que se les concede en el artículo anterior, manifestarán al Juez el nombre del perito, y ofrecerán, al hacer esta manifestación, los comprobantes de tener la cualidad de tal perito la persona designada.

En ningún caso podrán hacer uso de dicha facultad después de empezada la operación de reconocimiento.

473. El Juez resolverá sobre la admisión de dichos peritos en la forma determinada en el artículo 470 para las recusaciones.

474. Antes de darse principio al acto pericial, todos los peritos, así los nombrados por el Juez como los que lo hubieren sido por las

---

[580] Véase art. 723 de la presente Ley

[581] Dada nueva redacción párrafo 4 por art. 2 apartado 53 de Ley 13/2009 de 3 de noviembre de 2009, con vigencia desde 04/05/2010

[582] Véase art. 457 de la presente Ley

partes, prestarán juramento, conforme al artículo 434, de proceder bien y fielmente en sus operaciones, y de no proponerse otro fin más que el de descubrir y declarar la verdad.

475. El Juez manifestará clara y determinadamente a los peritos el objeto de su informe.

476. Al acto pericial podrán concurrir, en el caso del párrafo 2º del artículo 467, el querellante, si lo hubiere, con su representación, y el procesado con la suya aún cuando estuviere preso, en cuyo caso adoptará el Juez las precauciones oportunas.

477. El acto pericial será presidido por el Juez instructor o, en virtud de su delegación, por el Juez Municipal. Podrá también delegar en el caso del artículo 353 en un funcionario de Policía Judicial.

Asistirá siempre el Secretario que actúe en la causa.

478. El informe pericial comprenderá, si fuere posible:

1º) Descripción de la persona o cosa que sea objeto del mismo, en el estado o del modo en que se halle.

El Secretario extenderá esta descripción, dictándola los peritos y suscribiéndola todos los concurrentes [583].

2º) Relación detallada de todas las operaciones practicadas por los peritos y de su resultado, extendida y autorizada en la misma forma que la anterior.

3º) Las conclusiones que en vista de tales datos formulen los peritos, conforme a los principios y reglas de su ciencia o arte.

479. [584] Si los peritos tuvieren necesidad de destruir o alterar los objetos que analicen, deberá conservarse, a ser posible, parte de ellos a disposición del Juez, para que, en caso necesario, pueda hacerse nuevo análisis.

---

[583] Véase Instrucción 6/1988, de 12 de diciembre, de la Fiscalía General del Estado

[584] Dada nueva redacción por art. 2 apartado 54 de Ley 13/2009 de 3 de noviembre de 2009, con vigencia desde 04/05/2010

480. Las partes que asistieren a las operaciones o reconocimientos podrán someter a los peritos las observaciones que estimen convenientes, haciéndose constar todas en la diligencia.

481. Hecho el reconocimiento, podrán los peritos, si lo pidieren, retirarse por el tiempo absolutamente preciso al sitio que el Juez les señale para deliberar y redactar las conclusiones.

482. Si los peritos necesitaren descanso, el Juez o el funcionario que le represente podrá concederles para ello el tiempo necesario.

También podrá suspender la diligencia hasta otra hora u otro día, cuando lo exigiere su naturaleza.

En este caso, el Juez o quien lo represente adoptará las precauciones convenientes para evitar cualquier alteración en la materia de la diligencia pericial.

483. El Juez podrá, por su propia iniciativa o por reclamación de las partes presentes o de sus defensores, hacer a los peritos, cuando produzcan sus conclusiones, las preguntas que estime pertinentes y pedirles las aclaraciones necesarias.

Las contestaciones de los peritos se considerarán como parte de su informe.

484. Si los peritos estuvieren discordes y su número fuere par, nombrará otro el Juez.

Con intervención del nuevamente nombrado, se repetirán, si fuere posible, las operaciones que hubiesen practicado aquéllos y se ejecutarán las demás que parecieren oportunas.

Si no fuere posible la repetición de las operaciones ni la práctica de otras nuevas, la intervención del perito últimamente nombrado se limitará a deliberar con los demás, con vista de las diligencias de reconocimiento practicadas, y a formular luego con quien estuviere conforme, o separadamente si no lo estuviere con ninguno, sus conclusiones motivadas.

485. El Juez facilitará a los peritos los medios materiales necesarios para practicar la diligencia que les encomiende, reclamándolos de la Administración pública, o dirigiendo a la Autoridad correspondiente un aviso previo si existieren preparados para tal objeto, salvo lo dispuesto especialmente en el artículo 362.

TÍTULO VI
De la citación, de la detención y de la prisión provisional

CAPÍTULO PRIMERO
De la citación

486. La persona a quien se impute un acto punible deberá ser citada sólo para ser oída, a no ser que la Ley disponga lo contrario, o que desde luego proceda su detención [585].

487. Si el citado, con arreglo a lo prevenido en el artículo anterior, no compareciere ni justificare causa legítima que se lo impida, la orden de comparecencia podrá convertirse en orden de detención.

488. Durante la instrucción de la causa, el Juez instructor podrá mandar comparecer a cuantas personas convenga oír, por resultar contra ellas algunas indicaciones fundadas de culpabilidad.

CAPÍTULO II
De la detención

489. Ningún español ni extranjero podrá ser detenido sino en los casos y en la forma que las leyes prescriban [586].

490. Cualquier persona puede detener:

---

[585] Véanse arts. 762.3 y 773.2 de la presente Ley

[586] Véase art. 17 CE; LO 6/1984 de 24 de mayo, reguladora del procedimiento de Habeas Corpus; arts. 163 a 168 y 530 CP; art. 13 Ley 3/2003, de 14 de marzo, sobre la orden europea de detención y entrega; art. 20 LO 1/1992, de 21 de febrero, sobre

1º) Al que intentare cometer un delito, en el momento de ir a cometerlo.

2º) Al delincuente, "in fraganti".

3º) Al que se fugare del establecimiento penal en que se halle extinguiendo condena.

4º) Al que se fugare de la cárcel en que estuviere esperando su traslación al establecimiento penal o lugar en que deba cumplir la condena que se le hubiese impuesto por sentencia firme.

5º) Al que se fugare al ser conducido al establecimiento o lugar mencionado en el número anterior.

6º) Al que se fugare estando detenido o preso por causa pendiente.

7º) Al procesado o condenado que estuviere en rebeldía [587].

491. El particular que detuviere a otro justificará, si éste lo exigiere, haber obrado en virtud de motivos racionalmente suficientes para creer que el detenido se hallaba comprendido en alguno de los casos del artículo anterior [588].

492. La autoridad o agente de Policía Judicial tendrá obligación de detener:

1º) A cualquiera que se halle en alguno de los casos del artículo 490.

2º) Al que estuviere procesado por delito que tenga señalada en el Código pena superior a la de prisión correccional [589].

3º) Al procesado por delito a que esté señalada pena inferior, si sus antecedentes o las circunstancias del hecho hicieren presumir que no comparecerá cuando fuere llamado por la Autoridad judicial.

Se exceptúa de lo dispuesto en el párrafo anterior al procesado que preste en el acto fianza bastante, a juicio de la Autoridad o agente que intente detenerlo, para presumir racionalmente que comparecerá cuando le llame el Juez o Tribunal competente.

Protección de la Seguridad Ciudadana; art. 56 EOMF y arts. 5.3 y 11 Ley Orgánica 2/1986, de 13 de marzo, de Fuerzas y Cuerpos de Seguridad

[587] Véanse arts. 163.4 y 468 a 471 CP; y arts. 497 a 500 de la presente Ley

[588] Véase art. 163.4 CP

[589] Véanse arts. 32 y ss CP

4º) Al que estuviere en el caso del número anterior, aunque todavía no se hallase procesado, con tal que concurran las dos circunstancias siguientes: 1ª. Que la Autoridad o agente tenga motivos racionalmente bastantes para creer en la existencia de un hecho que presente los caracteres de delito. 2ª. Que los tenga también bastantes para creer que la persona a quien intente detener tuvo participación en él [590].

493. La Autoridad o agente de Policía Judicial tomará nota del nombre, apellido domicilio y demás circunstancias bastantes para la averiguación e identificación de la persona del procesado o del delincuente a quienes no detuviere por no estar comprendidos en ninguno de los casos del artículo anterior.

Esta nota será oportunamente entregada al Juez o Tribunal que conozca o deba conocer de la causa [591].

494. Dicho Juez o Tribunal acordará también la detención de los comprendidos en el artículo 492, a prevención con las Autoridades y agentes de Policía Judicial [592].

495. [593] No se podrá detener por la presunta comisión de delitos leves, a no ser que el presunto reo no tuviese domicilio conocido ni diese fianza bastante, a juicio de la autoridad o agente que intente detenerle. [594]

496. El particular, Autoridad o agente de Policía Judicial que detuviere a una persona en virtud de lo dispuesto en los precedentes artículos, deberá ponerla en libertad o entregarla al Juez más próximo

---

[590] Véase art. 20 LO 1/1992, de 21 de febrero, sobre Protección de la Seguridad Ciudadana; arts. 5.3 y 11.1.g LO 2/1986, de 13 de marzo, de Fuerzas y Cuerpos de Seguridad; y art. 553 de la presente Ley

[591] Véase art. 20.1 LO 1/1992, de 21 de febrero, sobre Protección de la Seguridad Ciudadana

[592] Véase art. 5 EOMF y arts. 487 y 785.8.a de la presente Ley

[593] Dada nueva redacción por disposición final 1 de Ley Orgánica 5/2024 de 11 de noviembre de 2024, con vigencia desde 04/12/2024

[594] Véase art.16 LO 4/2015, de 30 de marzo, de protección de la seguridad ciudadana

al lugar en que hubiere hecho la detención dentro de las veinticuatro horas siguientes al acto de la misma.

Si demorare la entrega, incurrirá en la responsabilidad que establece el Código Penal, si la dilación hubiere excedido de veinticuatro horas [595].

497. Si el Juez o Tribunal a quien se hiciese la entrega fuere el propio de la causa, y la detención se hubiese hecho según lo dispuesto en los números 1º, 2º y 6º, y caso referente al procesado del 7º del artículo 490, y 2º, 3º y 4º del artículo 492, elevará la detención a prisión, o la dejará sin efecto, en el término de setenta y dos horas, a contar desde que el detenido le hubiese sido entregado.

Lo propio y en idéntico plazo, hará el Juez o Tribunal respecto de la persona cuya detención hubiere él mismo acordado [596].

498. Si el detenido, en virtud de lo dispuesto en el número 6º y primer caso del 7º del artículo 490 y 2º y 3º del artículo 492, hubiese sido entregado a un Juez distinto del Juez o Tribunal que conozca de la causa, extenderá el primero una diligencia expresiva de la persona que hubiere hecho la detención, de su domicilio y demás circunstancias bastantes para buscarla e identificarla, de los motivos que ésta manifestase haber tenido para la detención, y del nombre, apellido y circunstancias del detenido.

Esta diligencia será firmada por el Juez, el Secretario, la persona que hubiese ejecutado la detención y las demás concurrentes. Por el que no lo hiciere firmarán dos testigos.

Inmediatamente después serán remitidas estas diligencias a la persona del detenido a disposición del Juez o Tribunal que conociese de la causa.

499. Si el detenido lo fuese por estar comprendido en los números 1º y 2º del artículo 490 y en el 4º del 492, el Juez de Instrucción a quien se entregue practicará las primeras diligencias y elevará la detención

[595] Véase art. 17.2 CE; arts. 167 y 530 CP; art. 20 LO 1/1992, de 21 de febrero, sobre Protección de la Seguridad Ciudadana; y art. 520 bis de la presente Ley
[596] Véase art. 17.2 LOGP y art. 23 RP

a prisión o decretará la libertad del detenido según proceda, en el término señalado en el artículo 497.

Hecho esto, cuando él no fuese Juez competente, remitirá a quien lo sea las diligencias y la persona del preso, si lo hubiere.

500. Cuando el detenido lo sea por virtud de las causas 3ª, 4ª, 5ª, y caso referente al condenado de la 7ª artículo 490, el Juez a quien se entregue o que haya acordado la detención, dispondrá que inmediatamente sea remitido al establecimiento o lugar donde debiere cumplir su condena.

501. El auto elevando la detención a prisión o dejándola sin efecto, se pondrá en conocimiento del Ministerio Fiscal, y se notificará al querellante particular si lo hubiere, y al procesado, al cual se le hará saber asimismo el derecho que le asiste para pedir de palabra o por escrito la reposición del auto, consignándose en la notificación las manifestaciones que hiciere [597].

CAPÍTULO III
De la prisión provisional [598]

502. [599] 1. Podrá decretar la prisión provisional el Juez o Magistrado instructor, el Juez que forme las primeras diligencias, así como el Juez de lo penal o Tribunal que conozca de la causa.

2. La prisión provisional sólo se adoptará cuando objetivamente sea necesaria, de conformidad con lo establecido en los artículos siguientes, y cuando no existan otras medidas menos gravosas para el derecho a la libertad a través de las cuales puedan alcanzarse los mismos fines que con la prisión provisional.

---

[597] Véanse arts. 203 y 204 LOPM y art. 504.7 de la presente Ley

[598] Véase LO 13/2003, de 24 de octubre, de reforma de la Ley de Enjuiciamiento Criminal en materia de prisión provisional

[599] Dada nueva redacción por art. 1 de Ley Orgánica 13/2003 de 24 de octubre de 2003, con vigencia desde 28/10/2003

3. El Juez o Tribunal tendrá en cuenta para adoptar la prisión provisional la repercusión que esta medida pueda tener en el investigado o encausado, considerando sus circunstancias y las del hecho objeto de las actuaciones, así como la entidad de la pena que pudiera ser impuesta. [600]

4. No se adoptará en ningún caso la prisión provisional cuando de las investigaciones practicadas se infiera racionalmente que el hecho no es constitutivo de delito o que el mismo se cometió concurriendo una causa de justificación [601].

503. [602] 1. La prisión provisional sólo podrá ser decretada cuando concurran los siguientes requisitos:

1º Que conste en la causa la existencia de uno o varios hechos que presenten caracteres de delito sancionado con pena cuyo máximo sea igual o superior a dos años de prisión, o bien con pena privativa de libertad de duración inferior si el investigado o encausado tuviere antecedentes penales no cancelados ni susceptibles de cancelación, derivados de condena por delito doloso.

Si fueran varios los hechos imputados se estará a lo previsto en las reglas especiales para la aplicación de las penas, conforme a lo dispuesto en la sección 2ª del Capítulo II del Título III del Libro I del Código Penal [603]. [604]

2º Que aparezcan en la causa motivos bastantes para creer responsable criminalmente del delito a la persona contra quien se haya de dictar el auto de prisión.

3º Que mediante la prisión provisional se persiga alguno de los siguientes fines:

a) Asegurar la presencia del investigado o encausado en el proceso cuando pueda inferirse racionalmente un riesgo de fuga.

---

[600] Dada nueva redacción apartado 3 por art. único apartado 21 apartado 2 de Ley Orgánica 13/2015 de 5 de octubre de 2015, con vigencia desde 06/12/2015

[601] Véanse arts. 58 y 59 CP y art. 785 de la presente Ley

[602] Dada nueva redacción por art. 1 de Ley Orgánica 13/2003 de 24 de octubre de 2003, con vigencia desde 28/10/2003

[603] Véanse arts. 73 y ss CP

[604] Dada nueva redacción apartado 1 número 1 por art. único apartado 21 apartado 2 de Ley Orgánica 13/2015 de 5 de octubre de 2015, con vigencia desde 06/12/2015

Para valorar la existencia de este peligro se atenderá conjuntamente a la naturaleza del hecho, a la gravedad de la pena que pudiera imponerse al investigado o encausado, a la situación familiar, laboral y económica de éste, así como a la inminencia de la celebración del juicio oral, en particular en aquellos supuestos en los que procede incoar el procedimiento para el enjuiciamiento rápido regulado en el Título III del Libro IV de esta Ley [605].

Procederá acordar por esta causa la prisión provisional de la persona investigada cuando, a la vista de los antecedentes que resulten de las actuaciones, hubieran sido dictadas al menos dos requisitorias para su llamamiento y busca por cualquier órgano judicial en los dos años anteriores. En estos supuestos no será aplicable el límite que respecto de la pena establece el ordinal 1º de este apartado. [606]

b) Evitar la ocultación, alteración o destrucción de las fuentes de prueba relevantes para el enjuiciamiento en los casos en que exista un peligro fundado y concreto.

No procederá acordar la prisión provisional por esta causa cuando pretenda inferirse dicho peligro únicamente del ejercicio del derecho de defensa o de falta de colaboración del investigado o encausado en el curso de la investigación.

Para valorar la existencia de este peligro se atenderá a la capacidad del investigado o encausado para acceder por sí o a través de terceros a las fuentes de prueba o para influir sobre otros investigados o encausados, testigos o peritos o quienes pudieran serlo. [607]

c) Evitar que el investigado o encausado pueda actuar contra bienes jurídicos de la víctima, especialmente cuando ésta sea alguna de las personas a las que se refiere el artículo 173.2 del Código Penal. En

---

[605] Véanse arts. 795 y ss de la presente Ley

[606] Dada nueva redacción apartado 1 número 3 letra a por art. único apartado 21 apartado 2 de Ley Orgánica 13/2015 de 5 de octubre de 2015, con vigencia desde 06/12/2015

[607] Dada nueva redacción apartado 1 número 3 letra b por art. único apartado 21 apartado 2 de Ley Orgánica 13/2015 de 5 de octubre de 2015, con vigencia desde 06/12/2015

estos casos no será aplicable el límite que respecto de la pena establece el ordinal 1º de este apartado. [608]

2. También podrá acordarse la prisión provisional, concurriendo los requisitos establecidos en los ordinales 1º y 2º del apartado anterior, para evitar el riesgo de que el investigado o encausado cometa otros hechos delictivos.

Para valorar la existencia de este riesgo se atenderá a las circunstancias del hecho, así como a la gravedad de los delitos que se pudieran cometer.

Sólo podrá acordarse la prisión provisional por esta causa cuando el hecho delictivo imputado sea doloso. No obstante, el límite previsto en el ordinal 1º del apartado anterior no será aplicable cuando de los antecedentes del investigado o encausado y demás datos o circunstancias que aporte la Policía Judicial o resulten de las actuaciones, pueda racionalmente inferirse que el investigado o encausado viene actuando concertadamente con otra u otras personas de forma organizada para la comisión de hechos delictivos o realiza sus actividades delictivas con habitualidad [609] . [610]

504. [611] 1. La prisión provisional durará el tiempo imprescindible para alcanzar cualquiera de los fines previstos en el artículo anterior y en tanto subsistan los motivos que justificaron su adopción.

2. Cuando la prisión provisional se hubiera decretado en virtud de lo previsto en los párrafos a) o c) del apartado 1.3º o en el apartado 2 del artículo anterior, su duración no podrá exceder de un año si el delito tuviere señalada pena privativa de libertad igual o inferior a tres años, o de dos años si la pena privativa de libertad señalada para el delito fuera superior a tres años. No obstante, cuando concurrieren circunstancias que hicieran prever que la causa no podrá ser juzgada en aquellos plazos, el Juez o Tribunal podrá, en los términos previstos

---

[608] Dada nueva redacción apartado 1 número 3 letra c por art. único apartado 21 apartado 2 de Ley Orgánica 13/2015 de 5 de octubre de 2015, con vigencia desde 06/12/2015

[609] Véase art. 216 LOPM

[610] Dada nueva redacción apartado 2 por art. único apartado 21 apartado 2 de Ley Orgánica 13/2015 de 5 de octubre de 2015, con vigencia desde 06/12/2015

[611] Dada nueva redacción por art. 1 de Ley Orgánica 13/2003 de 24 de octubre de 2003, con vigencia desde 28/10/2003

en el artículo 505, acordar mediante auto una sola prórroga de hasta dos años si el delito tuviera señalada pena privativa de libertad superior a tres años, o de hasta seis meses si el delito tuviera señalada pena igual o inferior a tres años [612]. [613]

Si fuere condenado el investigado o encausado, la prisión provisional podrá prorrogarse hasta el límite de la mitad de la pena efectivamente impuesta en la sentencia, cuando ésta hubiere sido recurrida. [614]

3. Cuando la prisión provisional se hubiere acordado en virtud de lo previsto en el apartado 1.3º b) del artículo anterior, su duración no podrá exceder de seis meses.

No obstante, cuando se hubiere decretado la prisión incomunicada o el secreto del sumario, si antes del plazo establecido en el párrafo anterior se levantare la incomunicación o el secreto, el Juez o Tribunal habrá de motivar la subsistencia del presupuesto de la prisión provisional [615].

4. La concesión de la libertad por el transcurso de los plazos máximos para la prisión provisional no impedirá que ésta se acuerde en el caso de que el investigado o encausado, sin motivo legítimo, dejare de comparecer a cualquier llamamiento del Juez o Tribunal. [616]

5. Para el cómputo de los plazos establecidos en este artículo se tendrá en cuenta el tiempo que el investigado o encausado hubiere estado detenido o sometido a prisión provisional por la misma causa.

Se excluirá, sin embargo, de aquel cómputo el tiempo en que la causa sufriere dilaciones no imputables a la Administración de Justicia. [617]

---

[612] Véanse arts. 35 y ss CP

[613] Dada nueva redacción apartado 2 párrafo 1 por disposición final 1 de Ley Orgánica 15/2003 de 25 de noviembre de 2003, con vigencia desde 27/11/2003

[614] Dada nueva redacción apartado 2 párrafo 2 por art. único apartado 21 apartado 2 de Ley Orgánica 13/2015 de 5 de octubre de 2015, con vigencia desde 06/12/2015

[615] Véanse arts. 301, 509 y 510 de la presente Ley

[616] Dada nueva redacción apartado 4 por art. único apartado 21 apartado 2 de Ley Orgánica 13/2015 de 5 de octubre de 2015, con vigencia desde 06/12/2015

[617] Dada nueva redacción apartado 5 por art. único apartado 21 apartado 2 de Ley Orgánica 13/2015 de 5 de octubre de 2015, con vigencia desde 06/12/2015

6. Cuando la medida de prisión provisional acordada exceda de las dos terceras partes de su duración máxima, el Juez o Tribunal que conozca de la causa y el Ministerio Fiscal comunicarán respectivamente esta circunstancia al presidente de la sala de gobierno y al Fiscal-jefe del Tribunal correspondiente, con la finalidad de que se adopten las medidas precisas para imprimir a las actuaciones la máxima celeridad. A estos efectos, la tramitación del procedimiento gozará de preferencia respecto de todos los demás. [618]

504 bis. [619] (Derogado)

504 bis.2. [620] (Derogado)

505. [621] 1. Cuando el detenido fuere puesto a disposición del Juez de Instrucción o Tribunal que deba conocer de la causa, éste, salvo que decretare su libertad provisional sin fianza, convocará a una audiencia en la que el Ministerio Fiscal o las partes acusadoras podrán interesar que se decrete la prisión provisional del investigado o encausado o su libertad provisional con fianza.

En los supuestos del procedimiento regulado en el Título III del Libro IV de esta Ley, este trámite se sustanciará con arreglo a lo establecido en el artículo 798, salvo que la audiencia se hubiera celebrado con anterioridad. [622]

2. La audiencia prevista en el apartado anterior deberá celebrarse en el plazo más breve posible dentro de las 72 horas siguientes a la puesta del detenido a disposición judicial y a ella se citará al investigado o encausado, que deberá estar asistido de letrado por él elegido o desig-

---

[618] Añadido apartado 6 por disposición final 1 de Ley Orgánica 15/2003 de 25 de noviembre de 2003, con vigencia desde 27/11/2003

[619] Anulado por Sentencia 71/1994 de 3 de marzo de 1994, con vigencia desde 24/03/1994

[620] Derogado por disposición derogatoria única de Ley Orgánica 13/2003 de 24 de octubre de 2003, con vigencia desde 28/10/2003

[621] Dada nueva redacción por art. 1 de Ley Orgánica 13/2003 de 24 de octubre de 2003, con vigencia desde 28/10/2003

[622] Dada nueva redacción apartado 1 por art. único apartado 21 apartado 2 de Ley Orgánica 13/2015 de 5 de octubre de 2015, con vigencia desde 06/12/2015

nado de oficio, al Ministerio Fiscal y a las demás partes personadas. La audiencia habrá de celebrarse también para solicitar y decretar, en su caso, la prisión provisional del investigado o encausado no detenido o su libertad provisional con fianza. [623]

3. En dicha audiencia, si el Ministerio Fiscal o alguna parte acusadora solicitare que se decrete la prisión provisional del investigado o encausado o su libertad provisional con fianza, podrán quienes concurrieren realizar alegaciones y proponer los medios de prueba que puedan practicarse en el acto o dentro de las setenta y dos horas antes indicadas en el apartado anterior.

El Abogado del investigado o encausado tendrá, en todo caso, acceso a los elementos de las actuaciones que resulten esenciales para impugnar la privación de libertad del investigado o encausado. [624]

4. El Juez o Tribunal decidirá sobre la procedencia o no de la prisión o de la imposición de la fianza. Si ninguna de las partes las instare, acordará necesariamente la inmediata puesta en libertad del investigado o encausado que estuviere detenido. [625]

5. Si por cualquier razón la audiencia no pudiere celebrarse, el Juez o Tribunal podrá acordar la prisión provisional, si concurrieren los presupuestos del artículo 503, o la libertad provisional con fianza. No obstante, dentro de las siguientes 72 horas, el Juez o Tribunal convocará una nueva audiencia, adoptando las medidas a que hubiere lugar por la falta de celebración de la primera audiencia.

6. Cuando el detenido fuere puesto a disposición de Juez distinto del Juez o Tribunal que conociere o hubiere de conocer de la causa, y el detenido no pudiere ser puesto a disposición de este último en el plazo de 72 horas, procederá el primero de acuerdo con lo previsto en los apartados anteriores. No obstante, una vez que el Juez o Tribunal de la causa reciba las diligencias, oirá al investigado o encausado, asistido

---

[623] Dada nueva redacción apartado 2 por art. único apartado 21 número 2 de Ley Orgánica 13/2015 de 5 de octubre de 2015, con vigencia desde 06/12/2015

[624] Dada nueva redacción apartado 3 por art. único apartado 21 apartado 2 de Ley Orgánica 13/2015 de 5 de octubre de 2015, con vigencia desde 06/12/2015

[625] Dada nueva redacción apartado 4 por art. único apartado 21 apartado 2 de Ley Orgánica 13/2015 de 5 de octubre de 2015, con vigencia desde 06/12/2015

de su abogado, tan pronto como le fuera posible y dictará la resolución que proceda [626] . [627]

506. [628] 1. Las resoluciones que se dicten sobre la situación personal del investigado o encausado adoptarán la forma de auto. El auto que acuerde la prisión provisional o disponga su prolongación expresará los motivos por los que la medida se considera necesaria y proporcionada respecto de los fines que justifican su adopción.

2. Si la causa hubiere sido declarado secreta, en el auto de prisión se expresarán los particulares del mismo que, para preservar la finalidad del secreto, hayan de ser omitidos de la copia que haya de notificarse. En ningún caso se omitirá en la notificación una sucinta descripción del hecho imputado y de cuál o cuáles de los fines previstos en el artículo 503 se pretende conseguir con la prisión. Cuando se alce el secreto del sumario, se notificará de inmediato el auto íntegro al investigado o encausado.

3. Los autos relativos a la situación personal del investigado o encausado se pondrán en conocimiento de los directamente ofendidos y perjudicados por el delito cuya seguridad pudiera verse afectada por la resolución [629] .

507. [630] 1. Contra los autos que decreten, prorroguen o denieguen la prisión provisional o acuerden la libertad del investigado o encausado podrá ejercitarse el recurso de apelación en los términos previstos en el artículo 766, que gozará de tramitación preferente. El recurso contra el auto de prisión deberá resolverse en un plazo máximo de 30 días.

2. Cuando en virtud de lo dispuesto en el apartado 2 del artículo anterior no se hubiere notificado íntegramente el auto de prisión al

[626] Véase LO 13/2003, de 24 de octubre, de reforma de la Ley de Enjuiciamiento Criminal en materia de prisión provisional

[627] Dada nueva redacción apartado 6 por art. único apartado 21 apartado 2 de Ley Orgánica 13/2015 de 5 de octubre de 2015, con vigencia desde 06/12/2015

[628] Dada nueva redacción por art. único apartado 21 apartado 2 de Ley Orgánica 13/2015 de 5 de octubre de 2015, con vigencia desde 06/12/2015

[629] Véase art. 531 CP; art. 224 LOPM y art. 520.bis de la presente Ley

[630] Dada nueva redacción por art. único apartado 21 apartado 2 de Ley Orgánica 13/2015 de 5 de octubre de 2015, con vigencia desde 06/12/2015

investigado o encausado, éste también podrá recurrir el auto íntegro cuando le sea notificado, de conformidad con lo dispuesto en el apartado anterior.

508. [631] 1. El Juez o Tribunal podrá acordar que la medida de prisión provisional del investigado o encausado se verifique en su domicilio, con las medidas de vigilancia que resulten necesarias, cuando por razón de enfermedad el internamiento entrañe grave peligro para su salud. El Juez o Tribunal podrá autorizar que el investigado o encausado salga de su domicilio durante las horas necesarias para el tratamiento de su enfermedad, siempre con la vigilancia precisa.

2. En los casos en los que el investigado o encausado se hallara sometido a tratamiento de desintoxicación o deshabituación a sustancias estupefacientes y el ingreso en prisión pudiera frustrar el resultado de dicho tratamiento, la medida de prisión provisional podrá ser sustituida por el ingreso en un centro oficial o de una organización legalmente reconocida para continuación del tratamiento, siempre que los hechos objeto del procedimiento sean anteriores a su inicio. En este caso el investigado o encausado no podrá salir del centro sin la autorización del Juez o Tribunal que hubiera acordado la medida [632].

509. [633] 1. El juez de instrucción o tribunal podrá acordar excepcionalmente, mediante resolución motivada, la detención o prisión incomunicadas cuando concurra alguna de las siguientes circunstancias:

a) necesidad urgente de evitar graves consecuencias que puedan poner en peligro la vida, la libertad o la integridad física de una persona, o

b) necesidad urgente de una actuación inmediata de los jueces de instrucción para evitar comprometer de modo grave el proceso penal. [634]

---

[631] Dada nueva redacción por art. único apartado 21 apartado 2 de Ley Orgánica 13/2015 de 5 de octubre de 2015, con vigencia desde 06/12/2015

[632] Véase art. 531 CP y arts. 408 y 520 bis de la presente ley

[633] Dada nueva redacción por disposición final 1 de Ley Orgánica 15/2003 de 25 de noviembre de 2003, con vigencia desde 27/11/2003

[634] Dada nueva redacción apartado 1 por art. único apartado 3 de Ley Orgánica 13/2015 de 5 de octubre de 2015, con vigencia desde 01/11/2015

2. La incomunicación durará el tiempo estrictamente necesario para practicar con urgencia diligencias tendentes a evitar los peligros a que se refiere el apartado anterior. La incomunicación no podrá extenderse más allá de cinco días. En los casos en que la prisión se acuerde en causa por alguno de los delitos a que se refiere el artículo 384 bis u otros delitos cometidos concertadamente y de forma organizada por dos o más personas, la incomunicación podrá prorrogarse por otro plazo no superior a cinco días [635] . [636]

3. El auto en el que sea acordada la incomunicación o, en su caso, su prórroga deberá expresar los motivos por los que haya sido adoptada la medida.

4. En ningún caso podrán ser objeto de detención incomunicada los menores de dieciséis años. [637]

510. [638] 1. El incomunicado podrá asistir con las precauciones debidas a las diligencias en que le dé intervención esta Ley cuando su presencia no pueda desvirtuar el objeto de la incomunicación.

2. Se permitirá al preso contar con los efectos que él se proporcione siempre y cuando a juicio de Juez o Tribunal no frustren los fines de la incomunicación.

3. El preso no podrá realizar ni recibir comunicación alguna. No obstante, el Juez o Tribunal podrá autorizar comunicaciones que no frustren la finalidad de la prisión incomunicada y adoptará, en su caso, las medidas oportunas.

4. El preso sometido a incomunicación que así lo solicite tendrá derecho a ser reconocido por un segundo médico forense designado por el Juez o Tribunal competente para conocer de los hechos.

---

[635] Véase art. 531 CP; arts. 51 a 53 LOGP; arts. 19, 20 y 41 a 49 RP; y art. 520 bis 2 de la presente Ley

[636] Dada nueva redacción apartado 2 por art. único apartado 3 de Ley Orgánica 13/2015 de 5 de octubre de 2015, con vigencia desde 01/11/2015

[637] Añadido apartado 4 por art. único apartado 3 de Ley Orgánica 13/2015 de 5 de octubre de 2015, con vigencia desde 01/11/2015

[638] Añadido por disposición final 1 de Ley Orgánica 15/2003 de 25 de noviembre de 2003, con vigencia desde 27/11/2003

511. [639] 1. Para llevar a efecto el auto de prisión se expedirán dos mandamientos: uno a la Policía Judicial o agente judicial, en su caso, que haya de ejecutarlo, y otro al director del establecimiento que deba recibir al preso.

En el mandamiento se consignarán los datos personales que consten del investigado o encausado, el delito que dé lugar al procedimiento y si la prisión ha de ser con comunicación o sin ella. [640]

2. Los directores de los establecimientos no recibirán a ninguna persona en condición de preso sin que se les entregue mandamiento de prisión.

3. Una vez dictado auto por el que se acuerde la libertad del preso, inmediatamente se expedirá mandamiento al director del establecimiento [641].

512. [642] [643]

Si el presunto reo no fuere habido en su domicilio y se ignorase su paradero, el juez o jueza acordará que sea buscado por requisitorias que se enviarán al Sistema de Registros Administrativos de Apoyo a la Administración de Justicia (SIRAJ) y se publicarán en el Tablón Edictal Judicial Único, dando las órdenes oportunas a las Fuerzas y Cuerpos de Seguridad del Estado y a los Cuerpos de Policía Autonómica de aquellas comunidades autónomas con competencias en materia de seguridad pública; y, en todo caso, el Sistema de Registros Administrativos de Apoyo a la Administración de Justicia compartirá la información para su publicación en el Tablón Edictal Judicial Único, garantizándose la interoperabilidad entre ambas plataformas.

513. En la requisitoria se expresarán el nombre y apellidos, cargo, profesión u oficio, si constaren, del procesado rebelde, y las señas en

---

[639] Dada nueva redacción por art. 1 de Ley Orgánica 13/2003 de 24 de octubre de 2003, con vigencia desde 28/10/2003

[640] Dada nueva redacción apartado 1 por art. único apartado 21 apartado 2 de Ley Orgánica 13/2015 de 5 de octubre de 2015, con vigencia desde 06/12/2015

[641] Véase art. 15.1 LOGP y art. 15 RP

[642] Dada nueva redacción por art. 20 apartado 3 de Ley Orgánica 1/2025 de 2 de enero de 2025, con vigencia desde 03/04/2025

[643] Véanse arts. 762.4 y 838 de la presente Ley

virtud de las que pueda ser identificado, el delito por que se le procesa, el territorio donde sea de presumir que se encuentra y la cárcel a donde deba ser conducido [644].

514. [645] La requisitoria original y el justificante del envío realizado al Sistema de Registros Administrativos de Apoyo a la Administración de Justicia y de la remisión al Tablón Edictal Judicial único se unirán a la causa [646].

515. El Juez o Tribunal que hubiese acordado la prisión del procesado rebelde, y los Jueces de Instrucción a quienes se enviaren las requisitorias, pondrán en conocimiento de las Autoridades y agentes de Policía Judicial de sus respectivos territorios las circunstancias mencionadas en el artículo 513 [647].

516. [648] En la resolución por la que se acuerde buscar por requisitorias, el Juez designará los particulares de la causa que fueren precisos para poder resolver acerca de la situación personal del requisitoriado una vez sea habido. Testimoniados la resolución judicial y los particulares por el Secretario Judicial, se remitirán al Juzgado de Guardia o se incluirán en el sistema informático que al efecto exista, donde quedarán registrados.

517. [649] Sin perjuicio de lo dispuesto en el artículo 505.6, presentado el requisitoriado ante un Juzgado de Guardia, el Juez, si fuera necesario para resolver, podrá solicitar el auxilio del órgano judicial que hubiera dictado la requisitoria o, en su defecto, del que se hallare

---

[644] Véase art. 837 de la presente Ley

[645] Dada nueva redacción por art. 101 apartado 7 de Real Decreto-Ley 6/2023 de 19 de diciembre de 2023, con vigencia desde 20/03/2024

[646] Véase art. 838 de la presente Ley

[647] Véase art. 549 de la presente Ley

[648] Añadido por art. 2 apartado 56 de Ley 13/2009 de 3 de noviembre de 2009, con vigencia desde 04/05/2010

[649] Añadido por art. 2 apartado 57 de Ley 13/2009 de 3 de noviembre de 2009, con vigencia desde 04/05/2010

de guardia en este último partido judicial, a fin de que le facilite la documentación e información a que se refiere el artículo anterior.

518. Los autos en que se decrete o deniegue la prisión o excarcelación serán apelables sólo en el efecto devolutivo [650] .
Párrafo 2 (Derogado) [651]

519. Todas las diligencias de prisión provisional se sustanciarán en pieza separada [652] .

CAPÍTULO IV
Del ejercicio del derecho de defensa, de la asistencia de Abogado y del tratamiento de los detenidos y presos [653] [654]

520. [655] 1. La detención y la prisión provisional deberán practicarse en la forma que menos perjudique al detenido o preso en su persona, reputación y patrimonio. Quienes acuerden la medida y los encargados de practicarla así como de los traslados ulteriores, velarán por los derechos constitucionales al honor, intimidad e imagen de aquéllos, con respeto al derecho fundamental a la libertad de información.

La detención preventiva no podrá durar más del tiempo estrictamente necesario para la realización de las averiguaciones tendentes al esclarecimiento de los hechos. Dentro de los plazos establecidos en la presente Ley, y, en todo caso, en el plazo máximo de setenta y dos horas, el detenido deberá ser puesto en libertad o a disposición de la autoridad judicial.

---

[650] Véase art. 225 de la presente Ley

[651] Derogado párrafo 2 por disposición derogatoria única de Ley Orgánica 13/2003 de 24 de octubre de 2003, con vigencia desde 28/10/2003

[652] Véanse arts. 544 y 763 de la presente Ley

[653] Véase art. 17 CE; art. 546.1 LOPJ; art. 537 CP; art. 51 LOGP y art. 48 RP

[654] Dada nueva redacción por art. 3 de Ley 53/1978 de 4 de diciembre de 1978, con vigencia desde 28/12/1978

[655] Dada nueva redacción por art. único de Ley Orgánica 14/1983 de 12 de diciembre de 1983, con vigencia desde 29/12/1983

En el atestado deberá reflejarse el lugar y la hora de la detención y de la puesta a disposición de la autoridad judicial o en su caso, de la puesta en libertad [656]. [657]

2. Toda persona detenida o presa será informada por escrito, en un lenguaje sencillo y accesible, en una lengua que comprenda y de forma inmediata, de los hechos que se le atribuyan y las razones motivadoras de su privación de libertad, así como de los derechos que le asisten y especialmente de los siguientes:

a) Derecho a guardar silencio no declarando si no quiere, a no contestar alguna o algunas de las preguntas que le formulen, o a manifestar que sólo declarará ante el juez.

b) Derecho a no declarar contra sí mismo y a no confesarse culpable.

c) Derecho a designar abogado, sin perjuicio de lo dispuesto en el apartado 1.a) del artículo 527 y a ser asistido por él sin demora injustificada. En caso de que, debido a la lejanía geográfica no sea posible de inmediato la asistencia de letrado, se facilitará al detenido comunicación telefónica o por videoconferencia con aquél, salvo que dicha comunicación sea imposible [658].

d) Derecho a acceder a los elementos de las actuaciones que sean esenciales para impugnar la legalidad de la detención o privación de libertad.

e) Derecho a que se ponga en conocimiento del familiar o persona que desee, sin demora injustificada, su privación de libertad y el lugar de custodia en que se halle en cada momento. Los extranjeros tendrán derecho a que las circunstancias anteriores se comuniquen a la oficina consular de su país.

f) Derecho a comunicarse telefónicamente, sin demora injustificada, con un tercero de su elección. Esta comunicación se celebrará en presencia de un funcionario de policía o, en su caso, del funcionario que designen el juez o el fiscal, sin perjuicio de lo dispuesto en el artículo 527.

---

[656] Véase art. 50 Ley 23/2014 de 20 noviembre, de reconocimiento mutuo de resoluciones penales en la Unión Europea; y arts. 118 y 386 de la presente Ley

[657] Dada nueva redacción apartado 1 por art. único apartado 4 de Ley Orgánica 13/2015 de 5 de octubre de 2015, con vigencia desde 01/11/2015

[658] Véase art. 30 RD 135/2021 de 2 marzo, Estatuto General de la Abogacía Española; y Ley 1/1996, de 10 de enero de Asistencia Jurídica Gratuita

g) Derecho a ser visitado por las autoridades consulares de su país, a comunicarse y a mantener correspondencia con ellas.

h) Derecho a ser asistido gratuitamente por un intérprete, cuando se trate de extranjero que no comprenda o no hable el castellano o la lengua oficial de la actuación de que se trate, o de personas sordas o con discapacidad auditiva, así como de otras personas con dificultades del lenguaje.

i) Derecho a ser reconocido por el médico forense o su sustituto legal y, en su defecto, por el de la institución en que se encuentre, o por cualquier otro dependiente del Estado o de otras Administraciones Públicas.

j) Derecho a solicitar asistencia jurídica gratuita, procedimiento para hacerlo y condiciones para obtenerla.

Asimismo, se le informará del plazo máximo legal de duración de la detención hasta la puesta a disposición de la autoridad judicial y del procedimiento por medio del cual puede impugnar la legalidad de su detención.

Cuando no se disponga de una declaración de derechos en una lengua que comprenda el detenido, se le informará de sus derechos por medio de un intérprete tan pronto resulte posible. En este caso, deberá entregársele, posteriormente y sin demora indebida, la declaración escrita de derechos en una lengua que comprenda.

En todos los casos se permitirá al detenido conservar en su poder la declaración escrita de derechos durante todo el tiempo de la detención. [659]

2 bis. La información a que se refiere el apartado anterior se facilitará en un lenguaje comprensible y que resulte accesible al destinatario. A estos efectos se adaptará la información a su edad, grado de madurez, discapacidad y cualquier otra circunstancia personal de la que pueda derivar una limitación de la capacidad para entender el alcance de la información que se le facilita. [660]

3. Si el detenido fuere extranjero, se comunicará al cónsul de su país el hecho de su detención y el lugar de custodia y se le permitirá la comunicación con la autoridad consular. En caso de que el detenido

[659] Dada nueva redacción apartado 2 por art. único apartado 4 de Ley Orgánica 13/2015 de 5 de octubre de 2015, con vigencia desde 01/11/2015

[660] Dada nueva redacción apartado 2 bis por art. único apartado 4 de Ley Orgánica 13/2015 de 5 de octubre de 2015, con vigencia desde 01/11/2015

tenga dos o más nacionalidades, podrá elegir a qué autoridades consulares debe informarse de que se encuentra privado de libertad y con quién desea comunicarse. [661]

4. Si se tratare de un menor, será puesto a disposición de las Secciones de Menores de la Fiscalía y se comunicará el hecho y el lugar de custodia a quienes ejerzan la patria potestad, la tutela o la guarda de hecho del mismo, tan pronto se tenga constancia de la minoría de edad.

En caso de conflicto de intereses con quienes ejerzan la patria potestad, la tutela o la guarda de hecho del menor, se le nombrará un defensor judicial a quien se pondrá en conocimiento del hecho y del lugar de detención.

Si el detenido tuviere su capacidad modificada judicialmente, la información prevista en el apartado 2 de este artículo se comunicará a quienes ejerzan la tutela o guarda de hecho del mismo, dando cuenta al Ministerio Fiscal.

Si el detenido menor o con capacidad modificada judicialmente fuera extranjero, el hecho de la detención se notificará de oficio al Cónsul de su país. [662]

5. El detenido designará libremente abogado y si no lo hace será asistido por un abogado de oficio. Ninguna autoridad o agente le efectuará recomendación alguna sobre el abogado a designar más allá de informarle de su derecho.

La autoridad que tenga bajo su custodia al detenido comunicará inmediatamente al Colegio de Abogados el nombre del designado por el detenido para asistirle a los efectos de su localización y transmisión del encargo profesional o, en su caso, le comunicará la petición de nombramiento de abogado de oficio.

Si el detenido no hubiere designado abogado, o el elegido rehusare el encargo o no fuere hallado, el Colegio de Abogados procederá de inmediato al nombramiento de un abogado del turno de oficio.

El abogado designado acudirá al centro de detención con la máxima premura, siempre dentro del plazo máximo de tres horas desde la recepción del encargo. Si en dicho plazo no compareciera, el Colegio de

---

[661] Dada nueva redacción apartado 3 por art. único apartado 4 de Ley Orgánica 13/2015 de 5 de octubre de 2015, con vigencia desde 01/11/2015

[662] Dada nueva redacción apartado 4 por art. único apartado 4 de Ley Orgánica 13/2015 de 5 de octubre de 2015, con vigencia desde 01/11/2015

Abogados designará un nuevo abogado del turno de oficio que deberá comparecer a la mayor brevedad y siempre dentro del plazo indicado, sin perjuicio de la exigencia de la responsabilidad disciplinaria en que haya podido incurrir el incompareciente. [663]

6. La asistencia del abogado consistirá en:

a) Solicitar, en su caso, que se informe al detenido o preso de los derechos establecidos en el apartado 2 y que se proceda, si fuera necesario, al reconocimiento médico señalado en su letra i).

b) Intervenir en las diligencias de declaración del detenido, en las diligencias de reconocimiento de que sea objeto y en las de reconstrucción de los hechos en que participe el detenido. El abogado podrá solicitar al juez o funcionario que hubiesen practicado la diligencia en la que haya intervenido, una vez terminada ésta, la declaración o ampliación de los extremos que considere convenientes, así como la consignación en el acta de cualquier incidencia que haya tenido lugar durante su práctica.

c) Informar al detenido de las consecuencias de la prestación o denegación de consentimiento a la práctica de diligencias que se le soliciten.

Si el detenido se opusiera a la recogida de las muestras mediante frotis bucal, conforme a las previsiones de la Ley Orgánica 10/2007, de 8 de octubre, reguladora de la base de datos policial sobre identificadores obtenidos a partir del ADN, el juez de instrucción, a instancia de la Policía Judicial o del Ministerio Fiscal, podrá imponer la ejecución forzosa de tal diligencia mediante el recurso a las medidas coactivas mínimas indispensables, que deberán ser proporcionadas a las circunstancias del caso y respetuosas con su dignidad.

d) Entrevistarse reservadamente con el detenido, incluso antes de que se le reciba declaración por la policía, el fiscal o la autoridad judicial, sin perjuicio de lo dispuesto en el artículo 527. [664]

---

[663] Dada nueva redacción apartado 5 por art. único apartado 4 de Ley Orgánica 13/2015 de 5 de octubre de 2015, con vigencia desde 01/11/2015

[664] Dada nueva redacción apartado 6 por art. único apartado 4 de Ley Orgánica 13/2015 de 5 de octubre de 2015, con vigencia desde 01/11/2015

7. Las comunicaciones entre el investigado o encausado y su abogado tendrán carácter confidencial en los mismos términos y con las mismas excepciones previstas en el apartado 4 del artículo 118. [665]

8. No obstante, el detenido o preso podrá renunciar a la preceptiva asistencia de abogado si su detención lo fuere por hechos susceptibles de ser tipificados exclusivamente como delitos contra la seguridad del tráfico, siempre que se le haya facilitado información clara y suficiente en un lenguaje sencillo y comprensible sobre el contenido de dicho derecho y las consecuencias de la renuncia. El detenido podrá revocar su renuncia en cualquier momento. [666]

520 bis. [667] 1. Toda persona detenida como presunto partícipe de alguno de los delitos a que se refiere el artículo 384 bis) será puesta a disposición del Juez competente dentro de las setenta y dos horas siguientes a la detención. No obstante, podrá prolongarse la detención el tiempo necesario para los fines investigadores, hasta un límite máximo de otras cuarenta y ocho horas, siempre que, solicitada tal prórroga mediante comunicación motivada dentro de las primeras cuarenta y ocho horas desde la detención, sea autorizada por el Juez en las veinticuatro horas siguientes. Tanto la autorización cuanto la denegación de la prórroga se adoptarán en resolución motivada [668].

2. Detenida una persona por los motivos expresados en el número anterior, podrá solicitarse del Juez que decrete su incomunicación, el cual deberá pronunciarse sobre la misma, en resolución motivada, en el plazo de veinticuatro horas. Solicitada la incomunicación, el detenido quedará en todo caso incomunicado sin perjuicio del derecho de defensa que le asiste y de lo establecido en los artículos 520 y 527, hasta que el Juez hubiere dictado la resolución pertinente [669].

3. Durante la detención, el Juez podrá en todo momento requerir información y conocer, personalmente o mediante delegación en el

---

[665] Añadido apartado 7 por art. único apartado 4 de Ley Orgánica 13/2015 de 5 de octubre de 2015, con vigencia desde 01/11/2015

[666] Añadido apartado 8 por art. único apartado 4 de Ley Orgánica 13/2015 de 5 de octubre de 2015, con vigencia desde 01/11/2015

[667] Añadido por art. 1 de Ley Orgánica 4/1988 de 25 de mayo de 1988, con vigencia desde 15/06/1988

[668] Véase art. 17.4 LORPM

[669] Véanse arts. 509, 510 y 527 de la presente Ley

Juez de Instrucción del partido o demarcación donde se encuentre el detenido, la situación de éste.

520 ter. [670] A los detenidos en espacios marinos por la presunta comisión de los delitos contemplados en el artículo 23.4.d) de la Ley Orgánica 6/1985, de 1 de julio, del Poder Judicial, les serán aplicados los derechos reconocidos en el presente capítulo en la medida que resulten compatibles con los medios personales y materiales existentes a bordo del buque o aeronave que practique la detención, debiendo ser puestos en libertad o a disposición de la autoridad judicial competente tan pronto como sea posible, sin que pueda exceder del plazo máximo de setenta y dos horas. La puesta a disposición judicial podrá realizarse por los medios telemáticos de los que disponga el buque o aeronave, cuando por razón de la distancia o su situación de aislamiento no sea posible llevar a los detenidos a presencia física de la autoridad judicial dentro del indicado plazo.

521. Los detenidos estarán, a ser posible, separados los unos de los otros.

Si la separación no fuese posible, el Juez instructor o Tribunal cuidará de que no se reúnan personas de diferente sexo ni los co-reos en una misma prisión, y de que los jóvenes y los no reincidentes se hallen separados de los de edad madura y de los reincidentes.

Para esta separación se tendrá en cuenta el grado de educación del detenido, su edad y la naturaleza del delito que se le impute [671].

522. [672] Todo detenido o preso puede procurarse a sus expensas las comodidades u ocupaciones compatibles con el objeto de su detención y el régimen del establecimiento en que esté custodiado, siempre que no comprometan su seguridad o la reserva del sumario [673].

---

[670] Añadido por art. único apartado 5 de Ley Orgánica 13/2015 de 5 de octubre de 2015, con vigencia desde 01/11/2015

[671] Véase art. 16 LOGP y art. 99 RP

[672] Dada nueva redacción por art. 2 apartado 1 de Ley 53/1978 de 4 de diciembre de 1978, con vigencia desde 28/12/1983

[673] Véanse arts. 55 a 58 LOGP y arts. 118 y ss RP

523. Cuando el detenido o preso deseare ser visitado por un ministro de su religión, por un médico, por sus parientes o personas con quienes esté en relación de intereses, o por las que puedan darle sus consejos, deberá permitírsele, con las condiciones prescritas en el reglamento de cárceles, si no afectasen al secreto y éxito del sumario. La relación con el Abogado defensor no podrá impedírsele mientras estuviere en comunicación [674].

524. El Juez instructor autorizará, en cuanto no se perjudique el éxito de la instrucción, los medios de correspondencia y comunicación de que pueda hacer uso el detenido o preso.

Pero en ningún caso debe impedirse a los detenidos o presos la libertad de escribir a los funcionarios superiores del orden judicial.

525. No se adoptará contra el detenido o preso ninguna medida extraordinaria de seguridad sino en caso de desobediencia, de violencia o de rebelión, o cuando haya intentado o hecho preparativos para fugarse.

Esta medida deberá ser temporal, y sólo subsistirá el tiempo estrictamente necesario [675].

526. El Juez instructor visitará una vez por semana, sin previo aviso ni día determinado, las prisiones de la localidad, acompañado de un individuo del Ministerio Fiscal, que podrá ser el Fiscal Municipal delegado al efecto por el Fiscal de la respectiva Audiencia; y donde exista este Tribunal, harán la visita el Presidente del mismo o el de la Sala de lo criminal y un Magistrado, con un individuo del Ministerio Fiscal y con asistencia del Juez instructor.

En la visita se enterarán de todo lo concerniente a la situación de los presos o detenidos y adoptarán las medidas que quepan dentro de sus atribuciones para corregir los abusos que notaren [676].

---

[674] Véase art. 51 LOGP y arts. 48 y 49 RP
[675] Véase art. 10 LOGP y arts. 75, 89, 90, 95 y 97 RP
[676] Véase art. 92 LOPJ

527. [677] 1. En los supuestos del artículo 509, el detenido o preso podrá ser privado de los siguientes derechos si así lo justifican las circunstancias del caso:

a) Designar un abogado de su confianza.

b) Comunicarse con todas o alguna de las personas con las que tenga derecho a hacerlo, salvo con la autoridad judicial, el Ministerio Fiscal y el Médico Forense.

c) Entrevistarse reservadamente con su abogado.

d) Acceder él o su abogado a las actuaciones, salvo a los elementos esenciales para poder impugnar la legalidad de la detención.

2. La incomunicación o restricción de otro derecho del apartado anterior será acordada por auto. Cuando la restricción de derechos sea solicitada por la Policía Judicial o por el Ministerio Fiscal se entenderán acordadas las medidas previstas por el apartado 1 que hayan sido instadas por un plazo máximo de veinticuatro horas, dentro del cual el juez habrá de pronunciarse sobre la solicitud, así como sobre la pertinencia de acordar el secreto de las actuaciones. La incomunicación y la aplicación al detenido o preso de alguna de las excepciones referidas en el apartado anterior será acordada por auto debiéndose motivar las razones que justifican la adopción de cada una de las excepciones al régimen general de conformidad con lo dispuesto en el artículo 509.

El juez controlará efectivamente las condiciones en que se desarrolle la incomunicación, a cuyo efecto podrá requerir información a fin de constatar el estado del detenido o preso y el respeto a sus derechos.

3. Los reconocimientos médicos al detenido a quien se le restrinja el derecho a comunicarse con todas o alguna de las personas con las que tenga derecho a hacerlo se realizarán con una frecuencia de al menos dos reconocimientos cada veinticuatro horas, según criterio facultativo.

TÍTULO VII
De la libertad provisional del procesado

528. La prisión provisional sólo durará lo que subsistan los motivos que la hayan ocasionado.

---

[677] Dada nueva redacción por art. único apartado 6 de Ley Orgánica 13/2015 de 5 de octubre de 2015, con vigencia desde 01/11/2015

El detenido o preso será puesto en libertad en cualquier estado de la causa en que resulte su inocencia.

Todas las Autoridades que intervengan en un proceso estarán obligadas a dilatar lo menos posible la detención y la prisión provisional de los inculpados o procesados [678].

529. [679] Cuando no se hubiere acordado la prisión provisional del investigado o encausado, el Juez o Tribunal decretará, con arreglo a lo previsto en el artículo 505, si el investigado o encausado ha de dar o no fianza para continuar en libertad provisional [680].

En el mismo auto, si el Juez o Tribunal decretare la fianza, fijará la calidad y cantidad de la que hubiere de prestar.

Este auto se notificará al investigado o encausado, al Ministerio Fiscal y a las demás partes personadas y será recurrible de acuerdo con lo previsto en el artículo 507.

529 bis. [681] Cuando se decrete el procesamiento de persona autorizada para conducir vehículos de motor por delito cometido con motivo de su conducción, si el procesado ha de estar en libertad, el Juez, discrecionalmente, podrá privarle provisionalmente de usar el permiso, mandando que se recoja e incorpore al proceso el documento en el que conste. El Secretario Judicial lo comunicará al organismo administrativo que lo haya expedido [682].

530. [683] El investigado o encausado que hubiere de estar en libertad provisional, con o sin fianza, constituirá apud acta obligación de comparecer en los días que le fueren señalados en el auto respectivo, y además cuantas veces fuere llamado ante el Juez o Tribunal que co-

---

[678] Véase art. 17.2 LOGP; y art. 22 RP

[679] Dada nueva redacción por art. único apartado 21 apartado 2 de Ley Orgánica 13/2015 de 5 de octubre de 2015, con vigencia desde 06/12/2015

[680] Véase art. 533 de la presente Ley

[681] Dada nueva redacción por art. 2 apartado 58 de Ley 13/2009 de 3 de noviembre de 2009, con vigencia desde 04/05/2010

[682] Véase art. 764.4 de la presente Ley

[683] Dada nueva redacción por art. único apartado 21 apartado 2 de Ley Orgánica 13/2015 de 5 de octubre de 2015, con vigencia desde 06/12/2015

nozca de la causa. Para garantizar el cumplimiento de esta obligación, el Juez o Tribunal podrá acordar motivadamente la retención de su pasaporte.

531. Para determinar la calidad y cantidad de la fianza se tomarán en cuenta la naturaleza del delito, el estado social y antecedentes del procesado y las demás circunstancias que pudieren influir en el mayor o menor interés de éste para ponerse fuera del alcance de la Autoridad judicial [684].

532. La fianza se destinará a responder de la comparecencia del procesado cuando fuere llamado por el Juez o Tribunal que conozca de la causa. Su importe servirá para satisfacer las costas causadas en el ramo separado formado para su constitución, y el resto se adjudicará al Estado [685].

533. Es aplicable a las fianzas que se ofrezcan para obtener la libertad provisional de un procesado todo cuanto a su naturaleza, manera de constituirse, de ser admitidas y calificadas y de sustituirse, se determina en los artículos 591 y siguientes hasta el 596 inclusive del Título IX de este Libro.

534. [686] Si al primer llamamiento judicial no compareciere el acusado o no justificare la imposibilidad de hacerlo, el Secretario Judicial señalará al fiador personal o al dueño de los bienes de cualquier clase dados en fianza el término de diez días para que presente al rebelde.

535. Si el fiador personal o dueño de los bienes de la fianza no presentare al rebelde en el término fijado, se procederá a hacer ésta efectiva, declarándose adjudicada al Estado y haciendo entrega de ella

---

[684] Véase art. 234 LOPM

[685] Véase art. 535 de la presente Ley

[686] Dada nueva redacción por art. 2 apartado 59 de Ley 13/2009 de 3 de noviembre de 2009, con vigencia desde 04/05/2010

a la Administración más próxima de Rentas, con deducción de las costas indicadas al final del artículo 532 [687].

536. [688] Para realizar toda fianza el Secretario Judicial procederá por la vía de apremio de conformidad con lo dispuesto en el Capítulo IV, Título IV, del Libro III de la Ley de Enjuiciamiento Civil.

Si se tratare de una fianza personal, se procederá también por la vía de apremio contra los bienes del fiador hasta hacer efectiva la cantidad que se haya fijado al admitir la referida fianza [689].

537. Cuando los bienes de la fianza fueren del dominio del procesado, se realizará y adjudicará ésta al Estado inmediatamente que aquél dejare de comparecer al llamamiento judicial o de justificar la imposibilidad de hacerlo [690].

538. En todas las diligencias de enajenación de bienes de las fianzas y de la entrega de su importe en las Administraciones de Hacienda pública intervendrá el Ministerio Fiscal.

El Fiscal de la Audiencia podrá delegar su intervención en el Fiscal Municipal donde se encuentre el Juez de Instrucción, o bien reclamar que se le remita el expediente cuando tenga estado, procurando, a ser posible, deducir sus pretensiones en un solo dictamen [691].

539. [692] Los autos de prisión y libertad provisionales y de fianza serán reformables durante todo el curso de la causa.

En su consecuencia, el investigado o encausado podrá ser preso y puesto en libertad cuantas veces sea procedente, y la fianza podrá ser

---

[687] Véase art. 542 de la presente Ley

[688] Dada nueva redacción por art. 2 apartado 60 de Ley 13/2009 de 3 de noviembre de 2009, con vigencia desde 04/05/2010

[689] Véase art. 613 de la presente Ley

[690] Véase art. 785 de la presente Ley

[691] Véase art. 3 EOMF

[692] Dada nueva redacción por disposición final 2 de Ley Orgánica 5/1995 de 22 de mayo de 1995, con vigencia desde 23/11/1995

modificada en lo que resulte necesario para asegurar las consecuencias del juicio. [693]

Para acordar la prisión o la libertad provisional con fianza de quien estuviere en libertad o agravar las condiciones de la libertad provisional ya acordada sustituyéndola por la de prisión o libertad provisional con fianza, se requerirá solicitud del Ministerio Fiscal o de alguna parte acusadora, resolviéndose previa celebración de la comparecencia a que se refiere el artículo 505. [694]

No obstante, si a juicio del Juez o Tribunal concurrieren los presupuestos del artículo 503, procederá a dictar auto de reforma de la medida cautelar, o incluso de prisión, si el investigado o encausado se encontrase en libertad, pero debiendo convocar, para dentro de las 72 horas siguientes, a la indicada comparecencia. [695]

Siempre que el Juez o Tribunal entienda que procede la libertad o la modificación de la libertad provisional en términos más favorables al sometido a la medida, podrá acordarla, en cualquier momento, de oficio y sin someterse a la petición de parte [696].

540. Si el procesado no presenta o amplía la fianza en el término que se le señale, será reducido a prisión.

541. Se cancelará la fianza:

1º) Cuando el fiador lo pidiere, presentando a la vez al procesado.

2º) Cuando éste fuere reducido a prisión.

3º) Cuando se dictare auto firme de sobreseimiento o sentencia firme absolutoria o, cuando siendo condenatoria, se presentare el reo para cumplir la condena.

4º) Por muerte del procesado, estando pendiente la causa [697].

---

[693] Dada nueva redacción párrafo 2 por art. único apartado 21 apartado 2 de Ley Orgánica 13/2015 de 5 de octubre de 2015, con vigencia desde 06/12/2015

[694] Dada nueva redacción párrafo 3 por art. 2 de Ley Orgánica 15/2003 de 25 de noviembre de 2003, con vigencia desde 28/10/2003

[695] Dada nueva redacción párrafo 4 por art. único apartado 21 número 2 de Ley Orgánica 13/2015 de 5 de octubre de 2015, con vigencia desde 06/12/2015

[696] Véase disposición final 2ª LOTJ

[697] Véase art. 234 LOPM; y art. 790 de la presente Ley

542. Si se hubiere dictado sentencia firme condenatoria y el procesado no compareciere al primer llamamiento o no justificare la imposibilidad de hacerlo, se adjudicará la fianza al Estado en los términos establecidos en el artículo 535.

543. Una vez adjudicada la fianza, no tendrá acción el fiador para pedir la devolución, quedándose a salvo su derecho para reclamar la indemnización contra el procesado o sus causahabientes.

544. Las diligencias de prisión y libertad provisionales y fianzas se sustanciarán en pieza separada [698].

544 bis. [699] En los casos en los que se investigue un delito de los mencionados en el artículo 57 del Código Penal, el Juez o Tribunal podrá, de forma motivada y cuando resulte estrictamente necesario al fin de protección de la víctima, imponer cautelarmente al inculpado la prohibición de residir en un determinado lugar, barrio, municipio, provincia u otra entidad local, o Comunidad Autónoma [700].

En las mismas condiciones podrá imponerle cautelarmente la prohibición de acudir a determinados lugares, barrios, municipios, provincias u otras entidades locales, o Comunidades Autónomas, o de aproximarse o comunicarse, con la graduación que sea precisa, a determinadas personas.

Para la adopción de estas medidas se tendrá en cuenta la situación económica del inculpado y los requerimientos de su salud, situación familiar y actividad laboral. Se atenderá especialmente a la posibilidad de continuidad de esta última, tanto durante la vigencia de la medida como tras su finalización.

En caso de incumplimiento por parte del inculpado de la medida acordada por el Juez o Tribunal, éste convocará la comparecencia regulada en el artículo 505 para la adopción de la prisión provisional en los términos del artículo 503, de la orden de protección prevista en

---

[698] Véase art. 763 de la presente Ley

[699] Añadido por art. 3 apartado 8 de Ley Orgánica 14/1999 de 9 de junio de 1999, con vigencia desde 10/06/1999

[700] Véase art. 57 CP

el artículo 544 ter o de otra medida cautelar que implique una mayor limitación de su libertad personal, para lo cual se tendrán en cuenta la incidencia del incumplimiento, sus motivos, gravedad y circunstancias, sin perjuicio de las responsabilidades que del incumplimiento pudieran resultar. [701]

En el caso de que se investigue alguno de los delitos mencionados en el artículo 3 de la Ley Orgánica de Garantía Integral de la Libertad Sexual, de acordarse alguna de las medidas de protección de la víctima previstas en este precepto, podrá acordarse mediante resolución motivada la utilización de dispositivos telemáticos para el control de su cumplimiento. [702]

544 ter. [703] 1. El Juez de Instrucción dictará orden de protección para las víctimas de violencia doméstica en los casos en que, existiendo indicios fundados de la comisión de un delito o falta contra la vida, integridad física o moral, libertad sexual, libertad o seguridad de alguna de las personas mencionadas en el artículo 173.2 del Código Penal, resulte una situación objetiva de riesgo para la víctima que requiera la adopción de alguna de las medidas de protección reguladas en este artículo [704]. [705]

2. La orden de protección será acordada por el Juez de oficio o a instancia de la víctima o persona que tenga con ella alguna de las relaciones indicadas en el apartado anterior, o del Ministerio Fiscal.

Sin perjuicio del deber general de denuncia previsto en el artículo 262 de esta Ley, las entidades u organismos asistenciales, públicos o privados, que tuvieran conocimiento de alguno de los hechos mencionados en el apartado anterior deberán ponerlos inmediatamente en conocimiento del Juez de guardia o del Ministerio Fiscal con el fin de

---

[701] Dada nueva redacción párrafo 4 por disposición final 1 de Ley Orgánica 15/2003 de 25 de noviembre de 2003, con vigencia desde 27/11/2003

[702] Añadido párrafo 5 por disposición final 1 apartado 3 de Ley Orgánica 10/2022 de 6 de septiembre de 2022, con vigencia desde 07/10/2022

[703] Añadido por art. 2 de Ley 27/2003 de 31 de julio de 2003, con vigencia desde 02/08/2003

[704] Véase disposición adicional 2 Ley 27/2003, de 31 de julio, reguladora de la Orden de protección de las víctimas de la violencia doméstica

[705] Dada nueva redacción apartado 1 por disposición final 1 de Ley Orgánica 15/2003 de 25 de noviembre de 2003, con vigencia desde 27/11/2003

que se pueda incoar o instar el procedimiento para la adopción de la orden de protección.

3. La orden de protección podrá solicitarse directamente ante la autoridad judicial o el Ministerio Fiscal, o bien ante las Fuerzas y Cuerpos de Seguridad, las oficinas de atención a la víctima o los servicios sociales o instituciones asistenciales dependientes de las Administraciones públicas. Dicha solicitud habrá de ser remitida de forma inmediata al Juez competente. En caso de suscitarse dudas acerca de la competencia territorial del Juez, deberá iniciar y resolver el procedimiento para la adopción de la orden de protección el Juez ante el que se haya solicitado ésta, sin perjuicio de remitir con posterioridad las actuaciones a aquel que resulte competente.

Los servicios sociales y las instituciones referidas anteriormente facilitarán a las víctimas de la violencia doméstica a las que hubieran de prestar asistencia la solicitud de la orden de protección, poniendo a su disposición con esta finalidad información, formularios y, en su caso, canales de comunicación telemáticos con la Administración de Justicia y el Ministerio Fiscal.

4. Recibida la solicitud de orden de protección, el Juez de guardia, en los supuestos mencionados en el apartado 1 de este artículo, convocará a una audiencia urgente a la víctima o su representante legal, al solicitante y al presunto agresor, asistido, en su caso, de Abogado. Asimismo será convocado el Ministerio Fiscal.

Esta audiencia se podrá sustanciar simultáneamente con la prevista en el artículo 505 cuando su convocatoria fuera procedente, con la audiencia regulada en el artículo 798 en aquellas causas que se tramiten conforme al procedimiento previsto en el Título III del Libro IV de esta Ley o, en su caso, con el acto del juicio de faltas. Cuando excepcionalmente no fuese posible celebrar la audiencia durante el servicio de guardia, el Juez ante el que hubiera sido formulada la solicitud la convocará en el plazo más breve posible. En cualquier caso la audiencia habrá de celebrarse en un plazo máximo de setenta y dos horas desde la presentación de la solicitud.

Durante la audiencia, el Juez de guardia adoptará las medidas oportunas para evitar la confrontación entre el presunto agresor y la víctima, sus hijos y los restantes miembros de la familia. A estos efectos dispondrá que su declaración en esta audiencia se realice por separado.

Celebrada la audiencia, el Juez de guardia resolverá mediante auto lo que proceda sobre la solicitud de la orden de protección, así como sobre el contenido y vigencia de las medidas que incorpore. Sin perjuicio de ello, el Juez de Instrucción podrá adoptar en cualquier momento de la tramitación de la causa las medidas previstas en el artículo 544 bis. [706]

5. La orden de protección confiere a la víctima de los hechos mencionados en el apartado 1 un estatuto integral de protección que comprenderá las medidas cautelares de orden civil y penal contempladas en este artículo y aquellas otras medidas de asistencia y protección social establecidas en el ordenamiento jurídico.

La orden de protección podrá hacerse valer ante cualquier autoridad y Administración pública.

6. Las medidas cautelares de carácter penal podrán consistir en cualesquiera de las previstas en la legislación procesal criminal. Sus requisitos, contenido y vigencia serán los establecidos con carácter general en esta ley. Se adoptarán por el Juez de instrucción atendiendo a la necesidad de protección integral e inmediata de la víctima y, en su caso, de las personas sometidas a su patria potestad, tutela, curatela, guarda o acogimiento. [707]

7. Las medidas de naturaleza civil deberán ser solicitadas por la víctima o su representante legal, o bien por el Ministerio Fiscal cuando existan hijos menores o personas con la capacidad judicialmente modificada, determinando su régimen de cumplimiento y, si procediera, las medidas complementarias a ellas que fueran precisas, siempre que no hubieran sido previamente acordadas por un órgano del orden jurisdiccional civil, y sin perjuicio de las medidas previstas en el artículo 158 del Código Civil. Cuando existan menores o personas con discapacidad necesitadas de especial protección que convivan con la víctima y dependan de ella, el Juez deberá pronunciarse en todo caso, incluso de oficio, sobre la pertenencia de la adopción de las referidas medidas.

Estas medidas podrán consistir en la forma en que se ejercerá la patria potestad, acogimiento, tutela, curatela o guarda de hecho, atri-

---

[706] Dada nueva redacción apartado 4 por art. 2 apartado 61 de Ley 13/2009 de 3 de noviembre de 2009, con vigencia desde 04/05/2010

[707] Dada nueva redacción apartado 6 por disposición final 1 apartado 9 de Ley Orgánica 8/2021 de 4 de junio de 2021, con vigencia desde 25/06/2021

bución del uso y disfrute de la vivienda familiar, determinar el régimen de guarda y custodia, suspensión o mantenimiento del régimen de visitas, comunicación y estancia con los menores o personas con discapacidad necesitadas de especial protección, el régimen de prestación de alimentos, así como cualquier disposición que se considere oportuna a fin de apartarles de un peligro o de evitarles perjuicios.

Cuando se dicte una orden de protección con medidas de contenido penal y existieran indicios fundados de que los hijos e hijas menores de edad hubieran presenciado, sufrido o convivido con la violencia a la que se refiere el apartado 1 de este artículo, la autoridad judicial, de oficio o a instancia de parte, suspenderá el régimen de visitas, estancia, relación o comunicación del inculpado respecto de los menores que dependan de él. No obstante, a instancia de parte, la autoridad judicial podrá no acordar la suspensión mediante resolución motivada en el interés superior del menor y previa evaluación de la situación de la relación paternofilial.

Las medidas de carácter civil contenidas en la orden de protección tendrán una vigencia temporal de treinta días. Si dentro de este plazo fuese incoado a instancia de la víctima o de su representante legal un proceso de familia ante la jurisdicción civil, las medidas adoptadas permanecerán en vigor durante los treinta días siguientes a la presentación de la demanda. En este término las medidas deberán ser ratificadas, modificadas o dejadas sin efecto por el Juez de primera instancia que resulte competente. [708]

8. La orden de protección será notificada a las partes, y comunicada por el Secretario Judicial inmediatamente, mediante testimonio íntegro, a la víctima y a las Administraciones públicas competentes para la adopción de medidas de protección, sean éstas de seguridad o de asistencia social, jurídica, sanitaria, psicológica o de cualquier otra índole. A estos efectos se establecerá reglamentariamente un sistema integrado de coordinación administrativa que garantice la agilidad de estas comunicaciones. [709]

9. La orden de protección implicará el deber de informar permanentemente a la víctima sobre la situación procesal del investigado

---

[708] Dada nueva redacción apartado 7 por disposición final 1 apartado 9 de Ley Orgánica 8/2021 de 4 de junio de 2021, con vigencia desde 25/06/2021

[709] Dada nueva redacción apartado 8 por art. 2 apartado 61 de Ley 13/2009 de 3 de noviembre de 2009, con vigencia desde 04/05/2010

o encausado así como sobre el alcance y vigencia de las medidas cautelares adoptadas. En particular, la víctima será informada en todo momento de la situación penitenciaria del presunto agresor. A estos efectos se dará cuenta de la orden de protección a la Administración penitenciaria. [710]

10. La orden de protección será inscrita en el Registro Central para la Protección de las Víctimas de la Violencia Doméstica y de Género [711] . [712]

11. En aquellos casos en que durante la tramitación de un procedimiento penal en curso surja una situación de riesgo para alguna de las personas vinculadas con el investigado o encausado por alguna de las relaciones indicadas en el apartado 1 de este artículo, el Juez o Tribunal que conozca de la causa podrá acordar la orden de protección de la víctima con arreglo a lo establecido en los apartados anteriores. [713]

544 quater. *[714]* 1. Cuando se haya procedido a la imputación de una persona jurídica, las medidas cautelares que podrán imponérsele son las expresamente previstas en la Ley Orgánica 10/1995, de 23 de noviembre, del Código Penal.

2. La medida se acordará previa petición de parte y celebración de vista, a la que se citará a todas las partes personadas. El auto que decida sobre la medida cautelar será recurrible en apelación, cuya tramitación tendrá carácter preferente.

544 quinquies. *[715]* 1. En los casos en los que se investigue un delito de los mencionados en el artículo 57 del Código Penal, el Juez

---

[710] Dada nueva redacción apartado 9 por art. único apartado 21 apartado 2 de Ley Orgánica 13/2015 de 5 de octubre de 2015, con vigencia desde 06/12/2015

[711] Véase disposición adicional 1 Ley 27/2003, de 31 de julio, reguladora de la Orden de protección de las víctimas de la violencia doméstica

[712] Dada nueva redacción apartado 10 por art. 2 apartado 61 de Ley 13/2009 de 3 de noviembre de 2009, con vigencia desde 04/05/2010

[713] Dada nueva redacción apartado 11 por art. único apartado 21 apartado 2 de Ley Orgánica 13/2015 de 5 de octubre de 2015, con vigencia desde 06/12/2015

[714] Añadido por art. 1 apartado 5 de Ley 37/2011 de 10 de octubre de 2011, con vigencia desde 31/10/2011

[715] Añadido por disposición final 1 apartado 14 de Ley 4/2015 de 27 de abril de 2015, con vigencia desde 28/10/2015

o Tribunal, cuando resulte necesario al fin de protección de la víctima menor de edad o con la capacidad judicialmente modificada, en su caso, adoptará motivadamente alguna de las siguientes medidas:

a) Suspender la patria potestad de alguno de los progenitores. En este caso podrá fijar un régimen de visitas o comunicación en interés del menor o persona con capacidad judicialmente modificada y, en su caso, las condiciones y garantías con que debe desarrollarse.

b) Suspender la tutela, curatela, guarda o acogimiento.

c) Establecer un régimen de supervisión del ejercicio de la patria potestad, tutela o de cualquier otra función tutelar o de protección o apoyo sobre el menor o persona con la capacidad judicialmente modificada, sin perjuicio de las competencias propias del Ministerio Fiscal y de las entidades públicas competentes.

d) Suspender o modificar el régimen de visitas o comunicación con el no conviviente o con otro familiar que se encontrara en vigor, cuando resulte necesario para garantizar la protección del menor o de la persona con capacidad judicialmente modificada.

2. Cuando en el desarrollo del proceso se ponga de manifiesto la existencia de una situación de riesgo o posible desamparo de un menor y, en todo caso, cuando fueran adoptadas algunas de las medidas de las letras a) o b) del apartado anterior, el Secretario judicial lo comunicará inmediatamente a la entidad pública competente que tenga legalmente encomendada la protección de los menores, así como al Ministerio Fiscal, a fin de que puedan adoptar las medidas de protección que resulten necesarias. A los mismos efectos se les notificará su alzamiento o cualquier otra modificación, así como la resolución a la que se refiere el apartado 3.

3. Una vez concluido el procedimiento, el Juez o Tribunal, valorando exclusivamente el interés de la persona afectada, ratificará o alzará las medidas de protección que hubieran sido adoptadas. El Ministerio Fiscal y las partes afectadas por la medida podrán solicitar al Juez su modificación o alzamiento conforme al procedimiento previsto en el artículo 770 Ley de Enjuiciamiento Civil.

TÍTULO VIII
De las medidas de investigación limitativas de los derechos reconocidos en el artículo 18 de la Constitución [716]

CAPÍTULO I
De la entrada y registro en lugar cerrado [717]

545. Nadie podrá entrar en el domicilio de un español o extranjero residente en España sin su consentimiento, excepto en los casos y en la forma expresamente previstos en las leyes [718].

546. El Juez o Tribunal que conociere de la causa podrá decretar la entrada y registro, de día o de noche, en todos los edificios y lugares públicos, sea cualquiera el territorio en que radiquen, cuando hubiere indicios de encontrarse allí el procesado o efectos o instrumentos del delito, o libros, papeles u otros objetos que puedan servir para su descubrimiento y comprobación [719].

547. Se reputarán edificios o lugares públicos para la observancia de lo dispuesto en este Capítulo:
1º) Los que estuvieren destinados a cualquier servicio oficial, militar o civil del Estado, de la provincia o del Municipio, aunque habiten allí los encargados de dicho servicio o los de la conservación y custodia del edificio o lugar.
2º) Los que estuvieren destinados a cualquier establecimiento de reunión o recreo, fueren o no lícitos.

---

[716] Dada nueva redacción leyenda por art. único apartado 7 de Ley Orgánica 13/2015 de 5 de octubre de 2015, con vigencia desde 06/12/2015

[717] Añadido por art. único apartado 8 de Ley Orgánica 13/2015 de 5 de octubre de 2015, con vigencia desde 06/12/2015

[718] Véase art. 18.2 CE; art. 17 LO 4/1981, de 1 de junio, de los estados de alarma, excepción y sitio; art. 21 LO 1/1992, de 21 de febrero, sobre Protección de la Seguridad Ciudadana; arts. 202 a 204 y 534 a 536 CP; y art. 551 de la presente Ley

[719] Véanse arts. 550 y 570 de la presente Ley

3º) Cualesquiera otros edificios o lugares cerrados que no consti-
tuyeren domicilio de un particular con arreglo a lo dispuesto en el
artículo 554.

4º) Los buques del Estado [720] .

548. El Juez necesitará para la entrada y registro en el Palacio de
cualquiera de los Cuerpos Colegisladores la autorización del Presidente respectivo [721] .

549. Para la entrada y registro en los templos y demás lugares
religiosos bastará pasar recado de atención a las personas a cuyo cargo
estuvieren.

550. Podrá asimismo el Juez instructor ordenar en los casos indicados en el artículo 546 la entrada y registro, de día o de noche, si la
urgencia lo hiciere necesario, en cualquier edificio o lugar cerrado o
parte de él, que constituya domicilio de cualquier español o extranjero
residente en España, pero precediendo siempre el consentimiento del
interesado conforme se previene en el artículo 6 de la Constitución, o
a falta de consentimiento, en virtud de auto motivado, que se notificará
a la persona interesada inmediatamente, o lo más tarde dentro de las
veinticuatro horas de haberse dictado [722] .

551. Se entenderá que presta su consentimiento aquel que, requerido por quien hubiere de efectuar la entrada y registro para que los
permita, ejecuta por su parte los actos necesarios que de él dependan
para que puedan tener efecto, sin invocar la inviolabilidad que reconoce al domicilio el artículo 6 de la Constitución del Estado [723] .

552. Al practicar los registros deberán evitarse las inspecciones
inútiles, procurando no perjudicar ni importunar al interesado más

---

[720] Véanse arts. 564 y 565 de la presente Ley
[721] Véase art. 66.3 CE
[722] Véase art. 18.2 CE y art. 545 de la presente Ley
[723] Véase art. 18.2 CE y art. 545 de la presente Ley

de lo necesario, y se adoptarán todo género de precauciones para no comprometer su reputación, respetando sus secretos si no interesaren a la instrucción [724] .

553. [725] Los Agentes de policía podrán, asimismo, proceder de propia autoridad a la inmediata detención de las personas cuando haya mandamiento de prisión contra ellas, cuando sean sorprendidas en flagrante delito, cuando un delincuente, inmediatamente perseguido por los Agentes de la autoridad, se oculte o refugie en alguna casa o, en casos de excepcional o urgente necesidad, cuando se trate de presuntos responsables de las acciones a que se refiere el artículo 384 bis, cualquiera que fuese el lugar o domicilio donde se ocultasen o refugiasen, así como al registro que, con ocasión de aquélla, se efectúe en dichos lugares y a la ocupación de los efectos e instrumentos que en ellos se hallasen y que pudieran guardar relación con el delito perseguido.

Del registro efectuado, conforme a lo establecido en el párrafo anterior, se dará cuenta inmediata al Juez competente, con indicación de las causas que lo motivaron y de los resultados obtenidos en el mismo, con especial referencia a las detenciones que, en su caso, se hubieran practicado. Asimismo, se indicarán las personas que hayan intervenido y los incidentes ocurridos [726] .

554. Se reputan domicilio, para los efectos de los artículos anteriores:

1º) Los Palacios Reales, estén o no habitados por el Monarca al tiempo de la entrada o registro.

2º) El edificio o lugar cerrado, o la parte de él destinada principalmente a la habitación de cualquier español o extranjero residente en España y de su familia.

3º) Los buques nacionales mercantes.

---

[724] Véase art. 576 de la presente Ley

[725] Dada nueva redacción por art. 1 de Ley Orgánica 4/1988 de 25 de mayo de 1988, con vigencia desde 15/06/1988

[726] Véanse arts. 17.1 y 18.2 CE; y arts. 20 y 21 LO 1/1992, de 21 de febrero, sobre Protección de la Seguridad Ciudadana

4º) Tratándose de personas jurídicas imputadas, el espacio físico que constituya el centro de dirección de las mismas, ya se trate de su domicilio social o de un establecimiento dependiente, o aquellos otros lugares en que se custodien documentos u otros soportes de su vida diaria que quedan reservados al conocimiento de terceros. [727]

555. Para registrar en el Palacio en que se halle residiendo el Monarca, solicitará el Juez real licencia, por conducto del Mayordomo Mayor de Su Majestad [728] .

556. En los Sitios Reales en que no se hallare el Monarca al tiempo del registro, será necesaria la licencia del Jefe o empleado del servicio de Su Majestad que tuviere a su cargo la custodia del edificio, o la del que haga sus veces cuando se solicitare, si estuviere ausente [729] .

557. [730] (Derogado)

558. El auto de entrada y registro en el domicilio de un particular será siempre fundado, y el Juez expresará en él concretamente el edificio o lugar cerrado en que haya de verificarse, si tendrá lugar tan sólo de día y la Autoridad o funcionario que los haya de practicar.

559. Para la entrada y registro en los edificios destinados a la habitación u oficina de los representantes de naciones extranjeras acreditados cerca del Gobierno de España, les pedirá su venia el Juez, por medio de atento oficio, en el que les rogará que contesten en el término de doce horas.

560. Si transcurriere este término sin haberlo hecho, o si el representante extranjero denegare la venia, el Juez lo comunicará inme-

---

[727] Añadido apartado 4 por art. 1 apartado 6 de Ley 37/2011 de 10 de octubre de 2011, con vigencia desde 31/10/2011

[728] Véase art. 186.1 LOPM

[729] Véase art. 186.2 LOPM

[730] Derogado por Sentencia 10/2002 de 17 de enero de 2002, con vigencia desde 08/02/2002

diatamente al Ministro de Gracia y Justicia empleando para ello el telégrafo, si lo hubiere. Entretanto que el Ministro no le comunique su resolución, se abstendrá de entrar y registrar en el edificio; pero adoptará las medidas de vigilancia a que se refiere el artículo 567.

561. *Párrafo 1 (Derogado)* [731]
En los buques extranjeros de guerra, la falta de autorización del Comandante se suplirá por la del Embajador o Ministro de la nación a que pertenezcan.

562. Se podrá entrar en las habitaciones de los Cónsules extranjeros y en sus oficinas pasándoles previamente recado de atención y observando las formalidades prescritas en la Constitución del Estado y en las leyes.

563. Si el edificio o lugar cerrado estuviere en el territorio propio del Juez instructor, podrá encomendar la entrada y registro al Juez Municipal del territorio en que el edificio o lugar cerrado radiquen, o a cualquier Autoridad o agente de Policía Judicial. Si el que lo hubiese ordenado fuere el Juez Municipal, podrá encomendarlo también a dichas Autoridades o agentes de Policía Judicial.
Cuando el edificio o lugar cerrado estuviere fuera del territorio del Juez, encomendará éste la práctica de las operaciones al Juez de su propia categoría del territorio en que aquéllos radiquen, el cual, a su vez, podrá encomendarlas a las Autoridades o agentes de Policía Judicial [732].

564. Si se tratare de un edificio o lugar público comprendido en los números 1º y 3º del artículo 547, el Juez oficiará a la Autoridad o Jefe de que aquéllos dependan en la misma población.
Si éste no contestare en el término que se le fije en el oficio, se notificará el auto en que se disponga la entrada y registro al encargado de la conservación o custodia del edificio o lugar en que se hubiere de entrar y registrar.

---

[731] Derogado párrafo 1 por disposición derogatoria única de Ley 14/2014 de 24 de julio de 2014, con vigencia desde 25/09/2014
[732] Véase art. 553 de la presente Ley

Si se tratare de buques del Estado, las comunicaciones se dirigirán a los Comandantes respectivos [733] .

565. Cuando el edificio o lugar fueren de los comprendidos en el número 2º del artículo 547, la notificación se hará a la persona que se halle al frente del establecimiento de reunión o recreo, o a quien haga sus veces si aquél estuviere ausente.

566. Si la entrada y registro se hubieren de hacer en el domicilio de un particular, se notificará el auto a éste; y, si no fuere habido a la primera diligencia en busca, a su encargado.

Si no fuere tampoco habido el encargado, se hará la notificación a cualquiera otra persona mayor de edad que se hallare en el domicilio, prefiriendo para esto a los individuos de la familia del interesado.

Si no se halla a nadie, se hará constar por diligencia, que se extenderá con asistencia de dos vecinos, los cuales deberán firmarla [734] .

567. Desde el momento en que el Juez acuerde la entrada y registro en cualquier edificio o lugar cerrado, adoptará las medidas de vigilancia convenientes para evitar la fuga del procesado o la sustracción de los instrumentos, efectos del delito, libros, papeles o cualesquiera otras cosas que hayan de ser objeto del registro [735] .

568. Practicadas las diligencias que se establecen en los artículos anteriores, se procederá a la entrada y registro, empleando para ello, si fuere necesario, el auxilio de la fuerza.

569. El registro se hará a presencia del interesado, o de la persona que legítimamente le represente.

Si aquél no fuere habido o no quisiere concurrir ni nombrar representante, se practicará a presencia de un individuo de su familia, mayor de edad.

---

[733] Véase art. 21.3 LOSC
[734] Véase art. 558 de la presente Ley
[735] Véase art. 560 de la presente Ley

Si no le hubiere, se hará a presencia de dos testigos, vecinos del mismo pueblo.

El registro se practicará siempre en presencia del Secretario del Juzgado o Tribunal que lo hubiera autorizado, o del Secretario del servicio de guardia que le sustituya, quien levantará acta del resultado, de la diligencia y de sus incidencias y que será firmada por todos los asistentes. No obstante, en caso de necesidad, el Secretario Judicial podrá ser sustituido en la forma prevista en la Ley Orgánica del Poder Judicial. [736]

La resistencia del interesado, la de su representante, de los individuos de la familia y de los testigos a presenciar el registro, producirá la responsabilidad declarada en el Código penal a los reos del delito de desobediencia grave a la Autoridad, sin perjuicio de que la diligencia se practique [737].

Si no se encontrasen las personas u objetos que se busquen ni apareciesen indicios sospechosos, se expedirá una certificación del acta a la parte interesada si la reclamare.

570. Cuando el registro se practique en el domicilio de un particular y expire el día sin haberse terminado, el que lo haga requerirá al interesado o a su representante, si estuviere presente, para que permita la continuación durante la noche. Si se opusiere, se suspenderá la diligencia, salvo lo dispuesto en los artículos 546 y 550, cerrando y sellando el local o los muebles en que hubiere de continuarse, en cuanto esta precaución se considere necesaria para evitar la fuga de la persona o la sustracción de las cosas que se buscaren.

Prevendrá asimismo el que practique el registro a los que se hallen en el edificio o lugar de la diligencia, que no levanten los sellos, ni violenten las cerraduras, ni permitan que lo hagan otras personas, bajo la responsabilidad establecida en el Código Penal [738].

---

[736] Dada nueva redacción párrafo 4 por art. único de Ley 22/1995 de 17 de julio de 1995, con vigencia desde 19/07/1995

[737] Véase art. 556 CP

[738] Véase art. 414 CP

571. El registro no se suspenderá sino por el tiempo en que no fuere posible continuarle, y se adoptarán, durante la suspensión, las medidas de vigilancia a que se refiere el artículo 567.

572. En la diligencia de entrada y registro en lugar cerrado, se expresarán los nombres del Juez, o de su delegado, que la practique y de las demás personas que intervengan, los incidentes ocurridos, la hora en que se hubiese principiado y concluido la diligencia, y la relación del registro por el orden con que se haga, así como los resultados obtenidos [739].

CAPÍTULO II
Del registro de libros y papeles [740]

573. No se ordenará el registro de los libros y papeles de contabilidad del procesado o de otra persona sino cuando hubiere indicios graves de que de esta diligencia resultará el descubrimiento o la comprobación de algún hecho o circunstancia importante de la causa [741].

574. [742] El Juez ordenará recoger los instrumentos y efectos del delito y también los libros, papeles o cualesquiera otras cosas que se hubiesen encontrado, si esto fuere necesario para el resultado del sumario.

Los libros y papeles que se recojan serán foliados, sellados y rubricados en todas sus hojas por el Secretario Judicial, bajo su responsabilidad [743].

---

[739] Véase art. 21.4 LOSC

[740] Añadido por art. único apartado 9 de Ley Orgánica 13/2015 de 5 de octubre de 2015, con vigencia desde 06/12/2015

[741] Véase art. 534 CP

[742] Dada nueva redacción por art. 2 apartado 62 de Ley 13/2009 de 3 de noviembre de 2009, con vigencia desde 04/05/2010

[743] Véase art. 334 de la presente Ley

575. Todos están obligados a exhibir los objetos y papeles que se sospeche puedan tener relación con la causa.

Si el que los retenga se negare a su exhibición, será corregido con multa de 125 a 500 pesetas; cuando insistiera en su negativa, si el objeto o papel fueren de importancia y la índole del delito lo aconsejare, será procesado como autor del de desobediencia a la Autoridad, salvo si mereciera la calificación legal de encubridor o receptador [744] . [745]

576. Será aplicable al registro de papeles y efectos lo establecido en los artículos 552 y 569.

577. Si para determinar sobre la necesidad de recoger las cosas que se hubiesen encontrado en el registro fuere necesario algún reconocimiento pericial, se acordará en el acto por el Juez en la forma establecida en el del Capítulo VII Título V [746] .

578. Si el libro que haya de ser objeto del registro fuere el protocolo de un Notario, se procederá con arreglo a lo dispuesto en la Ley del Notariado.

Si se tratare de un libro del Registro de la Propiedad, se estará a lo ordenado en la Ley Hipotecaria [747] .

Si se tratare de un libro del Registro Civil o Mercantil, se estará a lo que se disponga en la Ley y Reglamentos relativos a estos servicios [748] .

---

[744] Véanse arts. 298 a 304, 451 y 556 CP
[745] Dada nueva redacción párrafo 2 por art. 1 de Ley de 14 de abril de 1955, con vigencia desde 05/05/1955
[746] Véanse arts. 456 a 485 de la presente Ley
[747] Véase art. 241 LH
[748] Véase art. 31 LRC y art. 101 RRC

CAPÍTULO III
De la detención y apertura de la correspondencia escrita y
telegráfica [749]

579. *De la correspondencia escrita o telegráfica .* [750] 1. El juez podrá acordar la detención de la correspondencia privada, postal y telegráfica, incluidos faxes, burofaxes y giros, que el investigado remita o reciba, así como su apertura o examen, si hubiera indicios de obtener por estos medios el descubrimiento o la comprobación del algún hecho o circunstancia relevante para la causa, siempre que la investigación tenga por objeto alguno de los siguientes delitos:

1.º Delitos dolosos castigados con pena con límite máximo de, al menos, tres años de prisión.

2.º Delitos cometidos en el seno de un grupo u organización criminal.

3.º Delitos de terrorismo.

2. El juez podrá acordar, en resolución motivada, por un plazo de hasta tres meses, prorrogable por iguales o inferiores períodos hasta un máximo de dieciocho meses, la observación de las comunicaciones postales y telegráficas del investigado, así como de las comunicaciones de las que se sirva para la realización de sus fines delictivos.

3. En caso de urgencia, cuando las investigaciones se realicen para la averiguación de delitos relacionados con la actuación de bandas armadas o elementos terroristas y existan razones fundadas que hagan imprescindible la medida prevista en los apartados anteriores de este artículo, podrá ordenarla el Ministro del Interior o, en su defecto, el Secretario de Estado de Seguridad. Esta medida se comunicará inmediatamente al juez competente y, en todo caso, dentro del plazo máximo de veinticuatro horas, haciendo constar las razones que justificaron la adopción de la medida, la actuación realizada, la forma en que se ha efectuado y su resultado. El juez competente, también de forma motivada, revocará o confirmará tal actuación en un plazo máximo de setenta y dos horas desde que fue ordenada la medida.

4. No se requerirá autorización judicial en los siguientes casos:

---

[749] Añadido por art. único apartado 10 de Ley Orgánica 13/2015 de 5 de octubre de 2015, con vigencia desde 06/12/2015

[750] Dada nueva redacción por art. único apartado 11 de Ley Orgánica 13/2015 de 5 de octubre de 2015, con vigencia desde 06/12/2015

a) Envíos postales que, por sus propias características externas, no sean usualmente utilizados para contener correspondencia individual sino para servir al transporte y tráfico de mercancías o en cuyo exterior se haga constar su contenido.

b) Aquellas otras formas de envío de la correspondencia bajo el formato legal de comunicación abierta, en las que resulte obligatoria una declaración externa de contenido o que incorporen la indicación expresa de que se autoriza su inspección.

c) Cuando la inspección se lleve a cabo de acuerdo con la normativa aduanera o proceda con arreglo a las normas postales que regulan una determinada clase de envío.

5. La solicitud y las actuaciones posteriores relativas a la medida solicitada se sustanciarán en una pieza separada y secreta, sin necesidad de que se acuerde expresamente el secreto de la causa.

579 bis. *Utilización de la información obtenida en un procedimiento distinto y descubrimientos casuales.* [751] 1. El resultado de la detención y apertura de la correspondencia escrita y telegráfica podrá ser utilizado como medio de investigación o prueba en otro proceso penal.

2. A tal efecto, se procederá a la deducción de testimonio de los particulares necesarios para acreditar la legitimidad de la injerencia. Se incluirán entre los antecedentes indispensables, en todo caso, la solicitud inicial para la adopción, la resolución judicial que la acuerda y todas las peticiones y resoluciones judiciales de prórroga recaídas en el procedimiento de origen.

3. La continuación de esta medida para la investigación del delito casualmente descubierto requiere autorización del juez competente, para la cual, éste comprobará la diligencia de la actuación, evaluando el marco en el que se produjo el hallazgo casual y la imposibilidad de haber solicitado la medida que lo incluyera en su momento. Asimismo se informará si las diligencias continúan declaradas secretas, a los efectos de que tal declaración sea respetada en el otro proceso penal, comunicando el momento en el que dicho secreto se alce.

---

[751] Añadido por art. único apartado 12 de Ley Orgánica 13/2015 de 5 de octubre de 2015, con vigencia desde 06/12/2015

580. Es aplicable a la detención de la correspondencia lo dispuesto en los artículos 563 y 564.

Podrá también encomendarse la práctica de esta operación al Administrador de Correos y Telégrafos o Jefe de la oficina en que la correspondencia deba hallarse [752].

581. El empleado que haga la detención remitirá inmediatamente la correspondencia detenida al Juez instructor de la causa.

582. Podrá asimismo el Juez ordenar que por cualquiera Administración de Telégrafos se le faciliten copias de los telegramas por ella transmitidos, si pudieran contribuir al esclarecimiento de los hechos de la causa [753].

583. El auto motivado acordando la detención y registro de la correspondencia o la entrega de copias de telegramas transmitidos determinará la correspondencia que haya de ser detenida o registrada, o los telegramas cuyas copias hayan de ser entregadas, por medio de la designación de las personas a cuyo nombre se hubieren expedido, o por otras circunstancias igualmente concretas.

584. Para la apertura y registro de la correspondencia postal será citado el interesado.

Este, o la persona que designe, podrá presenciar la operación.

585. Si el procesado estuviere en rebeldía, o si citado para la apertura no quisiere presenciarla ni nombrar persona para que lo haga en su nombre, el Juez instructor procederá sin embargo, a la apertura de dicha correspondencia.

586. La operación se practicará abriendo el Juez por sí mismo la correspondencia y después de leerla para sí apartará la que haga

[752] Véanse arts. 14 y 15 D de 19 de mayo de 1960, Ordenanza Postal
[753] Véase art. 187 LOPM

referencia a los hechos de la causa y cuya conservación considere necesaria.

Los sobres y hojas de esta correspondencia, después de haber tomado el mismo Juez las notas necesarias para la práctica de otras diligencias de investigación a que la correspondencia diere motivo, se rubricarán por el Secretario Judicial y se sellarán con el sello del Juzgado, encerrándolo todo después en otro sobre, al que se pondrá el rótulo necesario, conservándose durante el sumario, también bajo responsabilidad del Secretario Judicial. [754]

Este pliego podrá abrirse cuantas veces el Juez lo considere preciso, citando previamente al interesado.

587. La correspondencia que no se relacione con la causa será entregada en el acto al procesado o a su representante.

Si aquél estuviere en rebeldía, se entregará cerrada a un individuo de su familia, mayor de edad.

Si no fuere conocido ningún pariente del procesado, se conservará dicho pliego cerrado bajo la responsabilidad del Secretario Judicial hasta que haya persona a quien entregarlo, según lo dispuesto en este artículo. [755]

588. La apertura de la correspondencia se hará constar por diligencia, en la que se referirá cuanto en aquélla hubiese ocurrido.

Esta diligencia será firmada por el Juez instructor, el Secretario y demás asistentes.

---

[754] Dada nueva redacción párrafo 2 por art. 2 apartado 63 de Ley 13/2009 de 3 de noviembre de 2009, con vigencia desde 04/05/2010

[755] Dada nueva redacción párrafo 3 por art. 2 apartado 64 de Ley 13/2009 de 3 de noviembre de 2009, con vigencia desde 04/05/2010

CAPÍTULO IV
Disposiciones comunes a la interceptación de las comunicaciones telefónicas y telemáticas, la captación y grabación de comunicaciones orales mediante la utilización de dispositivos electrónicos, la utilización de dispositivos técnicos de seguimiento, localización y captación de la imagen, el registro de dispositivos de almacenamiento masivo de información y los registros remotos sobre equipos informáticos [756]

588 bis.a. *Principios rectores.* [757] 1. Durante la instrucción de las causas se podrá acordar alguna de las medidas de investigación reguladas en el presente capítulo siempre que medie autorización judicial dictada con plena sujeción a los principios de especialidad, idoneidad, excepcionalidad, necesidad y proporcionalidad de la medida.

2. El principio de especialidad exige que una medida esté relacionada con la investigación de un delito concreto. No podrán autorizarse medidas de investigación tecnológica que tengan por objeto prevenir o descubrir delitos o despejar sospechas sin base objetiva.

3. El principio de idoneidad servirá para definir el ámbito objetivo y subjetivo y la duración de la medida en virtud de su utilidad.

4. En aplicación de los principios de excepcionalidad y necesidad solo podrá acordarse la medida:

a) cuando no estén a disposición de la investigación, en atención a sus características, otras medidas menos gravosas para los derechos fundamentales del investigado o encausado e igualmente útiles para el esclarecimiento del hecho, o

b) cuando el descubrimiento o la comprobación del hecho investigado, la determinación de su autor o autores, la averiguación de su paradero, o la localización de los efectos del delito se vea gravemente dificultada sin el recurso a esta medida.

5. Las medidas de investigación reguladas en este capítulo solo se reputarán proporcionadas cuando, tomadas en consideración todas las circunstancias del caso, el sacrificio de los derechos e intereses afectados no sea superior al beneficio que de su adopción resulte para

---

[756] Añadido por art. único apartado 13 de Ley Orgánica 13/2015 de 5 de octubre de 2015, con vigencia desde 06/12/2015

[757] Añadido por art. único apartado 13 de Ley Orgánica 13/2015 de 5 de octubre de 2015, con vigencia desde 06/12/2015

el interés público y de terceros. Para la ponderación de los intereses en conflicto, la valoración del interés público se basará en la gravedad del hecho, su trascendencia social o el ámbito tecnológico de producción, la intensidad de los indicios existentes y la relevancia del resultado perseguido con la restricción del derecho.

588 bis.b. *Solicitud de autorización judicial.* [758] 1. El juez podrá acordar las medidas reguladas en este capítulo de oficio o a instancia del Ministerio Fiscal o de la Policía Judicial.

2. Cuando el Ministerio Fiscal o la Policía Judicial soliciten del juez de instrucción una medida de investigación tecnológica, la petición habrá de contener:

1.º La descripción del hecho objeto de investigación y la identidad del investigado o de cualquier otro afectado por la medida, siempre que tales datos resulten conocidos.

2.º La exposición detallada de las razones que justifiquen la necesidad de la medida de acuerdo a los principios rectores establecidos en el artículo 588 bis a, así como los indicios de criminalidad que se hayan puesto de manifiesto durante la investigación previa a la solicitud de autorización del acto de injerencia.

3.º Los datos de identificación del investigado o encausado y, en su caso, de los medios de comunicación empleados que permitan la ejecución de la medida.

4.º La extensión de la medida con especificación de su contenido.

5.º La unidad investigadora de la Policía Judicial que se hará cargo de la intervención.

6.º La forma de ejecución de la medida.

7.º La duración de la medida que se solicita.

8.º El sujeto obligado que llevará a cabo la medida, en caso de conocerse.

588 bis.c. *Resolución judicial.* [759] 1. El juez de instrucción autorizará o denegará la medida solicitada mediante auto motivado,

---

[758] Añadido por art. único apartado 13 de Ley Orgánica 13/2015 de 5 de octubre de 2015, con vigencia desde 06/12/2015

[759] Añadido por art. único apartado 13 de Ley Orgánica 13/2015 de 5 de octubre de 2015, con vigencia desde 06/12/2015

oído el Ministerio Fiscal. Esta resolución se dictará en el plazo máximo de veinticuatro horas desde que se presente la solicitud.

2. Siempre que resulte necesario para resolver sobre el cumplimiento de alguno de los requisitos expresados en los artículos anteriores, el juez podrá requerir, con interrupción del plazo a que se refiere el apartado anterior, una ampliación o aclaración de los términos de la solicitud.

3. La resolución judicial que autorice la medida concretará al menos los siguientes extremos:

a) El hecho punible objeto de investigación y su calificación jurídica, con expresión de los indicios racionales en los que funde la medida.

b) La identidad de los investigados y de cualquier otro afectado por la medida, de ser conocido.

c) La extensión de la medida de injerencia, especificando su alcance así como la motivación relativa al cumplimiento de los principios rectores establecidos en el artículo 588 bis a.

d) La unidad investigadora de Policía Judicial que se hará cargo de la intervención.

e) La duración de la medida.

f) La forma y la periodicidad con la que el solicitante informará al juez sobre los resultados de la medida.

g) La finalidad perseguida con la medida.

h) El sujeto obligado que llevará a cabo la medida, en caso de conocerse, con expresa mención del deber de colaboración y de guardar secreto, cuando proceda, bajo apercibimiento de incurrir en un delito de desobediencia.

588 bis.d.   *Secreto.*   [760] La solicitud y las actuaciones posteriores relativas a la medida solicitada se sustanciarán en una pieza separada y secreta, sin necesidad de que se acuerde expresamente el secreto de la causa.

---

588 bis.e. *Duración.* [761] 1. Las medidas reguladas en el presente capítulo tendrán la duración que se especifique para cada una de ellas y no podrán exceder del tiempo imprescindible para el esclarecimiento de los hechos.

2. La medida podrá ser prorrogada, mediante auto motivado, por el juez competente, de oficio o previa petición razonada del solicitante, siempre que subsistan las causas que la motivaron.

3. Transcurrido el plazo por el que resultó concedida la medida, sin haberse acordado su prórroga, o, en su caso, finalizada ésta, cesará a todos los efectos.

588 bis.f. *Solicitud de prórroga.* [762] 1. La solicitud de prórroga se dirigirá por el Ministerio Fiscal o la Policía Judicial al juez competente con la antelación suficiente a la expiración del plazo concedido. Deberá incluir en todo caso:

a) Un informe detallado del resultado de la medida.

b) Las razones que justifiquen la continuación de la misma.

2. En el plazo de los dos días siguientes a la presentación de la solicitud, el juez resolverá sobre el fin de la medida o su prórroga mediante auto motivado. Antes de dictar la resolución podrá solicitar aclaraciones o mayor información.

3. Concedida la prórroga, su cómputo se iniciará desde la fecha de expiración del plazo de la medida acordada.

588 bis.g. *Control de la medida.* [763] La Policía Judicial informará al juez de instrucción del desarrollo y los resultados de la medida, en la forma y con la periodicidad que este determine y, en todo caso, cuando por cualquier causa se ponga fin a la misma.

---

[761] Añadido por art. único apartado 13 de Ley Orgánica 13/2015 de 5 de octubre de 2015, con vigencia desde 06/12/2015

[762] Añadido por art. único apartado 13 de Ley Orgánica 13/2015 de 5 de octubre de 2015, con vigencia desde 06/12/2015

[763] Añadido por art. único apartado 13 de Ley Orgánica 13/2015 de 5 de octubre de 2015, con vigencia desde 06/12/2015

588 bis.h. *Afectación de terceras personas.* [764] Podrán acordarse las medidas de investigación reguladas en los siguientes capítulos aun cuando afecten a terceras personas en los casos y con las condiciones que se regulan en las disposiciones específicas de cada una de ellas.

588 bis.i. *Utilización de la información obtenida en un procedimiento distinto y descubrimientos casuales.* [765] El uso de las informaciones obtenidas en un procedimiento distinto y los descubrimientos casuales se regularan con arreglo a lo dispuesto en el artículo 579 bis.

588 bis.j. *Cese de la medida.* [766] El juez acordará el cese de la medida cuando desaparezcan las circunstancias que justificaron su adopción o resulte evidente que a través de la misma no se están obteniendo los resultados pretendidos, y, en todo caso, cuando haya transcurrido el plazo para el que hubiera sido autorizada.

588 bis.k. *Destrucción de registros.* [767] 1. Una vez que se ponga término al procedimiento mediante resolución firme, se ordenará el borrado y eliminación de los registros originales que puedan constar en los sistemas electrónicos e informáticos utilizados en la ejecución de la medida. Se conservará una copia bajo custodia del secretario judicial.

2. Se acordará la destrucción de las copias conservadas cuando hayan transcurrido cinco años desde que la pena se haya ejecutado o cuando el delito o la pena hayan prescrito o se haya decretado el sobreseimiento libre o haya recaído sentencia absolutoria firme respecto del investigado, siempre que no fuera precisa su conservación a juicio del Tribunal.

---

[764] Añadido por art. único apartado 13 de Ley Orgánica 13/2015 de 5 de octubre de 2015, con vigencia desde 06/12/2015

[765] Añadido por art. único apartado 13 de Ley Orgánica 13/2015 de 5 de octubre de 2015, con vigencia desde 06/12/2015

[766] Añadido por art. único apartado 13 de Ley Orgánica 13/2015 de 5 de octubre de 2015, con vigencia desde 06/12/2015

[767] Añadido por art. único apartado 13 de Ley Orgánica 13/2015 de 5 de octubre de 2015, con vigencia desde 06/12/2015

3. Los tribunales dictarán las órdenes oportunas a la Policía Judicial para que lleve a efecto la destrucción contemplada en los anteriores apartados.

CAPÍTULO V
La interceptación de las comunicaciones telefónicas y telemáticas [768]

Sección 1ª
Disposiciones generales [769]

588 ter.a. *Presupuestos.* [770] La autorización para la interceptación de las comunicaciones telefónicas y telemáticas solo podrá ser concedida cuando la investigación tenga por objeto alguno de los delitos a que se refiere el artículo 579.1 de esta ley o delitos cometidos a través de instrumentos informáticos o de cualquier otra tecnología de la información o la comunicación o servicio de comunicación.

588 ter.b. *Ámbito.* [771] 1. Los terminales o medios de comunicación objeto de intervención han de ser aquellos habitual u ocasionalmente utilizados por el investigado.

2. La intervención judicialmente acordada podrá autorizar el acceso al contenido de las comunicaciones y a los datos electrónicos de tráfico o asociados al proceso de comunicación, así como a los que se produzcan con independencia del establecimiento o no de una concreta comunicación, en los que participe el sujeto investigado, ya sea como emisor o como receptor, y podrá afectar a los terminales o los medios de comunicación de los que el investigado sea titular o usuario.

---

[768] Añadido por art. único apartado 14 de Ley Orgánica 13/2015 de 5 de octubre de 2015, con vigencia desde 06/12/2015

[769] Añadida por art. único apartado 14 de Ley Orgánica 13/2015 de 5 de octubre de 2015, con vigencia desde 06/12/2015

[770] Añadido por art. único apartado 14 de Ley Orgánica 13/2015 de 5 de octubre de 2015, con vigencia desde 06/12/2015

[771] Añadido por art. único apartado 14 de Ley Orgánica 13/2015 de 5 de octubre de 2015, con vigencia desde 06/12/2015

También podrán intervenirse los terminales o medios de comunicación de la víctima cuando sea previsible un grave riesgo para su vida o integridad.

A los efectos previstos en este artículo, se entenderá por datos electrónicos de tráfico o asociados todos aquellos que se generan como consecuencia de la conducción de la comunicación a través de una red de comunicaciones electrónicas, de su puesta a disposición del usuario, así como de la prestación de un servicio de la sociedad de la información o comunicación telemática de naturaleza análoga.

588 ter.c. *Afectación a tercero.* [772] Podrá acordarse la intervención judicial de las comunicaciones emitidas desde terminales o medios de comunicación telemática pertenecientes a una tercera persona siempre que:

1.º exista constancia de que el sujeto investigado se sirve de aquella para transmitir o recibir información, o

2.º el titular colabore con la persona investigada en sus fines ilícitos o se beneficie de su actividad.

También podrá autorizarse dicha intervención cuando el dispositivo objeto de investigación sea utilizado maliciosamente por terceros por vía telemática, sin conocimiento de su titular.

588 ter.d. *Solicitud de autorización judicial.* [773] 1. La solicitud de autorización judicial deberá contener, además de los requisitos mencionados en el artículo 588 bis b, los siguientes:

a) la identificación del número de abonado, del terminal o de la etiqueta técnica,

b) la identificación de la conexión objeto de la intervención o

c) los datos necesarios para identificar el medio de telecomunicación de que se trate.

2. Para determinar la extensión de la medida, la solicitud de autorización judicial podrá tener por objeto alguno de los siguientes extremos:

---

[772] Añadido por art. único apartado 14 de Ley Orgánica 13/2015 de 5 de octubre de 2015, con vigencia desde 06/12/2015

[773] Añadido por art. único apartado 14 de Ley Orgánica 13/2015 de 5 de octubre de 2015, con vigencia desde 06/12/2015

a) El registro y la grabación del contenido de la comunicación, con indicación de la forma o tipo de comunicaciones a las que afecta.

b) El conocimiento de su origen o destino, en el momento en el que la comunicación se realiza.

c) La localización geográfica del origen o destino de la comunicación.

d) El conocimiento de otros datos de tráfico asociados o no asociados pero de valor añadido a la comunicación. En este caso, la solicitud especificará los datos concretos que han de ser obtenidos.

3. En caso de urgencia, cuando las investigaciones se realicen para la averiguación de delitos relacionados con la actuación de bandas armadas o elementos terroristas y existan razones fundadas que hagan imprescindible la medida prevista en los apartados anteriores de este artículo, podrá ordenarla el Ministro del Interior o, en su defecto, el Secretario de Estado de Seguridad. Esta medida se comunicará inmediatamente al juez competente y, en todo caso, dentro del plazo máximo de veinticuatro horas, haciendo constar las razones que justificaron la adopción de la medida, la actuación realizada, la forma en que se ha efectuado y su resultado. El juez competente, también de forma motivada, revocará o confirmará tal actuación en un plazo máximo de setenta y dos horas desde que fue ordenada la medida.

588 ter.e.   *Deber de colaboración.*   [774] 1. Todos los prestadores de servicios de telecomunicaciones, de acceso a una red de telecomunicaciones o de servicios de la sociedad de la información, así como toda persona que de cualquier modo contribuya a facilitar las comunicaciones a través del teléfono o de cualquier otro medio o sistema de comunicación telemática, lógica o virtual, están obligados a prestar al juez, al Ministerio Fiscal y a los agentes de la Policía Judicial designados para la práctica de la medida la asistencia y colaboración precisas para facilitar el cumplimiento de los autos de intervención de las telecomunicaciones.

2. Los sujetos requeridos para prestar colaboración tendrán la obligación de guardar secreto acerca de las actividades requeridas por las autoridades.

---

[774] Añadido por art. único apartado 14 de Ley Orgánica 13/2015 de 5 de octubre de 2015, con vigencia desde 06/12/2015

3. Los sujetos obligados que incumplieren los anteriores deberes podrán incurrir en delito de desobediencia.

588 ter.f. *Control de la medida.* [775] En cumplimiento de lo dispuesto en el artículo 588 bis g, la Policía Judicial pondrá a disposición del juez, con la periodicidad que este determine y en soportes digitales distintos, la transcripción de los pasajes que considere de interés y las grabaciones íntegras realizadas. Se indicará el origen y destino de cada una de ellas y se asegurará, mediante un sistema de sellado o firma electrónica avanzado o sistema de adveración suficientemente fiable, la autenticidad e integridad de la información volcada desde el ordenador central a los soportes digitales en que las comunicaciones hubieran sido grabadas.

588 ter.g. *Duración.* [776] La duración máxima inicial de la intervención, que se computará desde la fecha de autorización judicial, será de tres meses, prorrogables por períodos sucesivos de igual duración hasta el plazo máximo de dieciocho meses.

588 ter.h. *Solicitud de prórroga.* [777] Para la fundamentación de la solicitud de la prórroga, la Policía Judicial aportará, en su caso, la transcripción de aquellos pasajes de las conversaciones de las que se deduzcan informaciones relevantes para decidir sobre el mantenimiento de la medida.

Antes de dictar la resolución, el juez podrá solicitar aclaraciones o mayor información, incluido el contenido íntegro de las conversaciones intervenidas.

---

[775] Añadido por art. único apartado 14 de Ley Orgánica 13/2015 de 5 de octubre de 2015, con vigencia desde 06/12/2015

[776] Añadido por art. único apartado 14 de Ley Orgánica 13/2015 de 5 de octubre de 2015, con vigencia desde 06/12/2015

[777] Añadido por art. único apartado 14 de Ley Orgánica 13/2015 de 5 de octubre de 2015, con vigencia desde 06/12/2015

588 ter.i. *Acceso de las partes a las grabaciones.* [778] 1. Alzado el secreto y expirada la vigencia de la medida de intervención, se entregará a las partes copia de las grabaciones y de las transcripciones realizadas. Si en la grabación hubiera datos referidos a aspectos de la vida íntima de las personas, solo se entregará la grabación y transcripción de aquellas partes que no se refieran a ellos. La no inclusión de la totalidad de la grabación en la transcripción entregada se hará constar de modo expreso.

2. Una vez examinadas las grabaciones y en el plazo fijado por el juez, en atención al volumen de la información contenida en los soportes, cualquiera de las partes podrá solicitar la inclusión en las copias de aquellas comunicaciones que entienda relevantes y hayan sido excluidas. El juez de instrucción, oídas o examinadas por sí esas comunicaciones, decidirá sobre su exclusión o incorporación a la causa.

3. Se notificará por el juez de instrucción a las personas intervinientes en las comunicaciones interceptadas el hecho de la práctica de la injerencia y se les informará de las concretas comunicaciones en las que haya participado que resulten afectadas, salvo que sea imposible, exija un esfuerzo desproporcionado o puedan perjudicar futuras investigaciones. Si la persona notificada lo solicita se le entregará copia de la grabación o transcripción de tales comunicaciones, en la medida que esto no afecte al derecho a la intimidad de otras personas o resulte contrario a los fines del proceso en cuyo marco se hubiere adoptado la medida de injerencia.

---

[778] Añadido por art. único apartado 14 de Ley Orgánica 13/2015 de 5 de octubre de 2015, con vigencia desde 06/12/2015

Sección 2ª
Incorporación al proceso de datos electrónicos de tráfico o asociados [779]

588 ter.j.   *Datos obrantes en archivos automatizados de los prestadores de servicios.* [780] 1. Los datos electrónicos conservados por los prestadores de servicios o personas que faciliten la comunicación en cumplimiento de la legislación sobre retención de datos relativos a las comunicaciones electrónicas o por propia iniciativa por motivos comerciales o de otra índole y que se encuentren vinculados a procesos de comunicación, solo podrán ser cedidos para su incorporación al proceso con autorización judicial.

2. Cuando el conocimiento de esos datos resulte indispensable para la investigación, se solicitará del juez competente autorización para recabar la información que conste en los archivos automatizados de los prestadores de servicios, incluida la búsqueda entrecruzada o inteligente de datos, siempre que se precisen la naturaleza de los datos que hayan de ser conocidos y las razones que justifican la cesión.

Sección 3ª
Acceso a los datos necesarios para la identificación de usuarios, terminales y dispositivos de conectividad [781]

588 ter.k.   *Identificación mediante número IP.* [782] Cuando en el ejercicio de las funciones de prevención y descubrimiento de los delitos cometidos en internet, los agentes de la Policía Judicial tuvieran acceso a una dirección IP que estuviera siendo utilizada para la comisión algún delito y no constara la identificación y localización del equi-

---

[779] Añadida por art. único apartado 14 de Ley Orgánica 13/2015 de 5 de octubre de 2015, con vigencia desde 06/12/2015

[780] Añadido por art. único apartado 14 de Ley Orgánica 13/2015 de 5 de octubre de 2015, con vigencia desde 06/12/2015

[781] Añadida por art. único apartado 14 de Ley Orgánica 13/2015 de 5 de octubre de 2015, con vigencia desde 06/12/2015

[782] Añadido por art. único apartado 14 de Ley Orgánica 13/2015 de 5 de octubre de 2015, con vigencia desde 06/12/2015

po o del dispositivo de conectividad correspondiente ni los datos de identificación personal del usuario, solicitarán del juez de instrucción que requiera de los agentes sujetos al deber de colaboración según el artículo 588 ter e, la cesión de los datos que permitan la identificación y localización del terminal o del dispositivo de conectividad y la identificación del sospechoso.

588 ter.l. *Identificación de los terminales mediante captación de códigos de identificación del aparato o de sus componentes.* [783] 1. Siempre que en el marco de una investigación no hubiera sido posible obtener un determinado número de abonado y este resulte indispensable a los fines de la investigación, los agentes de Policía Judicial podrán valerse de artificios técnicos que permitan acceder al conocimiento de los códigos de identificación o etiquetas técnicas del aparato de telecomunicación o de alguno de sus componentes, tales como la numeración IMSI o IMEI y, en general, de cualquier medio técnico que, de acuerdo con el estado de la tecnología, sea apto para identificar el equipo de comunicación utilizado o la tarjeta utilizada para acceder a la red de telecomunicaciones.

2. Una vez obtenidos los códigos que permiten la identificación del aparato o de alguno de sus componentes, los agentes de la Policía Judicial podrán solicitar del juez competente la intervención de las comunicaciones en los términos establecidos en el artículo 588 ter d. La solicitud habrá de poner en conocimiento del órgano jurisdiccional la utilización de los artificios a que se refiere el apartado anterior.

El tribunal dictará resolución motivada concediendo o denegando la solicitud de intervención en el plazo establecido en el artículo 588 bis c.

588 ter.m. *Identificación de titulares o terminales o dispositivos de conectividad.* [784] Cuando, en el ejercicio de sus funciones, el Ministerio Fiscal o la Policía Judicial necesiten conocer la titularidad de un número de teléfono o de cualquier otro medio de comunicación,

---

[783] Añadido por art. único apartado 14 de Ley Orgánica 13/2015 de 5 de octubre de 2015, con vigencia desde 06/12/2015

[784] Añadido por art. único apartado 14 de Ley Orgánica 13/2015 de 5 de octubre de 2015, con vigencia desde 06/12/2015

o, en sentido inverso, precisen el número de teléfono o los datos identificativos de cualquier medio de comunicación, podrán dirigirse directamente a los prestadores de servicios de telecomunicaciones, de acceso a una red de telecomunicaciones o de servicios de la sociedad de la información, quienes estarán obligados a cumplir el requerimiento, bajo apercibimiento de incurrir en el delito de desobediencia.

CAPÍTULO VI
Captación y grabación de comunicaciones orales mediante la utilización de dispositivos electrónicos [785]

588 quater.a.   *Grabación de las comunicaciones orales directas.* [786] 1. Podrá autorizarse la colocación y utilización de dispositivos electrónicos que permitan la captación y grabación de las comunicaciones orales directas que se mantengan por el investigado, en la vía pública o en otro espacio abierto, en su domicilio o en cualesquiera otros lugares cerrados.

Los dispositivos de escucha y grabación podrán ser colocados tanto en el exterior como en el interior del domicilio o lugar cerrado.

2. En el supuesto en que fuera necesaria la entrada en el domicilio o en alguno de los espacios destinados al ejercicio de la privacidad, la resolución habilitante habrá de extender su motivación a la procedencia del acceso a dichos lugares.

3. La escucha y grabación de las conversaciones privadas se podrá complementar con la obtención de imágenes cuando expresamente lo autorice la resolución judicial que la acuerde.

588 quater.b.   *Presupuestos.* [787] 1. La utilización de los dispositivos a que se refiere el artículo anterior ha de estar vinculada a comunicaciones que puedan tener lugar en uno o varios encuentros

---

[785] Añadido por art. único apartado 15 de Ley Orgánica 13/2015 de 5 de octubre de 2015, con vigencia desde 06/12/2015

[786] Añadido por art. único apartado 15 de Ley Orgánica 13/2015 de 5 de octubre de 2015, con vigencia desde 06/12/2015

[787] Añadido por art. único apartado 15 de Ley Orgánica 13/2015 de 5 de octubre de 2015, con vigencia desde 06/12/2015

concretos del investigado con otras personas y sobre cuya previsibilidad haya indicios puestos de manifiesto por la investigación.

2. Solo podrá autorizarse cuando concurran los requisitos siguientes:

a) Que los hechos que estén siendo investigados sean constitutivos de alguno de los siguientes delitos:

1.º Delitos dolosos castigados con pena con límite máximo de, al menos, tres años de prisión.

2.º Delitos cometidos en el seno de un grupo u organización criminal.

3.º Delitos de terrorismo.

b) Que pueda racionalmente preverse que la utilización de los dispositivos aportará datos esenciales y de relevancia probatoria para el esclarecimiento de los hechos y la identificación de su autor.

588 quater.c. *Contenido de la resolución judicial.* [788] La resolución judicial que autorice la medida, deberá contener, además de las exigencias reguladas en el artículo 588 bis c, una mención concreta al lugar o dependencias, así como a los encuentros del investigado que van a ser sometidos a vigilancia.

588 quater.d. *Control de la medida.* [789] En cumplimiento de lo dispuesto en el artículo 588 bis g, la Policía Judicial pondrá a disposición de la autoridad judicial el soporte original o copia electrónica auténtica de las grabaciones e imágenes, que deberá ir acompañado de una transcripción de las conversaciones que considere de interés.

El informe identificará a todos los agentes que hayan participado en la ejecución y seguimiento de la medida.

588 quater.e. *Cese.* [790] Cesada la medida por alguna de las causas previstas en el artículo 588 bis j, la grabación de conversaciones

---

[788] Añadido por art. único apartado 15 de Ley Orgánica 13/2015 de 5 de octubre de 2015, con vigencia desde 06/12/2015

[789] Añadido por art. único apartado 15 de Ley Orgánica 13/2015 de 5 de octubre de 2015, con vigencia desde 06/12/2015

[790] Añadido por art. único apartado 15 de Ley Orgánica 13/2015 de 5 de octubre de 2015, con vigencia desde 06/12/2015

que puedan tener lugar en otros encuentros o la captación de imágenes de tales momentos exigirán una nueva autorización judicial.

CAPÍTULO VII
Utilización de dispositivos técnicos de captación de la imagen, de seguimiento y de localización [791]

588 quinquies.a. *Captación de imágenes en lugares o espacios públicos.* [792] 1. La Policía Judicial podrá obtener y grabar por cualquier medio técnico imágenes de la persona investigada cuando se encuentre en un lugar o espacio público, si ello fuera necesario para facilitar su identificación, para localizar los instrumentos o efectos del delito u obtener datos relevantes para el esclarecimiento de los hechos.

2. La medida podrá ser llevada a cabo aun cuando afecte a personas diferentes del investigado, siempre que de otro modo se reduzca de forma relevante la utilidad de la vigilancia o existan indicios fundados de la relación de dichas personas con el investigado y los hechos objeto de la investigación.

588 quinquies.b. *Utilización de dispositivos o medios técnicos de seguimiento y localización.* [793] 1. Cuando concurran acreditadas razones de necesidad y la medida resulte proporcionada, el juez competente podrá autorizar la utilización de dispositivos o medios técnicos de seguimiento y localización.

2. La autorización deberá especificar el medio técnico que va a ser utilizado.

3. Los prestadores, agentes y personas a que se refiere el artículo 588 ter e están obligados a prestar al juez, al Ministerio Fiscal y a los agentes de la Policía Judicial designados para la práctica de la medida la asistencia y colaboración precisas para facilitar el cumplimiento de

---

[791] Añadido por art. único apartado 16 de Ley Orgánica 13/2015 de 5 de octubre de 2015, con vigencia desde 06/12/2015

[792] Añadido por art. único apartado 16 de Ley Orgánica 13/2015 de 5 de octubre de 2015, con vigencia desde 06/12/2015

[793] Añadido por art. único apartado 16 de Ley Orgánica 13/2015 de 5 de octubre de 2015, con vigencia desde 06/12/2015

los autos por los que se ordene el seguimiento, bajo apercibimiento de incurrir en delito de desobediencia.

4. Cuando concurran razones de urgencia que hagan razonablemente temer que de no colocarse inmediatamente el dispositivo o medio técnico de seguimiento y localización se frustrará la investigación, la Policía Judicial podrá proceder a su colocación, dando cuenta a la mayor brevedad posible, y en todo caso en el plazo máximo de veinticuatro horas, a la autoridad judicial, quien podrá ratificar la medida adoptada o acordar su inmediato cese en el mismo plazo. En este último supuesto, la información obtenida a partir del dispositivo colocado carecerá de efectos en el proceso.

588 quinquies.c. *Duración de la medida.* [794] 1. La medida de utilización de dispositivos técnicos de seguimiento y localización prevista en el artículo anterior tendrá una duración máxima de tres meses a partir de la fecha de su autorización. Excepcionalmente, el juez podrá acordar prórrogas sucesivas por el mismo o inferior plazo hasta un máximo de dieciocho meses, si así estuviera justificado a la vista de los resultados obtenidos con la medida.

2. La Policía Judicial entregará al juez los soportes originales o copias electrónicas auténticas que contengan la información recogida cuando éste se lo solicite y, en todo caso, cuando terminen las investigaciones.

3. La información obtenida a través de los dispositivos técnicos de seguimiento y localización a los que se refieren los artículos anteriores deberá ser debidamente custodiada para evitar su utilización indebida.

---

[794] Añadido por art. único apartado 16 de Ley Orgánica 13/2015 de 5 de octubre de 2015, con vigencia desde 06/12/2015

CAPÍTULO VIII
Registro de dispositivos de almacenamiento masivo de información [795]

588 sexies.a. *Necesidad de motivación individualizada.* [796] 1. Cuando con ocasión de la práctica de un registro domiciliario sea previsible la aprehensión de ordenadores, instrumentos de comunicación telefónica o telemática o dispositivos de almacenamiento masivo de información digital o el acceso a repositorios telemáticos de datos, la resolución del juez de instrucción habrá de extender su razonamiento a la justificación, en su caso, de las razones que legitiman el acceso de los agentes facultados a la información contenida en tales dispositivos.

2. La simple incautación de cualquiera de los dispositivos a los que se refiere el apartado anterior, practicada durante el transcurso de la diligencia de registro domiciliario, no legitima el acceso a su contenido, sin perjuicio de que dicho acceso pueda ser autorizado ulteriormente por el juez competente.

588 sexies.b. *Acceso a la información de dispositivos electrónicos incautados fuera del domicilio del investigado.* [797] La exigencia prevista en el apartado 1 del artículo anterior será también aplicable a aquellos casos en los que los ordenadores, instrumentos de comunicación o dispositivos de almacenamiento masivo de datos, o el acceso a repositorios telemáticos de datos, sean aprehendidos con independencia de un registro domiciliario. En tales casos, los agentes pondrán en conocimiento del juez la incautación de tales efectos. Si éste considera indispensable el acceso a la información albergada en su contenido, otorgará la correspondiente autorización.

---

[795] Añadido por art. único apartado 17 de Ley Orgánica 13/2015 de 5 de octubre de 2015, con vigencia desde 06/12/2015

[796] Añadido por art. único apartado 17 de Ley Orgánica 13/2015 de 5 de octubre de 2015, con vigencia desde 06/12/2015

[797] Añadido por art. único apartado 17 de Ley Orgánica 13/2015 de 5 de octubre de 2015, con vigencia desde 06/12/2015

588 sexies.c. *Autorización judicial.* [798] 1. La resolución del juez de instrucción mediante la que se autorice el acceso a la información contenida en los dispositivos a que se refiere la presente sección, fijará los términos y el alcance del registro y podrá autorizar la realización de copias de los datos informáticos. Fijará también las condiciones necesarias para asegurar la integridad de los datos y las garantías de su preservación para hacer posible, en su caso, la práctica de un dictamen pericial.

2. Salvo que constituyan el objeto o instrumento del delito o existan otras razones que lo justifiquen, se evitará la incautación de los soportes físicos que contengan los datos o archivos informáticos, cuando ello pueda causar un grave perjuicio a su titular o propietario y sea posible la obtención de una copia de ellos en condiciones que garanticen la autenticidad e integridad de los datos.

3. Cuando quienes lleven a cabo el registro o tengan acceso al sistema de información o a una parte del mismo conforme a lo dispuesto en este capítulo, tengan razones fundadas para considerar que los datos buscados están almacenados en otro sistema informático o en una parte de él, podrán ampliar el registro, siempre que los datos sean lícitamente accesibles por medio del sistema inicial o estén disponibles para este. Esta ampliación del registro deberá ser autorizada por el juez, salvo que ya lo hubiera sido en la autorización inicial. En caso de urgencia, la Policía Judicial o el fiscal podrán llevarlo a cabo, informando al juez inmediatamente, y en todo caso dentro del plazo máximo de veinticuatro horas, de la actuación realizada, la forma en que se ha efectuado y su resultado. El juez competente, también de forma motivada, revocará o confirmará tal actuación en un plazo máximo de setenta y dos horas desde que fue ordenada la interceptación.

4. En los casos de urgencia en que se aprecie un interés constitucional legítimo que haga imprescindible la medida prevista en los apartados anteriores de este artículo, la Policía Judicial podrá llevar a cabo el examen directo de los datos contenidos en el dispositivo incautado, comunicándolo inmediatamente, y en todo caso dentro del plazo máximo de veinticuatro horas, por escrito motivado al juez competente, haciendo constar las razones que justificaron la adopción de la medida, la actuación realizada, la forma en que se ha efectuado y

---

[798] Añadido por art. único apartado 17 de Ley Orgánica 13/2015 de 5 de octubre de 2015, con vigencia desde 06/12/2015

su resultado. El juez competente, también de forma motivada, revocará o confirmará tal actuación en un plazo máximo de 72 horas desde que fue ordenada la medida.

5. Las autoridades y agentes encargados de la investigación podrán ordenar a cualquier persona que conozca el funcionamiento del sistema informático o las medidas aplicadas para proteger los datos informáticos contenidos en el mismo que facilite la información que resulte necesaria, siempre que de ello no derive una carga desproporcionada para el afectado, bajo apercibimiento de incurrir en delito de desobediencia.

Esta disposición no será aplicable al investigado o encausado, a las personas que están dispensadas de la obligación de declarar por razón de parentesco y a aquellas que, de conformidad con el artículo 416.2, no pueden declarar en virtud del secreto profesional.

CAPÍTULO IX
Registros remotos sobre equipos informáticos [799]

588 septies.a. *Presupuestos.* [800] 1. El juez competente podrá autorizar la utilización de datos de identificación y códigos, así como la instalación de un software, que permitan, de forma remota y telemática, el examen a distancia y sin conocimiento de su titular o usuario del contenido de un ordenador, dispositivo electrónico, sistema informático, instrumento de almacenamiento masivo de datos informáticos o base de datos, siempre que persiga la investigación de alguno de los siguientes delitos:

a) Delitos cometidos en el seno de organizaciones criminales.

b) Delitos de terrorismo.

c) Delitos cometidos contra menores o personas con capacidad modificada judicialmente.

d) Delitos contra la Constitución, de traición y relativos a la defensa nacional.

---

[799] Añadido por art. único apartado 18 de Ley Orgánica 13/2015 de 5 de octubre de 2015, con vigencia desde 06/12/2015

[800] Añadido por art. único apartado 18 de Ley Orgánica 13/2015 de 5 de octubre de 2015, con vigencia desde 06/12/2015

e) Delitos cometidos a través de instrumentos informáticos o de cualquier otra tecnología de la información o la telecomunicación o servicio de comunicación.

2. La resolución judicial que autorice el registro deberá especificar:

a) Los ordenadores, dispositivos electrónicos, sistemas informáticos o parte de los mismos, medios informáticos de almacenamiento de datos o bases de datos, datos u otros contenidos digitales objeto de la medida.

b) El alcance de la misma, la forma en la que se procederá al acceso y aprehensión de los datos o archivos informáticos relevantes para la causa y el software mediante el que se ejecutará el control de la información.

c) Los agentes autorizados para la ejecución de la medida.

d) La autorización, en su caso, para la realización y conservación de copias de los datos informáticos.

e) Las medidas precisas para la preservación de la integridad de los datos almacenados, así como para la inaccesibilidad o supresión de dichos datos del sistema informático al que se ha tenido acceso.

3. Cuando los agentes que lleven a cabo el registro remoto tengan razones para creer que los datos buscados están almacenados en otro sistema informático o en una parte del mismo, pondrán este hecho en conocimiento del juez, quien podrá autorizar una ampliación de los términos del registro.

588 septies.b. *Deber de colaboración.* [801] 1. Los prestadores de servicios y personas señaladas en el artículo 588 ter e y los titulares o responsables del sistema informático o base de datos objeto del registro están obligados a facilitar a los agentes investigadores la colaboración precisa para la práctica de la medida y el acceso al sistema. Asimismo, están obligados a facilitar la asistencia necesaria para que los datos e información recogidos puedan ser objeto de examen y visualización.

2. Las autoridades y los agentes encargados de la investigación podrán ordenar a cualquier persona que conozca el funcionamiento del sistema informático o las medidas aplicadas para proteger los datos

---

[801] Añadido por art. único apartado 18 de Ley Orgánica 13/2015 de 5 de octubre de 2015, con vigencia desde 06/12/2015

informáticos contenidos en el mismo que facilite la información que resulte necesaria para el buen fin de la diligencia.

Esta disposición no será aplicable al investigado o encausado, a las personas que están dispensadas de la obligación de declarar por razón de parentesco, y a aquellas que, de conformidad con el artículo 416.2, no pueden declarar en virtud del secreto profesional.

3. Los sujetos requeridos para prestar colaboración tendrán la obligación de guardar secreto acerca de las actividades requeridas por las autoridades.

4. Los sujetos mencionados en los apartados 1 y 2 de este artículo quedarán sujetos a la responsabilidad regulada en el apartado 3 del artículo 588 ter e.

588 septies.c. *Duración.* [802] La medida tendrá una duración máxima de un mes, prorrogable por iguales períodos hasta un máximo de tres meses.

CAPÍTULO X
Medidas de aseguramiento [803]

588 octies. *Orden de conservación de datos.* [804] El Ministerio Fiscal o la Policía Judicial podrán requerir a cualquier persona física o jurídica la conservación y protección de datos o informaciones concretas incluidas en un sistema informático de almacenamiento que se encuentren a su disposición hasta que se obtenga la autorización judicial correspondiente para su cesión con arreglo a lo dispuesto en los artículos precedentes.

Los datos se conservarán durante un periodo máximo de noventa días, prorrogable una sola vez hasta que se autorice la cesión o se cumplan ciento ochenta días.

---

[802] Añadido por art. único apartado 18 de Ley Orgánica 13/2015 de 5 de octubre de 2015, con vigencia desde 06/12/2015

[803] Añadido por art. único apartado 19 de Ley Orgánica 13/2015 de 5 de octubre de 2015, con vigencia desde 06/12/2015

[804] Añadido por art. único apartado 19 de Ley Orgánica 13/2015 de 5 de octubre de 2015, con vigencia desde 06/12/2015

El requerido vendrá obligado a prestar su colaboración y a guardar secreto del desarrollo de esta diligencia, quedando sujeto a la responsabilidad descrita en el apartado·3 del artículo 588 ter e.

TÍTULO IX
De las fianzas y embargos

589. Cuando del sumario resulten indicios de criminalidad contra una persona, se mandará por el Juez que preste fianza bastante para asegurar las responsabilidades pecuniarias que en definitiva puedan declararse procedentes, decretándose en el mismo auto el embargo de bienes suficientes para cubrir dichas responsabilidades si no prestare la fianza.

La cantidad de ésta se fijará en el mismo auto y no podrá bajar de la tercera parte más de todo el importe probable de las responsabilidades pecuniarias [805].

590. Todas las diligencias sobre fianzas y embargos se instruirán en pieza separada [806].

591. [807] La fianza podrá ser personal, pignoraticia o hipotecaria, o mediante caución que podrá constituirse en dinero efectivo, mediante aval solidario de duración indefinida y pagadero a primer requerimiento emitido por entidad de crédito o sociedad de garantía recíproca o por cualquier medio que, a juicio del Juez o Tribunal, garantice la inmediata disponibilidad, en su caso, de la cantidad de que se trate.

592. Podrá ser fiador personal todo español de buena conducta y avecindado dentro del territorio del Tribunal que esté en el pleno goce

---

[805] Véanse arts. 280 y 597 de la presente Ley
[806] Véase art. 764.1 de la presente Ley
[807] Dada nueva redacción por art. 2 apartado 65 de Ley 13/2009 de 3 de noviembre de 2009, con vigencia desde 04/05/2010

de los derechos civiles y políticos y venga pagando con tres años de anticipación una contribución que, a juicio del instructor, corresponda a la propiedad de bienes o al ejercicio de industria, suficientes para acreditar su arraigo y su solvencia para el pago de las responsabilidades que eventualmente puedan exigirse. [808]

No se admitirá como fiador al que lo sea o hubiese sido de otro hasta que esté cancelada la primera fianza, a no ser que tenga, a juicio del Juez o Tribunal, responsabilidad notoria para ambas.

Cuando se declare bastante la fianza personal, se fijará también la cantidad de que el fiador ha de responder.

593. La fianza hipotecaria podrá sustituirse por otra en metálico, efectos públicos, o valores y demás muebles de los enumerados en el artículo 591, en la siguiente proporción: el valor de los bienes de la hipoteca será doble que el del metálico señalado para la fianza, y una cuarta parte más que éste el de los efectos o valores al precio de cotización. Si la sustitución se hiciere por cualesquiera otros muebles dados en prenda, deberá ser el valor de éstos doble que el de la fianza constituida en metálico.

594. Los bienes de las fianzas hipotecaria y pignoraticia serán tasados por dos peritos nombrados por el Juez instructor o Tribunal que conozca de la causa, y los títulos de propiedad relativos a las fincas ofrecidas en hipoteca se examinarán por el Ministerio Fiscal, debiendo declararse suficientes por el mismo Juez o Tribunal cuando así proceda.

595. La fianza hipotecaria podrá otorgarse por escritura pública o "apud acta", librándose en este último caso el correspondiente mandamiento para su inscripción en el Registro de la Propiedad.

Devuelto el mandamiento por el Registrador, se unirá a la causa.

También se unirá a ella el resguardo que acredite el depósito del metálico, así como el de los efectos públicos y demás valores en los casos en que se constituya de esta manera la fianza.

---

[808] Dada nueva redacción párrafo 1 por art. 1 de Ley de 14 de abril de 1955, con vigencia desde 05/05/1955

596. Contra los autos que el Juez dicte calificando la suficiencia de las fianzas procederá el recurso de apelación [809] .

597. Si en el día siguiente al de la notificación del auto dictado con arreglo a lo dispuesto en el artículo 589 no se prestase la fianza, se procederá al embargo de bienes del procesado, requiriéndole para que señale los suficientes a cubrir la cantidad que se hubiese fijado para las responsabilidades pecuniarias.

598. Cuando el procesado no fuere habido, se hará el requerimiento a su mujer, hijos, apoderado, criados o personas que se encuentren en su domicilio.

Si no se encontrare ninguna, o si las que se encontraren, o el procesado o apoderado en su caso no quisieren señalar bienes, se procederá a embargar los que se reputen de la pertenencia del procesado, guardándose el orden establecido en el artículo 592 de la Ley de Enjuiciamiento Civil, bajo la prohibición contenida en los artículos 605 y 606 de la misma, y de conformidad con lo dispuesto en el artículo 584 de la citada Ley [810] . [811]

599. Cuando señalaren bienes y el alguacil encargado de hacer el embargo creyese que los señalados no son suficientes, embargará además los que considere necesarios, sujetándose a lo prescrito en el artículo anterior.

600. [812] Las demás actuaciones que se practiquen en ejecución del auto a que se refiere el artículo 589 se regirán por los artículos 738.2 y 738.3 de la Ley de Enjuiciamiento Civil, con la especialidad

---

[809] Véanse arts. 222 a 232 y 766 de la presente Ley

[810] Véanse arts. 592, 605, 606 y 607 LEC y art. 30 Ley 33/2003, de 3 de noviembre, del Patrimonio de las Administraciones Públicas

[811] Dada nueva redacción párrafo 2 por art. 2 apartado 66 de Ley 13/2009 de 3 de noviembre de 2009, con vigencia desde 04/05/2010

[812] Dada nueva redacción por art. 2 apartado 67 de Ley 13/2009 de 3 de noviembre de 2009, con vigencia desde 04/05/2010

establecida en el artículo 597 de la presente Ley respecto al requerimiento al procesado para que señale bienes.

601 a 610. [813] (Derogados)

611. Si durante el curso del juicio sobrevinieren motivos bastantes para creer que las responsabilidades pecuniarias que en definitiva puedan exigirse excederán de la cantidad prefijada para asegurarlas, se mandará por auto ampliar la fianza o embargo.

612. También se dictará auto mandando reducir la fianza y el embargo a menor cantidad que la prefijada, si resultasen motivos bastantes para creer que la cantidad mandada afianzar es superior a las responsabilidades pecuniarias que en definitiva pudieren imponerse al procesado.

613. Cuando llegue el caso de tener que hacer efectivas las responsabilidades pecuniarias a que se refiere este Título, se procederá de la manera prescrita en el artículo 536.

614. En todo lo que no esté previsto en este Título, los Jueces y Tribunales aplicarán lo dispuesto en la legislación civil sobre fianzas y embargos [814].

614 bis. [815] Una vez iniciado el proceso penal por delito contra la Hacienda Pública, el juez de lo penal decidirá acerca de las pretensiones referidas a las medidas cautelares adoptadas al amparo del artículo 81 de la Ley General Tributaria

---

[813] Derogado por art. 2 apartado 68 de Ley 13/2009 de 3 de noviembre de 2009, con vigencia desde 04/05/2010

[814] Véanse arts. 581 y ss LEC

[815] Añadido por disposición final 1 apartado 1 de Ley 34/2015 de 21 de septiembre de 2015, con vigencia desde 12/10/2015

TÍTULO X
De la responsabilidad civil de terceras personas

615. [816] Cuando en la instrucción del sumario aparezca indicada la existencia de la responsabilidad civil de un tercero con arreglo a los artículos respectivos del Código Penal, o por haber participado alguno por título lucrativo de los efectos del delito, el Juez, a instancia del actor civil, exigirá fianza a la persona contra quien resulte la responsabilidad. Si no se prestase, el Secretario Judicial embargará con arreglo a lo dispuesto en el Título IX de este Libro los bienes que sean necesarios [817].

616. La persona a quien se exigiere la fianza o cuyos bienes fueren embargados podrá, durante el sumario, manifestar por escrito las razones que tenga para que no se la considere civilmente responsable y las pruebas que pueda ofrecer para el mismo objeto [818].

617. [819] El Secretario Judicial dará vista del escrito a la parte a quien interese, y ésta lo evacuará en el término de tres días, proponiendo también las pruebas que deban practicarse en apoyo de su pretensión.

618. Seguidamente, el Juez decretará la práctica de las pruebas propuestas, y resolverá sobre las pretensiones formuladas siempre que pudiere hacerlo sin retraso ni perjuicio del objeto principal de la instrucción.

619. Para todo lo relativo a la responsabilidad civil de un tercero y a los incidentes a que diere lugar la ocupación y en su día la restitución de cosas que se hallaren en su poder, se formará pieza separada, pero

---

[816] Dada nueva redacción por art. 2 apartado 69 de Ley 13/2009 de 3 de noviembre de 2009, con vigencia desde 04/05/2010

[817] Véanse arts. 116 a 122 CP y 589 a 614 de la presente Ley

[818] Véase art. 784.5 de la presente Ley

[819] Dada nueva redacción por art. 2 apartado 70 de Ley 13/2009 de 3 de noviembre de 2009, con vigencia desde 04/05/2010

sin que por ningún motivo se entorpezca ni suspenda el curso de la instrucción.

620. Lo dispuesto en los artículos anteriores se observará también respecto a cualquier pretensión que tuviese por objeto la restitución a su dueño de alguno de los efectos e instrumentos del delito que se hallaren en poder de un tercero.

La restitución a su dueño de los instrumentos y objetos del delito no podrá verificarse en ningún caso hasta después que se haya celebrado el juicio oral, excepto en el previsto en el artículo 844 de esta Ley [820].

621. Los autos dictados en estos incidentes se llevarán a efecto, sin perjuicio de que las partes a quienes perjudiquen puedan reproducir sus pretensiones en el juicio oral, o de la acción civil correspondiente, que podrán entablar en otro caso.

TÍTULO X bis
De las especialidades en los delitos contra la Hacienda Pública [821]

621 bis. [822] 1. En los delitos contra la Hacienda Pública, cuando la Administración Tributaria hubiera dictado un acto de liquidación, la existencia del procedimiento penal no paralizará la actuación administrativa y podrán iniciarse las actuaciones dirigidas al cobro salvo que el Juez, de oficio o a instancia de parte, hubiere acordado la suspensión de las actuaciones de ejecución conforme a lo dispuesto en el artículo 305.5 del Código Penal.

2. Solicitada la suspensión de la ejecución del acto de liquidación, el Juez o Tribunal, previa audiencia por el plazo de diez días al Ministerio Fiscal y a la Administración perjudicada, resolverá mediante auto, en el plazo de diez días, si accede a la suspensión solicitada, en cuyo caso

---

[820] Véase art. 367 de la presente ley

[821] Añadido por disposición final 1 apartado 2 de Ley 34/2015 de 21 de septiembre de 2015, con vigencia desde 12/10/2015

[822] Añadido por disposición final 1 apartado 2 de Ley 34/2015 de 21 de septiembre de 2015, con vigencia desde 12/10/2015

habrá de fijar el alcance de la garantía que haya de prestarse y el plazo para hacerlo, que en ningún caso excederá de dos meses, salvo que concurran las circunstancias señaladas en el apartado 6.

3. La garantía así prestada deberá cubrir suficientemente el importe resultante de la liquidación administrativa practicada, los intereses de demora que genere la suspensión y los recargos que procederían en caso de ejecución de la misma.

4. El auto de concesión de la suspensión quedará sin efecto de forma automática y sin necesidad de pronunciamiento judicial ulterior, si transcurrido el plazo señalado en el apartado 2 para la formalización de la garantía, ésta no hubiese tenido lugar.

5. La suspensión sólo afectará al procedimiento seguido frente al encausado respecto del que se haya acordado y las actuaciones de cobro dirigidas frente al resto de encausados no se paralizarán hasta que la deuda resulte pagada o garantizada en su totalidad por el obligado tributario.

6. Si no se pudiese prestar garantía en todo o en parte, excepcionalmente el Juez podrá acordar la suspensión con dispensa total o parcial de garantías si apreciare que la ejecución pudiese ocasionar daños irreparables o de muy difícil reparación.

7. Contra los autos que resuelvan la solicitud de suspensión del acto de liquidación cabrá recurso de apelación, en un solo efecto.

621 ter. [823] 1. La suspensión producirá efectos desde que, dictado el auto a que se refiere el artículo anterior, resulte constituida debidamente la garantía correspondiente conforme a lo dispuesto en el artículo anterior, en cuyo caso se entenderán retrotraídos sus efectos al momento de su solicitud, sin perjuicio de lo dispuesto en los apartados siguientes de éste artículo.

2. Si, como consecuencia de las actuaciones desarrolladas por la Administración, hubiesen resultado embargados, bienes o derechos del encausado con anterioridad a la fecha del auto por el que se acuerde la suspensión, dichos embargos mantendrán su eficacia durante el plazo concedido a dicho encausado para formalizar la garantía que cubra las cantidades a que se refiere el apartado 3 del artículo anterior o, en su caso, las que le resulten exigibles al mismo.

---

[823] Añadido por disposición final 1 apartado 2 de Ley 34/2015 de 21 de septiembre de 2015, con vigencia desde 12/10/2015

En todo caso el Ministerio Fiscal o la Administración perjudicada podrán solicitar al Tribunal que se constituyan como garantía a efectos de la suspensión, los embargos ya realizados o derechos reales que puedan constituirse sobre los bienes afectados por los mismos, de considerarse que dichos bienes garantizan de forma más adecuada el cobro que las garantías ofrecidas por el encausado. Particularmente, podrá hacerse tal solicitud cuando la suspensión se hubiese solicitado con dispensa total o parcial de garantías.

En el supuesto en que se hubiese acordado la suspensión con dispensa total o parcial de garantías, mantendrán su eficacia los ingresos realizados que hubiesen minorado las cuantías adeudadas, sin que los mismos resulten afectados por la retroacción a que se refiere el apartado 1 del presente artículo.

3. La Administración no podrá proceder a la enajenación de los bienes y derechos embargados en el curso del procedimiento de apremio hasta que la sentencia condenatoria que confirme total o parcialmente la liquidación, sea firme, salvo en los supuestos que a continuación se indican, en los que la enajenación deberá autorizarse por el Tribunal.

a) Cuando sean perecederos.

b) Si su propietario hiciera abandono de ellos o, debidamente requerido sobre el destino del efecto judicial, no haga manifestación alguna.

c) De ser los gastos de conservación y depósito superiores al valor del objeto en sí.

d) Cuando su conservación pueda resultar peligrosa para la salud o seguridad pública.

e) Si se depreciaren por el transcurso del tiempo, aun cuando no sufran deterioro.

No serán susceptibles de enajenación los efectos que tengan el carácter de piezas de convicción y los que deban quedar a expensas del procedimiento, salvo que encuentren comprendidos en los supuestos a) y c) anteriores.

4. Una vez acordada la suspensión, con o sin garantía, podrá ser modificada o revocada durante el curso del proceso si cambiaran las circunstancias en virtud de las cuales se hubiera adoptado.

TÍTULO XI
De la conclusión del sumario y del sobreseimiento

CAPÍTULO PRIMERO
De la conclusión del sumario

622. Practicadas las diligencias decretadas de oficio o a instancia de parte por el Juez instructor, si éste considerase terminado el sumario, lo declarará así, mandando remitir los autos y las piezas de convicción al Tribunal competente para conocer del delito [824].

Cuando no haya acusador privado y el Ministerio Fiscal considere que en el sumario se han reunido los suficientes elementos para hacer la calificación de los hechos y poder entrar en el trámite del juicio oral, lo hará presente al Juez de Instrucción para que sin más dilaciones se remita lo actuado al Tribunal competente.

La sustanciación de los recursos de apelación admitidos sólo en un efecto, no impedirá nunca la terminación del sumario, después de haber el Juez instructor cumplido lo que preceptúa el artículo 227 de esta Ley, y habérsele participado por el Tribunal superior el recibo del testimonio correspondiente. [825]

En tales casos, al hacer el Secretario Judicial la remisión del sumario a la Audiencia, cuidará de expresar los recursos de apelación en un efecto que haya pendientes. En la Audiencia quedará en suspenso la aplicación de los artículos 627 y siguientes hasta que sean resueltas las apelaciones pendientes. Si éstas fueran desestimadas, en cuanto la resolución en que así se acuerde sea firme, continuará la sustanciación de la causa conforme a los artículos citados; y si se diera lugar a alguna apelación, se revocará sin más trámite el auto del Juez declarando concluso el sumario y el Secretario Judicial le devolverá éste con

---

[824] Véase RD 2783/1976, de 15 de octubre, sobre conservación y destino de piezas de convicción

[825] Añadido párrafo 3 por art. 6 de Real Decreto-Ley de 14 de diciembre de 1925, con vigencia desde 15/12/1925

testimonio del auto resolutorio de la apelación, para la práctica de las diligencias que sean consecuencia de tal resolución. [826]

623. Tanto en uno como en otro caso se notificará el auto de conclusión del sumario al querellante particular, si lo hubiere, aun cuando sólo tenga el carácter de actor civil, al procesado y a las demás personas contra quienes resulte responsabilidad civil, emplazándoles para que comparezcan ante la respectiva Audiencia en el término de diez días, o en el de quince si el emplazamiento fuese ante el Supremo. A la vez se pondrá en conocimiento del Ministerio Fiscal cuando la causa verse sobre delito en que tenga intervención por razón de su cargo.

624. Si el Juez instructor reputare falta el hecho que hubiese dado lugar al sumario, mandará remitir el proceso al Juez Municipal, consultando el auto en que así lo acuerde con el Tribunal superior competente.

625. Así que sea firme el auto por haberle aprobado dicho superior Tribunal, o por haberse desestimado el recurso de casación que en su caso haya podido interponerse, se emplazará a las partes para que en el término de cinco días comparezcan ante el Juez Municipal a quien corresponda su conocimiento.

Recibidos los autos por el Juez Municipal, se sustanciará el juicio con arreglo a lo dispuesto en el Libro VI de esta Ley [827].

626. [828] Recibidos en el Tribunal los autos y piezas de convicción, el Secretario Judicial designará al Magistrado ponente que por turno corresponda.

Fuera de los casos previstos en los dos artículos anteriores, y durante el tiempo que falte para cumplir el término del emplazamiento,

---

[826] Dada nueva redacción párrafo 4 por art. 2 apartado 71 de Ley 13/2009 de 3 de noviembre de 2009, con vigencia desde 04/05/2010

[827] Véanse arts. 962 y ss de la presente Ley

[828] Dada nueva redacción por art. 2 apartado 72 de Ley 13/2009 de 3 de noviembre de 2009, con vigencia desde 04/05/2010

el Magistrado ponente abrirá los pliegos y demás objetos cerrados y sellados que hubiere remitido el Juez de Instrucción.

De la apertura se extenderá acta por el Secretario Judicial, en la cual se hará constar el estado en que se hallaren [829].

627. [830] Transcurrido dicho término, el Secretario Judicial pasará los autos para instrucción por otro, que no bajará de tres días ni excederá de diez, según el volumen del proceso, al Ministerio Fiscal, si la causa versa sobre delito en que deba tener intervención, después al Procurador del querellante, si se hubiere personado, y por último a la defensa del procesado o procesados.

Si la causa excediere de mil folios, el Secretario Judicial podrá prorrogar el término, sin que en ningún caso pueda exceder la prórroga de otro tanto más.

Al ser devuelta, se acompañará escrito conformándose con el auto del inferior que haya declarado terminado el sumario, o pidiendo la práctica de nuevas diligencias.

En el mismo escrito, si la opinión fuera de conformidad con el auto de terminación del sumario, se solicitará por el Ministerio Fiscal, cuando intervenga, por el Procurador del querellante, si lo hubiere, y por la defensa del procesado o procesados, lo que estimen conveniente a su derecho, respecto a la apertura del juicio oral o sobreseimiento de cualquier clase [831].

628. [832] Devuelta la causa o recogida de poder del último que la hubiere recibido, el Secretario Judicial la pasará inmediatamente al ponente, con los escritos presentados, por término de tres días.

---

[829] Véase art. 280.1 LOPJ

[830] Dada nueva redacción por art. 2 apartado 73 de Ley 13/2009 de 3 de noviembre de 2009, con vigencia desde 04/05/2010

[831] Véase art. 790.3 de la presente Ley

[832] Dada nueva redacción por art. 2 apartado 74 de Ley 13/2009 de 3 de noviembre de 2009, con vigencia desde 04/05/2010

629. [833] El Secretario Judicial, al entregar la causa, dispondrá lo que considere conveniente para que el Fiscal, el querellante y el procesado o procesados en su caso puedan examinar la correspondencia, libros, papeles y demás piezas de convicción sin peligro de alteración en su estado [834].

630. Transcurrido el plazo del artículo 628, el Tribunal dictará auto, confirmando o revocando el del Juez de Instrucción.

631. Si se revocare dicho auto, se mandará devolver el proceso al Juez que lo hubiere remitido, expresando las diligencias que hayan de practicarse.

Se devolverán también las piezas de convicción que el Tribunal considere necesarias para la práctica de las nuevas diligencias.

632. [835] Si fuere confirmado el auto declarando terminado el sumario, el Tribunal resolverá, dentro del tercer día, respecto a la solicitud del juicio oral o de sobreseimiento [836].

633. [837] En el auto en que el Tribunal acuerde la apertura de juicio oral se dispondrá el traslado a que se refiere el artículo 649, sin perjuicio de lo determinado en el del Capítulo II de este Título [838].

---

[833] Dada nueva redacción por art. 2 apartado 75 de Ley 13/2009 de 3 de noviembre de 2009, con vigencia desde 04/05/2010

[834] Véase art. 654 de la presente Ley

[835] Dada nueva redacción por art. 2 de Ley de 24 de junio de 1932, con vigencia desde 24/07/1932

[836] Véase art. 244 LOPM y art. 645 de la presente Ley

[837] Dada nueva redacción por art. 3 de Ley de 24 de junio de 1932, con vigencia desde 24/07/1932

[838] Véase art. 790 de la presente Ley

CAPÍTULO II
Del sobreseimiento

634. El sobreseimiento puede ser libre o provisional, total o parcial.

Si fuere el sobreseimiento parcial, se mandará abrir el juicio oral respecto de los procesados a quienes no favorezca.

Si fuere total, se mandará que se archiven la causa y piezas de convicción que no tengan dueño conocido, después de haberse practicado las diligencias necesarias para la ejecución de lo mandado [839].

635. Las piezas de convicción cuyo dueño fuere conocido continuarán retenidas si un tercero lo solicitare, hasta que se resuelva la acción civil que se propusiere entablar.

En este caso, si el Tribunal accediere a la retención, fijará el plazo dentro del cual habrá de acreditarse que la acción se ha entablado.

Transcurrido el plazo que se fije según lo dispuesto en el párrafo anterior sin haberse acreditado el ejercicio de la acción civil, o si nadie hubiere reclamado que continúe la retención de las piezas de convicción, serán devueltas éstas a sus dueños.

Se reputará dueño el que estuviere poseyendo la cosa al tiempo de incautarse de ella el Juez de Instrucción.

No obstante lo dispuesto en los párrafos anteriores, cuando las piezas de convicción entrañen, por su naturaleza, algún peligro grave para los intereses sociales o individuales, así respecto de las personas como de sus bienes, los Tribunales, en prevención de aquél, acordarán darles el destino que dispongan los Reglamentos o, en su caso, la inutilizarán previa la correspondiente indemnización, si procediera [840] . [841]

---

[839] Véanse arts. 245 a 252 LOPM y art. 844 de la presente Ley
[840] Véanse arts. 620, 742 y 844 de la presente Ley
[841] Añadido párrafo 5 por art. 2 de Ley 3/1967 de 8 de abril de 1967, con vigencia desde 01/05/1967

636. [842] Contra los autos de sobreseimiento sólo procederá, en su caso, el recurso de casación [843] .

El auto de sobreseimiento se comunicará a las víctimas del delito, en la dirección de correo electrónico y, en su defecto, por correo ordinario a la dirección postal o domicilio que hubieran designado en la solicitud prevista en el artículo 5.1.m) de la Ley del Estatuto de la Víctima del delito.

En los casos de muerte o desaparición ocasionada por un delito, el auto de sobreseimiento será comunicado de igual forma a las personas a las que se refiere el párrafo segundo del apartado 1 del artículo 109 bis, de cuya identidad y dirección de correo electrónico o postal se tuviera conocimiento. En estos supuestos el Juez o Tribunal, podrá acordar, motivadamente, prescindir de la comunicación a todos los familiares cuando ya se haya dirigido con éxito a varios de ellos o cuando hayan resultado infructuosas cuantas gestiones se hubieren practicado para su localización.

Excepcionalmente, en el caso de ciudadanos residentes fuera de la Unión Europea, si no se dispusiera de una dirección de correo electrónico o postal en la que realizar la comunicación, se remitirá a la oficina diplomática o consular española en el país de residencia para que la publique.

Transcurridos cinco días desde la comunicación, se entenderá que ha sido efectuada válidamente y desplegará todos sus efectos, iniciándose el cómputo del plazo de interposición del recurso. Se exceptuarán de este régimen aquellos supuestos en los que la víctima acredite justa causa de la imposibilidad de acceso al contenido de la comunicación.

Las víctimas podrán recurrir el auto de sobreseimiento dentro del plazo de veinte días aunque no se hubieran mostrado como parte en la causa.

637. Procederá el sobreseimiento libre:

1º) Cuando no existan indicios racionales de haberse perpetrado el hecho que hubiere dado motivo a la formación de la causa.

2º) Cuando el hecho no sea constitutivo de delito.

---

[842] Dada nueva redacción por disposición final 1 apartado 15 de Ley 4/2015 de 27 de abril de 2015, con vigencia desde 28/10/2015

[843] Véase art. 848 de la presente Ley

3º) Cuando aparezcan exentos de responsabilidad criminal los procesados como autores, cómplices o encubridores [844] .

638. En los casos 1º y 2º del artículo anterior podrá declararse, al decretar el sobreseimiento, que la formación de la causa no perjudica a la reputación de los procesados.

Podrá también, a instancia del procesado, reservarse a éste su derecho para perseguir al querellante como calumniador.

El Tribunal podrá igualmente mandar proceder de oficio contra el querellante, con arreglo a lo dispuesto en el Código Penal [845] .

639. En el caso 2º del artículo 637, si resultare que el hecho constituye una falta, se mandará remitir la causa al Juez Municipal competente para la celebración del juicio que corresponda [846] .

640. En el caso 3º del artículo 637, se limitará el sobreseimiento a los autores, cómplices o encubridores que aparezcan indudablemente exentos de responsabilidad criminal, continuándose la causa respecto a los demás que no se hallen en igual caso. Es aplicable a los procesados a quienes se declare exentos de responsabilidad lo dispuesto en el artículo 638 [847] .

641. Procederá el sobreseimiento provisional:

1º) Cuando no resulte debidamente justificada la perpetración del delito que haya dado motivo a la formación de la causa.

2º) Cuando resulte del sumario haberse cometido un delito y no haya motivos suficientes para acusar a determinada o determinadas personas como autores, cómplices o encubridores [848] .

642. Cuando el Ministerio Fiscal pida el sobreseimiento de conformidad con lo dispuesto en los artículos 637 y 641, y no se hubiere

---

[844] Véanse arts. 20, 27 a 31 y 451 a 454 CP; y arts. 782 y 783 de la presente Ley

[845] Véanse arts. 215 y 456.2 CP

[846] Véanse arts. 624, 779.1.2, y 962 a 977 de la presente Ley

[847] Véase art. 32.1 LOTJ

[848] Véanse arts. 25.3 y 26.1 LOTJ; y arts. 779.1.1, 782 y 783 de la presente Ley

presentado en la causa querellante particular dispuesto a sostener la acusación, podrá el Tribunal acordar que se haga saber la pretensión del Ministerio Fiscal a los interesados en el ejercicio de la acción penal para que dentro del término prudencial que se les señale comparezcan a defender su acción si lo consideran oportuno.

Si no comparecieren en el término fijado, el Tribunal acordará el sobreseimiento solicitado por el Ministerio Fiscal [849] .

643. [850] Cuando en el caso a que se refiere el artículo anterior fuere desconocido el paradero de los interesados en el ejercicio de la acción penal, se les llamará por edictos que se publicarán en el Tablón Edictal Judicial Único.

Transcurrido el término de emplazamiento sin comparecer los interesados, se procederá como previene el artículo anterior.

644. Cuando el Tribunal conceptúe improcedente la petición del Ministerio Fiscal relativa al sobreseimiento y no hubiere querellante particular que sostenga la acción, antes de acceder al sobreseimiento podrá determinar que se remita la causa al Fiscal de la Audiencia territorial respectiva si se sigue en una Audiencia de lo criminal, o al del Supremo si se sustancia ante una Audiencia territorial, para que, con conocimiento de su resultado, resuelvan uno u otro funcionario si procede o no sostener la acusación. El Fiscal consultado pondrá la resolución en conocimiento del Tribunal consultante, con devolución de la causa [851] .

645. Si se presentare querellante particular a sostener la acción, o cuando el Ministerio Fiscal opine que procede la apertura del juicio oral, podrá el Tribunal, esto no obstante, acordar el sobreseimiento a que se refiere el número 2º del artículo 637 si así lo estima procedente.

---

[849] Véase art. 26.2 LOTJ

[850] Dada nueva redacción por art. 101 apartado 8 de Real Decreto-Ley 6/2023 de 19 de diciembre de 2023, con vigencia desde 20/03/2024

[851] Véase art. 26.2 LOTJ

En cualquier otro caso no podrá prescindir de la apertura del juicio [852] .

TÍTULO XII
Disposiciones generales referentes a los anteriores Títulos

646. [853] Además de los testimonios de adelantos de las causas que el Secretario Judicial está obligado a dirigir al Fiscal de la respectiva Audiencia, deberá remitirle también testimonio especial de todas las providencias o autos apelables, o que se refieran a diligencias periciales o de reconocimiento que le interese conocer para el ejercicio de su derecho como parte acusadora, cuando no pueda notificárselos directamente, sin que por esto se suspenda la práctica de dichas diligencias, a no ser que el Fiscal se hubiese reservado anticipadamente el derecho de intervenir en ellas, y no se irrogase perjuicio de la suspensión [854] .

647. El término de la apelación para el Fiscal que no esté en el mismo lugar que el Juez instructor empezará a contarse desde el siguiente día al en que reciba el testimonio de la providencia o auto apelables. El recurso se interpondrá por medio de escrito dirigido al Juez con atenta comunicación.

De todos modos acusará recibo de los testimonios de esta clase en el mismo día que los recibiere. [855]

648. [856] Los Fiscales llevarán un registro para anotar los partes de formación de causa que reciban, los testimonios de adelantos más notables que se les remitan por los Secretarios judiciales, especialmen-

---

[852] Véase art. 32 LOTJ; art. 250 LOPM y arts. 632, 790.6 y 848 de la presente Ley

[853] Dada nueva redacción por art. 2 apartado 76 de Ley 13/2009 de 3 de noviembre de 2009, con vigencia desde 04/05/2010

[854] Véanse arts. 306 y 308 de la presente Ley

[855] Dada nueva redacción párrafo 2 por art. 2 apartado 77 de Ley 13/2009 de 3 de noviembre de 2009, con vigencia desde 04/05/2010

[856] Dada nueva redacción por art. 2 apartado 78 de Ley 13/2009 de 3 de noviembre de 2009, con vigencia desde 04/05/2010

te los que expresa el artículo 646, y las contestaciones que a su vez emitan, o recursos que interpongan.

LIBRO III
DEL JUICIO ORAL [857]

TÍTULO PRIMERO
De la calificación del delito

649. [858] Cuando se mande abrir el juicio oral, el Secretario Judicial comunicará la causa al Fiscal, o al acusador privado si versa sobre delito que no pueda ser perseguido de oficio, para que en el término de cinco días califiquen por escrito los hechos.

Dictada que sea esta resolución, serán públicos todos los actos del proceso [859].

650. El escrito de calificación se limitará a determinar en conclusiones precisas y numeradas:

1ª) Los hechos punibles que resulten del sumario.

2ª) La calificación legal de los mismos hechos, determinando el delito que constituyan.

3ª) La participación que en ellos hubieren tenido el procesado o procesados, si fueren varios.

4ª) Los hechos que resulten del sumario y que constituyan circunstancias atenuantes o agravantes del delito o eximentes de responsabilidad criminal.

5ª) Las penas en que hayan incurrido el procesado o procesados, si fueren varios, por razón de su respectiva participación en el delito.

El acusador privado en su caso, y el Ministerio Fiscal cuando sostenga la acción civil, expresarán además:

---

[857] Véanse arts. 120.2 CE y art. 229 LOPJ

[858] Dada nueva redacción por art. 2 apartado 79 de Ley 13/2009 de 3 de noviembre de 2009, con vigencia desde 04/05/2010

[859] Véanse arts. 633, 679 y 780 de la presente Ley

1º) La cantidad en que aprecien los daños y perjuicios causados por el delito, o la cosa que haya de ser restituida.

2º) La persona o personas que aparezcan responsables de los daños y perjuicios o de la restitución de la cosa, y el hecho en virtud del cual hubieren contraído esta responsabilidad [860].

651. Devuelta la causa por el Fiscal, el Secretario Judicial la pasará por igual término y con el mismo objeto al acusador particular, si lo hubiere, quien presentará el escrito de calificación, firmado por su Abogado y Procurador en la forma anteriormente indicada. [861]

Si hubiere actor civil, se le pasará la causa en cuanto sea devuelta por el Fiscal o acusador particular para que a su vez, en término igual al fijado en los artículos anteriores y con idéntica formalidad, presente conclusiones numeradas acerca de los dos últimos puntos del artículo precedente [862].

652. [863] Seguidamente el Secretario Judicial comunicará la causa a los procesados y a las terceras personas civilmente responsables, para que en igual término y por su orden manifiesten también, por conclusiones numeradas y correlativas a las de la calificación que a ellos se refiera, si están o no conformes con cada una, o en otro caso consignen los puntos de divergencia.

Por el Secretario Judicial se interesará la designación al efecto de Abogado y Procurador, si no los tuviesen [864].

653. Las partes podrán presentar sobre cada uno de los puntos que han de ser objeto de la calificación dos o más conclusiones en forma

---

[860] Véase art. 29.1 LOTJ y art. 781 de la presente Ley

[861] Dada nueva redacción párrafo 1 por art. 2 apartado 80 de Ley 13/2009 de 3 de noviembre de 2009, con vigencia desde 04/05/2010

[862] Véase art. 277 LOPM

[863] Dada nueva redacción por art. 2 apartado 81 de Ley 13/2009 de 3 de noviembre de 2009, con vigencia desde 04/05/2010

[864] Véase art. 29.2 LOTJ y art. 784 de la presente Ley

alternativa, para que si no resultare del juicio la procedencia de la primera, pueda estimarse cualquiera de las demás en la sentencia [865].

654. [866] El Secretario Judicial, al dar traslado de la causa a las partes en cumplimiento de lo dispuesto en los artículos anteriores, dispondrá lo que considere conveniente para que éstas puedan examinar la correspondencia, libros, papeles y demás piezas de convicción, sin peligro de alteración en su estado [867].

655. [868] 1. Al evacuar la representación del procesado el traslado de calificación, podrá manifestar su conformidad absoluta con aquella que más gravemente hubiere calificado, si hubiere más de una, y con la pena que se le pida; expresándose además por la asistencia letrada si esto, no obstante, conceptúa necesaria la continuación del juicio [869].

El letrado o la letrada facilitará por escrito a la persona a quien defiende la información sobre el acuerdo alcanzado.

Si el letrado o la letrada del procesado no conceptúa necesaria la continuación del juicio y, el tribunal, a partir de la descripción de los hechos aceptada por todas las partes, entendiere que la calificación aceptada es correcta y que la pena es procedente según dicha calificación, dictará sentencia de conformidad. Dicha conformidad podrá ser también prestada con el nuevo escrito de calificación que conjuntamente firmen las partes acusadoras y la parte acusada junto a su letrado o letrada, que no podrá referirse a hecho distinto, ni contener calificación más grave que la del escrito de acusación anterior. El tribunal oirá en todo caso al acusado acerca de si su conformidad ha sido prestada libremente y con conocimiento de sus consecuencias. En caso de que el tribunal considerare incorrecta la calificación formulada o entendiere que la pena solicitada no procede legalmente, requerirá a la parte que presentó el escrito de acusación más grave para que

---

[865] Véase art. 29.3 LOTJ

[866] Dada nueva redacción por art. 2 apartado 82 de Ley 13/2009 de 3 de noviembre de 2009, con vigencia desde 04/05/2010

[867] Véase art. 629 de la presente Ley

[868] Dada nueva redacción por art. 20 apartado 4 de Ley Orgánica 1/2025 de 2 de enero de 2025, con vigencia desde 03/04/2025

[869] Véanse arts. 32 y ss CP y art. 784.3 de la presente Ley

manifieste si se ratifica o no en él. Sólo cuando la parte requerida modificare su escrito de acusación en términos tales que la calificación sea correcta y la pena solicitada sea procedente y el acusado preste de nuevo su conformidad, podrá el juez, jueza o tribunal dictar sentencia de conformidad. En otro caso, ordenará la celebración del juicio. También continuará el juicio si fuesen varios los procesados y no todos manifestaren igual conformidad [870].

2. El Ministerio Fiscal oirá previamente a la víctima o perjudicado, aunque no estén personados en la causa, siempre que hubiera sido posible y se estime necesario para ponderar correctamente los efectos y el alcance de tal conformidad, y en todo caso cuando la gravedad o trascendencia del hecho o la intensidad o la cuantía sean especialmente significativos, así como en todos los supuestos en que víctimas o perjudicados se encuentren en situación de especial vulnerabilidad.

3. Una vez que la defensa del acusado manifieste su conformidad, el presidente o presidenta del tribunal informará a la persona acusada de sus consecuencias y a continuación la requerirá a fin de que manifieste si presta su conformidad. Cuando el tribunal albergue dudas sobre si la persona acusada ha prestado libremente su conformidad, acordará la celebración del juicio.

4. Cuando el procesado o procesados disintiesen únicamente respecto de la responsabilidad civil, se limitará el juicio a la prueba y discusión de los puntos relativos a dicha responsabilidad.

5. No vinculan al tribunal las conformidades sobre la adopción de medidas protectoras en los casos de limitación de la responsabilidad penal. Previa ratificación del procesado, dictará sin más trámites la sentencia que proceda según la calificación mutuamente aceptada, sin que pueda imponer pena mayor que la solicitada.

6. La sentencia de conformidad se dictará oralmente y documentará en el acta con expresión del fallo y una sucinta motivación, sin perjuicio de su ulterior redacción. Si el fiscal y las partes, conocido el fallo, expresaran su decisión de no recurrir, el juez, en el mismo acto, declarará oralmente la firmeza de la sentencia y se pronunciará, previa audiencia de las partes, sobre la suspensión de la pena impuesta o su sustitución, cuando proceda. También resolverá el tribunal sobre los aplazamientos de las responsabilidades pecuniarias y se realizarán, en

[870] Véase art. 694 de la presente Ley

cuanto fuera posible, los requerimientos y liquidaciones de condena de las penas impuestas en la sentencia.

7. Únicamente serán recurribles las sentencias de conformidad cuando no hayan respetado los requisitos o términos de la conformidad, sin que la persona acusada pueda impugnar por razones de fondo su conformidad libremente prestada.

8. Cuando el acusado sea una persona jurídica, la conformidad deberá prestarla su representante especialmente designado, siempre que cuente con poder especial. Dicha conformidad, que se sujetará a los requisitos enunciados en los apartados anteriores, podrá realizarse con independencia de la posición que adopten las demás personas acusadas y su contenido no vinculará en el juicio que se celebre en relación con éstos.

Si ésta no fuese la procedente según dicha calificación, sino otra mayor, acordará el Tribunal la continuación del juicio.

También continuará el juicio si fuesen varios los procesados y no todos manifestaren igual conformidad.

Cuando el procesado o procesados disintiesen únicamente respecto de la responsabilidad civil, se limitará el juicio a la prueba y discusión de los puntos relativos a dicha responsabilidad.

656. El Ministerio Fiscal y las partes manifestarán en sus respectivos escritos de calificación las pruebas de que intenten valerse, presentando listas de peritos y testigos que hayan de declarar a su instancia.

En las listas de peritos y testigos se expresarán sus nombres y apellidos, el apodo, si por él fueren conocidos, y su domicilio o residencia; manifestando además la parte que los presente si los peritos y testigos han de ser citados judicialmente o si se encarga de hacerles concurrir [871].

657. Cada parte presentará tantas copias de las listas de peritos y testigos cuantas sean las demás personadas en la causa, a cada una de las cuales se entregará una de dichas copias en el mismo día en que fueren presentadas.

Las listas originales se unirán a la causa.

[871] Véase LO 19/1994, de 23 de diciembre, de protección a testigos y peritos en causas criminales; y art. 784.2 de la presente Ley

Podrán pedir además las partes que se practiquen desde luego aquellas diligencias de prueba que por cualquier causa fuere de temer que no se puedan practicar en el juicio oral, o que pudieren motivar su suspensión [872].

658. [873] Presentados los escritos de calificación, o recogida la causa de poder de quien la tuviere después de transcurrido el término señalado en el artículo 649, el Secretario Judicial dictará diligencia teniendo por hecha la calificación, y acordará pasar la causa al ponente, por término de tercer día, para el examen de las pruebas propuestas [874].

659. Devuelta que sea la causa por el Ponente, el Tribunal examinará las pruebas propuestas, e inmediatamente dictará auto admitiendo las que considere pertinentes y rechazando las demás.

Para rechazar las propuestas por el acusador privado, habrá de ser oído el Fiscal si interviniere en la causa.

Contra la parte del auto admitiendo las pruebas o mandando practicar la que se hallare en el caso del párrafo 3º del artículo 657, no procederá recurso alguno.

Contra la en que fuere rechazada o denegada la práctica de las diligencias de prueba podrá interponerse en su día el recurso de casación, si se prepara oportunamente con la correspondiente protesta.

A la vista de este Auto, el Secretario Judicial establecerá el día y hora en que deban comenzar las sesiones del juicio oral, con sujeción a lo establecido en el artículo 182 de la Ley de Enjuiciamiento Civil. [875]

Los criterios generales y las concretas y específicas instrucciones que fijen los Presidentes de Sala o Sección, con arreglo a los cuales se realizará el señalamiento, tendrán asimismo en cuenta: [876]

---

[872] Véanse arts. 448, 449, 467 y ss, 784, 790 y 791 de la presente Ley

[873] Dada nueva redacción por art. 2 apartado 83 de Ley 13/2009 de 3 de noviembre de 2009, con vigencia desde 04/05/2010

[874] Véase art. 284 LOPM

[875] Dada nueva redacción párrafo 5 por art. 2 apartado 84 de Ley 13/2009 de 3 de noviembre de 2009, con vigencia desde 04/05/2010

[876] Añadido párrafo 6 por art. 2 apartado 84 de Ley 13/2009 de 3 de noviembre de 2009, con vigencia desde 04/05/2010

1º La prisión del acusado; [877]

2º El aseguramiento de su presencia a disposición judicial; [878]

3º Las demás medidas cautelares personales adoptadas; [879]

4º La prioridad de otras causas; [880]

5º La complejidad de la prueba propuesta o cualquier circunstancia modificativa, según hayan podido determinar una vez estudiado el asunto o pleito de que se trate. [881]

En todo caso, aunque no sea parte en el proceso ni deba intervenir, el Secretario Judicial deberá informar a la víctima por escrito de la fecha y lugar de celebración del juicio [882] . [883]

660. [884] El Secretario Judicial expedirá los exhortos o mandamientos necesarios para la citación de los peritos y testigos que la parte hubiese designado con este objeto.

Los exhortos o mandamientos serán remitidos de oficio para su cumplimiento, a no ser que la parte pida que se le entreguen.

En este caso, el Secretario Judicial señalará un plazo dentro del cual habrá de devolverlos cumplimentados [885] .

---

[877] Añadido apartado 1 por art. 2 apartado 84 de Ley 13/2009 de 3 de noviembre de 2009, con vigencia desde 04/05/2010

[878] Añadido apartado 2 por art. 2 apartado 84 de Ley 13/2009 de 3 de noviembre de 2009, con vigencia desde 04/05/2010

[879] Añadido apartado 3 por art. 2 apartado 84 de Ley 13/2009 de 3 de noviembre de 2009, con vigencia desde 04/05/2010

[880] Añadido apartado 4 por art. 2 apartado 84 de Ley 13/2009 de 3 de noviembre de 2009, con vigencia desde 04/05/2010

[881] Añadido apartado 5 por art. 2 apartado 84 de Ley 13/2009 de 3 de noviembre de 2009, con vigencia desde 04/05/2010

[882] Véanse arts. 785.1 y 850.1 de la presente Ley

[883] Añadido párrafo 7 por art. 2 apartado 84 de Ley 13/2009 de 3 de noviembre de 2009, con vigencia desde 04/05/2010

[884] Dada nueva redacción por art. 2 apartado 85 de Ley 13/2009 de 3 de noviembre de 2009, con vigencia desde 04/05/2010

[885] Véanse arts. 183 a 196 de la presente Ley

661. [886] Las citaciones de peritos y testigos se practicarán en la forma establecida en el Título VII del Libro Primero [887].

Los peritos y testigos citados que no comparezcan, sin causa legítima que se lo impida, incurrirán en la multa señalada en el número 5º del artículo 175.

Si vueltos a citar dejaren también de comparecer, serán procesados por el delito de obstrucción a la justicia, tipificado en el artículo 463.1 del Código Penal [888].

662. Las partes podrán recusar a los peritos expresados en las listas por cualquiera de las causas mencionadas en el artículo 468.

La recusación se hará dentro de los tres días siguientes al de la entrega al recusante de la lista que contenga el nombre del recusado.

Alegada la recusación, el Secretario Judicial dará traslado del escrito por igual término a la parte que intente valerse del perito recusado. [889]

Transcurrido el término y devueltos o recogidos los autos, se recibirán a prueba por seis días, durante los cuales cada una de las partes practicará la que le convenga.

Transcurrido el término de prueba, el Secretario Judicial señalará día para la vista, a la que podrán asistir las partes y sus defensores, y dentro del término legal el Tribunal resolverá el incidente. [890]

Contra el auto no se dará recurso alguno [891].

---

[886] Dada nueva redacción por art. 5 de Ley 38/2002 de 24 de octubre de 2002, con vigencia desde 28/04/2003

[887] Véase LO 19/1994, de 23 de diciembre, de protección a testigos y peritos en causas criminales, y arts. 166 a 182 de la presente Ley

[888] Véase art. 463 CP

[889] Dada nueva redacción párrafo 3 por art. 2 apartado 86 de Ley 13/2009 de 3 de noviembre de 2009, con vigencia desde 04/05/2010

[890] Dada nueva redacción párrafo 5 por art. 2 apartado 86 de Ley 13/2009 de 3 de noviembre de 2009, con vigencia desde 04/05/2010

[891] Véase art. 4.3 LO 19/1994, de 23 de diciembre, de protección a testigos y peritos en causas criminales y art. 723 de la presente Ley

663. El perito que no sea recusado en el término fijado en el artículo anterior no podrá serlo después, a no ser que incurriera con posterioridad en alguna de las causas de recusación.

664. El Tribunal dispondrá también que los procesados que se hallen presos sean inmediatamente conducidos a la cárcel de la población en que haya de continuarse el juicio, citándoles el Secretario Judicial para el mismo, así como a los que estuvieren en libertad provisional para que se presenten en el día señalado, e igualmente notificará el auto a los fiadores o dueños de los bienes dados en fianza, expidiéndose para todo ello los exhortos y mandamientos necesarios [892] . [893]

La falta de la citación expresada en el párrafo anterior será motivo de casación, si la parte que no hubiere sido citada no comparece en el juicio [894] .

665. Cuando presentados los escritos de calificación y examinadas las pruebas propuestas entendiere el Presidente de la Audiencia o Sala de lo criminal que procede constituir una sección en determinada localidad para la celebración del juicio, lo acordará así, poniéndolo en conocimiento del Ministerio de Gracia y Justicia.

TÍTULO II
De los artículos de previo pronunciamiento

666. Serán tan sólo objeto de artículos de previo pronunciamiento las cuestiones o excepciones siguientes:

1ª) La de declinatoria de jurisdicción [895] .

2ª) La de cosa juzgada [896] .

---

[892] Véanse arts. 33 y 34 RP

[893] Dada nueva redacción párrafo 1 por art. 2 apartado 87 de Ley 13/2009 de 3 de noviembre de 2009, con vigencia desde 04/05/2010

[894] Véase art. 850.2 de la presente Ley

[895] Véase art. 45 de la presente Ley

[896] Véase art. 675 de la presente Ley

3ª) La de prescripción del delito [897] .

4ª) La de amnistía o indulto [898] .

5ª) La falta de autorización administrativa para procesar en los casos en que sea necesaria, con arreglo a la Constitución y a leyes especiales.

667. Las cuestiones expresadas en el artículo anterior podrán proponerse en el término de tres días, a contar desde el de la entrega de los autos para la calificación de los hechos [899] .

668. El que haga la pretensión acompañará al escrito los documentos justificativos de los hechos en que la funde, y si no los tuviere a su disposición, designará clara y determinadamente el archivo u oficina donde se encuentren, pidiendo que el Tribunal los reclame a quien corresponda, originales o por compulsa, según proceda.

Presentará también tantas copias del escrito y de los documentos cuantos sean los representantes de las partes personadas. Dichas copias se entregarán a las mismas en el día de la presentación, haciéndolo así constar el Secretario por diligencia [900] .

669. Los representantes de las partes a quienes se hayan entregado las referidas copias, contestarán en el término de tres días, acompañando también los documentos en que funden sus pretensiones, si los tuviesen en su poder, o designando el archivo u oficina en que se hallen, pidiendo en este caso que el Tribunal los reclame en los términos expresados en el artículo precedente [901] .

670. Transcurrido el término de los tres días, el Tribunal estimará o denegará la reclamación de documentos, según que los considere o no necesarios para el fallo del artículo.

---

[897] Véanse arts. 130.6 y 131 CP

[898] Véase art. 62.i CE y art. 130.4 CP

[899] Véase art. 786.2 de la presente Ley

[900] Véase art. 35.2 LOTJ y art. 287.2 LOPM

[901] Véase art. 288 LOPM

Si no se presentaren los documentos, o no se hiciere la designación del lugar en que se encuentren, no producirá efectos suspensivos la excepción alegada.

671. Si el Tribunal accede a la reclamación de documentos, recibirá el artículo a prueba por el término necesario, que no podrá exceder de ocho días.

El Tribunal mandará en el mismo auto dirigir las comunicaciones convenientes a los Jefes o encargados de los archivos u oficinas en que los documentos se hallen, determinando si han de remitir los originales o por compulsa.

672. Cuando los documentos hubieren de ser remitidos por compulsa, se advertirá a las partes el derecho que les asiste para personarse en el archivo u oficina, a fin de señalar la parte del documento que haya de compulsarse, si no les fuere necesaria la compulsa de todo él, y para presenciar el cotejo.

En los artículos de previo pronunciamiento no se admitirá prueba testifical.

673. [902] Transcurrido el término de prueba, el Secretario Judicial señalará inmediatamente día para la vista, en la que podrán informar lo que convenga a su derecho los defensores de las partes si éstas lo pidiesen.

674. En el día siguiente al de la vista, el Tribunal dictará auto resolviendo sobre las cuestiones propuestas.

Si una de ellas fuere la de la declinatoria de jurisdicción, el Tribunal la resolverá antes que las demás.

Cuando lo estime procedente, mandará remitir los autos al Tribunal o Juez que considere competente, y se abstendrá de resolver sobre las demás.

---

[902] Dada nueva redacción por art. 2 apartado 88 de Ley 13/2009 de 3 de noviembre de 2009, con vigencia desde 04/05/2010

675. Cuando se declare haber lugar a cualquiera de las excepciones comprendidas en los números 2º, 3º y 4º del artículo 666, se sobreseerá libremente, mandando que se ponga en libertad al procesado o procesados que no estén presos por otra causa [903].

676. Si el Tribunal no estimare suficientemente justificada la declinatoria, declarará no haber lugar a ella, confirmando su competencia para conocer del delito.

Si no estima justificada cualquiera otra, declarará simplemente no haber lugar a su admisión, mandando en consecuencia continuar la causa según su estado.

Contra el auto resolutorio de la declinatoria y contra el que admita las excepciones 2ª, 3ª y 4ª del artículo 666, procede el recurso de apelación. Contra el que las desestime, no se da recurso alguno salvo el que proceda contra la sentencia, sin perjuicio de lo dispuesto en el artículo 678 [904]. [905]

677. Si el Tribunal estima procedente el artículo por falta de autorización para procesar, mandará subsanar inmediatamente este defecto, quedando entre tanto en suspenso la causa, que se continuará según su estado, una vez concedida la autorización.

Si solicitada ésta se denegare, quedará nulo todo lo actuado y se sobreseerá libremente la causa.

Contra el auto en que se desestime esta excepción no se dará recurso alguno, y se observará lo dispuesto en el párrafo 2º del artículo anterior [906].

---

[903] Véase art. 637 de la presente Ley

[904] Véanse arts. 846 bis a) y ss de la presente Ley

[905] Dada nueva redacción párrafo 3 por disposición final 2 de Ley Orgánica 5/1995 de 22 de mayo de 1995, con vigencia desde 23/11/1995

[906] Véase art. 637 de la presente Ley

678. [907] Las partes podrán reproducir en el juicio oral, como medios de defensa, las cuestiones previas que se hubiesen desestimado, excepto la de declinatoria.

Lo anterior no será de aplicación en las causas competencia del Tribunal del Jurado, sin perjuicio de lo que pueda alegarse al recurrir contra la sentencia [908].

679. Siendo desestimadas las cuestiones propuestas, se comunicará nuevamente la causa por término de tres días a la parte que las hubiere alegado para el objeto prescrito en el artículo 649 [909].

TÍTULO III
De la celebración del juicio oral

CAPÍTULO PRIMERO
De la publicidad de los debates

680. [910] Los debates del juicio oral serán públicos, bajo pena de nulidad, sin perjuicio de lo dispuesto en el artículo siguiente [911].

681. [912] 1. El Juez o Tribunal podrá acordar, de oficio o a instancia de cualquiera de las partes, previa audiencia a las mismas, que todos o alguno de los actos o las sesiones del juicio se celebren a puerta cerrada, cuando así lo exijan razones de seguridad u orden público,

---

[907] Añadido por disposición final 2 de Ley Orgánica 5/1995 de 22 de mayo de 1995 Párrafo 2° añadido por disp. final 2 LO 5/1995 de 22 mayo, del Tribunal del Jurado, con vigencia desde 23/11/1995

[908] Véase LOTJ

[909] Véase art. 292 LOPM y arts. 649, 651 y 652 de la presente Ley

[910] Dada nueva redacción por disposición final 1 apartado 16 de Ley 4/2015 de 27 de abril de 2015, con vigencia desde 28/10/2015

[911] Véase art. 120.1 CE y art. 232 LOPJ

[912] Dada nueva redacción por disposición final 1 apartado 17 de Ley 4/2015 de 27 de abril de 2015, con vigencia desde 28/10/2015

o la adecuada protección de los derechos fundamentales de los intervinientes, en particular, el derecho a la intimidad de la víctima, el respeto debido a la misma o a su familia, o resulte necesario para evitar a las víctimas perjuicios relevantes que, de otro modo, podrían derivar del desarrollo ordinario del proceso. Sin embargo, el Juez o el Presidente del Tribunal podrán autorizar la presencia de personas que acrediten un especial interés en la causa. La anterior restricción, sin perjuicio de lo dispuesto en el artículo 707, no será aplicable al Ministerio Fiscal, a las personas lesionadas por el delito, a los procesados, al acusador privado, al actor civil y a los respectivos defensores.

2. Asimismo, podrá acordar la adopción de las siguientes medidas para la protección de la intimidad de la víctima y de sus familiares:

a) Prohibir la divulgación o publicación de información relativa a la identidad de la víctima, de datos que puedan facilitar su identificación de forma directa o indirecta, o de aquellas circunstancias personales que hubieran sido valoradas para resolver sobre sus necesidades de protección.

b) Prohibir la obtención, divulgación o publicación de imágenes de la víctima o de sus familiares.

3. Queda prohibida, en todo caso, la divulgación o publicación de información relativa a la identidad de víctimas menores de edad, de víctimas con discapacidad necesitadas de especial protección y de las víctimas de los delitos de violencia sexual referidos en el artículo 3 de la Ley Orgánica 10/2022, de 6 de septiembre, de garantía integral de la libertad sexual, así como de datos que puedan facilitar su identificación de forma directa o indirecta, o de aquellas circunstancias personales que hubieran sido valoradas para resolver sobre sus necesidades de protección, así como la obtención, divulgación o publicación de imágenes suyas o de sus familiares. [913]

682. [914] El Juez o Tribunal, previa audiencia de las partes, podrá restringir la presencia de los medios de comunicación audiovisuales en las sesiones del juicio y prohibir que se graben todas o alguna de las

[913] Dada nueva redacción apartado 3 por disposición final 1 apartado 4 de Ley Orgánica 10/2022 de 6 de septiembre de 2022, tras modificación introducida por la LO 2/2024 de 1 agosto, con vigencia desde 22/08/2024

[914] Dada nueva redacción por disposición final 1 apartado 18 de Ley 4/2015 de 27 de abril de 2015, con vigencia desde 28/10/2015

audiencias cuando resulte imprescindible para preservar el orden de las sesiones y los derechos fundamentales de las partes y de los demás intervinientes, especialmente el derecho a la intimidad de las víctimas, el respeto debido a la misma o a su familia, o la necesidad de evitar a las víctimas perjuicios relevantes que, de otro modo, podrían derivar del desarrollo ordinario del proceso. A estos efectos, podrá:

a) Prohibir que se grabe el sonido o la imagen en la práctica de determinadas pruebas, o determinar qué diligencias o actuaciones pueden ser grabadas y difundidas.

b) Prohibir que se tomen y difundan imágenes de alguna o algunas de las personas que en él intervengan.

c) Prohibir que se facilite la identidad de las víctimas, de los testigos o peritos o de cualquier otra persona que intervenga en el juicio.

CAPÍTULO II
De las facultades del Presidente del Tribunal

683. El Presidente dirigirá los debates cuidando de impedir las discusiones impertinentes y que no conduzcan al esclarecimiento de la verdad, sin coartar por esto a los defensores la libertad necesaria para la defensa [915].

684. El Presidente tendrá todas las facultades necesarias para conservar o restablecer el orden en las sesiones y mantener el respeto debido al Tribunal y a los demás poderes públicos, pudiendo corregir en el acto con multa de 5.000 a 25.000 pesetas las infracciones que no constituyan delito, o que no tengan señalada en la Ley una corrección especial [916]. [917]

El Presidente llamará al orden a todas las personas que lo alteren, y podrá hacerlas salir del local si lo considerare oportuno, sin perjuicio de la multa a que se refiere el artículo anterior.

---

[915] Véase art. 448 LOPJ

[916] Véanse arts. 190 a 194 LOPJ; art. 186 LEC y arts. 558 y 633 CP

[917] Dada nueva redacción párrafo 1 por art. 6 de Ley 10/1992 de 30 de abril de 1992, con vigencia desde 06/05/1992

Podrá también acordar que se detenga en el acto a cualquiera que delinquiere durante la sesión, poniéndole a disposición del Juzgado competente.

Todos los concurrentes al juicio oral, cualquiera que sea la clase a que pertenezcan, sin excluir a los militares, quedan sometidos a la jurisdicción disciplinaria del Presidente. Si turbaren el orden con un acto que constituya delito, serán expulsados del local y entregados a la autoridad competente [918].

685. Toda persona interrogada o que dirija la palabra al Tribunal deberá hablar de pie.

Se exceptúan el Ministerio Fiscal, los defensores de las partes y las personas a quienes el Presidente dispense de esta obligación por razones especiales.

686. Se prohíben las muestras de aprobación o de desaprobación [919].

687. Cuando el acusado altere el orden con una conducta inconveniente y persista en ella a pesar de las advertencias del Presidente y del apercibimiento de hacerle abandonar el local, el Tribunal podrá decidir que sea expulsado por cierto tiempo o por toda la duración de las sesiones, continuando éstas en su ausencia.

---

[918] Véase art. 195 LOPJ y art. 558 CP
[919] Véase art. 191 LOPJ

CAPÍTULO III
Del modo de practicar las pruebas durante el juicio oral

SECCIÓN PRIMERA
De la confesión de los procesados y personas civilmente responsables

688. *[920]* [921]
En el día señalado para dar principio a las sesiones, el letrado o la letrada de la Administración de Justicia velará por que se encuentren en el local del Tribunal las piezas de convicción que se hubieren recogido, y el Presidente, en el momento oportuno, declarará abierta la sesión.

Preguntará el Presidente a cada uno de los acusados si se confiesa reo del delito que se le haya imputado en el escrito de calificación y responsable civilmente a la restitución de la cosa o al pago de la cantidad fijada en dicho escrito por razón de daños y perjuicios.

689. Si en la causa hubiere, además de la calificación fiscal, otra del querellante particular o diversas calificaciones de querellantes de esta clase, se preguntará al procesado si se confiesa reo del delito, según la calificación más grave, y civilmente responsable por la cantidad mayor que se hubiese fijado [922].

690. Si fueren más de uno los delitos imputados al procesado en el escrito de calificación, se le harán las mismas preguntas respecto de cada cual [923].

---

[920] Dada nueva redacción por art. 20 apartado 5 de Ley Orgánica 1/2025 de 2 de enero de 2025, con vigencia desde 03/04/2025
[921] Véanse arts. 32 y ss CP
[922] Véase art. 305 LOPM
[923] Véase art. 306 LOPM

691. Si los procesados fueren varios, se preguntará a cada uno sobre la participación que se le haya atribuido [924].

692. Imputándose en la calificación responsabilidad civil a cualquiera otra persona, comparecerá también ante el Tribunal y declarará si se conforma con las conclusiones de la calificación que le interesen [925].

693. El Presidente hará las preguntas mencionadas en los artículos anteriores con toda claridad y precisión, exigiendo contestación categórica [926].

694. Si en la causa no hubiere más que un procesado y contestare afirmativamente, el Presidente del Tribunal preguntará al defensor si considera necesaria la continuación del juicio oral. Si éste contestare negativamente, el Tribunal procederá a dictar sentencia en los términos expresados en el artículo 655 [927].

695. Si confesare su responsabilidad criminal, pero no la civil, o aun aceptando ésta, no se conformare con la cantidad fijada en la calificación, el Tribunal mandará que continúe el juicio.

Pero en este último caso, la discusión y la producción de pruebas se concretarán al extremo relativo a la responsabilidad civil que el procesado no hubiese admitido de conformidad con las conclusiones de la calificación.

Terminado el acto, el Tribunal dictará sentencia [928].

---

[924] Véase art. 306 LOPM
[925] Véase art. 306.2 LOPM
[926] Véase art. 307.1 LOPM
[927] Véase art. 307.1 LOPM
[928] Véase art. 307.2 LOPM

696. Si el procesado no se confesare culpable del delito que le fuere atribuido en la calificación, o su defensor considerase necesaria la continuación del juicio, se procederá a la celebración de éste [929].

697. Cuando fueren varios los procesados en una misma causa, se procederá conforme a lo dispuesto en el artículo 694 si todos se confiesan reos del delito o delitos que les hayan sido atribuidos en los escritos de calificación, y reconocen la participación que en las conclusiones se les haya señalado, a no ser que sus defensores consideren necesaria la continuación del juicio.

Si cualquiera de los procesados no se confiesa reo del delito que se le haya imputado en la calificación, o su defensor considera necesaria la continuación del juicio, se procederá con arreglo a lo dispuesto en el artículo anterior.

Si el disentimiento fuere tan sólo respecto de la responsabilidad civil, continuará el juicio en la forma y para los efectos determinados en el artículo 695 [930].

698. Se continuará también el juicio cuando el procesado o procesados no quieran responder a las preguntas que les hiciere el Presidente [931].

699. De igual modo se procederá si en el sumario no hubiese sido posible hacer constar la existencia del cuerpo del delito cuando, de haberse éste cometido, no pueda menos de existir aquél, aunque hayan prestado su conformidad el procesado o procesados y sus defensores.

700. Cuando el procesado o procesados hayan confesado su responsabilidad de acuerdo con las conclusiones de la calificación, y sus defensores no consideren necesaria la continuación del juicio, pero la persona a quien sólo se hubiere atribuido responsabilidad civil no haya comparecido ante el Tribunal, o en su declaración no se conformase

---

[929] Véase art. 307.3 LOPM
[930] Véase art. 307.4 LOPM
[931] Véase art. 308 LOPM

con las conclusiones del escrito de calificación a ella referentes, se procederá con arreglo a lo dispuesto en el artículo 695.

Si habiendo comparecido se negase a contestar a las preguntas del Presidente, le apercibirá éste con declararle confeso.

Si persistiere en su negativa, se le declarará confeso, y la causa se fallará de conformidad con lo dispuesto en el artículo 694.

Lo mismo se hará cuando el procesado, después de haber confesado su responsabilidad criminal, se negare a contestar sobre la civil [932].

SECCIÓN SEGUNDA
Del examen de los testigos

701. [933] [934]

Cuando el juicio deba continuar, por falta de conformidad de los acusados con la acusación, se procederá del modo siguiente: Se dará cuenta del hecho que haya motivado la formación del sumario y del día en que éste se comenzó a instruir, expresando además si el procesado está en prisión o en libertad provisional, con o sin fianza. Se dará lectura a los escritos de calificación y a las listas de peritos y testigos que se hubiesen presentado oportunamente, haciendo relación de las pruebas propuestas y admitidas. Acto continuo se pasará a la práctica de las diligencias de prueba y al examen de los testigos, empezando por la que hubiere ofrecido el Ministerio Fiscal, continuando con la propuesta por los demás actores, y por último con la de los procesados.

Las pruebas de cada parte se practicarán según el orden con que hayan sido propuestas en el escrito correspondiente. Los testigos serán examinados también por el orden con que figuren sus nombres en las listas. No obstante lo anterior, si a propuesta de su defensa el acusado solicitara declarar en último lugar, el Presidente así lo acordará expresamente. Sin perjuicio de lo previsto en el párrafo anterior, el Presidente, podrá alterar el orden a instancia de parte y aun de oficio cuando así lo considere conveniente para el mayor esclarecimiento

---

[932] Véase art. 309 LOPM

[933] Dada nueva redacción por art. 20 apartado 6 de Ley Orgánica 1/2025 de 2 de enero de 2025, con vigencia desde 03/04/2025

[934] Véase art. 311.6 LOPM

de los hechos o para el más seguro descubrimiento de la verdad, sin revocar el derecho del acusado a testificar en último lugar.

702. [935] Todos los que, con arreglo a lo dispuesto en los artículos 410 a 412 inclusive están obligados a declarar, lo harán concurriendo ante el Tribunal, sin otra excepción que las personas mencionadas en el apartado 1 del artículo 412, las cuales podrán hacerlo por escrito [936].

703. [937] Sin embargo de lo dispuesto en el artículo anterior, si las personas mencionadas en el apartado 2 del artículo 412 hubieren tenido conocimiento por razón de su cargo de los hechos de que se trate, podrán consignarlo por medio de informe escrito, del que se dará lectura inmediatamente antes de proceder al examen de los demás testigos.

No obstante lo anterior, tratándose de los supuestos previstos en los apartados 3 y 5 del artículo 412, la citación como testigos de las personas a que los mismos se refieren se hará de manera que no perturbe el adecuado ejercicio de sus cargos [938].

703 bis. [939] Cuando en fase de instrucción, en aplicación de lo dispuesto en el artículo 449 bis y siguientes, se haya practicado como prueba preconstituida la declaración de un testigo, se procederá, a instancia de la parte interesada, a la reproducción en la vista de la grabación audiovisual, de conformidad con el artículo 730.2, sin que sea necesaria la presencia del testigo en la vista.

En los supuestos previstos en el artículo 449 ter, la autoridad judicial solo podrá acordar la intervención del testigo en el acto del juicio, con carácter excepcional, cuando sea interesada por alguna de las partes y considerada necesaria en resolución motivada, asegurando

---

[935] Dada nueva redacción por art. único de Ley Orgánica 12/1991 de 10 de julio de 1991, con vigencia desde 31/07/1991

[936] Véase art. 415 de la presente Ley

[937] Dada nueva redacción por art. único de Ley Orgánica 12/1991 de 10 de julio de 1991, con vigencia desde 31/07/1991

[938] Véase art. 400 LOPJ y art. 415 de la presente Ley

[939] Añadido por disposición final 1 apartado 10 de Ley Orgánica 8/2021 de 4 de junio de 2021, con vigencia desde 25/06/2021

que la grabación audiovisual cuenta con los apoyos de accesibilidad cuando el testigo sea una persona con discapacidad.

En todo caso, la autoridad judicial encargada del enjuiciamiento, a instancia de parte, podrá acordar su intervención en la vista cuando la prueba preconstituida no reúna todos los requisitos previstos en el artículo 449 bis y cause indefensión a alguna de las partes.

704. Los testigos que hayan de declarar en el juicio oral permanecerán, hasta que sean llamados a prestar sus declaraciones, en un local a propósito, sin comunicación con los que ya hubiesen declarado, ni con otra persona.

705. El Presidente mandará que entren a declarar uno a uno, por el orden mencionado en el artículo 701.

706. Hallándose presente el testigo mayor de catorce años ante el Tribunal, el Presidente le recibirá juramento en la forma establecida en el artículo 434.

707. [940] Todos los testigos están obligados a declarar lo que supieren sobre lo que les fuere preguntado, con excepción de las personas expresadas en los artículos 416, 417 y 418, en sus respectivos casos.

Fuera de los casos previstos en el artículo 703 bis, cuando una persona menor de dieciocho años o una persona con discapacidad necesitada de especial protección deba intervenir en el acto del juicio, su declaración se llevará a cabo, cuando resulte necesario para impedir o reducir los perjuicios que para ella puedan derivar del desarrollo del proceso o de la práctica de la diligencia, evitando la confrontación visual con la persona inculpada. Con este fin podrá ser utilizado cualquier medio técnico que haga posible la práctica de esta prueba, incluyéndose la posibilidad de que los testigos puedan ser oídos sin

---

[940] Dada nueva redacción por disposición final 1 apartado 19 de Ley 4/2015 de 27 de abril de 2015, con vigencia desde 28/10/2015

estar presentes en la sala mediante la utilización de tecnologías de la comunicación accesible [941] . [942]

Estas medidas serán igualmente aplicables a las declaraciones de las víctimas cuando de su evaluación inicial o posterior derive la necesidad de estas medidas de protección.

708. El Presidente preguntará al testigo acerca de las circunstancias expresadas en el primer párrafo del artículo 436, después de lo cual la parte que le haya presentado podrá hacerle las preguntas que tenga por conveniente. Las demás partes podrán dirigirle también las preguntas que consideren oportunas y fueren pertinentes en vista de sus contestaciones.

El Presidente, por sí o a excitación de cualquiera de los miembros del Tribunal, podrá dirigir a los testigos las preguntas que estime conducentes para depurar los hechos sobre los que declaren.

709. [943] El Presidente no permitirá que el testigo conteste a preguntas o repreguntas capciosas, sugestivas o impertinentes.

El Presidente podrá adoptar medidas para evitar que se formulen a la víctima preguntas innecesarias relativas a la vida privada, en particular a la intimidad sexual, que no tengan relevancia para el hecho delictivo enjuiciado, salvo que, excepcionalmente y teniendo en cuenta las circunstancias particulares del caso, el Presidente considere que sean pertinentes y necesarias. Si esas preguntas fueran formuladas, el Presidente no permitirá que sean contestadas. [944]

---

[941] Véanse Instrucción 3/2002, de 1 de marzo, de la Fiscalía General del Estado, sobre actos procesales que pueden celebrarse a través de videoconferencia y Circular 3/2009, de 10 de noviembre, sobre protección de los menores víctimas y testigos

[942] Dada nueva redacción párrafo 2 por disposición final 1 apartado 11 de Ley Orgánica 8/2021 de 4 de junio de 2021, con vigencia desde 25/06/2021

[943] Dada nueva redacción por disposición final 1 apartado 20 de Ley 4/2015 de 27 de abril de 2015, con vigencia desde 28/10/2015

[944] Dada nueva redacción párrafo 2 por disposición final 1 apartado 5 de Ley Orgánica 10/2022 de 6 de septiembre de 2022, con vigencia desde 07/10/2022

Contra la resolución que sobre este extremo adopte podrá interponerse en su día el recurso de casación, si se hiciere en el acto la correspondiente protesta [945].

En este caso, constará en el acta la pregunta o repregunta a que el Presidente haya prohibido contestar [946].

710. Los testigos expresarán la razón de su dicho y, si fueren de referencia, precisarán el origen de la noticia, designando con su nombre y apellido, o con las señas con que fuere conocida, a la persona que se la hubiere comunicado [947].

711. Los testigos sordomudos o que no conozcan el idioma español serán examinados del modo prescrito en los artículos 440, párrafo 1º del 441 y 442 [948].

712. Podrán las partes pedir que el testigo reconozca los instrumentos o efectos del delito o cualquiera otra pieza de convicción [949].

713. [950] En los careos del testigo con los procesados o de los testigos entre sí no permitirá el Presidente que medien insultos ni amenazas, limitándose la diligencia a dirigirse los careados los cargos y hacerse las observaciones que creyeren convenientes para ponerse de acuerdo y llegar a descubrir la verdad [951].

No se practicarán careos con testigos que sean menores de edad salvo que el Juez o Tribunal lo considere imprescindible y no lesivo para el interés de dichos testigos, previo informe pericial.

---

[945] Véanse arts. 439, 721 y 850.4 de la presente Ley

[946] Véanse arts. 439, 719 y 721 de la presente Ley

[947] Véase art. 813 de la presente Ley

[948] Véase art. 762.8 de la presente Ley

[949] Véase art. 438 de la presente Ley

[950] Añadido por art. 3 de Ley Orgánica 14/1999 de 9 de junio de 1999, con vigencia desde 10/06/1999

[951] Véanse arts. 451 a 455 y 797.1.7 de la presente Ley

714. Cuando la declaración del testigo en el juicio oral no sea conforme en lo sustancial con la prestada en el sumario podrá pedirse la lectura de ésta por cualquiera de las partes.

Después de leída, el Presidente invitará al testigo a que explique la diferencia o contradicción que entre sus declaraciones se observe.

715. Siempre que los testigos que hayan declarado en el sumario comparezcan a declarar también sobre los mismos hechos en el juicio oral, sólo habrá lugar a mandar proceder contra ellos como presuntos autores del delito de falso testimonio y cuando éste sea dado en dicho juicio.

Fuera del caso previsto en el párrafo anterior, en los demás podrá exigirse a los testigos la responsabilidad en que incurran, con arreglo a las disposiciones del Código Penal [952].

716. El testigo que se niegue a declarar incurrirá en la multa de 200 a 5.000 euros, que se impondrá en el acto. [953]

Si a pesar de esto persiste en su negativa, se procederá contra él como autor del delito de desobediencia grave a la Autoridad [954].

717. Las declaraciones de las Autoridades y funcionarios de Policía Judicial tendrán el valor de declaraciones testificales, apreciables como éstas según las reglas del criterio racional [955].

718. Cuando el testigo no hubiere comparecido por imposibilidad y el Tribunal considere de importancia su declaración para el éxito del juicio, el Presidente designará a uno de los individuos del mismo para que, constituyéndose en la residencia del testigo, si la tuviere en el lugar del juicio, puedan las partes hacerle las preguntas que consideren oportunas.

---

[952] Véanse arts. 458 a 462 CP

[953] Dada nueva redacción párrafo 1 por art. 4 apartado 3 de Ley 38/2002 de 24 de octubre de 2002, con vigencia desde 28/04/2003

[954] Véase art. 556 CP

[955] Véase art. 297 de la presente Ley

El Secretario extenderá diligencia, haciendo constar las preguntas y repreguntas que se hayan hecho al testigo, las contestaciones de éste y los incidentes que hubieren ocurrido en el acto [956].

719. Si el testigo imposibilitado de concurrir a la sesión no residiere en el punto en que la misma se celebre, el Secretario Judicial librará exhorto o mandamiento para que sea examinado ante el Juez correspondiente, con sujeción a las prescripciones contenidas en esta sección. [957]

Cuando la parte o las partes prefieran que en el exhorto o mandamiento se consignen por escrito las preguntas o repreguntas, el Presidente accederá a ello si no fueren capciosas, sugestivas o impertinentes [958].

720. Lo dispuesto en los artículos anteriores tendrá también aplicación al caso en que el Tribunal ordene que el testigo declare o practique cualquier reconocimiento en un lugar determinado fuera de aquél en que se celebre la audiencia.

721. Cuando se desestime cualquiera pregunta por capciosa, sugestiva o impertinente en los casos de los tres artículos anteriores, podrá prepararse el recurso de casación del modo prescrito en el artículo 709 [959].

722. Los testigos que comparezcan a declarar ante el Tribunal tendrán derecho a una indemnización, si la reclamaren.

El Secretario Judicial la fijará el mediante decreto, teniendo en cuenta únicamente los gastos del viaje y el importe de los jornales

---

[956] Véase art. 746.3 de la presente Ley

[957] Dada nueva redacción párrafo 1 por art. 2 apartado 92 de Ley 13/2009 de 3 de noviembre de 2009, con vigencia desde 04/05/2010

[958] Véanse arts. 183 y ss, 422, 423, 427 y 428 de la presente Ley

[959] Véase art. 850.4 de la presente Ley

perdidos por el testigo con motivo de su comparecencia para declarar [960] . [961]

SECCIÓN TERCERA
Del informe pericial [962]

723. Los peritos podrán ser recusados por las causas y en la forma prescritas en los artículos 468, 469 y 470.

La sustanciación de los incidentes de recusación tendrá lugar precisamente en el tiempo que media desde la admisión de las pruebas propuestas por las partes hasta la apertura de las sesiones [963] .

724. Los peritos que no hayan sido recusados serán examinados juntos cuando deban declarar sobre unos mismos hechos y contestarán a las preguntas y repreguntas que las partes les dirijan [964] .

725. Si para contestarlas considerasen necesaria la práctica de cualquier reconocimiento harán éste acto continuo, en el local de la misma audiencia si fuere posible.

En otro caso se suspenderá la sesión por el tiempo necesario, a no ser que puedan continuar practicándose otras diligencias de prueba entre tanto que los peritos verifican el reconocimiento [965] .

---

[960] Véase art. 17.1 LOPJ y art. 465 de la presente Ley

[961] Dada nueva redacción párrafo 2 por art. 2 apartado 93 de Ley 13/2009 de 3 de noviembre de 2009, con vigencia desde 04/05/2010

[962] Véase LO 19/1994, de 23 de diciembre, de protección a testigos y peritos en causas criminales; arts. 458 a 462 CP y art. 788.2 de la presente Ley

[963] Véanse arts. 662 y 663 de la presente Ley

[964] Véase art. 311.5 LOPM

[965] Véase art. 746 de la presente Ley

SECCIÓN CUARTA
De la prueba documental y de la inspección ocular

726. El Tribunal examinará por sí mismo los libros, documentos, papeles y demás piezas de convicción que puedan contribuir al esclarecimiento de los hechos o a la más segura investigación de la verdad [966].

727. Para la prueba de inspección ocular que no se haya practicado antes de la apertura de las sesiones, si el lugar que deba ser inspeccionado se hallare en la capital, se constituirá en él el Tribunal con las partes, y el Secretario extenderá diligencia expresiva del lugar o cosa inspeccionada, haciendo constar en ella las observaciones de las partes y demás incidentes que ocurran.

Si el lugar estuviere fuera de la capital, se constituirá en él con las partes el individuo del Tribunal que el Presidente designe, practicándose las diligencias en la forma establecida en el párrafo anterior.

En todo lo demás se estará, en cuanto fuere necesario, a lo dispuesto en el Título V del Capítulo I del Libro II [967].

SECCIÓN QUINTA
Disposiciones comunes a las cuatro secciones anteriores

728. No podrán practicarse otras diligencias de prueba que las propuestas por las partes, ni ser examinados otros testigos que los comprendidos en las listas presentadas.

729. Se exceptúan de lo dispuesto en el artículo anterior:

1º) Los careos de los testigos entre sí o con los procesados o entre éstos, que el Presidente acuerde de oficio, o a propuesta de cualquiera de las partes [968].

---

[966] Véase art. 46.2 LOTJ
[967] Véase art. 46.3 LOTJ y arts. 326 a 333 de la presente Ley
[968] Véase art. 713 de la presente Ley

2º) Las diligencias de prueba no propuestas por ninguna de las partes, que el Tribunal considere necesarias para la comprobación de cualquiera de los hechos que hayan sido objeto de los escritos de calificación.

3º) Las diligencias de prueba de cualquiera clase que en el acto ofrezcan las partes para acreditar alguna circunstancia que pueda influir en el valor probatorio de la declaración de un testigo, si el Tribunal las considera admisibles.

730. [969] 1. Podrán también leerse o reproducirse a instancia de cualquiera de las partes las diligencias practicadas en el sumario, que, por causas independientes de la voluntad de aquellas, no puedan ser reproducidas en el juicio oral.

2. A instancia de cualquiera de las partes, se podrá reproducir la grabación audiovisual de la declaración de la víctima o testigo practicada como prueba preconstituida durante la fase de instrucción conforme a lo dispuesto en el artículo 449 bis.

731. El Tribunal adoptará las disposiciones convenientes para evitar que los procesados que se hallen en libertad provisional se ausenten o dejen de comparecer a las sesiones desde que éstas den principio hasta que se pronuncie la sentencia.

731 bis. [970] El Tribunal, de oficio o a instancia de parte, por razones de utilidad, seguridad o de orden público, así como en aquellos supuestos en que la comparecencia de quien haya de intervenir en cualquier tipo de procedimiento penal como imputado, testigo, perito, o en otra condición resulte gravosa o perjudicial, y, especialmente, cuando se trate de un menor, podrá acordar que su actuación se realice a través de videoconferencia u otro sistema similar que permita la comunicación bidireccional y simultánea de la imagen y el sonido, de

---

[969] Dada nueva redacción por disposición final 1 apartado 12 de Ley Orgánica 8/2021 de 4 de junio de 2021, con vigencia desde 25/06/2021

[970] Dada nueva redacción por disposición final 1 apartado 4 de Ley Orgánica 8/2006 de 4 de diciembre de 2006, con vigencia desde 06/12/2006

acuerdo con lo dispuesto en el apartado 3 del artículo 229 de la Ley Orgánica del Poder Judicial [971].

CAPÍTULO IV
De la acusación, de la defensa y de la sentencia

732. Practicadas las diligencias de la prueba, las partes podrán modificar las conclusiones de los escritos de calificación.

En este caso formularán por escrito las nuevas conclusiones y las entregarán al Presidente del Tribunal.

Las conclusiones podrán formularse en forma alternativa, según lo dispuesto en el artículo 653 [972].

733. Si juzgando por el resultado de las pruebas entendiere el Tribunal que el hecho justiciable ha sido calificado con manifiesto error, podrá el Presidente emplear la siguiente fórmula:

«Sin que sea visto prejuzgar el fallo definitivo sobre las conclusiones de la acusación y la defensa, el Tribunal desea que el Fiscal y los defensores del procesado (o los defensores de las partes cuando fueren varias) le ilustren acerca de si el hecho justiciable constituye el delito de... o si existe la circunstancia eximente de responsabilidad a que se refiere el núm... del art... del Código Penal.»

Esta facultad excepcional, de que el Tribunal usará con moderación, no se extiende a las causas por delitos que sólo pueden perseguirse a instancia de parte, ni tampoco es aplicable a los errores que hayan podido cometerse en los escritos de calificación, así respecto a la apreciación de las circunstancias atenuantes y agravantes, como en cuanto a la participación de cada uno de los procesados en la ejecución del delito público que sea materia del juicio.

---

[971] Véanse Instrucción 3/2002, de 1 de marzo, de la Fiscalía General del Estado, sobre actos procesales que pueden celebrarse a través de videoconferencia y Circular 3/2009, de 10 de noviembre, sobre protección de los menores víctimas y testigos

[972] Véase art. 48.1 LOTJ y art. 788.3 de la presente Ley

Si el Fiscal o cualquiera de los defensores de las partes indicaren que no están suficientemente preparados para discutir la cuestión propuesta por el Presidente, se suspenderá la sesión hasta el siguiente día [973].

734. Llegado el momento de informar, el Presidente concederá la palabra al Fiscal si fuere parte en la causa, y después al defensor del acusador particular, si le hubiere.

En sus informes expondrán éstos los hechos que consideren probados en el juicio, su calificación legal, la participación que en ellos hayan tenido los procesados y la responsabilidad civil que hayan contraído los mismos u otras personas, así como las cosas que sean su objeto, o la cantidad en que deban ser reguladas cuando los informantes o sus representados ejerciten también la acción civil [974].

735. El Presidente concederá después la palabra al defensor del actor civil si lo hubiere, quien limitará su informe a los puntos concernientes a la responsabilidad civil [975].

736. En seguida dará la palabra a los defensores de los procesados, y después de ellos a los de las personas civilmente responsables, si no se defendieren bajo una sola representación con aquéllos [976].

737. Los informes de los defensores de las partes se acomodarán a las conclusiones que definitivamente hayan formulado, y en su caso a la propuesta por el Presidente del Tribunal con arreglo a lo dispuesto en el artículo 733.

738. Después de estos informes sólo será permitido a las partes la rectificación de hechos y conceptos [977].

---

[973] Véanse arts. 142.3 y 737 de la presente Ley
[974] Véase art. 49 LOTJ y art. 314 LOPM
[975] Véase art. 850.2 de la presente Ley
[976] Véase art. 316 LOPM
[977] Véase art. 317 LOPM

739. Terminadas la acusación y la defensa, el Presidente preguntará a los procesados si tienen algo que manifestar al Tribunal.

Al que contestare afirmativamente, le será concedida la palabra.

El Presidente cuidará de que los procesados al usarla no ofendan la moral ni falten al respeto debido al Tribunal ni a las consideraciones correspondientes a todas las personas, y que se ciñan a lo que sea pertinente, retirándoles la palabra en caso necesario [978].

740. Después de hablar los defensores de las partes y los procesados en su caso, el Presidente declarará concluso el juicio para sentencia [979].

741. El Tribunal, apreciando, según su conciencia las pruebas practicadas en el juicio, las razones expuestas por la acusación y la defensa y lo manifestado por los mismos procesados, dictará sentencia dentro del término fijado en esta Ley.

Siempre que el Tribunal haga uso del libre arbitrio que para la calificación del delito o para la imposición de la pena le otorga el Código Penal, deberá consignar si ha tomado en consideración los elementos de juicio que el precepto aplicable de aquél obligue a tener en cuenta [980]. [981]

742. En la sentencia se resolverán todas las cuestiones que hayan sido objeto del juicio, condenando o absolviendo a los procesados, no sólo por el delito principal y sus conexos, sino también por las faltas incidentales de que se haya conocido en la causa, sin que pueda el Tribunal emplear en este estado la fórmula del sobreseimiento respecto de los acusados a quienes crea que no debe condenar.

También se resolverán en la sentencia todas las cuestiones referentes a la responsabilidad civil que hayan sido objeto del juicio.

---

[978] Véase art. 318 LOPM

[979] Véase art. 319 LOPM

[980] Véase art. 248.3 LOPJ; art. 322 LOPM; art. 70 LOTJ; y arts. 142, 203, 789.1 y 2, 802.3 y 973 de la presente Ley

[981] Añadido párrafo 2 por art. único de Real Decreto-Ley de 8 de septiembre de 1928, con vigencia desde 01/01/1929

Lo dispuesto en el párrafo quinto del artículo 635 sobre el destino de las piezas de convicción que entrañen, por su naturaleza, algún peligro grave para los intereses que en el mismo se expresan, será aplicable a las sentencias absolutorias. [982]

El Secretario Judicial notificará la sentencia por escrito a los ofendidos y perjudicados por el delito, aunque no se hayan mostrado parte en la causa [983] . [984]

743. [985] 1. El desarrollo de las sesiones del juicio oral y resto de actuaciones orales se documentarán conforme a lo preceptuado en los artículos 146 y 147 de la Ley de Enjuiciamiento Civil. La oficina judicial deberá asegurar la correcta incorporación de la grabación al expediente judicial electrónico. Si los sistemas no proveen expediente judicial electrónico, el letrado o letrada de la Administración de Justicia deberá custodiar el documento electrónico que sirva de soporte a la grabación.

Las partes podrán pedir a su costa copia o, en su caso, acceso electrónico de las grabaciones originales. [986]

2. Siempre que se cuente con los medios tecnológicos necesarios, estos garantizarán la autenticidad e integridad de lo grabado o reproducido. A tal efecto, el letrado o letrada de la Administración de Justicia hará uso de la firma electrónica u otro sistema de seguridad que conforme a la ley ofrezca tales garantías. En este caso, la celebración del acto no requerirá la presencia en la sala del letrado o letrada de la Administración de Justicia salvo que lo hubieran solicitado las partes, al menos dos días antes de la celebración de la vista, o que excepcionalmente lo considere necesario el letrado o letrada de la Administración de Justicia atendiendo a la complejidad del asunto, al número y naturaleza de las pruebas a practicar, al número de

---

[982] Añadido párrafo 3 por art. 2 de Ley 3/1967 de 8 de abril de 1967, con vigencia desde 01/05/1967

[983] Véase art. 218 LEC y arts. 789.3 y 851.3 de la presente Ley

[984] Añadido párrafo 4 por art. 2 apartado 94 de Ley 13/2009 de 3 de noviembre de 2009, con vigencia desde 04/05/2010

[985] Dada nueva redacción por art. 2 apartado 95 de Ley 13/2009 de 3 de noviembre de 2009, con vigencia desde 04/05/2010

[986] Dada nueva redacción apartado 1 por art. 101 apartado 9 de Real Decreto-Ley 6/2023 de 19 de diciembre de 2023, con vigencia desde 20/03/2024

intervinientes, a la posibilidad de que se produzcan incidencias que no pudieran registrarse, o a la concurrencia de otras circunstancias igualmente excepcionales que lo justifiquen. En estos casos, el letrado o letrada de la Administración de Justicia extenderá acta sucinta en los términos previstos. [987]

3. Si los mecanismos de garantía previstos en el apartado anterior no se pudiesen utilizar el Secretario Judicial deberá consignar en el acta, al menos, los siguientes datos: número y clase de procedimiento; lugar y fecha de celebración; tiempo de duración, asistentes al acto; peticiones y propuestas de las partes; en caso de proposición de pruebas, declaración de pertinencia y orden en la práctica de las mismas; resoluciones que adopte el Juez o Tribunal; así como las circunstancias e incidencias que no pudieran constar en aquel soporte.

4. Cuando los medios de registro previstos en este artículo no se pudiesen utilizar por cualquier causa, el Secretario Judicial extenderá acta de cada sesión, recogiendo en ella, con la extensión y detalle necesarios, el contenido esencial de la prueba practicada, las incidencias y reclamaciones producidas y las resoluciones adoptadas.

5. El acta prevista en los apartados 3 y 4 de este artículo, se extenderá por procedimientos informáticos, sin que pueda ser manuscrita más que en las ocasiones en que la sala en que se esté celebrando la actuación carezca de medios informáticos. En estos casos, al terminar la sesión el Secretario Judicial leerá el acta, haciendo en ella las rectificaciones que las partes reclamen, si las estima procedentes. Este acta se firmará por el Presidente y miembros del Tribunal, por el Fiscal y por los defensores de las partes.

---

[987] Dada nueva redacción apartado 2 por art. 101 apartado 9 de Real Decreto-Ley 6/2023 de 19 de diciembre de 2023, con vigencia desde 20/03/2024

CAPÍTULO V
De la suspensión del juicio oral [988]

744. Abierto el juicio oral, continuará durante todas las sesiones consecutivas que sean necesarias hasta su conclusión [989].

745. No obstante lo dispuesto en el artículo anterior, el Presidente del Tribunal podrá suspender la apertura de las sesiones cuando las partes, por motivos independientes de su voluntad, no tuvieren preparadas las pruebas ofrecidas en sus respectivos escritos [990].

746. [991] Procederá además la suspensión del juicio oral en los casos siguientes:

1.º Cuando el Tribunal tuviere que resolver durante los debates alguna cuestión incidental que por cualquier causa fundada no pueda decidirse en el acto.

2.º Cuando con arreglo a este Código el Tribunal o alguno de sus individuos tuviere que practicar alguna diligencia fuera del lugar de las sesiones y no pudiere verificarse en el tiempo intermedio entre una y otra sesión.

3.º Cuando no comparezcan los testigos de cargo y de descargo ofrecidos por las partes y el Tribunal considere necesaria la declaración de los mismos.

Podrá, sin embargo, el Tribunal acordar en este caso la continuación del juicio y la práctica de las demás pruebas; y después que se hayan hecho, suspenderlo hasta que comparezcan los testigos ausentes.

Si la no comparecencia del testigo fuere por el motivo expuesto en el artículo 718, se procederá como se determina en el mismo y en los dos siguientes.

4.º Cuando algún miembro del Tribunal, el Fiscal o el defensor de cualquiera de las partes, enfermare repentinamente hasta el punto

---

[988] Véase art. 47 LOTJ
[989] Véase art. 47 LOTJ y art. 296 LOPM
[990] Véase art. 297.1 LOPM
[991] Dada nueva redacción por art. 223 apartado 1 de Real Decreto-Ley 5/2023 de 28 de junio de 2023, con vigencia desde 29/07/2023

de que no pueda continuar tomando parte en el juicio ni pueda ser reemplazado este último sin grave inconveniente para la defensa del interesado.

Lo mismo se aplicará, en el caso del defensor de cualquiera de las partes, en los supuestos de fallecimiento u hospitalización o intervención quirúrgica por causa grave, de un familiar hasta el segundo grado por consanguinidad o afinidad.

5.º Cuando alguno de los procesados se halle en el caso del número anterior, en términos de que no pueda estar presente en el juicio.

La suspensión no se acordará por esta causa sino después de haber oído a los facultativos nombrados de oficio para el reconocimiento del enfermo.

6.º Cuando revelaciones o retractaciones inesperadas produzcan alteraciones sustanciales en los juicios, haciendo necesarios nuevos elementos de prueba o alguna sumaria instrucción suplementaria.

No se suspenderá el juicio por la enfermedad o incomparecencia de alguno de los procesados citados personalmente, siempre que el Tribunal estimare, con audiencia de las partes y haciendo constar en el acta del juicio las razones de la decisión, que existen elementos suficientes para juzgarles con independencia. [992]

Cuando el procesado sea una persona jurídica, se estará a lo dispuesto en el artículo 786 bis de esta Ley.

7.º Si se trata de un proceso en el que la persona profesional de la abogacía ha sido designada por el turno de oficio, solo se suspenderá el procedimiento por el tiempo que demore el Colegio profesional correspondiente en proveer la designación de nuevo profesional para evitar causar indefensión a la parte. Si la suspensión se solicita por haberse producido o iniciado el parto de manera repentina, o sin tiempo suficiente como para que otro abogado o abogada pueda hacerse cargo del asunto y prepararlo, se suspenderá el señalamiento por el tiempo mínimo imprescindible en atención a su complejidad.

747. En los casos 1º, 2º, 4º y 5º del artículo anterior, el Tribunal podrá decretar de oficio la suspensión. En los demás casos la decretará, siendo procedente, a instancia de parte.

---

[992] Véase art. 463 CP y art. 297 LOPM

748. En los autos de suspensión que se dicten se fijará el tiempo de la suspensión, si fuere posible, y se determinará lo que corresponda para la continuación del juicio.

Contra estos autos no se dará recurso alguno [993].

749. [994] Cuando por razón de los casos previstos en los números 4º y 5º del artículo 746 haya de prolongarse indefinidamente la suspensión del juicio, o por un tiempo demasiado largo, se declarará sin efecto la parte del juicio celebrada.

Lo mismo podrá acordar el Tribunal en el caso del número 6º, si la preparación de los elementos de prueba o la sumaria instrucción suplementaria exigiere algún tiempo.

En ambos casos, el Secretario Judicial señalará día para nuevo juicio cuando desaparezca la causa de la suspensión o puedan ser reemplazadas las personas reemplazables [995].

LIBRO IV
DE LOS PROCEDIMIENTOS ESPECIALES

TÍTULO PRIMERO
Del modo de proceder cuando fuere procesado un Senador o Diputado a Cortes [996]

750. El Juez o Tribunal que encuentre méritos para procesar a un Senador o Diputado a Cortes por causa de delito, se abstendrá de dirigir el procedimiento contra él si las Cortes estuvieren abiertas,

---

[993] Véase art. 293.1 LOPM

[994] Dada nueva redacción por art. 2 apartado 96 de Ley 13/2009 de 3 de noviembre de 2009, con vigencia desde 04/05/2010

[995] Véase art. 298.2 LOPM

[996] Véase art. 71 CE; arts. 57.1.2 y 73.3.a LOPJ; art. 501 CP; arts. 10 a 14 del Reglamento del Congreso de los Diputados, de 10 de febrero de 1982, y arts. 21 y 22 del Reglamento del Senado, texto refundido de 3 de mayo de 1994

hasta obtener la correspondiente autorización del Cuerpo Colegislador a que pertenezca [997].

751. Cuando el Senador o Diputado a Cortes fuere delincuente "in fraganti" podrá ser detenido y procesado sin la autorización a que se refiere el artículo anterior; pero en las veinticuatro horas siguientes a la detención o procesamiento deberá ponerse lo hecho en conocimiento del Cuerpo Colegislador a que corresponda.

Se pondrá también en conocimiento del Cuerpo Colegislador respectivo la causa que existiere pendiente contra el que, estando procesado, hubiese sido elegido Senador o Diputado a Cortes [998].

752. Si un Senador o Diputado a Cortes fuese procesado durante un interregno parlamentario, deberá el Juez o Tribunal que conozca de la causa ponerlo inmediatamente en conocimiento del respectivo Cuerpo Colegislador.

Lo mismo se observará cuando haya sido procesado un Senador o Diputado a Cortes electo antes de reunirse éstas.

753. [999] En todo caso, se suspenderán por el Secretario Judicial los procedimientos desde el día en que se dé conocimiento a las Cortes, estén o no abiertas, permaneciendo las cosas en el estado en que entonces se hallen, hasta que el Cuerpo Colegislador respectivo resuelva lo que tenga por conveniente.

754. Si el Senado o el Congreso negasen la autorización pedida, se sobreseerá respecto al Senador o Diputado a Cortes; pero continuará la causa contra los demás procesados [1000].

755. La autorización se pedirá en forma de suplicatorio, remitiendo con éste, y con el carácter de reservado, el testimonio de los car-

---

[997] Véase art. 71.1 y 3 CE

[998] Véase art. 71.2 CE y art. 309 de la presente Ley

[999] Dada nueva redacción por art. 2 apartado 97 de Ley 13/2009 de 3 de noviembre de 2009, con vigencia desde 04/05/2010

[1000] Véase art. 14 Reglamento del Congreso de los Diputados, de 10 de febrero de 1982; y art. 22 Reglamento del Senado, texto refundido de 3 de mayo de 1994 gos que resulten contra el Senador o Diputado, con inclusión de los dictámenes del Fiscal y de las peticiones particulares en que se haya solicitado la autorización.

756. El suplicatorio se remitirá por conducto del Ministro de Gracia y Justicia.

TÍTULO II
Del procedimiento abreviado [1001] [1002]

CAPÍTULO PRIMERO
Disposiciones generales [1003]

757. [1004] Sin perjuicio de lo establecido para los procesos especiales, el procedimiento regulado en este Título se aplicará al enjuiciamiento de los delitos castigados con pena privativa de libertad no superior a nueve años, o bien con cualesquiera otras penas de distinta naturaleza bien sean únicas, conjuntas o alternativas, cualquiera que sea su cuantía o duración [1005].

[1001] Véase Ley 38/2002, de 24 de octubre, de reforma parcial de la Ley de Enjuiciamiento Criminal, sobre procedimiento para el enjuiciamiento rápido e inmediato de determinados delitos y faltas, y de modificación del procedimiento abreviado; y Circular 1/2003, de 7 de abril, sobre procedimiento para el enjuiciamiento rápido e inmediato de determinados delitos y faltas y de modificación del procedimiento abreviado

[1002] Añadido por art. 1 de Ley 38/2002 de 24 de octubre de 2002, con vigencia desde 28/04/2003

[1003] Añadido por art. 1 de Ley 38/2002 de 24 de octubre de 2002, con vigencia desde 28/04/2003

[1004] Añadido por art. 1 de Ley 38/2002 de 24 de octubre de 2002, con vigencia desde 28/04/2003

[1005] Véase art. 14.3 y 4 de la presente Ley

758. [1006] El enjuiciamiento de los delitos enumerados en el artículo anterior se acomodará a las normas comunes de esta Ley, con las modificaciones consignadas en el presente Título.

759. [1007] En las causas comprendidas en este Título, las cuestiones de competencia que se promuevan entre Juzgados y Tribunales de la jurisdicción ordinaria se sustanciarán según las reglas siguientes [1008]:

1ª) Cuando un Tribunal o Juzgado rehusare el conocimiento de una causa o reclamare el conocimiento de la que otro tuviere, y haya duda acerca de cuál de ellos es el competente, si no resulta acuerdo a la primera comunicación que con tal motivo se dirijan, pondrán el hecho, sin dilación, en conocimiento del superior jerárquico, por medio de exposición razonada, para que dicho superior, tras oír al Fiscal y a las partes personadas en comparecencia que se celebrará dentro de las veinticuatro horas siguientes, decida en el acto lo que estime procedente, sin ulterior recurso.

Cuando la cuestión surja en la fase de instrucción, cada uno de los juzgados continuará practicando en todo caso, hasta tanto se dirima definitivamente la controversia, las diligencias conducentes a la comprobación del delito, a la averiguación e identificación de los posibles culpables y a la protección de los ofendidos o perjudicados por el mismo, debiendo remitirse recíprocamente ambos juzgados testimonio de lo actuado y comunicarse cuantas diligencias practiquen [1009]. [1010]

2ª) Ningún Juez de Instrucción, de lo Penal, o Central de Instrucción o de lo Penal, podrá promover cuestiones de competencia a las Audiencias respectivas, sino exponerles, oído el Ministerio Fiscal por plazo de un día, las razones que tenga para creer que le corresponde el conocimiento del asunto.

[1006] Añadido por art. 1 de Ley 38/2002 de 24 de octubre de 2002, con vigencia desde 28/04/2003

[1007] Añadido por art. 1 de Ley 38/2002 de 24 de octubre de 2002, con vigencia desde 28/04/2003

[1008] Véanse arts. 51 y 52 LOPJ

[1009] Véanse arts. 20, 22, 23, 24 y 30 a 44 de la presente Ley

[1010] Dada nueva redacción apartado 1 párrafo 2 por disposición final 1 apartado 2 de Ley Orgánica 15/2003 de 25 de noviembre de 2003, con vigencia desde 27/11/2003

El Secretario Judicial dará vista de la exposición y antecedentes al Ministerio Fiscal y a las partes personadas por plazo de dos días y, luego de oídos todos, el Tribunal, sin más trámites, resolverá dentro del tercer día lo que estime procedente, comunicando esta resolución al Juez que la haya expuesto para su cumplimiento. [1011]

3ª) Cuando algún Juez de Instrucción, de lo Penal, o Central de Instrucción o de lo Penal, viniere entendiendo de causa atribuida a la competencia de las Audiencias respectivas se limitarán éstas a ordenar a aquél, oídos el Ministerio Fiscal y las partes personadas por plazo de dos días, que se abstenga de conocer y les remita las actuaciones [1012].

760. [1013] Iniciado un proceso de acuerdo con las normas de este Título, en cuanto aparezca que el hecho no se halla comprendido en alguno de los supuestos del artículo 757, se continuará conforme a las disposiciones generales de esta Ley, sin retroceder en el procedimiento más que en el caso de que resulte necesario practicar diligencias o realizar actuaciones con arreglo a dichos preceptos legales. Por el contrario, iniciado un proceso conforme a las normas comunes de esta Ley, continuará su sustanciación de acuerdo con las del presente Título en cuanto conste que el hecho enjuiciado se halla comprendido en alguno de los supuestos del artículo 757. En ambos casos el cambio de procedimiento no implicará el de instructor.

Iniciado un proceso conforme a las normas de esta Ley, en cuanto aparezca que el hecho podría constituir un delito cuyo enjuiciamiento sea competencia del Tribunal del Jurado, se estará a lo dispuesto en el artículo 309 bis [1014].

Acordado por el Juez o Tribunal el procedimiento que deba seguirse, el Secretario Judicial lo hará saber inmediatamente al Ministerio Fiscal, al investigado y a las partes personadas. [1015]

[1011] Dada nueva redacción apartado 2 párrafo 2 por art. 2 apartado 98 de Ley 13/2009 de 3 de noviembre de 2009, con vigencia desde 04/05/2010

[1012] Véase art. 82.5.a LOPJ

[1013] Añadido por art. 1 de Ley 38/2002 de 24 de octubre de 2002, con vigencia desde 28/04/2003

[1014] Véase art. 1 LOTJ

[1015] Dada nueva redacción párrafo 3 por art. único apartado 21 apartado 1 de Ley Orgánica 13/2015 de 5 de octubre de 2015, con vigencia desde 06/12/2015

761. [1016] 1. El ejercicio por particulares, sean o no ofendidos por el delito, de la acción penal o de la civil derivada del mismo habrá de efectuarse en la forma y con los requisitos señalados en el Título II del Libro II, expresando la acción que se ejercite [1017].

2. Sin perjuicio de lo que se dispone en el apartado anterior, el Secretario Judicial instruirá al ofendido o perjudicado por el delito de los derechos que le asisten conforme a lo dispuesto en los artículos 109 y 110 y demás disposiciones, pudiendo mostrarse parte en la causa sin necesidad de formular querella. Asimismo le informará de la posibilidad y procedimiento para solicitar las ayudas que conforme a la legislación vigente puedan corresponderle [1018]. [1019]

762. [1020] Los Jueces y Tribunales observarán en la tramitación de las causas a que se refiere este Título las siguientes reglas:

1ª) El Juez o Tribunal que ordene la práctica de cualquier diligencia se entenderá directamente con el Juez, Tribunal, autoridad o funcionario encargado de su realización aunque el mismo no le esté inmediatamente subordinado ni sea superior inmediato de aquéllos [1021].

2ª) Para cursar los despachos que se expidan se utilizará siempre el medio más rápido, acreditando por diligencia las peticiones de auxilio que no se hayan solicitado por escrito.

3ª) Si el que hubiere de ser citado no tuviere domicilio conocido o no fuere encontrado por la Policía Judicial en el plazo señalado a ésta, el Juez o Tribunal mandará publicar la correspondiente cédula por el medio que estime más idóneo para que pueda llegar a conocimiento del interesado, y sólo cuando lo considere indispensable acordará su divulgación por los medios de comunicación social [1022].

[1016] Añadido por art. 1 de Ley 38/2002 de 24 de octubre de 2002, con vigencia desde 28/04/2003

[1017] Véanse arts. 270 a 281 de la presente Ley

[1018] Véase art. 25.2 LOTJ

[1019] Dada nueva redacción apartado 2 por art. 2 apartado 100 de Ley 13/2009 de 3 de noviembre de 2009, con vigencia desde 04/05/2010

[1020] Añadido por art. 1 de Ley 38/2002 de 24 de octubre de 2002, con vigencia desde 28/04/2003

[1021] Véase art. 185 de la presente Ley

[1022] Véanse arts. 174, 178, 512 y 835.1 de la presente Ley

4ª) Las requisitorias que hayan de expedirse se insertarán en el fichero automatizado correspondiente de las Fuerzas y Cuerpos de Seguridad y, cuando se considere oportuno, en los medios de comunicación escrita [1023].

5ª) A todo escrito y a los documentos que se presenten en la causa se acompañarán tantas copias literales de los mismos, realizadas por cualquier medio de reproducción, cuantas sean las otras partes y el Fiscal, a quienes se entregarán al notificarles la resolución que haya recaído en el escrito respectivo.

La omisión de las copias sólo dará lugar a su libramiento por el Secretario a costa del omitente, si éste no las presenta en el plazo de una audiencia.

6ª) Para enjuiciar los delitos conexos comprendidos en este Título, cuando existan elementos para hacerlo con independencia, y para juzgar a cada uno de los encausados, cuando sean varios, podrá acordar el Juez la formación de las piezas separadas que resulten convenientes para simplificar y activar el procedimiento [1024]. [1025]

7ª) En las declaraciones se reseñará el documento nacional de identidad de las personas que las presten, salvo que se tratara de agentes de la autoridad, en cuyo caso bastará la reseña del número de carné profesional. Cuando por tal circunstancia o por cualquier otra no ofreciere duda la identidad del encausado y conocidamente tuviere la edad de dieciocho años, se prescindirá de traer a la causa el certificado de nacimiento. En otro caso, se unirá dicho certificado y la correspondiente ficha dactiloscópica. No se demorará la conclusión de la instrucción por falta del certificado de nacimiento, sin perjuicio de que cuando se reciba se aporte a las actuaciones [1026]. [1027]

8ª) Cuando los encausados o testigos no hablaren o no entendieren el idioma español, se procederá de conformidad con lo dispuesto en

---

[1023] Véase art. 22 LO 15/1999, de 13 de diciembre, de Protección de Datos de Carácter Personal; y arts. 512, 514 y 838 de la presente Ley

[1024] Véanse arts. 17, 18, 300 y 795.2 de la presente Ley

[1025] Dada nueva redacción apartado 6 por art. único apartado 21 apartado 4 de Ley Orgánica 13/2015 de 5 de octubre de 2015, con vigencia desde 06/12/2015

[1026] Véanse arts. 40 y ss LRC; arts. 165 y ss RRC y arts. 375 y 376 de la presente Ley

[1027] Dada nueva redacción apartado 7 por art. único apartado 21 apartado 4 de Ley Orgánica 13/2015 de 5 de octubre de 2015, con vigencia desde 06/12/2015

los artículos 398, 440 y 441, sin que sea preciso que el intérprete designado tenga título oficial [1028]. [1029]

9ª La información prevenida en el artículo 364 sólo se verificará cuando a juicio del instructor hubiere duda acerca de la preexistencia de la cosa objeto de la sustracción o defraudación [1030].

10ª) Los informes y declaraciones a que se refieren los artículos 377 y 378 únicamente se pedirán y recibirán cuando el Juez los considerase imprescindibles.

11ª) Cuando los hechos enjuiciados deriven del uso y circulación de vehículos de motor, se reseñará también, en la primera declaración que presten los conductores, los permisos de conducir de éstos y de circulación de aquéllos y el certificado del seguro obligatorio, así como el documento acreditativo de su vigencia. También se reseñará el certificado del seguro obligatorio y el documento que acredite su vigencia en aquellos otros casos en que la actividad se halle cubierta por igual clase de seguro [1031].

763. [1032] El Juez o Tribunal podrá acordar la detención o cualesquiera medidas privativas de libertad o restrictivas de derechos en los casos en que procedan conforme a las reglas generales de esta Ley. Las actuaciones que motiven la aplicación de estas medidas se contendrán en pieza separada [1033].

764. [1034] 1. Asimismo, el Juez o Tribunal podrá adoptar medidas cautelares para el aseguramiento de las responsabilidades pecuniarias,

---

[1028] Véase art. 231.5 LOPJ y art. 711 de la presente Ley

[1029] Dada nueva redacción apartado 8 por art. único apartado 21 apartado 4 de Ley Orgánica 13/2015 de 5 de octubre de 2015, con vigencia desde 06/12/2015

[1030] Véanse arts. 234, 237 y 248 CP

[1031] Véase RD 1507/2008, de 12 de septiembre, por el que se aprueba el Reglamento del seguro obligatorio de responsabilidad civil en la circulación de vehículos a motor.

[1032] Añadido por art. 1 de Ley 38/2002 de 24 de octubre de 2002, con vigencia desde 28/04/2003

[1033] Véanse arts. 489 y ss; 502 y ss; y 544 de la presente Ley

[1034] Añadido por art. 1 de Ley 38/2002 de 24 de octubre de 2002, con vigencia desde 28/04/2003

incluidas las costas. Tales medidas se acordarán mediante auto y se formalizarán en pieza separada [1035].

2. A estos efectos se aplicarán las normas sobre contenido, presupuestos y caución sustitutoria de las medidas cautelares establecidas en la Ley de Enjuiciamiento Civil. La prestación de las cauciones que se acuerden se hará en la forma prevista en la Ley de Enjuiciamiento Civil y podrá ser realizada por la entidad en que tenga asegurada la responsabilidad civil la persona contra quien se dirija la medida [1036].

3. En los supuestos en que las responsabilidades civiles estén total o parcialmente cubiertas por un seguro obligatorio de responsabilidad civil, se requerirá a la entidad aseguradora o al Consorcio de Compensación de Seguros, en su caso, para que, hasta el límite del seguro obligatorio, afiance aquéllas. Si la fianza exigida fuera superior al expresado límite, el responsable directo o subsidiario vendrá obligado a prestar fianza o aval por la diferencia, procediéndose en otro caso al embargo de sus bienes [1037].

La entidad responsable del seguro obligatorio no podrá, en tal concepto, ser parte del proceso, sin perjuicio de su derecho de defensa en relación con la obligación de afianzar, a cuyo efecto se le admitirá el escrito que presentare, resolviéndose sobre su pretensión en la pieza correspondiente.

4. Se podrá acordar la intervención inmediata del vehículo y la retención del permiso de circulación del mismo, por el tiempo indispensable, cuando fuere necesario practicar alguna investigación en aquél o para asegurar las responsabilidades pecuniarias, en tanto no conste acreditada la solvencia del investigado o encausado o del tercero responsable civil.

También podrá acordarse la intervención del permiso de conducción requiriendo al investigado o encausado para que se abstenga de conducir vehículos de motor, en tanto subsista la medida, con la prevención de lo dispuesto en el artículo 556 del Código Penal.

[1035] Véanse arts. 239 y ss y 590 de la presente Ley
[1036] Véanse arts. 721 y ss LEC
[1037] Véanse arts. 615 a 618 y 621 de la presente Ley

Las medidas anteriores, una vez adoptadas, llevarán consigo la retirada de los documentos respectivos y su comunicación a los organismos administrativos correspondientes. [1038]

765. [1039] 1. En los procesos relativos a hechos derivados del uso y circulación de vehículos de motor el Juez o Tribunal podrá señalar y ordenar el pago de la pensión provisional que, según las circunstancias, considere necesaria en cuantía y duración para atender a la víctima y a las personas que estuvieren a su cargo. El pago de la pensión se hará anticipadamente en las fechas que discrecionalmente señale el Juez o Tribunal, a cargo del asegurador, si existiere, y hasta el límite del seguro obligatorio, o bien con cargo a la fianza o al Consorcio de Compensación de Seguros, en los supuestos de responsabilidad civil del mismo, conforme a las disposiciones que le son propias. Igual medida podrá acordarse cuando la responsabilidad civil derivada del hecho esté garantizada con cualquier seguro obligatorio. Todo lo relacionado con esta medida se actuará en pieza separada. La interposición de recursos no suspenderá la obligación de pago de la pensión [1040].

2. En los procesos relativos a hechos derivados del uso y circulación de vehículos de motor el Juez o Tribunal podrá autorizar, previa audiencia del Fiscal, a los investigados o encausados que no estén en situación de prisión preventiva y que tuvieran su domicilio o residencia habitual en el extranjero, para ausentarse del territorio español. Para ello será indispensable que dejen suficientemente garantizadas las responsabilidades pecuniarias de todo orden derivadas del hecho punible, designen persona con domicilio fijo en España que reciba las notificaciones, citaciones y emplazamientos que hubiere que hacerles, con la prevención contenida en el artículo 775 en cuanto a la

[1038] Dada nueva redacción apartado 4 por art. único apartado 21 apartado 2 de Ley Orgánica 13/2015 de 5 de octubre de 2015, con vigencia desde 06/12/2015

[1039] Añadido por art. 1 de Ley 38/2002 de 24 de octubre de 2002, con vigencia desde 28/04/2003

[1040] Véase art. 7 RDLeg 8/2004, de 29 de octubre, por el que se aprueba el texto refundido de la Ley sobre responsabilidad civil y seguro en la circulación de vehículos a motor; y RD 1507/2008, de 12 de septiembre, por el que se aprueba el Reglamento del seguro obligatorio de responsabilidad civil en la circulación de vehículos a motor posibilidad de celebrar el juicio en su ausencia, y que presten caución no personal, cuando no esté ya acordada fianza de la misma clase, para garantizar la libertad provisional y su presentación en la fecha o plazo que se les señale. Igual atribución y con las mismas condiciones corresponderá al Juez o Tribunal que haya de conocer de la causa. Si el investigado o encausado no compareciese, se adjudicará al Estado el importe de la caución y se le declarará en rebeldía, observándose lo dispuesto en el artículo 843, salvo que se cumplan los requisitos legales para celebrar el juicio en su ausencia [1041]. [1042]

766. [1043] 1. Contra los autos del Juez de Instrucción y del Juez de lo Penal que no estén exceptuados de recurso podrán ejercitarse el de reforma y el de apelación. Salvo que la Ley disponga otra cosa, los recursos de reforma y apelación no suspenderán el curso del procedimiento [1044].

2. El recurso de apelación podrá interponerse subsidiariamente con el de reforma o por separado. En ningún caso será necesario interponer previamente el de reforma para presentar la apelación [1045].

3. El recurso de apelación se presentará dentro de los cinco días siguientes a la notificación del auto recurrido o del resolutorio del recurso de reforma, mediante escrito en el que se expondrán los motivos del recurso, se señalarán los particulares que hayan de testimoniarse y al que se acompañarán, en su caso, los documentos justificativos de las peticiones formuladas. Admitido a trámite el recurso por el Juez, el Secretario Judicial dará traslado a las demás partes personadas por un plazo común de cinco días para que puedan alegar por escrito lo que estimen conveniente, señalar otros particulares que deban ser testimoniados y presentar los documentos justificativos de sus pretensiones. En los dos días siguientes a la finalización del plazo, remitirá testimonio de los particulares señalados a la Audiencia respectiva

---

[1041] Véase art. 537 de la presente Ley

[1042] Dada nueva redacción apartado 2 por art. único apartado 21 apartado 2 de Ley Orgánica 13/2015 de 5 de octubre de 2015, con vigencia desde 06/12/2015

[1043] Añadido por art. 1 de Ley 38/2002 de 24 de octubre de 2002, con vigencia desde 28/04/2003

[1044] Véanse arts. 216 y ss de la presente Ley

[1045] Véase art. 222 de la presente Ley

que, sin más trámites, resolverá dentro de los cinco días siguientes. Excepcionalmente, la Audiencia podrá reclamar las actuaciones para su consulta siempre que con ello no se obstaculice la tramitación de aquéllas; en estos casos, deberán devolverse las actuaciones al Juez en el plazo máximo de tres días [1046] . [1047]

4. Si el recurso de apelación se hubiere interpuesto subsidiariamente con el de reforma, si éste resulta total o parcialmente desestimatorio, antes de dar traslado a las demás partes personadas, el Secretario Judicial dará traslado al recurrente por un plazo de cinco días para que formule alegaciones y pueda presentar, en su caso, los documentos justificativos de sus peticiones [1048] . [1049]

5. Si en el auto recurrido en apelación se acordare la prisión provisional de alguno de los investigados o encausados, respecto de dicho pronunciamiento podrá el apelante solicitar en el escrito de interposición del recurso la celebración de vista, que acordará la Audiencia respectiva. Cuando el auto recurrido contenga otros pronunciamientos sobre medidas cautelares, la Audiencia podrá acordar la celebración de vista si lo estima conveniente. El Secretario Judicial señalará la vista dentro de los diez siguientes a la recepción de la causa en dicha Audiencia [1050] . [1051]

767. [1052] Desde la detención o desde que de las actuaciones resultare la imputación de un delito contra persona determinada será necesaria la asistencia letrada. La Policía Judicial, el Ministerio Fiscal o la autoridad judicial recabarán de inmediato del Colegio de Abogados

---

[1046] Véanse arts. 212, 217 y 219a 238 de la presente Ley

[1047] Dada nueva redacción apartado 3 por art. 2 apartado 101 de Ley 13/2009 de 3 de noviembre de 2009, con vigencia desde 04/05/2010

[1048] Véase art. 222 de la presente Ley

[1049] Dada nueva redacción apartado 4 por art. 2 apartado 101 de Ley 13/2009 de 3 de noviembre de 2009, con vigencia desde 04/05/2010

[1050] Véanse arts. 502 a 519 de la presente Ley

[1051] Dada nueva redacción apartado 5 por art. único apartado 21 apartado 2 de Ley Orgánica 13/2015 de 5 de octubre de 2015, con vigencia desde 06/12/2015

[1052] Añadido por art. 1 de Ley 38/2002 de 24 de octubre de 2002, con vigencia desde 28/04/2003

la designación de un abogado de oficio, si no lo hubiere nombrado ya el interesado [1053].

768. [1054] El abogado designado para la defensa tendrá también habilitación legal para la representación de su defendido, no siendo necesaria la intervención de procurador hasta el trámite de apertura del juicio oral. Hasta entonces cumplirá el abogado el deber de señalamiento de domicilio a efectos de notificaciones y traslados de documentos [1055].

CAPÍTULO II
De las actuaciones de la Policía Judicial y del Ministerio Fiscal [1056]

769. [1057] Sin perjuicio de lo establecido en el Título III del Libro II de esta Ley, tan pronto como tenga conocimiento de un hecho que revista caracteres de delito, la Policía Judicial observará las reglas establecidas en este Capítulo [1058].

770. [1059] La Policía Judicial acudirá de inmediato al lugar de los hechos y realizará las siguientes diligencias:

1ª) Requerirá la presencia de cualquier facultativo o personal sanitario que fuere habido para prestar, si fuere necesario, los oportunos

---

[1053] Véanse arts. 45 y 46 RD 658/2001, de 22 de junio, Estatuto General de la Abogacía Española; arts. 22, 24 y 27 Ley 1/1996, de 10 de enero de Asistencia Jurídica Gratuita; y arts. 118 y 520.4 de la presente Ley

[1054] Añadido por art. 1 de Ley 38/2002 de 24 de octubre de 2002, con vigencia desde 28/04/2003

[1055] Véase art. 44 RD 1281/2002, de 5 de diciembre, Estatuto General de los Procuradores de los Tribunales de España

[1056] Añadido por art. 1 de Ley 38/2002 de 24 de octubre de 2002, con vigencia desde 28/04/2003

[1057] Añadido por art. 1 de Ley 38/2002 de 24 de octubre de 2002, con vigencia desde 28/04/2003

[1058] Véanse arts. 282 y ss y 796 de la presente Ley

[1059] Añadido por art. 1 de Ley 38/2002 de 24 de octubre de 2002, con vigencia desde 28/04/2003

auxilios al ofendido. El requerido, aunque sólo lo fuera verbalmente, que no atienda sin justa causa el requerimiento será sancionado con una multa de 500 a 5.000 euros, sin perjuicio de la responsabilidad criminal en que hubiera podido incurrir [1060].

2ª) Acompañará al acta de constancia fotografías o cualquier otro soporte magnético o de reproducción de la imagen, cuando sea pertinente para el esclarecimiento del hecho punible y exista riesgo de desaparición de sus fuentes de prueba.

3ª) Recogerá y custodiará en todo caso los efectos, instrumentos o pruebas del delito de cuya desaparición hubiere peligro, para ponerlos a disposición de la autoridad judicial [1061].

4ª) Si se hubiere producido la muerte de alguna persona y el cadáver se hallare en la vía pública, en la vía férrea o en otro lugar de tránsito, lo trasladará al lugar próximo que resulte más idóneo dentro de las circunstancias, restableciendo el servicio interrumpido y dando cuenta de inmediato a la autoridad judicial. En las situaciones excepcionales en que haya de adoptarse tal medida de urgencia, se reseñará previamente la posición del interfecto, obteniéndose fotografías y señalando sobre el lugar la situación exacta que ocupaba [1062].

5ª) Tomará los datos personales y dirección de las personas que se encuentren en el lugar en que se cometió el hecho, así como cualquier otro dato que ayude a su identificación y localización, tales como lugar habitual de trabajo, números de teléfono fijo o móvil, número de fax o dirección de correo electrónico.

6ª) Intervendrá, de resultar procedente, el vehículo y retendrá el permiso de circulación del mismo y el permiso de conducir de la persona a la que se impute el hecho [1063].

[1060] Véase art. 796.1.1 de la presente Ley

[1061] Véase art. 282 de la presente Ley

[1062] Véase art. 354 de la presente Ley

[1063] Véase RDLeg 339/1990, de 2 de marzo, por el que se aprueba el texto articulado de la Ley sobre Tráfico, Circulación de vehículos a motor y Seguridad Vial

771. [1064] En el tiempo imprescindible y, en todo caso, durante el tiempo de la detención, si la hubiere, la Policía Judicial practicará las siguientes diligencias:

1ª) Cumplirá con los deberes de información a las víctimas que prevé la legislación vigente. En particular, informará al ofendido y al perjudicado por el delito de forma escrita de los derechos que les asisten de acuerdo con lo establecido en los artículos 109 y 110. Se instruirá al ofendido de su derecho a mostrarse parte en la causa sin necesidad de formular querella y, tanto al ofendido como al perjudicado, de su derecho a nombrar Abogado o instar el nombramiento de Abogado de oficio en caso de ser titulares del derecho a la asistencia jurídica gratuita, de su derecho a, una vez personados en la causa, tomar conocimiento de lo actuado, sin perjuicio de lo dispuesto en los artículos 301 y 302, e instar lo que a su derecho convenga. Asimismo, se les informará de que, de no personarse en la causa y no hacer renuncia ni reserva de acciones civiles, el Ministerio Fiscal las ejercitará si correspondiere [1065].

Informará asimismo a la persona ofendida o perjudicada de que puede optar por relacionarse con la Administración de Justicia por los medios del artículo 162 de la Ley 1/2000, de 7 de enero, de Enjuiciamiento Civil, recabando y consignando sucintamente su respuesta.

La información de derechos al ofendido o perjudicado regulada en este artículo, cuando se refiera a los delitos contra la propiedad intelectual o industrial, y, en su caso, su citación o emplazamiento en los distintos trámites del proceso, se realizará a aquellas personas, entidades u organizaciones que ostenten la representación legal de los titulares de dichos derechos [1066]. [1067]

2ª) Informará en la forma más comprensible al investigado no detenido de cuáles son los hechos que se le atribuyen y de los derechos que

---

[1064] Añadido por art. 1 de Ley 38/2002 de 24 de octubre de 2002, con vigencia desde 28/04/2003

[1065] Véase Ley 1/1996, de 10 de enero de Asistencia Jurídica Gratuita; y art. 118 de la presente Ley

[1066] Véanse arts. 270 y ss CP

[1067] Añadida a la diligencia 1ª un nuevo párrafo segundo por art. 20 apartado 7 de Ley Orgánica 1/2025 de 2 de enero de 2025, con vigencia desde 03/04/2025 le asisten. En particular, le instruirá de los derechos reconocidos en los apartados a), b), c) y e) del artículo 520.2. [1068]

772. [1069] 1. Los miembros de la Policía Judicial requerirán el auxilio de otros miembros de las Fuerzas y Cuerpos de Seguridad cuando fuera necesario para el desempeño de las funciones que por esta Ley se les encomiendan [1070].

2. La Policía extenderá el atestado de acuerdo con las normas generales de esta Ley y lo entregará al Juzgado competente, pondrá a su disposición a los detenidos, si los hubiere, y remitirá copia al Ministerio Fiscal [1071].

773. [1072] 1. El Fiscal se constituirá en las actuaciones para el ejercicio de las acciones penal y civil conforme a la Ley. Velará por el respeto de las garantías procesales del investigado o encausado y por la protección de los derechos de la víctima y de los perjudicados por el delito [1073]. [1074]

En este procedimiento corresponde al Ministerio Fiscal, de manera especial, impulsar y simplificar su tramitación sin merma del derecho de defensa de las partes y del carácter contradictorio del mismo, dando a la Policía Judicial instrucciones generales o particulares para el más eficaz cumplimiento de sus funciones, interviniendo en las actuaciones, aportando los medios de prueba de que pueda disponer o solicitando del Juez de Instrucción la práctica de los mismos, así como

---

[1068] Dada nueva redacción apartado 2 por art. único apartado 21 apartado 1 de Ley Orgánica 13/2015 de 5 de octubre de 2015, con vigencia desde 06/12/2015

[1069] Añadido por art. 1 de Ley 38/2002 de 24 de octubre de 2002, con vigencia desde 28/04/2003

[1070] Véase art. 547 LOPJ y art. 29 LO 2/1986, de 13 de marzo, de Fuerzas y Cuerpos de Seguridad

[1071] Véanse arts. 292 y ss de la presente Ley

[1072] Añadido por art. 1 de Ley 38/2002 de 24 de octubre de 2002, con vigencia desde 28/04/2003

[1073] Véase art. 3.3.4 y 5 EOMF

[1074] Dada nueva redacción apartado 1 párrafo 1 por art. único apartado 21 apartado 2 de Ley Orgánica 13/2015 de 5 de octubre de 2015, con vigencia desde 06/12/2015

instar de éste la adopción de medidas cautelares o su levantamiento y la conclusión de la investigación tan pronto como estime que se han practicado las actuaciones necesarias para resolver sobre el ejercicio de la acción penal [1075].

El Fiscal General del Estado impartirá cuantas órdenes e instrucciones estime convenientes respecto a la actuación del Fiscal en este procedimiento, y en especial, respecto a la aplicación de lo dispuesto en el apartado 1 del artículo 780 [1076].

Tan pronto como el Juez ordene la incoación del procedimiento para las causas ante el Tribunal del Jurado, el Secretario Judicial lo pondrá en conocimiento del Ministerio Fiscal, quien comparecerá e intervendrá en cuantas actuaciones se lleven a cabo ante aquél [1077]. [1078]

2. Cuando el Ministerio Fiscal tenga noticia de un hecho aparentemente delictivo, bien directamente o por serle presentada una denuncia o atestado, informará a la víctima de los derechos recogidos en la legislación vigente; efectuará la evaluación y resolución provisionales de las necesidades de la víctima de conformidad con lo dispuesto en la legislación vigente y practicará él mismo u ordenará a la Policía Judicial que practique las diligencias que estime pertinentes para la comprobación del hecho o de la responsabilidad de los partícipes en el mismo. El Fiscal decretará el archivo de las actuaciones cuando el hecho no revista los caracteres de delito, comunicándolo con expresión de esta circunstancia a quien hubiere alegado ser perjudicado u ofendido, a fin de que pueda reiterar su denuncia ante el Juez de Instrucción. En otro caso instará del Juez de Instrucción la incoación del procedimiento que corresponda con remisión de lo actuado, poniendo a su disposición al detenido, si lo hubiere, y los efectos del delito [1079].

El Ministerio Fiscal podrá hacer comparecer ante sí a cualquier persona en los términos establecidos en la ley para la citación judicial, a fin de recibirle declaración, en la cual se observarán las mismas

---

[1075] Véanse arts. 3.5 y 4.4 EOMF

[1076] Véanse arts. 22.2 y 25 EOMF

[1077] Véase art. 25 LOTJ

[1078] Dada nueva redacción apartado 1 párrafo 4 por art. 2 apartado 102 de Ley 13/2009 de 3 de noviembre de 2009, con vigencia desde 04/05/2010

[1079] Véase art. 4.3 y 4 EOMF; art. 35.a y b LO 2/1986, de 13 de marzo, de Fuerzas y Cuerpos de Seguridad; y art. 287 de la presente Ley garantías señaladas en esta Ley para la prestada ante el Juez o Tribunal [1080].

Cesará el Fiscal en sus diligencias tan pronto como tenga conocimiento de la existencia de un procedimiento judicial sobre los mismos hechos. [1081]

CAPÍTULO III
De las diligencias previas [1082]

774. [1083] Todas las actuaciones judiciales relativas a delitos de los comprendidos en este Título se registrarán como diligencias previas y les será de aplicación lo dispuesto en los artículos 301 y 302.

775. [1084] 1. En la primera comparecencia el Juez informará al investigado, en la forma más comprensible, de los hechos que se le imputan. Previamente, el Secretario judicial le informará de sus derechos, en particular de los enumerados en el apartado 1 del artículo 118, y le requerirá para que designe un domicilio en España en el que se harán las notificaciones, o una persona que las reciba en su nombre, con la advertencia de que la citación realizada en dicho domicilio o a la persona designada permitirá la celebración del juicio en su ausencia en los supuestos previstos en el artículo 786 [1085]. [1086]

Tanto antes como después de prestar declaración se le permitirá entrevistarse reservadamente con su Abogado, sin perjuicio de lo establecido en la letra c) del artículo 527.

[1080] Véanse arts. 486 y ss de la presente Ley

[1081] Dada nueva redacción apartado 2 por disposición final 1 apartado 22 de Ley 4/2015 de 27 de abril de 2015, con vigencia desde 28/10/2015

[1082] Añadido por art. 1 de Ley 38/2002 de 24 de octubre de 2002, con vigencia desde 28/04/2003

[1083] Añadido por art. 1 de Ley 38/2002 de 24 de octubre de 2002, con vigencia desde 28/04/2003

[1084] Dada nueva redacción por art. 2 apartado 5 de Ley Orgánica 5/2015 de 27 de abril de 2015, con vigencia desde 28/10/2015

[1085] Véanse arts. 166 y ss y 520.2 de la presente Ley

[1086] Dada nueva redacción apartado 1 por art. único apartado 21 apartado 1 de Ley Orgánica 13/2015 de 5 de octubre de 2015, con vigencia desde 06/12/2015

2. Cuando del resultado de las diligencias se produzca algún cambio relevante en el objeto de la investigación y de los hechos imputados, el Juez informará con prontitud de ello al investigado.

Esta información podrá ser facilitada mediante una exposición sucinta que resulte suficiente para permitir el ejercicio del derecho a la defensa, comunicada por escrito al Abogado defensor del investigado. [1087]

776. [1088] 1. El letrado o la letrada de la Administración de Justicia informarán al ofendido y al perjudicado de sus derechos, en los términos previstos en los artículos 109 y 110, cuando previamente no lo hubiera hecho la Policía Judicial. En particular, se instruirá de las medidas de asistencia a las víctimas que prevé la legislación vigente y de los derechos mencionados en la regla 1.ª del artículo 771.

Cuando la Policía Judicial hubiera efectuado esta información, el letrado o la letrada de la Administración de Justicia notificarán al ofendido o al perjudicado el número del procedimiento a que hubiera dado lugar y el juzgado que lo tramita y las posibles vías de contacto con el mismo, sin que sea precisa su comparecencia en el Juzgado de Instrucción para realizar un nuevo ofrecimiento de acciones, sin perjuicio del derecho de la víctima a la información actualizada del estado en el que se encuentra el proceso, en los términos previstos en la Ley 4/2015, de 27 de abril, del Estatuto de la víctima del delito. [1089]

2. La imposibilidad de practicar esta información por la Policía Judicial o por el letrado o la letrada de la Administración de Justicia en comparecencia no impedirá la continuación del procedimiento, sin perjuicio de que se proceda a realizarla por el medio más rápido posible, incluidos los medios del artículo 162 de la Ley 1/2000, de 7 de enero, de Enjuiciamiento Civil, cuando se trate de personas obligadas a su utilización o que hubieran optado por estos. [1090]

[1087] Dada nueva redacción apartado 2 por art. único apartado 21 de Ley Orgánica 13/2015 de 5 de octubre de 2015, con vigencia desde 06/12/2015

[1088] Añadido por art. 1 de Ley 38/2002 de 24 de octubre de 2002, con vigencia desde 28/04/2003

[1089] Dada nueva redacción apartado 1 por art. 20 apartado 8 de Ley Orgánica 1/2025 de 2 de enero de 2025, con vigencia desde 03/04/2025

[1090] Dada nueva redacción apartado 2 por art. 20 apartado 8 de Ley Orgánica 1/2025 de 2 de enero de 2025, con vigencia desde 03/04/2025

3. Los que se personaren podrán desde entonces tomar conocimiento de lo actuado e instar la práctica de diligencias y cuanto a su derecho convenga, acordando el Juez lo procedente en orden a la práctica de estas diligencias.

777. [1091] 1. El Juez ordenará a la Policía Judicial o practicará por sí las diligencias necesarias encaminadas a determinar la naturaleza y circunstancias del hecho, las personas que en él hayan participado y el órgano competente para el enjuiciamiento, dando cuenta al Ministerio Fiscal de su incoación y de los hechos que la determinen. Se emplearán para ello los medios comunes y ordinarios que establece esta Ley, con las modificaciones establecidas en el presente Título.

2. Cuando, por razón del lugar de residencia de un testigo o víctima, o por otro motivo, fuere de temer razonablemente que una prueba no podrá practicarse en el juicio oral, o pudiera motivar su suspensión, el Juez de Instrucción practicará inmediatamente la misma, asegurando en todo caso la posibilidad de contradicción de las partes.

Dicha diligencia deberá documentarse en soporte apto para la grabación y reproducción del sonido y de la imagen o por medio de acta autorizada por el Secretario Judicial, con expresión de los intervinientes.

A efectos de su valoración como prueba en sentencia, la parte a quien interese deberá instar en el juicio oral la reproducción de la grabación o la lectura literal de la diligencia, en los términos del artículo 730 [1092].

3. Cuando una persona menor de catorce años o una persona con discapacidad necesitada de especial protección deba intervenir en condición de testigo, será de aplicación lo dispuesto en el artículo 449 ter, debiendo la autoridad judicial practicar prueba preconstituida, siempre que el objeto del procedimiento sea la instrucción de alguno de los delitos relacionados en tal artículo.

[1091] Añadido por art. 1 de Ley 38/2002 de 24 de octubre de 2002, con vigencia desde 28/04/2003
[1092] Véase art. 797.2 de la presente Ley

A efectos de su valoración como prueba en sentencia, la parte a quien interese deberá instar en el juicio oral la reproducción de la grabación audiovisual, en los términos del artículo 730.2. [1093]

778. [1094] 1. El informe pericial podrá ser prestado sólo por un perito cuando el Juez lo considere suficiente [1095].

2. En los casos de lesiones no será preciso esperar a la sanidad del lesionado cuando fuera procedente el archivo o el sobreseimiento. En cualquier otro supuesto podrá proseguirse la tramitación sin haberse alcanzado tal sanidad, si fuera posible formular escrito de acusación.

3. El Juez podrá acordar, cuando lo considere necesario, que por el médico forense u otro perito se proceda a la obtención de muestras o vestigios cuyo análisis pudiera facilitar la mejor calificación del hecho, acreditándose en las diligencias su remisión al laboratorio correspondiente, que enviará el resultado en el plazo que se le señale [1096].

4. El Juez podrá acordar que no se practique la autopsia cuando por el médico forense o quien haga sus veces se dictaminen cumplidamente la causa y las circunstancias relevantes de la muerte sin necesidad de aquélla [1097].

5. El Juez podrá ordenar que se preste la asistencia debida a los heridos, enfermos y cualquier otra persona que con motivo u ocasión de los hechos necesite asistencia facultativa, haciendo constar, en su caso, el lugar de su tratamiento, internamiento u hospitalización.

6. El Juez podrá autorizar al médico forense que asista en su lugar al levantamiento del cadáver, adjuntándose en este caso a las actuaciones un informe que incorporará una descripción detallada de su estado, identidad y circunstancias, especialmente todas aquellas que tuviesen relación con el hecho punible. [1098]

[1093] Añadido apartado 3 por disposición final 1 apartado 13 de Ley Orgánica 8/2021 de 4 de junio de 2021, con vigencia desde 25/06/2021

[1094] Añadido por art. 1 de Ley 38/2002 de 24 de octubre de 2002, con vigencia desde 28/04/2003

[1095] Véanse arts. 456 y ss y 723 a 725 de la presente Ley

[1096] Véanse arts. 479 y 480 LOPJ y art. 363 de la presente Ley

[1097] Véase art. 343 de la presente Ley

[1098] Añadido apartado 6 por disposición final 1 apartado 2 de Ley Orgánica 15/2003 de 25 de noviembre de 2003, con vigencia desde 27/11/2003

779. [1099] 1. Practicadas sin demora las diligencias pertinentes, el Juez adoptará mediante auto alguna de las siguientes resoluciones:

1ª Si estimare que el hecho no es constitutivo de infracción penal o que no aparece suficientemente justificada su perpetración, acordará el sobreseimiento que corresponda. Si, aun estimando que el hecho puede ser constitutivo de delito, no hubiere autor conocido, acordará el sobreseimiento provisional y ordenará el archivo [1100].

El auto de sobreseimiento será comunicado a las víctimas del delito, en la dirección de correo electrónico y, en su defecto, dirección postal o domicilio que hubieran designado en la solicitud prevista en el artículo 5.1.m) de la Ley del Estatuto de la Víctima del delito.

En los casos de muerte o desaparición ocasionada por un delito, el auto de sobreseimiento será comunicado de igual forma, a las personas a las que se refiere el párrafo segundo del apartado 1 del artículo 109 bis, de cuya identidad y dirección de correo electrónico o postal se tuviera conocimiento. En estos supuestos el Juez o Tribunal, podrá acordar, motivadamente, prescindir de la comunicación a todos los familiares cuando ya se haya dirigido con éxito a varios de ellos o cuando hayan resultado infructuosas cuantas gestiones se hubieren practicado para su localización.

Excepcionalmente, en el caso de ciudadanos residentes fuera de la Unión Europea, si no se dispusiera de una dirección de correo electrónico o postal en la que realizar la comunicación, se remitirá a la oficina diplomática o consular española en el país de residencia para que la publique.

Transcurridos cinco días desde la comunicación, se entenderá que ha sido efectuada válidamente y desplegará todos sus efectos. Se exceptuarán de este régimen aquellos supuestos en los que la víctima acredite justa causa de la imposibilidad de acceso al contenido de la comunicación.

[1099] Dada nueva redacción por art. 1 de Ley 38/2002 de 24 de octubre de 2002, con vigencia desde 28/04/2003

[1100] Véase art. 641 de la presente Ley

Las víctimas podrán recurrir el auto de sobreseimiento dentro del plazo de veinte días aunque no se hubieran mostrado como parte en la causa. [1101]

2ª Si reputare falta el hecho que hubiere dado lugar a la formación de las diligencias, mandará remitir lo actuado al Juez competente, cuando no le corresponda su enjuiciamiento [1102].

3ª Si el hecho estuviese atribuido a la jurisdicción militar, se inhibirá a favor del órgano competente. Si todos los investigados fuesen menores de edad penal, se dará traslado de lo actuado al Fiscal de Menores para que inicie los trámites de la Ley de Responsabilidad Penal del Menor [1103]. [1104]

4ª Si el hecho constituyera delito comprendido en el artículo 757, seguirá el procedimiento ordenado en el Capítulo siguiente. Esta decisión, que contendrá la determinación de los hechos punibles y la identificación de la persona a la que se le imputan, no podrá adoptarse sin haber tomado declaración a aquélla en los términos previstos en el artículo 775.

5ª Si, en cualquier momento anterior, el investigado asistido de su abogado hubiere reconocido los hechos a presencia judicial, y estos fueran constitutivos de delito castigado con pena incluida dentro de los límites previstos en el artículo 801, mandará convocar inmediatamente al Ministerio Fiscal y a las partes personadas a fin de que manifiesten si formulan escrito de acusación con la conformidad del acusado. En caso afirmativo, incoará diligencias urgentes y ordenará la continuación de las actuaciones por los trámites previstos en los artículos 800 y 801. [1105]

2. En los tres primeros supuestos, si no hubiere miembro del Ministerio Fiscal constituido en el Juzgado, ni hubieren interpuesto recurso las partes, se remitirán las diligencias al Fiscal de la Audiencia, el

---

[1101] Dada nueva redacción apartado 1 número 1 por disposición final 1 apartado 23 de Ley 4/2015 de 27 de abril de 2015, con vigencia desde 28/10/2015

[1102] Véase art. 14.1 de la presente Ley

[1103] Véase LOJM; art. 19 CP y LORPM

[1104] Dada nueva redacción apartado 1 número 3 por art. único apartado 21 apartado 1 de Ley Orgánica 13/2015 de 5 de octubre de 2015, con vigencia desde 06/12/2015

[1105] Dada nueva redacción apartado 1 número 5 por art. único apartado 21 apartado 1 de Ley Orgánica 13/2015 de 5 de octubre de 2015, con vigencia desde 06/12/2015 que, dentro de los tres días siguientes a su recepción, las devolverá al Juzgado con el escrito de interposición del recurso o con la fórmula de «visto», procediéndose seguidamente en este caso a la ejecución de lo resuelto.

CAPÍTULO IV
De la preparación del juicio oral [1106]

780. [1107] 1. Si el Juez de Instrucción acordare que debe seguirse el trámite establecido en este Capítulo, en la misma resolución ordenará que se dé traslado de las diligencias previas, originales o mediante fotocopia, al Ministerio Fiscal y a las acusaciones personadas, para que, en el plazo común de diez días, soliciten la apertura del juicio oral formulando escrito de acusación o el sobreseimiento de la causa o, excepcionalmente, la práctica de diligencias complementarias, en el caso del apartado siguiente.

2. Cuando el Ministerio Fiscal manifieste la imposibilidad de formular escrito de acusación por falta de elementos esenciales para la tipificación de los hechos, se podrá instar, con carácter previo, la práctica de aquellas diligencias indispensables para formular acusación, en cuyo caso acordará el Juez lo solicitado.

El Juez acordará lo que estime procedente cuando tal solicitud sea formulada por la acusación o acusaciones personadas.

En todo caso se citará para su práctica al Ministerio Fiscal, a las partes personadas y siempre al encausado, dándose luego nuevo traslado de las actuaciones. [1108]

[1106] Añadido por art. 1 de Ley 38/2002 de 24 de octubre de 2002, con vigencia desde 28/04/2003

[1107] Dada nueva redacción por art. 1 de Ley 38/2002 de 24 de octubre de 2002, con vigencia desde 28/04/2003

[1108] Dada nueva redacción apartado 2 párrafo 3 por art. único apartado 21 apartado 4 de Ley Orgánica 13/2015 de 5 de octubre de 2015, con vigencia desde 06/12/2015

781. [1109] 1. El escrito de acusación comprenderá, además de la solicitud de apertura del juicio oral ante el órgano que se estime competente y de la identificación de la persona o personas contra las que se dirige la acusación, los extremos a que se refiere el artículo 650. La acusación se extenderá a las faltas imputables al acusado del delito o a otras personas, cuando la comisión de la falta o su prueba estuviera relacionada con el delito. También se expresarán la cuantía de las indemnizaciones o se fijarán las bases para su determinación y las personas civilmente responsables, así como los demás pronunciamientos sobre entrega y destino de cosas y efectos e imposición de costas procesales.

En el mismo escrito se propondrán las pruebas cuya práctica se interese en el juicio oral, expresando si la reclamación de documentos o las citaciones de peritos y testigos deben realizarse por medio de la oficina judicial.

En el escrito de acusación se podrá solicitar la práctica anticipada de aquellas pruebas que no puedan llevarse a cabo durante las sesiones del juicio oral, así como la adopción, modificación o suspensión de las medidas a que se refieren los artículos 763, 764 y 765, o cualesquiera otras que resulten procedentes o se hubieren adoptado, así como la cancelación de las tomadas frente a personas contra las que no se dirija acusación.

2. El Ministerio Fiscal, previa información a su superior jerárquico, y las acusaciones personadas podrán solicitar justificadamente la prórroga del plazo establecido en el artículo anterior. El Juez de Instrucción, atendidas las circunstancias, podrá acordar la prórroga de dicho plazo por un máximo de otros diez días.

3. Si el Ministerio Fiscal no presentare su escrito en el plazo establecido en el artículo anterior, el Juez de Instrucción requerirá al superior jerárquico del Fiscal actuante, para que en el plazo de diez días presente el escrito que proceda, dando razón de los motivos de su falta de presentación en plazo.

[1109] Dada nueva redacción por art. 1 de Ley 38/2002 de 24 de octubre de 2002, con vigencia desde 23/04/2003

782. [1110] 1. Si el Ministerio Fiscal y el acusador particular solicitaren el sobreseimiento de la causa por cualquiera de los motivos que prevén los artículos 637 y 641, lo acordará el Juez, excepto en los supuestos de los números 1º, 2º, 3º, 5º y 6º del artículo 20 del Código Penal [1111] , en que devolverá las actuaciones a las acusaciones para calificación, continuando el juicio hasta sentencia, a los efectos de la imposición de medidas de seguridad y del enjuiciamiento de la acción civil, en los supuestos previstos en el Código Penal.

Al acordar el sobreseimiento, el Juez de Instrucción dejará sin efecto la prisión y demás medidas cautelares acordadas.

2. Si el Ministerio Fiscal solicitare el sobreseimiento de la causa y no se hubiere personado en la misma acusador particular dispuesto a sostener la acusación, antes de acordar el sobreseimiento el Juez de Instrucción:

a) Podrá acordar que se haga saber la pretensión del Ministerio Fiscal a los directamente ofendidos o perjudicados conocidos, no personados, para que dentro del plazo máximo de quince días comparezcan a defender su acción si lo consideran oportuno. Si no lo hicieren en el plazo fijado, se acordará el sobreseimiento solicitado por el Ministerio Fiscal, sin perjuicio de lo dispuesto en el párrafo siguiente.

b) Podrá remitir la causa al superior jerárquico del Fiscal para que resuelva si procede o no sostener la acusación, quien comunicará su decisión al Juez de Instrucción en el plazo de diez días.

783. [1112] 1. Solicitada la apertura del juicio oral por el Ministerio Fiscal o la acusación particular, el Juez de Instrucción la acordará, salvo que estimare que concurre el supuesto del número 2 del artículo 637 o que no existen indicios racionales de criminalidad contra el acusado, en cuyo caso acordará el sobreseimiento que corresponda conforme a los artículos 637 y 641 [1113] .

[1110] Dada nueva redacción por art. 1 de Ley 38/2002 de 24 de octubre de 2002, con vigencia desde 28/04/2003

[1111] Véanse arts. 118 y 119 CP

[1112] Dada nueva redacción por art. 1 de Ley 38/2002 de 24 de octubre de 2002, con vigencia desde 28/04/2003

[1113] Véanse arts. 637 y 641 de la presente Ley

Cuando el Juez de Instrucción decrete la apertura del juicio oral sólo a instancia del Ministerio Fiscal o de la acusación particular, el Secretario Judicial dará nuevo traslado a quien hubiere solicitado el sobreseimiento por plazo de tres días para que formule escrito de acusación, salvo que hubiere renunciado a ello. [1114]

2. Al acordar la apertura del juicio oral, resolverá el Juez de Instrucción sobre la adopción, modificación, suspensión o revocación de las medidas interesadas por el Ministerio Fiscal o la acusación particular, tanto en relación con el acusado como respecto de los responsables civiles, a quienes, en su caso, exigirá fianza, si no la prestare el acusado en el plazo que se le señale, así como sobre el alzamiento de las medidas adoptadas frente a quienes no hubieren sido acusados [1115].

En el mismo auto señalará el Juez de Instrucción el órgano competente para el conocimiento y fallo de la causa.

3. Contra el auto que acuerde la apertura del juicio oral no se dará recurso alguno, excepto en lo relativo a la situación personal, pudiendo el acusado reproducir ante el órgano de enjuiciamiento las peticiones no atendidas.

784. [1116] 1. Abierto el juicio oral, el Secretario Judicial emplazará al encausado, con entrega de copia de los escritos de acusación, para que en el plazo de tres días comparezca en la causa con Abogado que le defienda y Procurador que le represente. Si no ejercitase su derecho a designar Procurador o a solicitar uno de oficio, el Secretario Judicial interesará, en todo caso, su nombramiento. Cumplido este trámite, el Secretario Judicial dará traslado de las actuaciones originales, o mediante fotocopia, a los designados como acusados y terceros responsables en los escritos de acusación, para que en plazo común de diez días presenten escrito de defensa frente a las acusaciones formuladas. [1117]

[1114] Dada nueva redacción apartado 1 párrafo 2 por art. 2 apartado 103 de Ley 13/2009 de 3 de noviembre de 2009, con vigencia desde 04/05/2010

[1115] Véanse arts. 589 y 764 de la presente Ley

[1116] Dada nueva redacción por art. 1 de Ley 38/2002 de 24 de octubre de 2002, con vigencia desde 28/04/2003

[1117] Dada nueva redacción apartado 1 párrafo 1 por art. único apartado 21 apartado 4 de Ley Orgánica 13/2015 de 5 de octubre de 2015, con vigencia desde 06/12/2015

Si la defensa no presentare su escrito en el plazo señalado, se entenderá que se opone a las acusaciones y seguirá su curso el procedimiento, sin perjuicio de la responsabilidad en que pueda incurrirse de acuerdo con lo previsto en el Título V del Libro V de la Ley Orgánica del Poder Judicial [1118].

Una vez precluido el trámite para presentar su escrito, la defensa sólo podrá proponer la prueba que aporte en el acto del juicio oral para su práctica en el mismo, sin perjuicio de que, además, pueda interesar previamente que se libren las comunicaciones necesarias, siempre que lo haga con antelación suficiente respecto de la fecha señalada para el juicio, y de lo previsto en el párrafo segundo del apartado 1 del artículo 785. Todo ello se entiende sin perjuicio de que si los afectados consideran que se ha producido indefensión puedan aducirlo de acuerdo con lo previsto en el apartado 2 del artículo 786.

2. En el escrito de defensa se podrá solicitar del órgano judicial que recabe la remisión de documentos o cite a peritos o testigos, a los efectos de la práctica de la correspondiente prueba en las sesiones del juicio oral o, en su caso, de la práctica de prueba anticipada [1119].

3. En su escrito, firmado también por el acusado, la defensa podrá manifestar su conformidad con la acusación en los términos previstos en el artículo 787.

Dicha conformidad podrá ser también prestada con el nuevo escrito de calificación que conjuntamente firmen las partes acusadoras y el acusado junto con su Letrado, en cualquier momento anterior a la celebración de las sesiones del juicio oral, sin perjuicio de lo dispuesto en el artículo 787.1.

4. Si, abierto el juicio oral, los acusados se hallaren en ignorado paradero y no hubieren hecho la designación de domicilio a que se refiere el artículo 775 y, en cualquier caso, si la pena solicitada excediera de los límites establecidos en el párrafo segundo del apartado 1 del artículo 786, el Juez mandará expedir requisitoria para su llamamiento

---

[1118] Véanse arts. 552 a 557 LOPJ; arts. 80 a 93 RD 658/2001, de 22 de junio, Estatuto General de la Abogacía Española; y arts. 59 a 63 RD 1281/2002, de 5 de diciembre, Estatuto General de los Procuradores de los Tribunales de España

[1119] Véanse arts. 656 y 657 de la presente Ley

y busca, declarándolos rebeldes, si no comparecieran o no fueren hallados, con los efectos prevenidos en esta Ley [1120] . [1121]

5. Presentado el escrito de defensa o transcurrido el plazo para hacerlo, el Secretario Judicial acordará remitir lo actuado al órgano competente para el enjuiciamiento, notificándoselo a las partes, salvo cuando el enjuiciamiento corresponda al Juez de lo Penal y éste se desplazara periódicamente a la sede del Juzgado Instructor para la celebración de los juicios procedentes del mismo, en cuyo caso permanecerán las actuaciones en la Oficina judicial a disposición del Juez de lo Penal [1122] . [1123]

CAPÍTULO V
De la audiencia preliminar, del juicio oral y de la sentencia [1124]

785. [1125] 1. En cuanto las actuaciones se encontraren a disposición del órgano competente para el enjuiciamiento, el juez, jueza o tribunal convocará al fiscal y a las partes a una audiencia preliminar en la que podrán exponer lo que estimen oportuno acerca de la posibilidad de conformidad del acusado o acusados, la competencia del órgano judicial, la vulneración de algún derecho fundamental, la existencia de artículos de previo pronunciamiento, causas de la suspensión de juicio oral, nulidad de actuaciones, así como sobre el contenido, finalidad o nulidad de las pruebas propuestas [1126] .

Podrán igualmente proponer la incorporación de informes, certificaciones y otros documentos. También podrán proponer la práctica de

---

[1120] Véanse arts. 834 a 847 de la presente Ley

[1121] Dada nueva redacción apartado 4 por art. 2 apartado 104 de Ley 13/2009 de 3 de noviembre de 2009, con vigencia desde 04/05/2010

[1122] Véanse arts. 268 y 269 LOPJ

[1123] Dada nueva redacción apartado 5 por art. 2 apartado 104 de Ley 13/2009 de 3 de noviembre de 2009, con vigencia desde 04/05/2010

[1124] Dada nueva redacción por art. 20 apartado 9 de Ley Orgánica 1/2025 de 2 de enero de 2025 a la leyenda, con vigencia desde 03/04/2025

[1125] Dada nueva redacción por art. 20 apartado 10 de Ley Orgánica 1/2025 de 2 de enero de 2025, con vigencia desde 03/04/2025

[1126] Véanse arts. 666 a 679 y 746 de la presente Ley

pruebas de las que las partes no hubieran tenido conocimiento en el momento de formular sus escritos de acusación o defensa.

2. La celebración de la audiencia preliminar requiere la asistencia del acusado y del abogado defensor.

La celebración de la audiencia preliminar no se suspenderá por la inasistencia injustificada de la persona acusada que haya sido debidamente citada ni tampoco por la incomparecencia injustificada de las demás partes citadas en forma, celebrándose a los efectos de sustanciar las cuestiones que puedan resolverse en ausencia. En la citación se informará al acusado y a las partes que su injustificada incomparecencia no suspenderá la audiencia preliminar.

3. El juez, jueza o tribunal examinará las pruebas propuestas y resolverá admitiendo las que considere pertinentes y rechazando las demás, prevendrá lo necesario para la práctica de la prueba anticipada y resolverá sobre el resto de cuestiones planteadas de forma oral, salvo que, por la complejidad de las cuestiones planteadas, hubiera de serlo por escrito, en cuyo caso el auto habrá de ser dictado en el plazo de diez días.

Contra la resolución adoptada no cabrá recurso alguno, sin perjuicio de la pertinente protesta y de que la cuestión pueda ser reproducida, en su caso, en el recurso frente a la sentencia, salvo que dicha resolución ponga fin al procedimiento, en cuyo caso será susceptible de recurso de apelación, en el plazo y con las formalidades prevenidas en los artículos 790 y siguientes.

4. En la misma comparecencia, las partes podrán pedir al juez, jueza o tribunal que proceda a dictar sentencia de conformidad con el escrito de acusación que contenga pena de mayor gravedad, o con el que se presentara en ese acto, que no podrá referirse a hecho distinto ni contener calificación más grave que la del escrito de acusación anterior. El juez, jueza o tribunal dictará sentencia de conformidad con la pena manifestada por la defensa y el acusado, si concurren los requisitos establecidos en los apartados siguientes.

El Ministerio Fiscal oirá previamente a la víctima o perjudicado, aunque no estén personados en la causa, siempre que hubiera sido posible y se estime necesario para ponderar correctamente los efectos y el alcance de tal conformidad, y en todo caso cuando la gravedad o trascendencia del hecho o la intensidad o la cuantía sean especialmente significativos, así como en todos los supuestos en que víctimas o perjudicados se encuentren en situación de especial vulnerabilidad.

5. Si, a partir de la descripción de los hechos aceptada por todas las partes, el juez, jueza o tribunal entendiere que la calificación aceptada es correcta y que la pena es procedente según dicha calificación, dictará sentencia de conformidad. El juez, jueza o tribunal habrá oído en todo caso al acusado acerca de si su conformidad ha sido prestada libremente y con conocimiento de sus consecuencias.

6. En caso de que el juez, jueza o tribunal considerare incorrecta la calificación formulada o entendiere que la pena solicitada no procede legalmente, requerirá a la parte que presentó el escrito de acusación más grave para que manifieste si se ratifica o no en él. Sólo cuando la parte requerida modificare su escrito de acusación en términos tales que la calificación sea correcta y la pena solicitada sea procedente y el acusado preste de nuevo su conformidad, podrá el juez, jueza o tribunal dictar sentencia de conformidad. En otro caso, ordenará la celebración del juicio.

7. Una vez que la defensa del acusado manifieste su conformidad, el juez, jueza, presidente o presidenta del tribunal informará a la persona acusada de sus consecuencias y a continuación le requerirá a fin de que manifieste si presta su conformidad. Cuando el juez, jueza o tribunal albergue dudas sobre si la persona acusada ha prestado libremente su conformidad, acordará la celebración del juicio.

También podrá acordar la continuación del juicio cuando, no obstante la conformidad de la persona acusada, su defensor o defensora lo considere necesario y el juez, jueza o tribunal estime fundada su petición.

El letrado o la letrada facilitará por escrito a la persona a quien defiende la información sobre el acuerdo alcanzado.

8. No vinculan al juez, jueza o tribunal las conformidades sobre la adopción de medidas protectoras en los casos de limitación de la responsabilidad penal.

9. La sentencia de conformidad se dictará oralmente y documentará conforme a lo previsto en el apartado 2 del artículo 789, sin perjuicio de su ulterior redacción. Si el fiscal y las partes, conocido el fallo, expresaran su decisión de no recurrir, el juez, en el mismo acto, declarará oralmente la firmeza de la sentencia, y se pronunciará, previa audiencia de las partes, sobre la suspensión de la pena impuesta o su sustitución, cuando proceda. También resolverá el juez, jueza o tribunal sobre los aplazamientos de las responsabilidades pecuniarias y se

realizarán, en cuanto fuera posible, los requerimientos y liquidaciones de condena de las penas impuestas en la sentencia [1127].

10. Únicamente serán recurribles las sentencias de conformidad cuando no hayan respetado los requisitos o términos de la conformidad, sin que la persona acusada pueda impugnar por razones de fondo su conformidad libremente prestada.

11. Cuando el acusado sea una persona jurídica, la conformidad deberá prestarla su representante especialmente designado, siempre que cuente con poder especial. Dicha conformidad, que se sujetará a los requisitos enunciados en los apartados anteriores, podrá realizarse con independencia de la posición que adopten las demás personas acusadas, y su contenido no vinculará en el juicio que se celebre en relación con estas.

12. La comparecencia se registrará en el modo previsto en el artículo 743.

785 bis. [1128] (Derogado)

786. [1129] 1. Si no hubiera conformidad de las partes, una vez que el juez, la jueza o el tribunal hubiera resuelto de forma oral conforme al apartado 3 del artículo anterior, siempre que el señalamiento pueda hacerse en el mismo acto, se establecerá el día y la hora en que deban comenzar las sesiones del juicio oral, con sujeción a lo dispuesto en el artículo 182 de la Ley 1/2000, de 7 de enero, de Enjuiciamiento Civil. Las partes, sus letrados o letradas y el Ministerio Fiscal deberán manifestar la coincidencia con otros señalamientos u otros motivos que pudieran impedir la celebración de juicio en la fecha señalada.

En los demás casos se fijará el día y hora por el letrado o la letrada de la Administración de Justicia conforme a los criterios generales y las concretas y específicas instrucciones a que se refiere dicho precepto de la Ley 1/2000, de 7 de enero.

[1127] Téngase en cuenta que la presente redacción de este apartado 9 será de aplicación a los procedimientos en los que no se haya celebrado juicio oral a 3 de abril de 2024, fecha de entrada en vigor de la LO 1/2025 de 2 enero, conforme al apartado 3 de su disp. trans. 9.ª

[1128] Dejado sin efecto por art. 1 de Ley 38/2002 de 24 de octubre de 2002, con vigencia desde 24/04/2003

[1129] Dada nueva redacción por art. 20 apartado 11 de Ley Orgánica 1/2025 de 2 de enero de 2025, con vigencia desde 03/04/2025

En el caso de que el juez, la jueza o el tribunal no hubiera resuelto oralmente, el señalamiento deberá ser efectuado por el letrado o la letrada de la Administración de Justicia inmediatamente después de que sea dictado el auto a que se refiere el apartado 3 del artículo anterior.

2. Los criterios generales y las concretas y específicas instrucciones que fijen los Presidentes o Presidentas de Sala o Sección, y los jueces y juezas de lo Penal, con arreglo a los cuales se realizará el señalamiento, tendrán asimismo en cuenta:

1.º La prisión del acusado.

2.º El aseguramiento de su presencia a disposición judicial.

3.º Las demás medidas cautelares personales adoptadas.

4.º La prioridad de otras causas.

5.º La complejidad de la prueba propuesta o cualquier circunstancia modificativa, según hayan podido determinar una vez estudiado el asunto o pleito de que se trate.

3. Cuando la víctima lo haya solicitado, aunque no sea parte en el proceso ni deba intervenir, el letrado o letrada de la Administración de Justicia deberá informarle, por escrito y sin retrasos innecesarios, de la fecha, hora y lugar del juicio, así como del contenido de la acusación dirigida contra la persona infractora.

787. [1130] 1. La celebración del juicio oral requiere preceptiva-mente la asistencia de la persona acusada y del abogado o abogada defensor. No obstante, si hubiere varias personas acusadas y alguna de ellas deja de comparecer sin motivo legítimo, apreciado por el juez, la jueza o el tribunal, podrá este acordar, oídas las partes, la continuación del juicio para los restantes.

La ausencia injustificada de la persona acusada que hubiera sido citada personalmente, o en el domicilio o en la persona a que se refiere el artículo 775, no será causa de suspensión del juicio oral si el juez, la jueza o el tribunal, a solicitud del Ministerio Fiscal o de la parte acusadora, y oída la defensa, estima que existen elementos suficientes para el enjuiciamiento, cuando concurran los siguientes requisitos:

a) Que la pena más grave solicitada no exceda de dos años de privación de libertad, que no exceda de seis años si se trata de pena de

---

[1130] Dada nueva redacción por art. 20 apartado 12 de Ley Orgánica 1/2025 de 2 de enero de 2025, con vigencia desde 03/04/2025 distinta naturaleza o que se trate de pena de multa cualquiera que sea su cuantía o duración.

b) Que, en todo caso, tratándose de penas privativas de libertad, la suma total de las penas solicitadas no exceda de cinco años.

La ausencia injustificada del tercero responsable civil citado en debida forma no será por sí misma causa de suspensión del juicio [1131].

Las acusaciones particular o popular podrán ser representadas en el acto de juicio por procurador de los tribunales, salvo en el caso de que proceda practicar la declaración de los mismos.

2. El juicio oral comenzará con la lectura de los escritos de acusación y de defensa.

3. Al inicio de las sesiones del juicio, únicamente podrá solicitarse la incorporación de informes, certificaciones y otros documentos. También podrá proponerse la práctica de pruebas de las que las partes no hubieran tenido conocimiento al momento de celebrar la comparecencia prevista en el artículo 785.

787 bis. [1132] 1. Cuando el acusado sea una persona jurídica, ésta podrá estar representada para un mejor ejercicio del derecho de defensa por una persona que especialmente designe, debiendo ocupar en la Sala el lugar reservado a los acusados. Dicha persona podrá declarar en nombre de la persona jurídica si se hubiera propuesto y admitido esa prueba, sin perjuicio del derecho a guardar silencio, a no declarar contra sí mismo y a no confesarse culpable, así como ejercer el derecho a la última palabra al finalizar el acto del juicio.

No se podrá designar a estos efectos a quien haya de declarar en el juicio como testigo.

2. No obstante lo anterior, la incomparecencia de la persona especialmente designada por la persona jurídica para su representación no impedirá en ningún caso la celebración de la vista, que se llevará a cabo con la presencia del Abogado y el Procurador de ésta.

[1131] Véase art. 746.6 de la presente Ley

[1132] Renumerado por art. 20 apartado 13 de Ley Orgánica 1/2025 de 2 de enero de 2025, con el contenido del anterior art. 786 bis, con vigencia desde 03/04/2025

787 ter. [1133] 1. Antes de iniciarse la práctica de la prueba, la defensa, con la conformidad del acusado presente, podrá pedir al juez, jueza o tribunal que proceda a dictar sentencia de conformidad con el escrito de acusación que contenga pena de mayor gravedad, o con el que se presentara en ese acto, que no podrá referirse a hecho distinto, ni contener calificación más grave que la del escrito de acusación anterior. El juez, la jueza o el tribunal dictará sentencia de conformidad con la manifestada por la defensa y el acusado, si concurren los requisitos establecidos en los apartados siguientes.

El Ministerio Fiscal oirá previamente a la víctima o perjudicado, aunque no estén personados en la causa, siempre que hubiera sido posible y se estime necesario para ponderar correctamente los efectos y el alcance de tal conformidad, y en todo caso cuando la gravedad o trascendencia del hecho o la cuantía sean especialmente significativos, así como en todos los supuestos en que víctimas o perjudicados se encuentren en situación de especial vulnerabilidad.

2. Si a partir de la descripción de los hechos aceptada por todas las partes, el juez, la jueza o el tribunal entendiere que la calificación aceptada es correcta y que la pena es procedente según dicha calificación, dictará sentencia de conformidad. El juez, la jueza o el tribunal habrá oído en todo caso al acusado acerca de si su conformidad ha sido prestada libremente y con conocimiento de sus consecuencias.

3. En caso de que el juez, la jueza o el tribunal considerare incorrecta la calificación formulada o entendiere que la pena solicitada no procede legalmente, requerirá a la parte que presentó el escrito de acusación más grave para que manifieste si se ratifica o no en él. Sólo cuando la parte requerida modificare su escrito de acusación en términos tales que la calificación sea correcta y la pena solicitada sea procedente, y el acusado preste de nuevo su conformidad, podrá el juez, la jueza o el tribunal dictar sentencia de conformidad. En otro caso, ordenará la continuación del juicio.

4. Una vez que la defensa manifieste su conformidad, el juez, la jueza o el tribunal informará al acusado de sus consecuencias y a continuación le requerirá a fin de que manifieste si presta su conformidad. Cuando el juez, la jueza o el tribunal albergue dudas sobre si el acusa-

[1133] Añadido por art. 20 apartado 14 de Ley Orgánica 1/2025 de 2 de enero de 2025, con vigencia desde 03/04/2025 do ha prestado libremente su conformidad, acordará la continuación del juicio.

También podrá acordar la continuación del juicio cuando, no obstante la conformidad de la persona acusada, su defensor o defensora lo considere necesario y el juez, la jueza o el tribunal estime fundada su petición.

El letrado o la letrada facilitará por escrito a la persona a quien defiende la información sobre el acuerdo alcanzado.

5. No vinculan al juez, jueza o tribunal las conformidades sobre la adopción de medidas protectoras en los casos de limitación de la responsabilidad penal.

6. La sentencia de conformidad se dictará oralmente y documentará conforme a lo previsto en el apartado 2 del artículo 789, sin perjuicio de su ulterior redacción. Si el o la fiscal y las partes, conocido el fallo, expresaran su decisión de no recurrir, el juez, en el mismo acto, declarará oralmente la firmeza de la sentencia y se pronunciará, previa audiencia de las partes, sobre la suspensión o la sustitución de la pena impuesta, cuando proceda. También resolverá el juez, la jueza o el tribunal sobre los aplazamientos de las responsabilidades pecuniarias y se realizarán, en cuanto fuera posible, los requerimientos y liquidaciones de condena de las penas impuestas en la sentencia [1134].

7. Únicamente serán recurribles las sentencias de conformidad cuando no hayan respetado los requisitos o términos de la conformidad, sin que la persona acusada pueda impugnar por razones de fondo su conformidad libremente prestada.

8. Cuando la persona acusada sea una persona jurídica, la conformidad deberá prestarla su representante especialmente designado, siempre que cuente con poder especial. Dicha conformidad, que se sujetará a los requisitos enunciados en los apartados anteriores, podrá realizarse con independencia de la posición que adopten las demás personas acusadas, y su contenido no vinculará en el juicio que se celebre en relación con estas.

[1134] Téngase en cuenta que la presente redacción de este apartado 6 será de aplicación a los procedimientos en los que no se haya celebrado juicio oral a 3 de abril de 2024, fecha de entrada en vigor de la LO 1/2025 de 2 enero, conforme al apartado 3 de su disp. trans. 9.ª

788. [1135] 1. La práctica de la prueba se realizará concentradamente, en las sesiones consecutivas que sean necesarias.

Excepcionalmente, podrá acordar el Juez o Tribunal la suspensión o aplazamiento de la sesión, hasta el límite máximo de treinta días, en los supuestos del artículo 746, conservando su validez los actos realizados, salvo que se produzca la sustitución del Juez o miembro del Tribunal en el caso del número 4 de dicho artículo. En esos casos siempre que el señalamiento de la reanudación pueda realizarse al mismo tiempo en que se acuerde la suspensión, se hará por el Juez o Presidente, que tendrá en cuenta las necesidades de la agenda programada de señalamientos y las demás circunstancias contenidas en los artículos 182.4 de la Ley de Enjuiciamiento Civil y 785.2 de la presente Ley [1136].

Del mismo modo se actuará en los casos en que se interrumpa o suspenda un juicio oral ya iniciado y el nuevo señalamiento de vista pueda realizarse al mismo tiempo en que se acuerde la interrupción o suspensión.

En los restantes casos, el señalamiento de fecha para el nuevo juicio oral se hará por el Secretario Judicial, para la fecha más inmediata posible, ajustándose a lo previsto en el artículo 785.2 de la presente Ley.

No será causa de suspensión del juicio la falta de acreditación de la sanidad, de la tasación de daños o de la verificación de otra circunstancia de análoga significación, siempre que no sea requisito imprescindible para la calificación de los hechos. En tal caso, la determinación cuantitativa de la responsabilidad civil quedará diferida al trámite de ejecución, fijándose en la sentencia las bases de la misma. [1137]

2. Será de aplicación lo dispuesto en el artículo 703 bis en cuanto a la no intervención en el acto del juicio del testigo, cuando se haya

---

[1135] Dada nueva redacción por art. 1 de Ley 38/2002 de 24 de octubre de 2002, con vigencia desde 28/04/2003

[1136] Véanse arts. 744, 748 y 749 de la presente Ley

[1137] Dada nueva redacción apartado 1 por art. 2 apartado 108 de Ley 13/2009 de 3 de noviembre de 2009, con vigencia desde 04/05/2010

practicado prueba preconstituida de conformidad con lo dispuesto en los artículos 449 bis y siguientes. [1138]

3. El informe pericial podrá ser prestado sólo por un perito [1139].

En el ámbito de este procedimiento, tendrán carácter de prueba documental los informes emitidos por laboratorios oficiales sobre la naturaleza, cantidad y pureza de sustancias estupefacientes cuando en ellos conste que se han realizado siguiendo los protocolos científicos aprobados por las correspondientes normas [1140]. [1141]

4. Terminada la práctica de la prueba, el Juez o Presidente del Tribunal requerirá a la acusación y a la defensa para que manifiesten si ratifican o modifican las conclusiones de los escritos inicialmente presentados y para que expongan oralmente cuanto estimen procedente sobre la valoración de la prueba y la calificación jurídica de los hechos.

El requerimiento podrá extenderse a solicitar del Ministerio Fiscal y de los letrados un mayor esclarecimiento de hechos concretos de la prueba y la valoración jurídica de los hechos, sometiéndoles a debate una o varias preguntas sobre puntos determinados [1142]. [1143]

5. Cuando, en sus conclusiones definitivas, la acusación cambie la tipificación penal de los hechos o se aprecien un mayor grado de participación o de ejecución o circunstancias de agravación de la pena, el Juez o Tribunal podrá considerar un aplazamiento de la sesión, hasta el límite de diez días, a petición de la defensa, a fin de que ésta pueda preparar adecuadamente sus alegaciones y, en su caso, aportar los elementos probatorios y de descargo que estime convenientes. Tras la práctica de una nueva prueba que pueda solicitar la defensa, las

---

[1138] Añadido apartado 2 por disposición final 1 apartado 14 de Ley Orgánica 8/2021 de 4 de junio de 2021, con vigencia desde 25/06/2021

[1139] Véanse arts. 723 a 725 y 778.1 de la presente Ley

[1140] Véanse arts. 479 y 480 LOPJ; RD 386/1996, de 1 de marzo, por el que se aprueba el Reglamento de los Institutos de Medicina Legal; y RD 862/1998, de 8 de mayo, por el que se aprueba el Reglamento del Instituto de Toxicología

[1141] Renumerado apartado 2 por disposición final 1 apartado 14 de Ley Orgánica 8/2021 de 4 de junio de 2021 como apartado 3, con vigencia desde 25/06/2021

[1142] Véase art. 48 LOTJ y arts. 732 y 733 de la presente Ley

[1143] Renumerado apartado 3 por disposición final 1 apartado 14 de Ley Orgánica 8/2021 de 4 de junio de 2021 como apartado 4, con vigencia desde 25/06/2021 partes acusadoras podrán, a su vez, modificar sus conclusiones definitivas [1144] . [1145]

6. Cuando todas las acusaciones califiquen los hechos como delitos castigados con pena que exceda de la competencia del Juez de lo Penal, se declarará éste incompetente para juzgar, dará por terminado el juicio y el Secretario Judicial remitirá las actuaciones a la Audiencia competente. Fuera del supuesto anterior, el Juez de lo Penal resolverá lo que estime pertinente acerca de la continuación o finalización del juicio, pero en ningún caso podrá imponer una pena superior a la correspondiente a su competencia [1146] . [1147]

7. En cuanto se refiere a la grabación de las sesiones del juicio oral y a su documentación, serán aplicables las disposiciones contenidas en el artículo 743 de la presente Ley [1148] . [1149]

789. [1150] 1. La sentencia se dictará dentro de los cinco días siguientes a la finalización del juicio oral [1151] .

2. El Juez de lo Penal podrá dictar sentencia oralmente en el acto del juicio, documentándose en el acta con expresión del fallo y una sucinta motivación, sin perjuicio de la ulterior redacción de aquélla. Si el Fiscal y las partes, conocido el fallo, expresasen su decisión de no recurrir, el Juez, en el mismo acto, declarará la firmeza de la sentencia,

---

[1144] Véase art. 732 de la presente Ley

[1145] Renumerado apartado 4 por disposición final 1 apartado 14 de Ley Orgánica 8/2021 de 4 de junio de 2021 como apartado 5, con vigencia desde 25/06/2021

[1146] Véase art. 14.3 de la presente Ley

[1147] Renumerado apartado 5 por disposición final 1 apartado 14 de Ley Orgánica 8/2021 de 4 de junio de 2021 como apartado 6, con vigencia desde 25/06/2021

[1148] Véanse art. 69 LOTJ y arts. 743 y 815 de la presente Ley

[1149] Renumerado apartado 6 por disposición final 1 apartado 14 de Ley Orgánica 8/2021 de 4 de junio de 2021 como apartado 7, con vigencia desde 25/06/2021

[1150] Dada nueva redacción por art. 1 de Ley 38/2002 de 24 de octubre de 2002, con vigencia desde 28/04/2003

[1151] Véase art. 70.1 LOTJ; art. 248.3 LOPJ y arts. 142, 203, 741 y 802.3 de la presente Ley y se pronunciará, previa audiencia de las partes, sobre la suspensión o la sustitución de la pena impuesta [1152]. [1153]

3. La sentencia no podrá imponer pena más grave de la solicitada por las acusaciones, ni condenar por delito distinto cuando éste conlleve una diversidad de bien jurídico protegido o mutación sustancial del hecho enjuiciado, salvo que alguna de las acusaciones haya asumido el planteamiento previamente expuesto por el Juez o Tribunal dentro del trámite previsto en el párrafo segundo del artículo 788.3.

4. El Secretario Judicial notificará la sentencia por escrito a los ofendidos y perjudicados por el delito, aunque no se hayan mostrado parte en la causa [1154]. [1155]

5. Cuando la instrucción de la causa hubiera correspondido a un Juzgado de Violencia sobre la Mujer el Secretario Judicial remitirá al mismo la sentencia por testimonio de forma inmediata. Igualmente le remitirá la declaración de firmeza y la sentencia de segunda instancia cuando la misma fuera revocatoria, en todo o en parte, de la sentencia previamente dictada. [1156]

CAPÍTULO VI
De la impugnación de la sentencia [1157]

790. [1158] 1. La sentencia dictada por el Juez de lo Penal es apelable ante la Audiencia Provincial correspondiente, y la del Juez Central de lo penal, ante la Sala de lo Penal de la Audiencia Nacional. El

---

[1152] Véase art. 245.2 LOPJ

[1153] Dada nueva redacción apartado 2 por art. 2 apartado 109 de Ley 13/2009 de 3 de noviembre de 2009, con vigencia desde 04/05/2010

[1154] Véase art. 792.4 de la presente Ley

[1155] Dada nueva redacción apartado 4 por art. 2 apartado 109 de Ley 13/2009 de 3 de noviembre de 2009, con vigencia desde 04/05/2010

[1156] Dada nueva redacción apartado 5 por art. 2 apartado 109 de Ley 13/2009 de 3 de noviembre de 2009, con vigencia desde 04/05/2010

[1157] Añadido por art. 1 de Ley 38/2002 de 24 de octubre de 2002, con vigencia desde 28/04/2003

[1158] Dada nueva redacción por art. 1 de Ley 38/2002 de 24 de octubre de 2002, con vigencia desde 28/04/2003

recurso podrá ser interpuesto por cualquiera de las partes, dentro de los diez días siguientes a aquel en que se les hubiere notificado la sentencia. Durante este período se hallarán las actuaciones en la Oficina judicial a disposición de las partes, las cuales en el plazo de los tres días siguientes a la notificación de la sentencia podrán solicitar copia de los soportes en los que se hayan grabado las sesiones, con suspensión del plazo para la interposición del recurso. El cómputo del plazo se reanudará una vez hayan sido entregadas las copias solicitadas [1159].

La parte que no hubiera apelado en el plazo señalado podrá adherirse a la apelación en el trámite de alegaciones previsto en el apartado 5, ejercitando las pretensiones y alegando los motivos que a su derecho convengan. En todo caso, este recurso quedará supeditado a que el apelante mantenga el suyo.

Las demás partes podrán impugnar la adhesión, en el plazo de dos días, una vez conferido el traslado previsto en el apartado 6. [1160]

2. El escrito de formalización del recurso se presentará ante el órgano que dictó la resolución que se impugne, y en él se expondrán, ordenadamente, las alegaciones sobre quebrantamiento de las normas y garantías procesales, error en la apreciación de las pruebas o infracción de normas del ordenamiento jurídico en las que se base la impugnación. El recurrente también habrá de fijar un domicilio para notificaciones en el lugar donde tenga su sede la Audiencia.

Si en el recurso se pidiera la declaración de nulidad del juicio por infracción de normas o garantías procesales que causaren la indefensión del recurrente, en términos tales que no pueda ser subsanada en la segunda instancia, se citarán las normas legales o constitucionales que se consideren infringidas y se expresarán las razones de la indefensión. Asimismo, deberá acreditarse haberse pedido la subsanación de la falta o infracción en la primera instancia, salvo en el caso de que se hubieren cometido en momento en el que fuere ya imposible la reclamación.

Cuando la acusación alegue error en la valoración de la prueba para pedir la anulación de la sentencia absolutoria o el agravamiento de la condenatoria, será preciso que se justifique la insuficiencia o la falta de racionalidad en la motivación fáctica, el apartamiento manifiesto de

---

[1159] Véanse arts. 65.5 y 82.1.1 LOPJ y art. 803 de la presente Ley

[1160] Dada nueva redacción apartado 1 por art. 2 apartado 110 de Ley 13/2009 de 3 de noviembre de 2009, con vigencia desde 04/05/2010

las máximas de experiencia o la omisión de todo razonamiento sobre alguna o algunas de las pruebas practicadas que pudieran tener relevancia o cuya nulidad haya sido improcedentemente declarada [1161]

3. En el mismo escrito de formalización podrá pedir el recurrente la práctica de las diligencias de prueba que no pudo proponer en la primera instancia, de las propuestas que le fueron indebidamente denegadas, siempre que hubiere formulado en su momento la oportuna protesta, y de las admitidas que no fueron practicadas por causas que no le sean imputables.

4. Recibido el escrito de formalización, el Juez, si reúne los requisitos exigidos, admitirá el recurso. En caso de apreciar la concurrencia de algún defecto subsanable, concederá al recurrente un plazo no superior a tres días para la subsanación.

5. Admitido el recurso, el Secretario Judicial dará traslado del escrito de formalización a las demás partes por un plazo común de diez días. Dentro de este plazo habrán de presentarse los escritos de alegaciones de las demás partes, en los que podrá solicitarse la práctica de prueba en los términos establecidos en el apartado 3 y en los que se fijará un domicilio para notificaciones. [1162]

6. Presentados los escritos de alegaciones o precluido el plazo para hacerlo, el Secretario, en los dos días siguientes, dará traslado de cada uno de ellos a las demás partes y elevará a la Audiencia los autos originales con todos los escritos presentados.

791. [1163] 1. Si los escritos de formalización o de alegaciones contienen proposición de prueba o reproducción de la grabada, el Tribunal resolverá en tres días sobre la admisión de la propuesta y acordará, en su caso, que el Secretario Judicial señale día para la vista. También podrá celebrarse vista cuando, de oficio o a petición de parte, la estime el Tribunal necesaria para la correcta formación de una convicción fundada.

2. El Secretario judicial señalará la vista dentro de los quince días siguientes y a ella serán citadas todas las partes. Cuando la víctima lo

---

[1161] Añadido apartado 2 párrafo 3 por art. único apartado 7 de Ley 41/2015 de 5 de octubre de 2015, con vigencia desde 06/12/2015

[1162] Dada nueva redacción apartado 5 por art. 2 apartado 110 de Ley 13/2009 de 3 de noviembre de 2009, con vigencia desde 04/05/2010

[1163] Dada nueva redacción por art. 2 apartado 111 de Ley 13/2009 de 3 de noviembre de 2009, con vigencia desde 04/05/2010

haya solicitado, será informada por el Secretario judicial, aunque no se haya mostrado parte ni sea necesaria su intervención.

La vista se celebrará empezando, en su caso, por la práctica de la prueba y por la reproducción de las grabaciones si hay lugar a ella. A continuación, las partes resumirán oralmente el resultado de la misma y el fundamento de sus pretensiones. [1164]

3. En cuanto se refiere a la grabación de la vista y a su documentación, serán aplicables las disposiciones contenidas en el artículo 743.

792. [1165] 1. La sentencia de apelación se dictará dentro de los cinco días siguientes a la vista oral, o dentro de los diez días siguientes a la recepción de las actuaciones por la Audiencia cuando no hubiere resultado procedente su celebración.

2. La sentencia de apelación no podrá condenar al encausado que resultó absuelto en primera instancia ni agravar la sentencia condenatoria que le hubiera sido impuesta por error en la apreciación de las pruebas en los términos previstos en el tercer párrafo del artículo 790.2.

No obstante, la sentencia, absolutoria o condenatoria, podrá ser anulada y, en tal caso, se devolverán las actuaciones al órgano que dictó la resolución recurrida. La sentencia de apelación concretará si la nulidad ha de extenderse al juicio oral y si el principio de imparcialidad exige una nueva composición del órgano de primera instancia en orden al nuevo enjuiciamiento de la causa.

3. Cuando la sentencia apelada sea anulada por quebrantamiento de una forma esencial del procedimiento, el tribunal, sin entrar en el fondo del fallo, ordenará que se reponga el procedimiento al estado en que se encontraba en el momento de cometerse la falta, sin perjuicio de que conserven su validez todos aquellos actos cuyo contenido sería idéntico no obstante la falta cometida [1166].

4. Contra la sentencia dictada en apelación solo cabrá recurso de casación en los supuestos previstos en el artículo 847, sin perjuicio de lo establecido respecto de la revisión de sentencias firmes, o en el

---

[1164] Dada nueva redacción apartado 2 por disposición final 1 apartado 25 de Ley 4/2015 de 27 de abril de 2015, con vigencia desde 28/10/2015

[1165] Dada nueva redacción por art. único apartado 8 de Ley 41/2015 de 5 de octubre de 2015, con vigencia desde 06/12/2015

[1166] Véanse arts. 954 a 961 de la presente Ley

artículo siguiente para la impugnación de sentencias firmes dictadas en ausencia del acusado. Cuando no se interponga recurso contra la sentencia dictada en apelación los autos se devolverán al juzgado a los efectos de la ejecución del fallo.

5. La sentencia se notificará a los ofendidos y perjudicados por el delito, aunque no se hayan mostrado parte en la causa [1167] .

793. [1168] 1. En cualquier momento en que comparezca o sea habido el que hubiere sido condenado en ausencia conforme a lo dispuesto en el párrafo segundo del apartado 1 del artículo 786, le será notificada la sentencia dictada en primera instancia o en apelación a efectos de cumplimiento de la pena aún no prescrita. Al notificársele la sentencia se le hará saber su derecho a interponer el recurso a que se refiere el apartado siguiente, con indicación del plazo para ello y del órgano competente.

2. La sentencia dictada en ausencia, haya sido o no apelada, es susceptible de ser recurrida en anulación por el condenado en el mismo plazo y con iguales requisitos y efectos que los establecidos en el recurso de apelación. El plazo se contará desde el momento en que se acredite que el condenado tuvo conocimiento de la sentencia [1169] .

CAPÍTULO VII
De la ejecución de sentencias [1170] [1171]

794. [1172] Tan pronto como sea firme la sentencia, se procederá a su ejecución por el Juez o por la Audiencia que la hubiere dictado,

---

[1167] Véase art. 789.4 de la presente Ley

[1168] Dada nueva redacción por art. 1 de Ley 38/2002 de 24 de octubre de 2002, con vigencia desde 28/04/2003

[1169] Véase art. 766 de la presente Ley

[1170] Véase art. 117.3 CE y arts. 983 y ss de la presente Ley

[1171] Añadido por art. 1 de Ley 38/2002 de 24 de octubre de 2002, con vigencia desde 28/04/2003

[1172] Dada nueva redacción por art. 2 apartado 112 de Ley 13/2009 de 3 de noviembre de 2009, con vigencia desde 04/05/2010

conforme a las disposiciones generales de la Ley, observándose las siguientes reglas:

1.ª Si no se hubiere fijado en el fallo la cuantía indemnizatoria, cualquiera de las partes podrá instar, durante la ejecución de la sentencia, la práctica de las pruebas que estime oportunas para su precisa determinación. De esta pretensión el Secretario Judicial dará traslado a las demás para que, en el plazo común de diez días, pidan por escrito lo que a su derecho convenga. El Juez o Tribunal rechazará la práctica de pruebas que no se refieran a las bases fijadas en la sentencia.

Practicada la prueba, y oídas las partes por un plazo común de cinco días, se fijará mediante auto, en los cinco días siguientes, la cuantía de la responsabilidad civil. El auto dictado por el Juez de lo Penal será apelable ante la Audiencia respectiva.

2.ª En los casos en que se haya impuesto la pena de privación del derecho a conducir vehículos a motor y ciclomotores, el Secretario Judicial procederá a la inmediata retirada del permiso y licencia habilitante, si tal medida no estuviera ya acordada, dejando unido el documento a los autos y remitirá mandamiento a la Jefatura Central de Tráfico para que lo deje sin efecto y no expida otro nuevo hasta la extinción de la condena.

TÍTULO III
Del procedimiento para el enjuiciamiento rápido de determinados delitos [1174] [1173]

CAPÍTULO PRIMERO
Ámbito de aplicación [1175]

795. [1176] 1. Sin perjuicio de lo establecido para los demás procesos especiales, el procedimiento regulado en este Título se aplicará a la instrucción y al enjuiciamiento de delitos castigados con pena privativa de libertad que no exceda de cinco años, o con cualesquiera otras penas, bien sean únicas, conjuntas o alternativas, cuya duración no exceda de diez años, cualquiera que sea su cuantía, siempre que el proceso penal se incoe en virtud de un atestado policial y que la Policía Judicial haya detenido a una persona y la haya puesto a disposición del Juzgado de guardia o que, aun sin detenerla, la haya citado para comparecer ante el Juzgado de guardia por tener la calidad de denunciado en el atestado policial y, además, concurra cualquiera de las circunstancias siguientes [1177]:

1.ª Que se trate de delitos flagrantes. A estos efectos, se considerará delito flagrante el que se estuviese cometiendo o se acabare de cometer cuando el delincuente sea sorprendido en el acto. Se entenderá sorprendido en el acto no sólo al delincuente que fuere detenido en el momento de estar cometiendo el delito, sino también al detenido

---

[1174] Véase Ley 38/2002, de 24 de octubre, de reforma parcial de la Ley de Enjuiciamiento Criminal, sobre procedimiento para el enjuiciamiento rápido e inmediato de determinados delitos y faltas, y de modificación del procedimiento abreviado; y Circular 1/2003, de 7 de abril, sobre procedimiento para el enjuiciamiento rápido e inmediato de determinados delitos y faltas y de modificación del procedimiento abreviado

[1173] Dada nueva redacción por art. 2 de Ley 38/2002 de 24 de octubre de 2002, con vigencia desde 28/04/2003

[1175] Dada nueva redacción por art. 2 de Ley 38/2002 de 24 de octubre de 2002, con vigencia desde 28/04/2003

[1176] Dada nueva redacción por art. 2 de Ley 38/2002 de 24 de octubre de 2002, con vigencia desde 28/04/2003

[1177] Véanse arts. 489 y ss de la presente Ley

o perseguido inmediatamente después de cometerlo, si la persecución durare o no se suspendiere mientras el delincuente no se ponga fuera del inmediato alcance de los que le persiguen. También se considerará delincuente in fraganti aquel a quien se sorprendiere inmediatamente después de cometido un delito con efectos, instrumentos o vestigios que permitan presumir su participación en él [1178].

2.ª Que se trate de alguno de los siguientes delitos:

a) Delitos de lesiones, coacciones, amenazas o violencia física o psíquica habitual, cometidos contra las personas a que se refiere el artículo 173.2 del Código Penal [1179].

b) Delitos de hurto [1180].

c) Delitos de robo [1181].

d) Delitos de hurto y robo de uso de vehículos [1182].

e) Delitos contra la seguridad del tráfico [1183].

f) Delitos de daños referidos en el artículo 263 del Código Penal.

g) Delitos contra la salud pública previstos en el artículo 368, inciso segundo, del Código Penal.

h) Delitos flagrantes relativos a la propiedad intelectual e industrial previstos en los artículos 270, 273, 274 y 275 del Código Penal. [1184]

i) Delitos de allanamiento de morada del artículo 202 del Código Penal. [1185]

j) Delitos de usurpación del artículo 245 del Código Penal. [1186]

3.ª Que se trate de un hecho punible cuya instrucción sea presumible que será sencilla.

[1178] Véanse arts. 326 y 334 de la presente Ley

[1179] Véanse arts. 147 y ss, 169 a 172 y 178 y ss CP

[1180] Véanse arts. 234 y ss CP

[1181] Véanse arts. 237 a 242 CP

[1182] Véase art. 244 CP

[1183] Véanse arts. 379 a 385 CP

[1184] Dada nueva redacción apartado 1 número 2 por disposición final 1 apartado 2 letra l de Ley Orgánica 15/2003 de 25 de noviembre de 2003, con vigencia desde 27/11/2003

[1185] Añadida apartado 1 número 2 letra i por art. 20 apartado 15 de Ley Orgánica 1/2025 de 2 de enero de 2025, con vigencia desde 03/04/2025

[1186] Añadida apartado 1 número 2 letra j por art. 20 apartado 15 de Ley Orgánica 1/2025 de 2 de enero de 2025, con vigencia desde 03/04/2025

2. El procedimiento regulado en este Título no será de aplicación a la investigación y enjuiciamiento de aquellos delitos que fueren conexos con otro u otros delitos no comprendidos en el apartado anterior [1187].

3. No se aplicará este procedimiento en aquellos casos en que sea procedente acordar el secreto de las actuaciones conforme a lo establecido en el artículo 302 [1188].

4. En todo lo no previsto expresamente en el presente Título se aplicarán supletoriamente las normas del Título II de este mismo Libro, relativas al procedimiento abreviado [1189].

CAPÍTULO II
De las actuaciones de la Policía Judicial [1190]

796. [1191] 1. Sin perjuicio de cuanto se establece en el Título III del Libro II y de las previsiones del Capítulo II del Título II de este Libro, la Policía Judicial deberá practicar en el tiempo imprescindible y, en todo caso, durante el tiempo de la detención, las siguientes diligencias [1192]:

1ª Sin perjuicio de recabar los auxilios a que se refiere el ordinal 1ª del artículo 770, solicitará del facultativo o del personal sanitario que atendiere al ofendido copia del informe relativo a la asistencia prestada para su unión al atestado policial. Asimismo, solicitará la presencia del médico forense cuando la persona que tuviere que ser reconocida no pudiera desplazarse al Juzgado de guardia dentro del plazo previsto en el artículo 799.

[1187] Véanse arts. 17, 18 y 762.6 de la presente Ley

[1188] Véase art. 120.1 CE y art. 232 LOPJ

[1189] Véanse arts. 757 a 768 de la presente Ley

[1190] Dada nueva redacción por art. 2 de Ley 38/2002 de 24 de octubre de 2002, con vigencia desde 28/04/2003

[1191] Dada nueva redacción por art. 2 de Ley 38/2002 de 24 de octubre de 2002, con vigencia desde 28/04/2003

[1192] Véanse arts. 282 y ss y 769 y ss de la presente Ley

2ª Informará a la persona a la que se atribuya el hecho, aun en el caso de no procederse a su detención, del derecho que le asiste de comparecer ante el Juzgado de guardia asistido de abogado. Si el interesado no manifestare expresamente su voluntad de comparecer asistido de abogado, la Policía Judicial recabará del Colegio de Abogados la designación de un letrado de oficio [1193].

3ª Citará a la persona que resulte denunciada en el atestado policial para comparecer en el Juzgado de guardia en el día y hora que se le señale, cuando no se haya procedido a su detención. El citado será apercibido de las consecuencias de no comparecer a la citación policial ante el Juzgado de guardia [1194].

4ª Citará también a los testigos para que comparezcan en el Juzgado de Guardia en el día y hora que se les indique, apercibiéndoles de las consecuencias de no comparecer a la citación policial en el Juzgado de Guardia. No será necesaria la citación de miembros de las Fuerzas y Cuerpos de Seguridad que hubieren intervenido en el atestado cuando su declaración conste en el mismo [1195]. [1196]

5ª Citará para el mismo día y hora a las entidades a que se refiere el artículo 117 del Código Penal, en el caso de que conste su identidad.

6ª Remitirá al Instituto de Toxicología, al Instituto de Medicina Legal o al laboratorio correspondiente las sustancias aprehendidas cuyo análisis resulte pertinente. Estas entidades procederán de inmediato al análisis solicitado y remitirán el resultado al Juzgado de guardia por el medio más rápido y, en todo caso, antes del día y hora en que se hayan citado a las personas indicadas en las reglas anteriores. Si no fuera posible la remisión del análisis en dicho plazo, la Policía Judicial podrá practicar por sí misma dicho análisis, sin perjuicio del debido control judicial del mismo [1197].

[1193] Véanse arts. 30 y 31 RD 135/2021 de 2 marzo, Estatuto General de la Abogacía Española; y art. 118 de la presente Ley

[1194] Véanse arts. 486 a 488 de la presente Ley

[1195] Véase art. 426 de la presente Ley

[1196] Dada nueva redacción apartado 1 número 4 por disposición final 1 apartado 2 de Ley Orgánica 15/2003 de 25 de noviembre de 2003, con vigencia desde 27/11/2003

[1197] Véanse arts. 479 y 480 LOPJ; RD 386/1996, de 1 de marzo, por el que se aprueba el Reglamento de los Institutos de Medicina Legal; y RD 862/1998, de 8 de mayo, por el que se aprueba el Reglamento del Instituto de Toxicología

7ª La práctica de las pruebas de alcoholemia se ajustará a lo establecido en la legislación de seguridad vial [1198] .

Las pruebas para detectar la presencia de drogas tóxicas, estupefacientes y sustancias psicotrópicas en los conductores de vehículos a motor y ciclomotores serán realizadas por agentes de la Policía Judicial de tráfico con formación específica y sujeción, asimismo, a lo previsto en las normas de seguridad vial. Cuando el test indiciario salival, al que obligatoriamente deberá someterse el conductor, arroje un resultado positivo o el conductor presente signos de haber consumido las sustancias referidas, estará obligado a facilitar saliva en cantidad suficiente, que será analizada en laboratorios homologados, garantizándose la cadena de custodia.

Todo conductor podrá solicitar prueba de contraste consistente en análisis de sangre, orina u otras análogas. Cuando se practicaren estas pruebas, se requerirá al personal sanitario que lo realice para que remita el resultado al Juzgado de guardia por el medio más rápido y, en todo caso, antes del día y hora de la citación a que se refieren las reglas anteriores. [1199]

8ª Si no fuera posible la remisión al Juzgado de guardia de algún objeto que debiera ser tasado, se solicitará inmediatamente la presencia del perito o servicio correspondiente para que lo examine y emita informe pericial. Este informe podrá ser emitido oralmente ante el Juzgado de guardia [1200] .

2. Para la realización de las citaciones a que se refiere el apartado anterior, la Policía Judicial fijará el día y la hora de la comparecencia coordinadamente con el Juzgado de guardia. A estos efectos, el Consejo General del Poder Judicial, de acuerdo con lo establecido en el artículo 110 de la Ley Orgánica del Poder Judicial, dictará los Reglamentos oportunos para la ordenación de los servicios de guardia de los Juzgados de Instrucción en relación con la práctica de estas citaciones, coordinadamente con la Policía Judicial.

[1198] Véase art. 12 RDLeg 339/1990, de 2 de marzo, por el que se aprueba el texto articulado de la Ley sobre Tráfico, Circulación de vehículos a motor y Seguridad Vial

[1199] Dada nueva redacción apartado 1 número 7 por disposición final 1 apartado 4 de Ley Orgánica 5/2010 de 22 de junio de 2010, con vigencia desde 23/12/2010

[1200] Véanse arts. 456 y ss de la presente Ley

3. Si la urgencia lo requiriere, las citaciones podrán hacerse por cualquier medio de comunicación, incluso verbalmente, sin perjuicio de dejar constancia de su contenido en la pertinente acta.

4. A los efectos de la aplicación del procedimiento regulado en este Título, cuando la Policía Judicial tuviera conocimiento de la comisión de un hecho incardinable en alguna de las circunstancias previstas en el apartado 1 del artículo 795, respecto del cual, no habiendo sido detenido ni localizado el presunto responsable, fuera no obstante previsible su rápida identificación y localización, continuará las investigaciones iniciadas, que se harán constar en un único atestado, el cual se remitirá al Juzgado de Guardia tan pronto como el presunto responsable sea detenido o citado de acuerdo con lo previsto en los apartados anteriores, y en cualquier caso, dentro de los cinco días siguientes. En estos casos la instrucción de la causa corresponderá en exclusiva al Juzgado de Guardia que haya recibido el atestado.

Lo dispuesto en este apartado se entiende sin perjuicio de dar conocimiento inmediatamente al Juez de guardia y al Ministerio Fiscal de la comisión del hecho y de la continuación de las investigaciones para su debida constancia. [1201]

CAPÍTULO III
De las diligencias urgentes ante el Juzgado de Guardia [1202]

797. [1203] 1. El Juzgado de Guardia, tras recibir el atestado policial, junto con los objetos, instrumentos y pruebas que, en su caso, lo acompañen, incoará, si procede, diligencias urgentes. Contra este auto no cabrá recurso alguno. Sin perjuicio de las demás funciones que tiene encomendadas, practicará, cuando resulten pertinentes, las siguientes diligencias, en el orden que considere más conveniente o

[1201] Añadido apartado 4 por disposición final 1 apartado 2 de Ley Orgánica 15/2003 de 25 de noviembre de 2003, con vigencia desde 27/11/2003

[1202] Dada nueva redacción por art. 2 de Ley 38/2002 de 24 de octubre de 2002, con vigencia desde 28/04/2003

[1203] Dada nueva redacción por art. 2 de Ley 38/2002 de 24 de octubre de 2002, con vigencia desde 28/04/2003

aconsejen las circunstancias, con la participación activa del Ministerio Fiscal. [1204]

1ª Recabará por el medio más rápido los antecedentes penales del detenido o persona investigada [1205] . [1206]

2ª Si fuere necesario para la calificación jurídica de los hechos imputados:

a) Recabará, de no haberlos recibido, los informes periciales solicitados por la Policía Judicial [1207] .

b) Ordenará, cuando resulte pertinente y proporcionado, que el médico forense, si no lo hubiese hecho con anterioridad, examine a las personas que hayan comparecido a presencia judicial y emita el correspondiente informe pericial.

c) Ordenará la práctica por un perito de la tasación de bienes u objetos aprehendidos o intervenidos y puestos a disposición judicial, si no se hubiese hecho con anterioridad [1208] .

3ª Tomará declaración al detenido puesto a disposición judicial o a la persona que, resultando investigada por los términos del atestado, haya comparecido a la citación policial, en los términos previstos en el artículo 775. Ante la falta de comparecencia del investigado a la citación policial ante el Juzgado de guardia, podrá éste aplicar lo previsto en el artículo 487 [1209] . [1210]

4ª Tomará declaración a los testigos citados por la Policía Judicial que hayan comparecido. Ante la falta de comparecencia de cualquier testigo a la citación policial ante el Juzgado de guardia, podrá éste aplicar lo previsto en el artículo 420 [1211] .

[1204] Dada nueva redacción apartado 1 párrafo 1 por art. 4 de Ley Orgánica 13/2003 de 24 de octubre de 2003, con vigencia desde 28/10/2003

[1205] Véase art. 136 CP

[1206] Dada nueva redacción apartado 1 número 1 por art. único apartado 21 apartado 1 de Ley Orgánica 13/2015 de 5 de octubre de 2015, con vigencia desde 06/12/2015

[1207] Véanse arts. 456 y ss y 796.1.8 de la presente Ley

[1208] Véanse arts. 365 y 456 y ss de la presente Ley

[1209] Véanse arts. 386, 486, 520.2 y 527 de la presente Ley

[1210] Dada nueva redacción apartado 3 por art. único apartado 21 apartado 1 de Ley Orgánica 13/2015 de 5 de octubre de 2015, con vigencia desde 06/12/2015

[1211] Véanse arts. 410 y ss de la presente Ley

5ª Llevará a cabo, en su caso, las informaciones previstas en el artículo 776 [1212] . [1213]

6ª Practicará el reconocimiento en rueda del investigado, de resultar pertinente y haber comparecido el testigo. [1214]

7ª Ordenará, de considerarlo necesario, el careo entre testigos, entre testigos e investigados o investigados entre sí. [1215]

8ª Ordenará la citación, incluso verbal, de las personas que considere necesario que comparezcan ante él. A estos efectos no procederá la citación de miembros de las Fuerzas y Cuerpos de Seguridad que hubieren intervenido en el atestado cuya declaración obre en el mismo, salvo que, excepcionalmente y mediante resolución motivada, considere imprescindible su nueva declaración antes de adoptar alguna de las resoluciones previstas en el artículo siguiente [1216] . [1217]

9ª Ordenará la práctica de cualquier diligencia pertinente que pueda llevarse a cabo en el acto o dentro del plazo establecido en el artículo 799.

2. Cuando, por razón del lugar de residencia de un testigo o víctima o por otro motivo, fuere de temer razonablemente que una prueba no podrá practicarse en el juicio oral, o pudiera motivar su suspensión, el Juez de guardia practicará inmediatamente la misma asegurando, en todo caso, la posibilidad de contradicción de las partes [1218] .

Dicha diligencia deberá documentarse en soporte apto para la grabación y reproducción del sonido y de la imagen o por medio de acta autorizada por el Secretario Judicial, con expresión de los intervinientes.

[1212] Véanse arts. 109 y 110 de la presente Ley

[1213] Dada nueva redacción apartado 1 número 5 por disposición final 1 apartado 2 de Ley Orgánica 15/2003 de 25 de noviembre de 2003, con vigencia desde 27/11/2003

[1214] Dada nueva redacción apartado 6 por art. único apartado 21 apartado 1 de Ley Orgánica 13/2015 de 5 de octubre de 2015, con vigencia desde 06/12/2015

[1215] Dada nueva redacción apartado 7 por art. único apartado 21 apartado 1 de Ley Orgánica 13/2015 de 5 de octubre de 2015, con vigencia desde 06/12/2015

[1216] Véanse arts. 486, 487 y 488 de la presente Ley

[1217] Dada nueva redacción apartado 1 número 8 por disposición final 1 apartado 2 de Ley Orgánica 15/2003 de 25 de noviembre de 2003, con vigencia desde 27/11/2003

[1218] Véase art. 777.2 de la presente Ley

A efectos de su valoración como prueba en sentencia, la parte a quien interese deberá instar en el juicio oral la reproducción de la grabación o la lectura literal de la diligencia, en los términos del artículo 730.

3. El Abogado designado para la defensa tendrá también habilitación legal para la representación de su defendido en todas las actuaciones que se verifiquen ante el Juez de guardia.

Para garantizar el ejercicio del derecho de defensa, el Juez, una vez incoadas diligencias urgentes, dispondrá que se le dé traslado de copia del atestado y de cuantas actuaciones se hayan realizado o se realicen en el Juzgado de Guardia. [1219]

797 bis. [1220] 1. En el supuesto de que la competencia corresponda al Juzgado de Violencia sobre la Mujer, las diligencias y resoluciones señaladas en los artículos anteriores deberán ser practicadas y adoptadas durante las horas de audiencia.

2. La Policía Judicial habrá de realizar las citaciones a que se refiere el artículo 796, ante el Juzgado de Violencia sobre la Mujer, en el día hábil más próximo, entre aquéllos que se fijen reglamentariamente.

No obstante el detenido, si lo hubiere, habrá de ser puesto a disposición del Juzgado de Instrucción de Guardia, a los solos efectos de regularizar su situación personal, cuando no sea posible la presentación ante el Juzgado de Violencia sobre la Mujer que resulte competente.

3. Para la realización de las citaciones antes referidas, la Policía Judicial fijará el día y la hora de la comparecencia coordinadamente con el Juzgado de Violencia sobre la Mujer. A estos efectos el Consejo General del Poder Judicial, de acuerdo con lo establecido en el artículo 110 de la Ley Orgánica del Poder Judicial, dictará los Reglamentos oportunos para asegurar esta coordinación [1221].

[1219] Dada nueva redacción apartado 3 por art. 2 apartado 113 de Ley 13/2009 de 3 de noviembre de 2009, con vigencia desde 04/05/2010

[1220] Añadido por art. 54 de Ley Orgánica 1/2004 de 28 de diciembre de 2004, con vigencia desde 29/06/2005

[1221] Véase art. 54 LO 1/2004, de 28 de diciembre, de Medidas de Protección Integral contra la Violencia de Género

798. [1222] 1. A continuación, el Juez oirá a las partes personadas y al Ministerio Fiscal sobre cuál de las resoluciones previstas en el apartado siguiente procede adoptar. Además, las partes acusadoras y el Ministerio Fiscal podrán solicitar cualesquiera medidas cautelares frente al investigado o, en su caso, frente al responsable civil, sin perjuicio de las que se hayan podido adoptar anteriormente [1223]. [1224]

2. El Juez de guardia dictará resolución con alguno de estos contenidos:

1º En el caso de que considere suficientes las diligencias practicadas, dictará auto en forma oral, que deberá documentarse y no será susceptible de recurso alguno, ordenando seguir el procedimiento del Capítulo siguiente, salvo que estime procedente alguna de las decisiones previstas en las reglas 1ª y 3ª del apartado 1 del artículo 779, en cuyo caso dictará el correspondiente auto. Si el Juez de guardia reputa falta el hecho que hubiera dado lugar a la formación de las diligencias, procederá a su enjuiciamiento inmediato conforme a lo previsto en el artículo 963 [1225]. [1226]

2º En el caso de que considere insuficientes las diligencias practicadas, ordenará que el procedimiento continúe como diligencias previas del procedimiento abreviado. El Juez deberá señalar motivadamente cuáles son las diligencias cuya práctica resulta necesaria para concluir la instrucción de la causa o las circunstancias que lo hacen imposible [1227].

3. Cuando el Juez de guardia dicte el auto acordando alguna de las decisiones previas en los tres primeros ordinales del apartado 1 del artículo 779, en el mismo acordará lo que proceda sobre la adopción de medidas cautelares frente al investigado y, en su caso, frente al responsable civil. Frente al pronunciamiento del Juez sobre medidas

---

[1222] Dada nueva redacción por art. 2 de Ley 38/2002 de 24 de octubre de 2002, con vigencia desde 28/04/2003

[1223] Véase art. 3.5 EOMF

[1224] Dada nueva redacción apartado 1 por art. único apartado 21 apartado 1 de Ley Orgánica 13/2015 de 5 de octubre de 2015, con vigencia desde 06/12/2015

[1225] Véanse arts. 800 y 801 de la presente Ley

[1226] Dada nueva redacción apartado 2 número 1 por disposición final 1 apartado 2 de Ley Orgánica 15/2003 de 25 de noviembre de 2003, con vigencia desde 27/11/2003

[1227] Véanse arts. 774 y ss de la presente Ley

cautelares, cabrán los recursos previstos en el artículo 766. Cuando el Juez de guardia dicte auto en forma oral ordenando la continuación del procedimiento, sobre la adopción de medidas cautelares se estará a lo dispuesto en el apartado 1 del artículo 800. [1228]

4. Asimismo, ordenará, si procede, la devolución de objetos intervenidos.

799. [1229] 1. Las diligencias y resoluciones señaladas en los artículos anteriores deberán ser practicadas y adoptadas durante el servicio de guardia del Juzgado de Instrucción.

2. No obstante lo dispuesto, en aquellos partidos judiciales en que el servicio de guardia no sea permanente y tenga una duración superior a veinticuatro horas, el plazo establecido en el apartado anterior podrá prorrogarse por el Juez por un período adicional de setenta y dos horas en aquellas actuaciones en las que el atestado se hubiera recibido dentro de las cuarenta y ocho anteriores a la finalización del servicio de guardia.

CAPÍTULO IV
De la preparación del juicio oral [1230]

800. [1231] 1. Cuando el Juez de guardia hubiere acordado continuar este procedimiento, en el mismo acto oirá al Ministerio Fiscal y a las partes personadas para que se pronuncien sobre si procede la apertura del juicio oral o el sobreseimiento y para que, en su caso, soliciten o se ratifiquen en lo solicitado respecto de la adopción de medidas cautelares. En todo caso, si el Ministerio Fiscal y el acusador particular, si lo hubiera, solicitaren el sobreseimiento, el Juez procederá

[1228] Dada nueva redacción apartado 3 por art. único apartado 21 apartado 1 de Ley Orgánica 13/2015 de 5 de octubre de 2015, con vigencia desde 06/12/2015

[1229] Dada nueva redacción por art. 2 de Ley 38/2002 de 24 de octubre de 2002, con vigencia desde 28/04/2003

[1230] Dada nueva redacción por art. 2 de Ley 38/2002 de 24 de octubre de 2002, con vigencia desde 28/04/2003

[1231] Añadido por art. 2 de Ley 38/2002 de 24 de octubre de 2002, con vigencia desde 28/04/2003

conforme a lo previsto en el artículo 782. Cuando el Ministerio Fiscal o la acusación particular soliciten la apertura del juicio oral, el Juez de guardia procederá conforme a lo previsto en el apartado 1 del artículo 783, resolviendo mediante auto lo que proceda. Cuando se acuerde la apertura del juicio oral, dictará en forma oral auto motivado, que deberá documentarse y no será susceptible de recurso alguno [1232].

2. Abierto el juicio oral, si no se hubiere constituido acusación particular, el Ministerio Fiscal presentará de inmediato su escrito de acusación, o formulará ésta oralmente. El acusado, a la vista de la acusación formulada, podrá en el mismo acto prestar su conformidad con arreglo a lo dispuesto en el artículo siguiente. En otro caso, presentará inmediatamente su escrito de defensa o formulará ésta oralmente, procediendo entonces el Secretario del Juzgado de Guardia sin más trámites a la citación de las partes para la celebración del juicio oral [1233].

Si el acusado solicitara la concesión de un plazo para la presentación de escrito de defensa, el Juez fijará prudencialmente el mismo dentro de los cinco días siguientes, atendidas las circunstancias del hecho imputado y los restantes datos que se hayan puesto de manifiesto en la investigación, procediendo en el acto el Secretario Judicial a la citación de las partes para la celebración del juicio oral y al emplazamiento del acusado y, en su caso, del responsable civil para que presenten sus escritos ante el órgano competente para el enjuiciamiento. [1234]

3. El Secretario del Juzgado de Guardia hará el señalamiento para la celebración del juicio oral en la fecha más próxima posible y, en cualquier caso, dentro de los quince días siguientes, en los días y horas predeterminados a tal fin en los órganos judiciales enjuiciadores y ajustándose a lo prevenido en el artículo 785.2 de la presente Ley. A estos efectos, el Consejo General del Poder Judicial, de acuerdo con lo establecido en el artículo 110 de la Ley Orgánica del Poder Judicial, dictará los Reglamentos oportunos para la ordenación, coordinadamente con el Ministerio Fiscal, de los señalamientos de juicios

---

[1232] Véase art. 248.2 LOPJ y arts. 637 y 641 de la presente Ley

[1233] Véase art. 784 de la presente Ley

[1234] Dada nueva redacción apartado 2 por art. 2 apartado 114 de Ley 13/2009 de 3 de noviembre de 2009, con vigencia desde 04/05/2010

orales que realicen los Juzgados de guardia ante los Juzgados de lo Penal.

También se acordará la práctica de las citaciones propuestas por el Ministerio Fiscal, llevando a cabo en el acto el Secretario Judicial las que sean posibles, sin perjuicio de la decisión que sobre la admisión de pruebas adopte el órgano enjuiciador. [1235]

4. Si se hubiere constituido acusación particular que hubiere solicitado la apertura del juicio oral y así lo hubiere acordado el Juez de guardia, éste emplazará en el acto a aquélla y al Ministerio Fiscal para que presenten sus escritos dentro de un plazo improrrogable y no superior a dos días. Presentados dichos escritos ante el mismo Juzgado, procederá éste de inmediato conforme a lo dispuesto en el apartado 2 [1236].

5. Si el Ministerio Fiscal no presentare su escrito de acusación en el momento establecido en el apartado 2 o en el plazo establecido en el apartado 4, respectivamente, el Juez, sin perjuicio de emplazar en todo caso a los directamente ofendidos y perjudicados conocidos, en los términos previstos en el apartado 2 del artículo 782, requerirá inmediatamente al superior jerárquico del Fiscal para que, en el plazo de dos días, presente el escrito que proceda. Si el superior jerárquico tampoco presentare dicho escrito en plazo, se entenderá que no pide la apertura de juicio oral y que considera procedente el sobreseimiento libre [1237].

6. Una vez recibido el escrito de defensa o precluido el plazo para su presentación, el órgano enjuiciador procederá conforme a lo previsto en el apartado 1 del artículo 785, salvo en lo previsto para el señalamiento y las citaciones que ya se hubieran practicado.

7. En todo caso, las partes podrán solicitar al Juzgado de guardia, que así lo acordará, la citación de testigos o peritos que tengan la intención de proponer para el acto del juicio, sin perjuicio de la decisión que sobre la admisión de pruebas adopte el órgano enjuiciador [1238].

[1235] Dada nueva redacción apartado 3 por art. 2 apartado 114 de Ley 13/2009 de 3 de noviembre de 2009, con vigencia desde 04/05/2010

[1236] Véase art. 649 de la presente Ley

[1237] Véase art. 637 de la presente Ley

[1238] Véanse arts. 410 y ss y 456 y ss de la presente Ley

801. [1239] 1. Sin perjuicio de la aplicación en este procedimiento del artículo 787, el acusado podrá prestar su conformidad ante el Juzgado de Guardia y dictar éste sentencia de conformidad, cuando concurran los siguientes requisitos:

1º Que no se hubiera constituido acusación particular y el Ministerio Fiscal hubiera solicitado la apertura del juicio oral y, así acordada por el Juez de guardia, aquél hubiera presentado en el acto escrito de acusación.

2º Que los hechos objeto de acusación hayan sido calificados como delito castigado con pena de hasta tres años de prisión, con pena de multa cualquiera que sea su cuantía o con otra pena de distinta naturaleza cuya duración no exceda de 10 años.

3º Que, tratándose de pena privativa de libertad, la pena solicitada o la suma de las penas solicitadas no supere, reducida en un tercio, los dos años de prisión.

2. Dentro del ámbito definido en el apartado anterior, el Juzgado de Guardia realizará el control de la conformidad prestada en los términos previstos en el artículo 787 y, en su caso, dictará oralmente sentencia de conformidad que se documentará con arreglo a lo previsto en el apartado 2 del artículo 789, en la que impondrá la pena solicitada reducida en un tercio, aun cuando suponga la imposición de una pena inferior al límite mínimo previsto en el Código Penal. Si el Fiscal y las partes personadas expresasen su decisión de no recurrir, el Juez, en el mismo acto, declarará oralmente la firmeza de la sentencia y, si la pena impuesta fuera privativa de libertad, resolverá lo procedente sobre su suspensión o sustitución [1240].

3. Para acordar, en su caso, la suspensión de la pena privativa de libertad bastará, a los efectos de lo dispuesto en el artículo 81.3ª del Código Penal, con el compromiso del acusado de satisfacer las responsabilidades civiles que se hubieren originado en el plazo prudencial que el Juzgado de Guardia fije. Asimismo, en los casos en que de conformidad con el artículo 87.1.1ª del Código Penal sea necesaria una certificación suficiente por centro o servicio público o privado debidamente acreditado u homologado de que el acusado se encuentra

---

[1239] Dada nueva redacción por disposición final 1 de Ley Orgánica 15/2003 de 25 de noviembre de 2003, con vigencia desde 27/11/2003

[1240] Véanse arts. 80 y ss CP

deshabituado o sometido a tratamiento para tal fin, bastará para aceptar la conformidad y acordar la suspensión de la pena privativa de libertad el compromiso del acusado de obtener dicha certificación en el plazo prudencial que el Juzgado de Guardia fije [1241] .

4. Dictada sentencia de conformidad y practicadas las actuaciones a que se refiere el apartado 2, el Juez de guardia acordará lo procedente sobre la puesta en libertad o el ingreso en prisión del condenado y realizará los requerimientos que de ella se deriven, remitiendo el Secretario Judicial seguidamente las actuaciones junto con la sentencia redactada al Juzgado de lo Penal que corresponda, que continuará su ejecución. [1242]

5. Si hubiere acusador particular en la causa, el acusado podrá, en su escrito de defensa, prestar su conformidad con la más grave de las acusaciones según lo previsto en los apartados anteriores.

CAPÍTULO V
Del juicio oral y de la sentencia [1243]

802. [1244] [1245]

1. El juicio oral se desarrollará en los términos previstos para el enjuiciamiento del procedimiento abreviado, salvo en lo que se refiere a la audiencia preliminar previa del artículo 785.

2. En el caso de que, por motivo justo valorado por el juez o la jueza, no pueda celebrarse el juicio oral en el día señalado, o de que no pueda concluirse en un solo acto, señalará fecha para su celebración o continuación el día más inmediato posible y, en todo caso, dentro de

---

[1241] Véase Ley 36/1999, de 18 de octubre, de concesión del subsidio de desempleo y de garantías de integración sociolaboral para los delincuentes toxicómanos que hayan visto suspendida la ejecución de su pena de conformidad con lo previsto en la legislación penal

[1242] Dada nueva redacción apartado 4 por art. 2 apartado 115 de Ley 13/2009 de 3 de noviembre de 2009, con vigencia desde 04/05/2010

[1243] Añadido por art. 2 de Ley 38/2002 de 24 de octubre de 2002, con vigencia desde 28/04/2003

[1244] Dada nueva redacción por art. 20 apartado 16 de Ley Orgánica 1/2025 de 2 de enero de 2025, con vigencia desde 03/04/2025

[1245] Véase art. 248.3 LOPJ y arts. 142, 203 y 741 de la presente Ley los quince siguientes, teniendo en cuenta las necesidades de la agenda programada de señalamientos y las demás circunstancias contenidas en el artículo 182 de la Ley 1/2000, de 7 de enero, de Enjuiciamiento Civil, y en el artículo 786 de la presente ley, lo que se hará saber a las personas interesadas.

3. La sentencia se dictará dentro de los tres días siguientes a la terminación de la vista, en los términos previstos por el artículo 789.

CAPÍTULO VI
De la impugnación de la sentencia [1246] [1247]

803. [1248] 1. Frente a la sentencia dictada por el Juzgado de lo Penal podrá interponerse recurso de apelación, que se sustanciará conforme a lo previsto en los artículos 790 a 792, con las siguientes especialidades:

1ª El plazo para presentar el escrito de formalización será de cinco días.

2ª El plazo de las demás partes para presentar escrito de alegaciones será de cinco días.

3ª La sentencia habrá de dictarse dentro de los tres días siguientes a la celebración de la vista, o bien dentro de los cinco días siguientes a la recepción de las actuaciones, si no se celebrare vista.

4ª La tramitación y resolución de estos recursos de apelación tendrán carácter preferente.

2. Respecto de las sentencias dictadas en ausencia del acusado se estará a lo dispuesto en el artículo 793.

3. Tan pronto como la sentencia sea firme se procederá a su ejecución, conforme a las reglas generales y a las especiales del artículo 794.

[1246] Véanse arts. 790 a 792 de la presente Ley

[1247] Añadido por art. 2 de Ley 38/2002 de 24 de octubre de 2002, con vigencia desde 28/04/2003

[1248] Añadido por art. 2 de Ley 38/2002 de 24 de octubre de 2002, con vigencia desde 28/04/2003

TÍTULO III bis
Proceso por aceptación de decreto [1249]

803 bis.a. *Requisitos del proceso por aceptación de decreto.* [1250] En cualquier momento después de iniciadas diligencias de investigación por la fiscalía o de incoado un procedimiento judicial y hasta la finalización de la fase de instrucción, aunque no haya sido llamado a declarar el investigado, podrá seguirse el proceso por aceptación de decreto cuando se cumplan cumulativamente los siguientes requisitos:

1.º Que el delito esté castigado con pena de multa o de trabajos en beneficio de la comunidad o con pena de prisión que no exceda de un año y que pueda ser suspendida de conformidad con lo dispuesto en el artículo 80 del Código Penal, con o sin privación del derecho a conducir vehículos a motor y ciclomotores.

2.º Que el Ministerio Fiscal entienda que la pena en concreto aplicable es la pena de multa o trabajos en beneficio de la comunidad y, en su caso, la pena de privación del derecho a conducir vehículos a motor y ciclomotores.

3.º Que no esté personada acusación popular o particular en la causa.

803 bis.b. *Objeto.* [1251] 1. El proceso por aceptación de decreto dictado por el Ministerio Fiscal tiene por objeto una acción penal ejercitada para la imposición de una pena de multa o trabajos en beneficio de la comunidad y, en su caso, de privación del derecho a conducir vehículos a motor y ciclomotores.

2. Además puede tener por objeto la acción civil dirigida a la obtención de la restitución de la cosa y la indemnización del perjuicio.

[1249] Añadido por art. único apartado 9 de Ley 41/2015 de 5 de octubre de 2015, con vigencia desde 06/12/2015

[1250] Añadido por art. único apartado 9 de Ley 41/2015 de 5 de octubre de 2015, con vigencia desde 06/12/2015

[1251] Añadido por art. único apartado 9 de Ley 41/2015 de 5 de octubre de 2015, con vigencia desde 06/12/2015

803 bis.c. *Contenido del decreto de propuesta de imposición de pena.* [1252] El decreto de propuesta de imposición de pena emitido por el Ministerio Fiscal tendrá el siguiente contenido:

1.º Identificación del investigado.

2.º Descripción del hecho punible.

3.º Indicación del delito cometido y mención sucinta de la prueba existente.

4.º Breve exposición de los motivos por los que entiende, en su caso, que la pena de prisión debe ser sustituida.

5.º Penas propuestas. A los efectos de este procedimiento, el Ministerio Fiscal podrá proponer la pena de multa o trabajos en beneficio de la comunidad, y, en su caso, la de privación del derecho a conducir vehículos a motor y ciclomotores, reducida hasta en un tercio respecto de la legalmente prevista, aun cuando suponga la imposición de una pena inferior al límite mínimo previsto en el Código Penal.

6.º Peticiones de restitución e indemnización, en su caso.

803 bis.d. *Remisión al Juzgado de Instrucción.* [1253] El decreto de propuesta de imposición de pena dictado por el Ministerio Fiscal se remitirá al Juzgado de Instrucción para su autorización y notificación al investigado.

803 bis.e. *Auto de autorización.* [1254] 1. El Juzgado de Instrucción autorizará el decreto de propuesta de imposición de pena cuando se cumplan los requisitos establecidos en el artículo 803 bis a.

2. Si el Juzgado de Instrucción no autoriza el decreto, éste quedará sin efecto.

[1252] Añadido por art. único apartado 9 de Ley 41/2015 de 5 de octubre de 2015, con vigencia desde 06/12/2015

[1253] Añadido por art. único apartado 9 de Ley 41/2015 de 5 de octubre de 2015, con vigencia desde 06/12/2015

[1254] Añadido por art. único apartado 9 de Ley 41/2015 de 5 de octubre de 2015, con vigencia desde 06/12/2015

803 bis.f. *Notificación   del   auto   y   citación   de comparecencia.* [1255] 1. Dictado auto de autorización del decreto por el Juzgado de Instrucción, lo notificará junto con el decreto al encausado, a quien citará para que comparezca ante el tribunal en la fecha y en el día que se señale.

2. En la notificación del decreto se informará al encausado de la finalidad de la comparecencia, de la preceptiva asistencia de letrado para su celebración y de los efectos de su incomparecencia o, caso de comparecer, de su derecho a aceptar o rechazar la propuesta contenida en el decreto. También se le informará de que, en caso de no encontrarse defendido por letrado en la causa, debe asesorarse con un abogado de confianza o solicitar un abogado de oficio antes del término previsto en el artículo siguiente.

803 bis.g. *Solicitud de asistencia letrada.* [1256] Si el encausado carece de asistencia letrada se le designará abogado de oficio para su asesoramiento y asistencia.

Para que la comparecencia pueda celebrarse, la solicitud de designación de abogado de oficio debe realizarse en el término de cinco días hábiles antes de la fecha para la que esté señalada.

803 bis.h. *Comparecencia.* [1257] 1. Para la aceptación de la propuesta de sanción el encausado habrá de comparecer en el juzgado de instrucción asistido de letrado.

2. Si el encausado no comparece o rechaza la propuesta del Ministerio Fiscal, total o parcialmente en lo relativo a las penas o a la restitución o indemnización, quedará la misma sin efecto. Si el encausado comparece sin letrado, el juez suspenderá la comparecencia de acuerdo con lo dispuesto en el artículo 746 y señalará nueva fecha para su celebración.

[1255] Añadido por art. único apartado 9 de Ley 41/2015 de 5 de octubre de 2015, con vigencia desde 06/12/2015

[1256] Añadido por art. único apartado 9 de Ley 41/2015 de 5 de octubre de 2015, con vigencia desde 06/12/2015

[1257] Añadido por art. único apartado 9 de Ley 41/2015 de 5 de octubre de 2015, con vigencia desde 06/12/2015

3. En la comparecencia el juez, en presencia del letrado, se asegurará de que el encausado comprende el significado del decreto de propuesta de imposición de pena y los efectos de su aceptación.

4. La comparecencia será registrada íntegramente por medios audiovisuales, documentándose conforme a las reglas generales en caso de imposibilidad material.

803 bis.i. *Conversión del decreto en sentencia condenatoria.* [1258] Si el encausado acepta en la comparecencia la propuesta de pena en todos sus términos el Juzgado de Instrucción le atribuirá el carácter de resolución judicial firme, que en el plazo de tres días documentará en la forma y con todos los efectos de sentencia condenatoria, la cual no será susceptible de recurso alguno.

803 bis.j. *Ineficacia del decreto de propuesta de pena.* [1259] Si el decreto de propuesta de pena deviene ineficaz por no ser autorizado por el Juzgado de Instrucción, por incomparecencia o por falta de aceptación del encausado, el Ministerio Fiscal no se encontrará vinculado por su contenido y proseguirá la causa por el cauce que corresponda.

[1258] Añadido por art. único apartado 9 de Ley 41/2015 de 5 de octubre de 2015, con vigencia desde 06/12/2015

[1259] Añadido por art. único apartado 9 de Ley 41/2015 de 5 de octubre de 2015, con vigencia desde 06/12/2015

TÍTULO III ter
De la intervención de terceros afectados por el decomiso y del procedimiento de decomiso autónomo [1260]

CAPÍTULO I
De la intervención en el proceso penal de los terceros que puedan resultar afectados por el decomiso [1261]

803 ter.a. *Resolución judicial de llamada al proceso.* [1262] 1. El juez o tribunal acordará, de oficio o a instancia de parte, la intervención en el proceso penal de aquellas personas que puedan resultar afectadas por el decomiso cuando consten hechos de los que pueda derivarse razonablemente:

a) que el bien cuyo decomiso se solicita pertenece a un tercero distinto del investigado o encausado, o

b) que existen terceros titulares de derechos sobre el bien cuyo decomiso se solicita que podrían verse afectados por el mismo.

2. Se podrá prescindir de la intervención de los terceros afectados en el procedimiento cuando:

a) no se haya podido identificar o localizar al posible titular de los derechos sobre el bien cuyo decomiso se solicita, o

b) existan hechos de los que pueda derivarse que la información en que se funda la pretensión de intervención en el procedimiento no es cierta, o que los supuestos titulares de los bienes cuyo decomiso se solicita son personas interpuestas vinculadas al investigado o encausado o que actúan en connivencia con él.

3. Contra la resolución por la que el juez declare improcedente la intervención del tercero en el procedimiento podrá interponerse recurso de apelación.

[1260] Añadido por art. único apartado 10 de Ley 41/2015 de 5 de octubre de 2015, con vigencia desde 06/12/2015

[1261] Añadido por art. único apartado 10 de Ley 41/2015 de 5 de octubre de 2015, con vigencia desde 06/12/2015

[1262] Añadido por art. único apartado 10 de Ley 41/2015 de 5 de octubre de 2015, con vigencia desde 06/12/2015

4. Si el afectado por el decomiso hubiera manifestado al juez o tribunal que no se opone al decomiso, no se acordará su intervención en el procedimiento o se pondrá fin a la que ya hubiera sido acordada.

5. En el caso de que se acordare recibir declaración del afectado por el decomiso, se le instruirá del contenido del artículo 416.

803 ter.b. *Especialidades de la intervención y citación a juicio del tercero afectado.* [1263] 1. La persona que pueda resultar afectada por el decomiso podrá participar en el proceso penal desde que se hubiera acordado su intervención, aunque esta participación vendrá limitada a los aspectos que afecten directamente a sus bienes, derechos o situación jurídica y no se podrá extender a las cuestiones relacionadas con la responsabilidad penal del encausado.

2. Para la intervención del tercero afectado por el decomiso será preceptiva la asistencia letrada.

3. El afectado por el decomiso será citado al juicio de conformidad con lo dispuesto en esta ley. En la citación se indicará que el juicio podrá ser celebrado en su ausencia y que en el mismo podrá resolverse, en todo caso, sobre el decomiso solicitado.

El afectado por el decomiso podrá actuar en el juicio por medio de su representación legal, sin que sea necesaria su presencia física en el mismo.

4. La incomparecencia del afectado por el decomiso no impedirá la continuación del juicio.

803 ter.c. *Notificación e impugnación de la sentencia.* [1264] La sentencia en la que se acuerde el decomiso será notificada a la persona afectada por el mismo aunque no hubiera comparecido en el proceso, sin perjuicio de lo dispuesto en el apartado 2 del artículo 803 ter a. La persona afectada podrá interponer contra la sentencia los recursos previstos en esta ley, aunque deberá circunscribir su recurso a los pronunciamientos que afecten directamente a sus bienes, derechos o

---

[1263] Añadido por art. único apartado 10 de Ley 41/2015 de 5 de octubre de 2015, con vigencia desde 06/12/2015

[1264] Añadido por art. único apartado 10 de Ley 41/2015 de 5 de octubre de 2015, con vigencia desde 06/12/2015

situación jurídica, y no podrá extenderlo a las cuestiones relacionadas con la responsabilidad penal del encausado.

803 ter.d. *Incomparecencia del tercero afectado por el decomiso.* [1265] 1. La incomparecencia del tercero afectado por el decomiso que fue citado de conformidad con lo dispuesto en esta ley tendrá como efecto su declaración en rebeldía. La rebeldía del tercero afectado se regirá por las normas establecidas por la Ley de Enjuiciamiento Civil respecto al demandado rebelde, incluidas las previstas para las notificaciones, los recursos frente a la sentencia y la rescisión de la sentencia firme a instancia del rebelde, si bien, en caso de rescisión de la sentencia, la misma se limitará a los pronunciamientos que afecten directamente al tercero en sus bienes, derechos o situación jurídica. En tal caso, se remitirá certificación al tribunal que hubiera dictado sentencia en primera instancia, si es distinto al que hubiera dictado la sentencia rescindente y, a continuación, se seguirán las reglas siguientes:

a) Se otorgará al tercero un plazo de diez días para presentar escrito de contestación a la demanda de decomiso, con proposición de prueba, en relación con los hechos relevantes para el pronunciamiento que le afecte.

b) Presentado el escrito en plazo, el órgano jurisdiccional resolverá sobre la admisibilidad de prueba mediante auto y, con arreglo a las normas generales, se señalará fecha para la vista, cuyo objeto se ceñirá al enjuiciamiento de la acción civil planteada contra el tercero o de la afección de sus bienes, derechos o situación jurídica por la acción penal.

c) Frente a la sentencia se podrán interponer los recursos previstos en esta ley.

Si no se presenta escrito de contestación a la demanda en plazo o el tercero no comparece en la vista debidamente representado se dictará, sin más trámite, sentencia coincidente con la rescindida en los pronunciamientos afectados.

[1265] Añadido por art. único apartado 10 de Ley 41/2015 de 5 de octubre de 2015, con vigencia desde 06/12/2015

2. Los mismos derechos previstos en el apartado anterior se reconocen al tercero afectado que no hubiera tenido la oportunidad de oponerse al decomiso por desconocer su existencia.

CAPÍTULO II
Procedimiento de decomiso autónomo [1266]

803 ter.e. *Objeto.* [1267] 1. Podrá ser objeto del procedimiento de decomiso autónomo regulado en el presente Título la acción mediante la cual se solicita el decomiso de bienes, efectos o ganancias, o un valor equivalente a los mismos, cuando no hubiera sido ejercitada con anterioridad, salvo lo dispuesto en el artículo 803 ter p.

2. En particular, será aplicable este procedimiento en los siguientes casos:

a) Cuando el fiscal se limite en su escrito de acusación a solicitar el decomiso de bienes reservando expresamente para este procedimiento su determinación.

b) Cuando se solicite como consecuencia de la comisión de un hecho punible cuyo autor haya fallecido o no pueda ser enjuiciado por hallarse en rebeldía o incapacidad para comparecer en juicio.

3. En el caso de reserva de la acción por el fiscal, el procedimiento de decomiso autónomo solamente podrá ser iniciado cuando el proceso en el que se resuelva sobre las responsabilidades penales del encausado ya hubiera concluido con sentencia firme.

803 ter.f. *Competencia.* [1268] Será competente para el conocimiento del procedimiento de decomiso autónomo:

a) el juez o tribunal que hubiera dictado la sentencia firme,

b) el juez o tribunal que estuviera conociendo de la causa penal suspendida, o

---

[1266] Añadido por art. único apartado 10 de Ley 41/2015 de 5 de octubre de 2015, con vigencia desde 06/12/2015

[1267] Añadido por art. único apartado 10 de Ley 41/2015 de 5 de octubre de 2015, con vigencia desde 06/12/2015

[1268] Añadido por art. único apartado 10 de Ley 41/2015 de 5 de octubre de 2015, con vigencia desde 06/12/2015

c) el juez o tribunal competente para el enjuiciamiento de la misma cuando ésta no se hubiera iniciado, en las circunstancias previstas en el artículo 803 ter e.

803 ter.g. *Procedimiento.* [1269] Serán aplicables al procedimiento de decomiso autónomo las normas que regulan el juicio verbal regulado en el Título III del Libro II de la Ley de Enjuiciamiento Civil en lo que no sean contradictorias con las establecidas en este capítulo.

803 ter.h. *Exclusividad del Ministerio Fiscal en el ejercicio de la acción.* [1270] La acción de decomiso en el procedimiento de decomiso autónomo será ejercitada exclusivamente por el Ministerio Fiscal.

803 ter.i. *Asistencia letrada.* [1271] Serán aplicables a todas las personas cuyos bienes o derechos pudieren verse afectados por el decomiso las normas reguladoras del derecho a la asistencia letrada del encausado previstas en esta ley.

803 ter.j. *Legitimación pasiva y citación a juicio.* [1272] 1. Serán citados a juicio como demandados los sujetos contra los que se dirija la acción por su relación con los bienes a decomisar.

2. El encausado rebelde será citado mediante notificación dirigida a su representación procesal en el proceso suspendido y la fijación de edicto en el tablón de anuncios del tribunal.

3. El tercero afectado por el decomiso será citado de conformidad con lo previsto en el apartado 3 del artículo 803 ter b.

[1269] Añadido por art. único apartado 10 de Ley 41/2015 de 5 de octubre de 2015, con vigencia desde 06/12/2015

[1270] Añadido por art. único apartado 10 de Ley 41/2015 de 5 de octubre de 2015, con vigencia desde 06/12/2015

[1271] Añadido por art. único apartado 10 de Ley 41/2015 de 5 de octubre de 2015, con vigencia desde 06/12/2015

[1272] Añadido por art. único apartado 10 de Ley 41/2015 de 5 de octubre de 2015, con vigencia desde 06/12/2015

803 ter.k. *Comparecencia del encausado rebelde o con la capacidad modificada judicialmente.* [1273] 1. Si el encausado declarado rebelde en el proceso suspendido no comparece en el procedimiento autónomo de decomiso se le nombrará procurador y abogado de oficio que asumirán su representación y defensa.

2. La comparecencia en el procedimiento de decomiso autónomo del encausado con la capacidad modificada judicialmente para comparecer en el proceso penal suspendido se regirá por las normas de la Ley de Enjuiciamiento Civil.

803 ter.l. *Demanda de solicitud de decomiso autónomo.* [1274] 1. La demanda de decomiso autónomo se presentará por escrito que expresará en apartados separados y numerados:

a) Las personas contra las que se dirige la solicitud y sus domicilios.

b) El bien o bienes cuyo decomiso se pretende.

c) El hecho punible y su relación con el bien o bienes.

d) La calificación penal del hecho punible.

e) La situación de la persona contra la que se dirige la solicitud respecto al bien.

f) El fundamento legal del decomiso.

g) La proposición de prueba.

h) La solicitud de medidas cautelares, justificando la conveniencia de su adopción para garantizar la efectividad del decomiso, si procede.

2. Admitida la demanda, el órgano competente adoptará las siguientes resoluciones:

1.º Acordará o no las medidas cautelares solicitadas.

2.º Notificará la demanda de decomiso a las partes pasivamente legitimadas, a quienes otorgará un plazo de veinte días para personarse en el proceso y presentar escrito de contestación a la demanda de decomiso.

3. Adoptadas las medidas cautelares, la oposición, modificación o alzamiento de las mismas y la prestación de caución sustitutoria se desarrollará de acuerdo con lo previsto en el Título VI del Libro III de

---

[1273] Añadido por art. único apartado 10 de Ley 41/2015 de 5 de octubre de 2015, con vigencia desde 06/12/2015

[1274] Añadido por art. único apartado 10 de Ley 41/2015 de 5 de octubre de 2015, con vigencia desde 06/12/2015

la Ley de Enjuiciamiento Civil en lo que no sea contradictorio con las normas establecidas en este capítulo.

803 ter.m. *Escrito de contestación a la demanda de decomiso.* [1275] 1. El escrito de contestación a la demanda de decomiso contendrá, en relación con los correlativos del escrito de demanda, las alegaciones de la parte demandada.

2. Si el demandado no interpusiera su escrito de contestación en el plazo conferido o si desistiera del mismo, el órgano competente acordará el decomiso definitivo de los bienes, efectos o ganancias, o de un valor equivalente a los mismos.

803 ter.n. *Resolución sobre prueba y vista.* [1276] El órgano competente resolverá sobre la prueba propuesta por auto, en el que señalará fecha y hora para la vista de acuerdo a las reglas generales. Esta resolución no será recurrible, aunque la solicitud de prueba podrá reiterarse en el juicio.

803 ter.o. *Juicio y sentencia.* [1277] 1. El juicio se desarrollará conforme a lo dispuesto en el artículo 433 de la Ley de Enjuiciamiento Civil y el juez o tribunal resolverá mediante sentencia en el plazo de 20 días desde su finalización, con alguno de los siguientes pronunciamientos:

1.º Estimar la demanda de decomiso y acordar el decomiso definitivo de los bienes.

2.º Estimar parcialmente la demanda de decomiso y acordar el decomiso definitivo por la cantidad que corresponda. En este caso, se dejarán sin efecto las medidas cautelares que hubieran sido acordadas respecto al resto de los bienes.

3.º Desestimar la demanda de decomiso y declarar que no procede por concurrir alguno de los motivos de oposición. En este caso, se

[1275] Añadido por art. único apartado 10 de Ley 41/2015 de 5 de octubre de 2015, con vigencia desde 06/12/2015

[1276] Añadido por art. único apartado 10 de Ley 41/2015 de 5 de octubre de 2015, con vigencia desde 06/12/2015

[1277] Añadido por art. único apartado 10 de Ley 41/2015 de 5 de octubre de 2015, con vigencia desde 06/12/2015

dejarán sin efecto todas las medidas cautelares que hubieran sido acordadas.

2. Cuando la sentencia estime total o parcialmente la demanda de decomiso, identificará a los perjudicados y fijará las indemnizaciones que fueran procedentes.

3. El pronunciamiento en costas se regirá por las normas generales previstas en esta ley.

803 ter.p. *Efectos de la sentencia de decomiso.* [1278] 1. La sentencia desplegará los efectos materiales de la cosa juzgada en relación con las personas contra las que se haya dirigido la acción y la causa de pedir planteada, consistente en los hechos relevantes para la adopción del decomiso, relativos al hecho punible y la situación frente a los bienes del demandado.

2. Más allá del efecto material de la cosa juzgada establecido en el apartado anterior, el contenido de la sentencia del procedimiento de decomiso autónomo no vinculará en el posterior enjuiciamiento del encausado, si se produce.

En el proceso penal posterior contra el encausado, si se produce, no se solicitará ni será objeto de enjuiciamiento el decomiso de bienes sobre el que se haya resuelto con efecto de cosa juzgada en el procedimiento de decomiso autónomo.

3. A los bienes decomisados se les dará el destino previsto en esta ley y en el Código Penal.

4. Cuando el decomiso se hubiera acordado por un valor determinado, se requerirá a la persona con relación a la cual se hubiera acordado para que proceda al pago de la cantidad correspondiente dentro del plazo que se le determine; o, en otro caso, designe bienes por un valor suficiente sobre los que la orden de decomiso pueda hacerse efectiva.

Si el requerimiento no fuera atendido, se procederá del modo previsto en el artículo siguiente para la ejecución de la orden de decomiso.

[1278] Añadido por art. único apartado 10 de Ley 41/2015 de 5 de octubre de 2015, con vigencia desde 06/12/2015

803 ter.q. *Investigación del Ministerio Fiscal.* [1279] 1. El Ministerio Fiscal podrá llevar a cabo, por sí mismo, a través de la Oficina de Recuperación y Gestión de Activos o por medio de otras autoridades o de los funcionarios de la Policía Judicial, las diligencias de investigación que resulten necesarias para localizar los bienes o derechos titularidad de la persona con relación a la cual se hubiera acordado el decomiso.

Las autoridades y funcionarios de quienes el Ministerio Fiscal recabase su colaboración vendrán obligadas a prestarla bajo apercibimiento de incurrir en un delito de desobediencia, salvo que las normas que regulen su actividad dispongan otra cosa o fijen límites o restricciones que deban ser atendidos, en cuyo caso trasladarán al fiscal los motivos de su decisión.

2. Cuando el fiscal considere necesario llevar a cabo alguna diligencia de investigación que deba ser autorizada judicialmente, presentará la solicitud al juez o tribunal que hubiera conocido el procedimiento de decomiso.

3. Asimismo, el Ministerio Fiscal podrá dirigirse a las entidades financieras, organismos y registros públicos y personas físicas o jurídicas para que faciliten, en el marco de su normativa específica, la relación de bienes o derechos del ejecutado de los que tengan constancia.

803 ter.r. *Recursos y revisión de la sentencia firme.* [1280] 1. Son aplicables en el procedimiento de decomiso autónomo las normas reguladoras de los recursos aplicables al proceso penal abreviado.

2. Son aplicables al procedimiento de decomiso autónomo las normas reguladoras de la revisión de sentencias firmes.

803 ter.s. *Incomparecencia del encausado rebelde y del tercero afectado.* [1281] La incomparecencia del encausado rebelde y del terce-

---

[1279] Añadido por art. único apartado 10 de Ley 41/2015 de 5 de octubre de 2015, con vigencia desde 06/12/2015

[1280] Añadido por art. único apartado 10 de Ley 41/2015 de 5 de octubre de 2015, con vigencia desde 06/12/2015

[1281] Añadido por art. único apartado 10 de Ley 41/2015 de 5 de octubre de 2015, con vigencia desde 06/12/2015

ro afectado en el procedimiento de decomiso autónomo se regirá por lo dispuesto en el artículo 803 ter d.

803 ter.t. *Acumulación de solicitud de decomiso contra el encausado rebelde o persona con la capacidad modificada judicialmente en la causa seguida contra otro encausado.* [1282] En el supuesto en que la causa seguida contra el encausado rebelde o persona con la capacidad modificada judicialmente continúe para el enjuiciamiento de uno o más encausados, podrá acumularse en la misma causa la acción de decomiso autónomo contra los primeros.

803 ter.u. *Presentación de nueva solicitud de decomiso.* [1283] El Ministerio Fiscal podrá solicitar al juez o tribunal que dicte una nueva orden de decomiso cuando:

a) se descubra la existencia de bienes, efectos o ganancias a los que deba extenderse el decomiso pero de cuya existencia o titularidad no se hubiera tenido conocimiento cuando se inició el procedimiento de decomiso, y

b) no se haya resuelto anteriormente sobre la procedencia del decomiso de los mismos.

TÍTULO IV
Del procedimiento por delitos de injuria y calumnia contra particulares [1284]

804. No se admitirá querella por injuria o calumnia inferidas a particulares si no se presenta certificación de haber celebrado el querellante acto de conciliación con el querellado, o de haberlo intentado sin efecto [1285] .

[1282] Añadido por art. único apartado 10 de Ley 41/2015 de 5 de octubre de 2015, con vigencia desde 06/12/2015

[1283] Añadido por art. único apartado 10 de Ley 41/2015 de 5 de octubre de 2015, con vigencia desde 06/12/2015

[1284] Véanse arts. 205 y ss CP

[1285] Véase art. 215.1 CP y art. 278 de la presente Ley

805. Si la querella fuere por injuria o calumnia vertidas en juicio, será necesario acreditar además la autorización del Juez o Tribunal ante quien hubiesen sido inferidas [1286] .

Esta autorización no se estimará prueba bastante de la imputación.

806. Si la injuria y calumnia se hubieren inferido por escrito, se presentará, siendo posible, el documento que la contenga.

807. Cuando se trate de injurias o calumnias inferidas por escrito, reconocido éste por la persona legalmente responsable y comprobado si ha existido o no la publicidad a que se refiere el respectivo artículo del Código Penal [1287] , se dará por terminado el sumario, previo el procesamiento del querellado.

808. *[1288]* Si se tratare de injurias o calumnias inferidas verbalmente, presentada la querella, el Juez instructor mandará convocar a juicio verbal al querellante, al querellado y a los testigos que puedan dar razón de los hechos, señalando el Secretario Judicial día y hora para la celebración del juicio.

809. El juicio deberá celebrarse dentro de los tres días siguientes al de la presentación de la querella ante el Juez instructor a quien corresponda su conocimiento.

Si hubiere causa justa y se hiciere constar por certificación del Secretario, podrá ampliarse hasta ocho días el término para la celebración del juicio verbal.

810. De las reglas establecidas en los tres artículos anteriores se exceptúan las injurias dirigidas contra funcionarios públicos sobre hechos concernientes al ejercicio de sus cargos, así como también la calumnia, cuando los acusados manifiesten querer probar antes del

---

[1286] Véase art. 215.2 CP y art. 279 de la presente Ley

[1287] Véase art. 211 CP

[1288] Dada nueva redacción por art. 2 apartado 117 de Ley 13/2009 de 3 de noviembre de 2009, con vigencia desde 04/05/2010

juicio oral la certeza de la imputación injuriosa o del hecho criminal que hubiesen imputado.

En uno y otro caso no podrá darse por terminado el sumario hasta que el querellante determine con toda precisión y claridad los hechos y las circunstancias de la imputación, para que el procesado pueda preparar sus pruebas y suministrarlas en el juicio oral. Si no lo hiciere en el plazo que el Juez le señale, se dará por terminado el sumario, teniendo en cuenta su falta u omisión para que no perjudique al acusado [1289].

811. El que se querelle por injuria o calumnia deberá acompañar copia de la querella, que se entregará al querellado al tiempo de ser citado para el juicio.

812. Celebrado el juicio en el día señalado y presentadas por el querellante las pruebas de los hechos que constituyan la injuria o calumnia verbal, el Juez acordará lo que corresponda respecto al procesamiento del querellado, dando seguidamente por terminado el sumario.

813. No se admitirán testigos de referencia en las causas por injuria o calumnia vertidas de palabra.

814. La ausencia del querellado no suspenderá la celebración ni la resolución del juicio, siempre que resulte habérsele citado en forma [1290].

815. [1291] Las sesiones del juicio se documentarán en el acta conforme a lo dispuesto en el artículo 743 de esta Ley [1292].

[1289] Véanse arts. 207 y 210 CP

[1290] Véase art. 786.1.2 de la presente Ley

[1291] Dada nueva redacción por art. 2 apartado 118 de Ley 13/2009 de 3 de noviembre de 2009, con vigencia desde 04/05/2010

[1292] Véanse arts. 743 y 788.6 de la presente Ley

TÍTULO V
Del procedimiento por delitos cometidos por medio de la imprenta, el
grabado u otro medio mecánico de publicación

816. Inmediatamente que se dé principio a un procedimiento por
delito cometido por medio de la imprenta, el grabado u otro medio
mecánico de publicación, el Juez o Tribunal acordará el secuestro
de los ejemplares del impreso o de la estampa donde quiera que se
hallaren y del molde de ésta. [1293]

Se procederá asimismo inmediatamente a averiguar quién haya sido
el autor real del escrito o estampa con cuya publicación se hubiese
cometido el delito [1294].

817. Si el escrito o estampa se hubiese publicado en periódico,
bien en el texto del mismo, bien en hoja aparte, se tomará declaración
para averiguar quién haya sido el autor al Director o redactores de
aquél y al Jefe o Regente del establecimiento tipográfico en que se haya
hecho la impresión o grabado.

Para ello se reclamará el original de cualquiera de las personas que
lo tenga en su poder, la cual, si no lo pusiere a disposición del Juez,
manifestará la persona a quien lo haya entregado.

818. Si el delito se hubiese cometido por medio de la publicación
de un escrito o de una estampa sueltos, se tomará la declaración expresada en el artículo anterior al Jefe y dependientes del establecimiento
en que se haya hecho la impresión o estampación.

819. Cuando no pudiere averiguarse quién sea el autor real del
escrito o estampa, o cuando por hallarse domiciliado en el extranjero o
por cualquier otra causa de las especificadas en el Código Penal no pudiere ser perseguido, se dirigirá el procedimiento contra las personas

---

[1293] Dada nueva redacción párrafo 1 por art. 2 apartado 119 de Ley 13/2009 de 3
de noviembre de 2009, con vigencia desde 04/05/2010

[1294] Véase art. 20.5 CE; art. 538 CP y LO 2/1984, de 26 de marzo, reguladora del
Derecho de Rectificación

subsidiariamente responsables, por el orden establecido en el artículo respectivo del expresado Código [1295] .

820. No será bastante la confesión de un supuesto autor para que se le tenga como tal y para que no se dirija el procedimiento contra otras personas, si de las circunstancias de aquél o de las del delito resultaren indicios bastantes para creer que el confeso no fue el autor real del escrito o estampa publicados.

Pero una vez dictada sentencia firme en contra de los subsidiariamente responsables, no se podrá abrir nuevo procedimiento contra el responsable principal si llegare a ser conocido [1296] .

821. Si durante el curso de la causa apareciere alguna persona que, por el orden establecido en el artículo respectivo del Código Penal deba responder criminalmente del delito antes que el procesado, se sobreseerá la causa respecto a éste, dirigiéndose el procedimiento contra aquélla [1297] .

822. No se considerarán como instrumentos o efectos del delito más que los ejemplares impresos del escrito o estampa y el molde de ésta [1298] .

823. Unidos a la causa el impreso, grabado u otro medio mecánico de publicación que haya servido para la comisión del delito, y averiguado el autor o la persona subsidiariamente responsable, se dará por terminado el sumario.

823 bis. [1299] Las normas del presente Título serán también aplicables al enjuiciamiento de los delitos cometidos a través de me-

---

[1295] Véase art. 30 CP

[1296] Véase art. 406 de la presente Ley

[1297] Véase art. 30 CP

[1298] Véase art. 334 de la presente Ley

[1299] Añadido por art. 1 de Ley Orgánica 8/2002 de 24 de octubre de 2002, con vigencia desde 28/04/2003 dios sonoros o fotográficos, difundidos por escrito, radio, televisión, cinematógrafo u otros similares.

Los Jueces, al iniciar el procedimiento, podrán acordar, según los casos, el secuestro de la publicación o la prohibición de difundir o proyectar el medio a través del cual se produjo la actividad delictiva. Contra dicha resolución podrá interponerse directamente recurso de apelación, que deberá ser resuelto en el plazo de cinco días [1300].

TÍTULO VI
Del procedimiento para la extradición [1301]

824. Los Fiscales de las Audiencias y el del Tribunal Supremo, cada uno en su caso y lugar, pedirán que el Juez o Tribunal proponga al Gobierno que solicite la extradición de los procesados o condenados por sentencia firme, cuando sea procedente con arreglo a Derecho [1302].

825. Para que pueda pedirse o proponerse la extradición, será requisito necesario que se haya dictado auto motivado de prisión o recaído sentencia firme contra los acusados a que se refiera.

826. Sólo podrá pedirse o proponerse la extradición:

1º) De los españoles que habiendo delinquido en España se hayan refugiado en país extranjero.

2º) De los españoles que habiendo atentado en el extranjero contra la seguridad exterior del Estado, se hubiesen refugiado en país distinto del en que delinquieron.

3º) De los extranjeros que debiendo ser juzgados en España se hubiesen refugiado en un país que no sea el suyo [1303].

[1300] Véase art. 20.5 CE; art. 538 CP y arts. 222 y ss de la presente Ley

[1301] Véase art. 13.3 CE; Ley 3/2003, de 14 de marzo, sobre la orden europea de detención y entrega; y Ley 4/1985, de 21 de marzo, de Extradición Pasiva

[1302] Véase art. 3.15 EOMF

[1303] Véase art. 8 CC; art. 13.4 CE y Ley 5/1984, de 26 de marzo, reguladora del Derecho de Asilo y de la Condición de Refugiado

827. Procederá la petición de extradición:

1º) En los casos que se determinen en los Tratados vigentes con la Potencia en cuyo territorio se hallare el individuo reclamado.

2º) En defecto de Tratado, en los casos en que la extradición proceda según el derecho escrito o consuetudinario vigente en el territorio a cuya nación se pida la extradición.

3º) En defecto de los dos casos anteriores, cuando la extradición sea procedente según el principio de reciprocidad.

828. El Juez o Tribunal que conozca de la causa en que estuviese procesado el reo ausente en territorio extranjero, será el competente para pedir su extradición.

829. El Juez o Tribunal que conociere de la causa acordará de oficio o a instancia de parte, en resolución fundada, pedir la extradición desde el momento en que, por el estado del proceso y por su resultado, sea procedente con arreglo a cualquiera de los números de los artículos 826 y 827.

830. Contra el auto acordando o denegando pedir la extradición podrá interponerse el recurso de apelación, si lo hubiese dictado un Juez de Instrucción [1304].

831. La petición de extradición se hará en forma de suplicatorio dirigido al Ministro de Gracia y Justicia.

Se exceptúa el caso en que por el Tratado vigente con la nación en cuyo territorio se hallare el procesado, pueda pedir directamente la extradición el Juez o Tribunal que conozcan de la causa [1305].

832. Con el suplicatorio o comunicación que hayan de expedirse, según lo dispuesto en el artículo anterior, se remitirá testimonio en que se inserte literalmente el auto de extradición y en relación la pretensión o dictamen fiscal en que se haya pedido, y todas las diligencias de la

---

[1304] Véanse arts. 217 y 222 a 232 de la presente Ley
[1305] Véanse arts. 276 a 278 LOPJ

causa necesarias para justificar la procedencia de la extradición con arreglo al número correspondiente del artículo 826 en que aquélla se funde.

833. Cuando la extradición haya de pedirse por conducto del Ministro de Gracia y Justicia, se le remitirá el suplicatorio y testimonio por medio del Presidente de la Audiencia respectiva.

Si el Tribunal que conociere de la causa fuese el Supremo o su Sala Segunda, los documentos mencionados se remitirán por medio del Presidente de dicho Tribunal.

TÍTULO VII
Del procedimiento contra reos ausentes

834. Será declarado rebelde el procesado que en el término fijado en la requisitoria no comparezca, o que no fuese habido y presentado ante el Juez o Tribunal que conozca de la causa [1306].

835. Será llamado y buscado por requisitoria:

1º) El procesado que al ir a notificársele cualquiera resolución judicial no fuere hallado en su domicilio por haberse ausentado, si se ignorase su paradero; y el que no tuviese domicilio conocido. El que practique la diligencia interrogará sobre el punto en que se hallare el procesado a la persona con quien dicha diligencia deba entenderse con arreglo a lo dispuesto en el artículo 172 de esta Ley [1307].

2º) El que se hubiere fugado del establecimiento en que se hallase detenido o preso [1308].

[1306] Véanse arts. 512 a 515 y 839 de la presente Ley
[1307] Véanse arts. 512, 762.3, 775 y 784.4 de la presente Ley
[1308] Véase art. 469 CP

3º) El que, hallándose en libertad provisional, dejare de concurrir a la presencia judicial el día que le esté señalado o cuando sea llamado [1309].

836. Inmediatamente que un procesado se halle en cualquiera de los casos del artículo anterior, el Juez o Tribunal que conozca de la causa mandará expedir requisitorias para su llamamiento y busca.

837. La requisitoria expresará todas las circunstancias mencionadas en el artículo 513, excepto la última, cuando no se haya decretado la prisión o detención del procesado; y además las siguientes:
1ª) La del número del artículo 835 que diere lugar a la expedición de la requisitoria.
2ª) El término dentro del cual el procesado ausente deberá presentarse, bajo apercibimiento de que en otro caso será declarado rebelde y le parará el perjuicio a que hubiere lugar con arreglo a la Ley.

838. La requisitoria se remitirá a los Jueces, se publicará en los periódicos y se fijará en los sitios públicos mencionados en el artículo 512, uniéndose a los autos la original y un ejemplar de cada periódico en que se haya publicado [1310].

839. Transcurrido el plazo de la requisitoria sin haber comparecido o sin haber sido presentado el ausente, se le declarará rebelde [1311].

839 bis. [1312] 1. La persona jurídica imputada únicamente será llamada mediante requisitoria cuando no haya sido posible su citación para el acto de primera comparecencia por falta de un domicilio social conocido.

[1309] Véanse arts. 468 y ss CP; Instrucción 1/1988, de 11 de enero, sobre medidas judiciales tendentes a imposibilitar la huida de procesados en situación de libertad provisional; y art. 530 de la presente Ley

[1310] Véase art. 762.4 de la presente Ley

[1311] Véase art. 834 de la presente Ley

[1312] Añadido por art. 1 apartado 10 de Ley 37/2011 de 10 de octubre de 2011, con vigencia desde 31/10/2011

2. En la requisitoria de la persona jurídica se harán constar los datos identificativos de la entidad, el delito que se le imputa y su obligación de comparecer en el plazo que se haya fijado, con Abogado y Procurador, ante el Juez que conoce de la causa.

3. La requisitoria de la persona jurídica se publicará en el Boletín Oficial del Estado» y, en su caso, en el «Boletín Oficial del Registro Mercantil» o en cualquier otro periódico o diario oficial relacionado con la naturaleza, el objeto social o las actividades del ente imputado.

4. Transcurrido el plazo fijado sin haber comparecido la persona jurídica, se la declarará rebelde, continuando los trámites procesales hasta su conclusión.

840. Si la causa estuviere en sumario, se continuará hasta que se declare terminado por el Juez o Tribunal competente, suspendiéndose después su curso y archivándose los autos y las piezas de convicción que pudieren conservarse y no fueren de un tercero irresponsable [1313].

841. Si al ser declarado en rebeldía el procesado se hallare pendiente el juicio oral, se suspenderá éste y se archivarán los autos [1314].

842. Si fueren dos o más los procesados y no a todos se les hubiese declarado en rebeldía, se suspenderá el curso de la causa respecto a los rebeldes hasta que sean hallados, y se continuará respecto a los demás.

843. En cualquiera de los casos de los tres artículos anteriores, se reservará, en el auto de suspensión, a la parte ofendida por el delito la acción que le corresponda para la restitución de la cosa, la reparación del daño y la indemnización de perjuicios, a fin de que pueda ejercitarla, independientemente de la causa, por la vía civil contra los que fueren responsables; a cuyo efecto no se alzarán los embargos hechos ni se cancelarán las fianzas prestadas [1315].

[1313] Véase art. 846 de la presente Ley
[1314] Véase art. 846 de la presente Ley
[1315] Véanse arts. 109 y ss CP y art. 765.2 de la presente Ley

844. Cuando la causa se archive por estar en rebeldía todos los procesados, se mandará devolver a los dueños, que no resulten civil ni criminalmente responsables del delito, los efectos o instrumentos del mismo o las demás piezas de convicción que hubiesen sido recogidas durante la causa; pero antes de hacerse la devolución, el Secretario extenderá diligencia consignando descripción minuciosa de todo lo que se devuelva.

Asimismo se verificará el reconocimiento pericial que habría de practicarse si la causa continuara su curso ordinario.

Para la devolución de los efectos y piezas de convicción pertenecientes a un tercero irresponsable, se observará lo que se dispone en los artículos 634 y 635 [1316] .

845. Si el reo se hubiere fugado u ocultado después de notificada la sentencia y estando pendiente recurso de casación, éste se sustanciará hasta definitiva, interesando el Secretario Judicial que se nombre al rebelde Abogado y Procurador de oficio. [1317]

La sentencia que recaiga será firme.

Lo mismo sucederá si habiéndose ausentado u ocultado el reo después de haberle sido notificada la sentencia, se interpusiere el recurso por su representación o por el Ministerio Fiscal después de su ausencia u ocultación.

846. [1318] Cuando el declarado rebelde en los casos de los artículos 840 y 841 se presente o sea habido, el Juez o Tribunal abrirá nuevamente la causa para continuarla según su estado.

[1316] Véase art. 620 de la presente Ley

[1317] Dada nueva redacción párrafo 1 por art. 2 apartado 120 de Ley 13/2009 de 3 de noviembre de 2009, con vigencia desde 04/05/2010

[1318] Dada nueva redacción por art. 2 apartado 121 de Ley 13/2009 de 3 de noviembre de 2009, con vigencia desde 04/05/2010

LIBRO V
DE LOS RECURSOS DE APELACIÓN, CASACIÓN Y REVISIÓN [1319] [1320]

TÍTULO PRIMERO
Del recurso de apelación contra las sentencias y determinados autos [1321] [1322]

846 bis.a. [1323] Las sentencias dictadas, en el ámbito de la Audiencia Provincial y en primera instancia, por el Magistrado-presidente del Tribunal del Jurado, serán apelables para ante la Sala de lo Civil y Penal del Tribunal Superior de Justicia de la correspondiente Comunidad Autónoma.

Serán también apelables los autos dictados por el Magistrado-presidente del Tribunal del Jurado que se dicten resolviendo cuestiones a que se refiere el artículo 36 de la Ley Orgánica del Tribunal del Jurado así como en los casos señalados en el artículo 676 de la presente Ley.

La Sala de lo Civil y Penal se compondrá, para conocer de este recurso [1324], de tres Magistrados. [1325]

[1319] Véase disposición final 2ª ap. 13 LOTJ

[1320] Dada nueva redacción por disposición final 2 de Ley Orgánica 5/1995 de 22 de mayo de 1995, con vigencia desde 23/11/1995

[1321] Véase disposición final 2ª ap. 14 LOTJ

[1322] Añadido por disposición final 2 de Ley Orgánica 5/1995 de 22 de mayo de 1995, con vigencia desde 23/11/1995

[1323] Añadido por disposición final 2 de Ley Orgánica 5/1995 de 22 de mayo de 1995, con vigencia desde 23/11/1995

[1324] Véase art. 73.3.c LOPJ

[1325] La LO 8/1995 de 16 noviembre, que entró en vigor el 18 de noviembre de 1995, ha suprimido la frase: «cuando acuerden el sobreseimiento, cualquiera que sea su clase, y los» del párrafo 2º

846 bis.b. [1326] Pueden interponer el recurso tanto el Ministerio Fiscal como el condenado y las demás partes, dentro de los diez días siguientes a la última notificación de la sentencia.

También podrá recurrir el declarado exento de responsabilidad criminal si se le impusiere una medida de seguridad o se declarase su responsabilidad civil conforme a lo dispuesto en el Código Penal [1327].

La parte que no haya apelado en el plazo indicado podrá formular apelación en el trámite de impugnación, pero este recurso quedará supeditado a que el apelante principal mantenga el suyo. [1328]

846 bis.c. [1329] El recurso de apelación deberá fundamentarse en alguno de los motivos siguientes:

a) Que en el procedimiento o en la sentencia se ha incurrido en quebrantamiento de las normas y garantías procesales, que causare indefensión, si se hubiere efectuado la oportuna reclamación de subsanación.

Esta reclamación no será necesaria si la infracción denunciada implicase la vulneración de un derecho fundamental constitucionalmente garantizado. A estos efectos podrán alegarse, sin perjuicio de otros: los relacionados en los artículos 850 y 851, entendiéndose las referencias a los Magistrados de los números 5 y 6 de este último como también hechas a los jurados; la existencia de defectos en el veredicto, bien por parcialidad en las instrucciones dadas al Jurado o defecto en la proposición del objeto de aquél, siempre que de ello se derive indefensión, bien por concurrir motivos de los que debieran haber dado lugar a su devolución al Jurado y ésta no hubiera sido ordenada [1330].

b) Que la sentencia ha incurrido en infracción de precepto constitucional o legal en la calificación jurídica de los hechos o en la

---

[1326] Añadido por disposición final 2 de Ley Orgánica 5/1995 de 22 de mayo de 1995, con vigencia desde 23/11/1995

[1327] Véanse arts. 20, 95, 96, 101 a 108 y 109 y ss CP

[1328] La LO 8/1995 de 16 noviembre, que entró en vigor el 18 de noviembre de 1995, ha añadido un nuevo párrafo 2º, pasando el anterior a ser el 3º

[1329] Añadido por disposición final 2 de Ley Orgánica 5/1995 de 22 de mayo de 1995, con vigencia desde 23/11/1995

[1330] Véanse arts. 54, 63 y 64 LOTJ y art. 790.2 de la presente Ley determinación de la pena, o de las medidas de seguridad o de la responsabilidad civil [1331].

c) Que se hubiese solicitado la disolución del Jurado por inexistencia de prueba de cargo, y tal petición se hubiere desestimado indebidamente [1332].

d) Que se hubiese acordado la disolución del Jurado y no procediese hacerlo [1333].

e) Que se hubiese vulnerado el derecho a la presunción de inocencia porque, atendida la prueba practicada en el juicio, carece de toda base razonable la condena impuesta.

En los supuestos de las letras a), c) y d), para que pueda admitirse a trámite el recurso, deberá haberse formulado la oportuna protesta al tiempo de producirse la infracción denunciada.

846 bis.d. [1334] Del escrito interponiendo recurso de apelación el Secretario Judicial dará traslado, una vez concluido el término para recurrir, a las demás partes, las que, en término de cinco días, podrán impugnar el recurso o formular recurso supeditado de apelación. Si lo interpusieren se dará traslado a las demás partes.

Concluido el término de cinco días sin que se impugne o se formule apelación supeditada o, en su caso, efectuado el traslado a las demás partes, el Secretario Judicial emplazará a todas ante la Sala de lo Civil y Penal del Tribunal Superior de Justicia para que se personen en plazo de diez días.

Si el apelante principal no se personare o manifestare su renuncia al recurso, se devolverán por el Secretario Judicial los autos a la Audiencia Provincial, que declarará firme la sentencia y procederá a su ejecución.

[1331] Véanse arts. 54, 63 y 64 LOTJ y art. 790.2 de la presente Ley

[1332] Véase art. 49 LOTJ

[1333] Véanse arts. 47, 50, 51 y 65 LOTJ

[1334] Dada nueva redacción por art. 2 apartado 122 de Ley 13/2009 de 3 de noviembre de 2009, con vigencia desde 04/05/2010

846 bis.e. [1335] Personado el apelante, el Secretario Judicial señalará día para la vista del recurso citando a las partes personadas y, en todo caso, al condenado y tercero responsable civil. [1336]

La vista se celebrará en audiencia pública, comenzando por el uso de la palabra la parte apelante seguido del Ministerio Fiscal, si éste no fuese el que apeló, y demás partes apeladas.

Si se hubiese formulado recurso supeditado de apelación, esta parte intervendrá después del apelante principal que, si no renunciase, podrá replicarle.

846 bis.f. [1337] Dentro de los cinco días siguientes a la vista, deberá dictarse sentencia, la cual, si estimase el recurso por algunos de los motivos a que se refieren las letras a) y d) del artículo 846 bis c), mandará devolver la causa a la Audiencia para celebración de nuevo juicio.

En los demás supuestos dictará la resolución que corresponda. [1338]

846 ter. [1339] 1. Los autos que supongan la finalización del proceso por falta de jurisdicción o sobreseimiento libre y las sentencias dictadas por las Audiencias Provinciales o la Sala de lo Penal de la Audiencia Nacional en primera instancia son recurribles en apelación ante las Salas de lo Civil y Penal de los Tribunales Superiores de Justicia de su territorio y ante la Sala de Apelación de la Audiencia Nacional, respectivamente, que resolverán las apelaciones en sentencia.

2. La Sala de lo Civil y Penal de los Tribunales Superiores de Justicia y la Sala de Apelación de la Audiencia Nacional se constituirán con tres magistrados para el conocimiento de los recursos de apelación previstos en el apartado anterior.

[1335] Añadido por disposición final 2 de Ley Orgánica 5/1995 de 22 de mayo de 1995, con vigencia desde 23/11/1995

[1336] Dada nueva redacción párrafo 1 por art. 2 apartado 123 de Ley 13/2009 de 3 de noviembre de 2009, con vigencia desde 04/05/2010

[1337] Añadido por disposición final 2 de Ley Orgánica 5/1995 de 22 de mayo de 1995, con vigencia desde 23/11/1995

[1338] La LO 8/1995 de 16 noviembre, que entró en vigor el 18 de noviembre de 1995, ha sustituido la referencia al «art. 846 bis 3» por la del «art. 846 bis c»

[1339] Añadido por art. único apartado 11 de Ley 41/2015 de 5 de octubre de 2015, con vigencia desde 06/12/2015

3. Los recursos de apelación contra las resoluciones previstas en el apartado 1 de este artículo se regirán por lo dispuesto en los artículos 790, 791 y 792 de esta ley, si bien las referencias efectuadas a los Juzgados de lo Penal se entenderán realizadas al órgano que haya dictado la resolución recurrida y las referencias a las Audiencias al que sea competente para el conocimiento del recurso.

TÍTULO II
Del recurso de casación [1340] *[1341]*

CAPÍTULO PRIMERO
De los recursos de casación por infracción de Ley y por quebrantamiento de forma *[1342]*

SECCIÓN PRIMERA
De la procedencia del recurso

847. *[1343]* 1. Procede recurso de casación:

a) Por infracción de ley y por quebrantamiento de forma contra:

1.º Las sentencias dictadas en única instancia o en apelación por la Sala de lo Civil y Penal de los Tribunales Superiores de Justicia.

2.º Las sentencias dictadas por la Sala de Apelación de la Audiencia Nacional.

b) Por infracción de ley del motivo previsto en el número 1.º del artículo 849 contra las sentencias dictadas en apelación por las Audiencias Provinciales y la Sala de lo Penal de la Audiencia Nacional.

[1340] Véase art. 57.1.1 LOPJ

[1341] Renumerado por disposición final 2 de Ley Orgánica 5/1995 de 22 de mayo de 1995 como Título II, con vigencia desde 23/11/1995

[1342] Renumerado por disposición final 2 de Ley Orgánica 5/1995 de 22 de mayo de 1995 como capítulo I del título II, con vigencia desde 23/11/1995

[1343] Dada nueva redacción por art. único apartado 12 de Ley 41/2015 de 5 de octubre de 2015, con vigencia desde 06/12/2015

2. Quedan exceptuadas aquellas que se limiten a declarar la nulidad de las sentencias recaídas en primera instancia [1344].

848. [1345] Podrán ser recurridos en casación, únicamente por infracción de ley, los autos para los que la ley autorice dicho recurso de modo expreso y los autos definitivos dictados en primera instancia y en apelación por las Audiencias Provinciales o por la Sala de lo Penal de la Audiencia Nacional cuando supongan la finalización del proceso por falta de jurisdicción o sobreseimiento libre y la causa se haya dirigido contra el encausado mediante una resolución judicial que suponga una imputación fundada.

849. [1346] Se entenderá que ha sido infringida la Ley para el efecto de que pueda interponerse el recurso de casación:

Primero. Cuando, dados los hechos que se declaren probados en las resoluciones comprendidas en los dos artículos anteriores, se hubiere infringido un precepto penal de carácter sustantivo u otra norma jurídica del mismo carácter que deba ser observada en la aplicación de la Ley Penal.

Segundo. Cuando haya existido error en la apreciación de la prueba, basado en documentos que obren en autos, que demuestren la equivocación del juzgador sin resultar contradichos por otros elementos probatorios [1347]. [1348]

850. [1349] El recurso de casación podrá interponerse por quebrantamiento de forma [1350]:

[1344] Véase art. 5.4 LOPJ y art. 884.2 de la presente Ley

[1345] Dada nueva redacción por art. único apartado 13 de Ley 41/2015 de 5 de octubre de 2015, con vigencia desde 06/12/2015

[1346] Dada nueva redacción por art. 1 de Ley de 16 de julio de 1949, con vigencia desde 06/08/1949

[1347] Véanse arts. 855.2, 861.3, 884.1.3 y 6 y 897 último párrafo de la presente Ley

[1348] Dada nueva redacción apartado 2 por art. 1 de Ley 6/1985 de 27 de marzo de 1985, con vigencia desde 31/03/1985

[1349] Añadido por art. 1 de Ley de 16 de julio de 1949, con vigencia desde 06/08/1949

[1350] Véase art. 884.1 y 5 de la presente Ley

1º) Cuando se haya denegado alguna diligencia de prueba que, propuesta en tiempo y forma por las partes, se considere pertinente [1351].

2º) Cuando se haya omitido la citación del procesado, la del responsable civil subsidiario, la de la parte acusadora o la del actor civil para su comparecencia en el acto del juicio oral, a no ser que estas partes hubiesen comparecido en tiempo, dándose por citadas [1352].

3º) Cuando el Presidente del Tribunal se niegue a que un testigo conteste, ya en audiencia pública, ya en alguna diligencia que se practique fuera de ella, a la pregunta o preguntas que se le dirijan siendo pertinentes y de manifiesta influencia en la causa.

4º) Cuando se desestime cualquier pregunta por capciosa, sugestiva o impertinente, no siéndolo en realidad, siempre que tuviese verdadera importancia para el resultado del juicio [1353].

5º) Cuando el Tribunal haya decidido no suspender el juicio para los procesados comparecidos, en el caso de no haber concurrido algún acusado, siempre que hubiere causa fundada que se oponga a juzgarles con independencia y no haya recaído declaración de rebeldía. [1354]

851. [1355] Podrá también interponerse el recurso de casación por la misma causa [1356]:

1º) Cuando en la sentencia no se exprese clara y terminantemente cuáles son los hechos que se consideren probados, o resulte manifiesta contradicción entre ellos, o se consignen como hechos probados conceptos que, por su carácter jurídico, impliquen la predeterminación del fallo [1357].

2º) Cuando en la sentencia sólo se exprese que los hechos alegados por las acusaciones no se han probado, sin hacer expresa relación de los que resultaren probados.

[1351] Véase art. 659.4 de la presente Ley

[1352] Véase art. 664.2 de la presente Ley

[1353] Véanse arts. 709, 719 y 721 de la presente Ley

[1354] Añadido apartado 5 por art. 2 de Ley 28/1978 de 26 de mayo de 1978, con vigencia desde 19/06/1978

[1355] Añadido por art. 1 de Ley de 16 de julio de 1949, con vigencia desde 06/08/1949

[1356] Véase art. 884.1 de la presente Ley

[1357] Véase art. 248.3 LOPJ

3°) Cuando no se resuelva en ella sobre todos los puntos que hayan sido objeto de la acusación y defensa [1358].

4°) Cuando se pene un delito más grave que el que haya sido objeto de la acusación, si el Tribunal no hubiere procedido previamente como determina el artículo 733.

5°) Cuando la sentencia haya sido dictada por menor número de Magistrados que el señalado en la Ley o sin la concurrencia de votos conformes que por la misma se exigen [1359].

6°) Cuando haya concurrido a dictar sentencia algún Magistrado cuya recusación, intentada en tiempo y forma, y fundada en causa legal, se hubiese rechazado [1360].

852. [1361] En todo caso, el recurso de casación podrá interponerse fundándose en la infracción de precepto constitucional [1362].

853. [1363] (Derogado)

854. [1364] Podrán interponer el recurso de casación: el Ministerio Fiscal, los que hayan sido parte en los juicios criminales, los que sin haberlo sido resulten condenados en la sentencia y los herederos de unos y otros.

Los actores civiles no podrán interponer el recurso sino en cuanto pueda afectar a las restituciones, reparaciones e indemnizaciones que hayan reclamado.

[1358] Véase art. 742 de la presente Ley

[1359] Véanse arts. 145 y 153 de la presente Ley

[1360] Véanse arts. 217 y ss LOPJ

[1361] Añadido por disposición final 12 de Ley 1/2000 de 7 de enero de 2000, con vigencia desde 08/01/2001

[1362] Véase dfI. 12 LEC

[1363] Derogado por art. 2 de Ley de 28 de junio de 1933, con vigencia desde 27/07/1933

[1364] Dada nueva redacción por art. 1 de Ley de 16 de julio de 1949, con vigencia desde 06/08/1949

SECCIÓN SEGUNDA
De la preparación del recurso

855. [1365] El que se proponga interponer recurso de casación pedirá, ante el Tribunal que haya dictado la resolución definitiva, un testimonio de la misma, y manifestará la clase o clases de recurso que trate de utilizar.

Cuando se pretenda interponer recurso de casación contra sentencia dictada en apelación por una Audiencia Provincial o la Sala de lo Penal de la Audiencia Nacional por infracción de ley, el recurrente deberá presentar escrito consignando, en párrafos separados, con la mayor claridad y concisión, la concurrencia de los requisitos exigidos, identificando el precepto o preceptos sustantivos que se consideran infringidos y explicando de modo sucinto las razones que fundan tal infracción.

Cuando el recurrente se proponga fundar el recurso en el número 2º del artículo 849, deberá designar, sin razonamiento alguno, los particulares del documento que muestren el error en la apreciación de la prueba.

Si se propusiere utilizar el de quebrantamiento de forma, designará también, sin razonamiento alguno, la falta o faltas que se supongan cometidas, y, en su caso, la reclamación practicada para subsanarlas y su fecha.

856. [1366] La petición expresada en el precedente artículo se formulará mediante escrito autorizado por Abogado y Procurador, dentro de los cinco días siguientes al de la última notificación de la sentencia o auto contra el que se intente entablar el recurso [1367].

[1365] Dada nueva redacción por art. 223 apartado 2 de Real Decreto-Ley 5/2023 de 28 de junio de 2023, con vigencia desde 29/07/2023

[1366] Dada nueva redacción por art. 1 de Ley de 16 de julio de 1949, con vigencia desde 06/08/1949

[1367] Véase art. 212.2 de la presente Ley

857. [1368] En dicho escrito se consignará la promesa solemne de constituir el depósito que establece el artículo 875 de la presente Ley.

Si la parte que prepare el recurso hubiera sido declarada insolvente, total o parcial, o se le hubiera reconocido el derecho a la asistencia jurídica gratuita, pedirá al Tribunal que se haga constar expresamente esta circunstancia en la certificación de la sentencia que deberá librarse, y se obligará además a responder, si llegare a mejor fortuna, del importe del depósito que, según los casos, deba constituir. [1369]

858. [1370] El Tribunal, dentro de los tres días siguientes, sin oír a las partes, tendrá por preparado el recurso si la resolución reclamada es recurrible en casación y se han cumplido todos los requisitos exigidos en los artículos anteriores, y, en el caso contrario, lo denegará por auto motivado.

Cuando se trate de recurso de casación contra sentencia dictada en apelación por una Audiencia Provincial o la Sala de lo Penal de la Audiencia Nacional, el Tribunal denegará, por auto motivado, la preparación cuando se aleguen motivos distintos al previsto en el artículo 849.1, no se identifique un precepto sustantivo supuestamente infringido, no se consigne el breve extracto exigido, o su contenido se aparte del ámbito del artículo 849.1.º

De los autos que se deniegue tener por preparada la resolución, se dará copia certificada en el acto de la notificación a la parte recurrente. [1371]

859. [1372] En la misma resolución en que se tenga por preparado el recurso se mandará que el Secretario Judicial expida, en el plazo de tres días, el testimonio de la sentencia, con los votos particulares

---

[1368] Dada nueva redacción por art. 1 de Ley de 16 de julio de 1949, con vigencia desde 06/08/1949

[1369] Dada nueva redacción párrafo 2 por art. 2 apartado 124 de Ley 13/2009 de 3 de noviembre de 2009, con vigencia desde 04/05/2010

[1370] Dada nueva redacción por art. 223 apartado 3 de Real Decreto-Ley 5/2023 de 28 de junio de 2023, con vigencia desde 29/07/2023

[1371] Véanse arts. 862, 864 y 870 de la presente Ley

[1372] Dada nueva redacción por art. 2 apartado 125 de Ley 13/2009 de 3 de noviembre de 2009, con vigencia desde 04/05/2010

si los hubiere y una vez librado, el Secretario Judicial emplazará a las partes para que comparezcan ante la Sala Segunda del Tribunal Supremo, dentro del término improrrogable de 15 días, si se refiere a resoluciones dictadas por Tribunales con sede en la Península; de 20 días, si tienen sede en la Comunidad Autónoma de las Illes Balears y de 30, si tienen sede en la Comunidad Autónoma de Canarias o en las ciudades autónomas de Ceuta o Melilla [1373].

860. [1374] El recurrente a quien, para su defensa, se hubiera reconocido el derecho a la asistencia jurídica gratuita o hubiera sido declarado insolvente, total o parcial, podrá solicitar del Tribunal sentenciador que remita directamente a la Sala Segunda del Supremo el testimonio necesario para la interposición del recurso, o, en su caso, la certificación del auto denegatorio del mismo.

La Sala acordará que el Secretario Judicial interese el nombramiento de Abogado y Procurador que puedan interponer el recurso que corresponda, si el recurrente no les hubiera designado. En uno y otro caso, la Sala señalará el plazo dentro del cual haya de interponerse.

861. [1375] El Tribunal sentenciador, en el mismo día en que entregue o remita el testimonio de la sentencia o del auto, enviará a la Sala Segunda del Tribunal Supremo certificación de los votos reservados, si los hubiere, o negativa en su caso, y dispondrá que se notifique a los que hayan sido parte en la causa, además del recurrente, la entrega o remesa del testimonio, emplazándoles para que puedan comparecer, ante la referida Sala, a hacer valer su derecho dentro de los términos fijados en el artículo 859 [1376].

A la vez que la certificación expresada, el Secretario Judicial remitirá otra en la que expresará sucintamente la causa, los nombres de las partes, el delito, la fecha de entrega del testimonio al recurrente y, si el

[1373] Véanse arts. 861.1, 863 y 873 de la presente Ley

[1374] Dada nueva redacción por art. 2 apartado 126 de Ley 13/2009 de 3 de noviembre de 2009, con vigencia desde 04/05/2010

[1375] Dada nueva redacción por art. 1 de Ley de 16 de julio de 1949, con vigencia desde 06/08/1949

[1376] Véase art. 260 LOPJ y art. 157 de la presente Ley

acusado se encuentra en prisión provisional, la fecha en que concluye tal situación, así como la del emplazamiento a las partes. [1377]

También remitirá la causa o el ramo de ella en que se suponga cometida la falta, o que contenga el documento auténtico, cuando el recurso se haya preparado por quebrantamiento de forma o al amparo del número 2º del artículo 849.

La parte que no haya preparado el recurso podrá adherirse a él en el término del emplazamiento, o al instruirse del formulado por la otra, alegando los motivos que le convengan.

861 bis.a. [1378] Las sentencias contra las cuales pueda interponerse recurso de casación no se ejecutarán hasta que transcurra el término señalado para prepararlo.

Si en dicho término se preparare el recurso, el Tribunal dispondrá, al remitir la causa o ramo, que se contraiga testimonio de resguardo de la resolución recurrida, que conservará con las piezas separadas de la causa para ejecución de aquélla en su caso.

También acordará en la misma resolución que continúe o se modifique la situación del reo o reos y lo pertinente en cuanto a responsabilidades pecuniarias, así como adoptará en las mismas piezas los acuerdos procedentes durante la tramitación del recurso para asegurar en todo caso la ejecución de la sentencia que recayere.

Si la sentencia recurrida fuere absolutoria y el reo estuviere preso, será puesto en libertad [1379].

861 bis.b. [1380] Cuando el recurso hubiere sido preparado por uno de los procesados, podrá llevarse a efecto la sentencia, desde luego, en cuanto a los demás, sin perjuicio de lo dispuesto en el artículo 903.

[1377] Dada nueva redacción párrafo 2 por art. 2 apartado 127 de Ley 13/2009 de 3 de noviembre de 2009, con vigencia desde 04/05/2010

[1378] Añadido por art. 1 de Ley de 16 de julio de 1949, con vigencia desde 06/08/1949

[1379] Véase art. 983 de la presente Ley

[1380] Añadido por art. 1 de Ley de 16 de julio de 1949, con vigencia desde 06/08/1949

861 bis.c. [1381] El desistimiento del recurso podrá hacerse en cualquier estado del procedimiento, previa ratificación del interesado, o presentando su Procurador poder suficiente para ello. Si las partes estuvieren citadas para la decisión del recurso, perderá el particular que desista la mitad del depósito, si lo hubiere constituido, y pagará las costas procesales que se hubiesen ocasionado por su culpa [1382] .

SECCIÓN TERCERA
Del recurso de queja por denegación del testimonio pedido para interponer el de casación

862. [1383] Si el recurrente se creyere agraviado por el auto denegatorio de que se habla en el artículo 858, podrá acudir en queja a la Sala Segunda del Tribunal Supremo, haciéndolo presente al Tribunal sentenciador, dentro de los dos días siguientes al de la notificación de dicho auto, a los efectos de lo dispuesto en el artículo 863.

863. [1384] El Tribunal dispondrá que se remita copia certificada del auto denegatorio a la Sala Segunda del Tribunal Supremo y mandará emplazar a las partes para que comparezcan ante la misma en los términos que previene el artículo 859, según los respectivos casos.

864. [1385] En las copias certificadas de los autos denegatorios previstas en los artículos anteriores, el Secretario Judicial hará constar también la situación económica de los que intenten la queja en los términos que previene el artículo 858.

[1381] Añadido por art. 1 de Ley de 16 de julio de 1949, con vigencia desde 06/08/1949

[1382] Véanse arts. 239 y ss de la presente Ley

[1383] Dada nueva redacción por art. 1 de Ley de 16 de julio de 1949, con vigencia desde 06/08/1949

[1384] Dada nueva redacción por art. 1 de Ley de 16 de julio de 1949, con vigencia desde 06/08/1949

[1385] Dada nueva redacción por art. 2 apartado 128 de Ley 13/2009 de 3 de noviembre de 2009, con vigencia desde 04/05/2010

865. [1386] (Derogado)

866. [1387] Transcurrido el término del emplazamiento sin que haya comparecido el recurrente en queja, el Secretario Judicial dictará decreto declarando desierto el recurso, con las costas, y lo comunicará al Tribunal sentenciador para los efectos que correspondan, y quedará firme y consentido el auto denegatorio. Contra este decreto cabrá recurso directo de revisión.

867. [1388] Si el recurrente compareciera en tiempo, al verificarlo formulará, en escrito firmado por Abogado y Procurador, con la mayor concisión y claridad, los fundamentos de la queja.

De dicho escrito y del auto denegatorio acompañará copias autorizadas para las demás partes personadas en la causa, una de dichas copias se entregará al Ministerio Fiscal, y transcurridos tres días, durante los cuales deberá éste exponer a la Sala lo que estime conveniente sobre la procedencia o improcedencia de la queja, se pasará el rollo al Magistrado ponente.

867 bis. [1389] Cuando alguna de las partes emplazadas comparezca en forma legal, dentro del término de emplazamiento, se le entregará copia del escrito del recurso y del auto denegatorio para que, si lo estima conducente, pueda impugnarlo en el mismo término de tercero día que se concede al Ministerio Fiscal.

868. [1390] Cuando el recurrente fuere insolvente total o parcial o cuando tuviere reconocido el derecho a la asistencia jurídica gratuita,

---

[1386] Derogado por art. 2 de Ley de 16 de julio de 1949, con vigencia desde 06/08/1949

[1387] Dada nueva redacción por art. 2 apartado 129 de Ley 13/2009 de 3 de noviembre de 2009, con vigencia desde 04/05/2010

[1388] Dada nueva redacción por art. 1 de Ley de 16 de julio de 1949, con vigencia desde 06/08/1949

[1389] Añadido por art. 1 de Ley de 16 de julio de 1949, con vigencia desde 06/08/1949

[1390] Dada nueva redacción por art. 2 apartado 130 de Ley 13/2009 de 3 de noviembre de 2009, con vigencia desde 04/05/2010

y durante el término del emplazamiento compareciere ante la Sala Segunda del Tribunal Supremo en la forma que previene el artículo 874, la sala acordará que el Secretario Judicial interese el nombramiento de Abogado y Procurador de oficio para su defensa, y que les entregue la copia certificada del auto denegatorio para que, en el término de tres días, formalicen el recurso de queja, si lo consideraren procedente, o se excuse el Abogado en el caso de no hallar méritos para ello [1391] .

869. [1392] La Sala Segunda del Tribunal Supremo, previo informe del Magistrado ponente, y sin más trámites, dictará, en vista de los escritos presentados, la resolución que proceda.

870. [1393] Cuando la Sala estime fundada la queja revocará el auto denegatorio y mandará al Tribunal sentenciador que expida la certificación de la resolución reclamada y practique lo demás que se previene en los artículos 858 y 861.

Cuando la queja no sea procedente, a juicio de la Sala, la desestimará con las costas y lo comunicará al Tribunal sentenciador para los efectos correspondientes.

Cuando resulten falsos los hechos alegados como fundamento de la queja, la sala podrá imponer al particular recurrente, de forma motivada, una multa que podrá oscilar de 180 a 6.000 euros respetando en todo caso el principio de proporcionalidad y teniendo en cuenta las circunstancias del hecho de que se trate, así como los perjuicios que se hubieren podido causar al procedimiento o al resto de partes procesales.

Ante la falsedad de los hechos alegados en la queja y sin perjuicio de lo dispuesto en el párrafo anterior, el Tribunal acordará dar traslado de la actuación realizada contra las normas de la buena fe procesal a los colegios profesionales competentes por si pudiera proceder la imposición de algún tipo de sanción disciplinaria.

[1391] Véase Ley 1/1996, de 10 de enero de Asistencia Jurídica Gratuita

[1392] Dada nueva redacción por art. 1 de Ley de 16 de julio de 1949, con vigencia desde 06/08/1949

[1393] Dada nueva redacción por art. 2 apartado 131 de Ley 13/2009 de 3 de noviembre de 2009, con vigencia desde 04/05/2010

871. [1394] Contra la decisión de la Sala Segunda del Tribunal Supremo, resolviendo la queja, no se da recurso alguno.

872. [1395] (Derogado)

SECCIÓN CUARTA
De la interposición del recurso

873. [1396] El recurso de casación se interpondrá ante la Sala Segunda del Tribunal Supremo dentro de los términos señalados en el artículo 859. Transcurridos estos términos sin interponerlo, o en su caso el que hubiese concedido la Sala, de conformidad con lo dispuesto en el artículo 860, el Secretario Judicial dictará decreto declarando desierto el recurso, y quedará firme y consentida dicha resolución. Contra este decreto cabrá recurso directo de revisión. [1397]

En los mismos términos podrán adherirse al recurso las demás partes, conforme a lo dispuesto en el artículo 861 [1398].

874. [1399] Este recurso se interpondrá en escrito, firmado por Abogado y Procurador autorizado con poder bastante, sin que en ningún caso pueda admitirse la promesa de presentarlo. En dicho escrito se consignará, en párrafos numerados con la mayor concisión y claridad:

1º) El fundamento o los fundamentos doctrinales y legales aducidos como motivos de casación por quebrantamiento de la forma, por

---

[1394] Dada nueva redacción por art. 1 de Ley de 16 de julio de 1949, con vigencia desde 06/08/1949

[1395] Derogado por art. 2 de Ley de 16 de julio de 1949, con vigencia desde 06/08/1949

[1396] Dada nueva redacción por art. 1 de Ley de 16 de julio de 1949, con vigencia desde 06/08/1949

[1397] Dada nueva redacción párrafo 1 por art. 2 apartado 132 de Ley 13/2009 de 3 de noviembre de 2009, con vigencia desde 04/05/2010

[1398] Véase art. 57.1.1 LOPJ y art. 879 de la presente Ley

[1399] Dada nueva redacción por art. 1 de Ley de 16 de julio de 1949, con vigencia desde 06/08/1949

infracción de Ley, o por ambas causas, encabezados con un breve extracto de su contenido.

2º) El artículo de esta Ley que autorice cada motivo de casación.

3º) La reclamación o reclamaciones practicadas para subsanar el quebrantamiento de forma que se suponga cometido y su fecha, si la falta fuese de las que exigen este requisito.

Con este escrito se presentará el testimonio a que se refiere el artículo 859, si hubiere sido entregado al recurrente, y copia literal del mismo y del recurso, autorizada por su representación, para cada una de las demás partes emplazadas.

La falta de presentación de copias producirá la desestimación del escrito y, en su caso, se considerará comprendida en el número 4º del artículo 884.

La adhesión al recurso se interpondrá en la forma expresada en los párrafos anteriores de este artículo [1400].

Párrafo 8 (Derogado) [1401]

875. [1402] Cuando el recurrente fuese el acusador privado y el delito sea de los que pueden perseguirse de oficio presentará su Procurador, con el escrito de interposición, el documento que acredite haber depositado doce mil pesetas en el establecimiento público destinado al efecto, debiendo consignarse tantos depósitos como acusadores recurrentes haya, a no ser que todos ellos hubiesen comparecido bajo la misma representación.

Cuando el delito fuere de los que solo pueden perseguirse a instancia de parte, el depósito será de seis mil pesetas.

Cuando el recurrente fuese el actor civil, el depósito será de siete mil quinientas pesetas.

Párrafo 4 (Derogado) [1403]

Cuando el recurso se interponga el último día se considerará cumplido el requisito del depósito si se acompaña al escrito el importe

---

[1400] Véase art. 879 de la presente Ley

[1401] Derogado párrafo 8 por disposición derogatoria única de Ley 1/1996 de 10 de enero de 1996, con vigencia desde 12/07/1996

[1402] Dada nueva redacción por art. 3 de Ley 28/1974 de 24 de julio de 1974, con vigencia desde 15/08/1974

[1403] Suprimido párrafo 4 por art. 6 apartado 14 de Ley 10/1992 de 30 de abril de 1992, con vigencia desde 06/05/1992 correspondiente en dinero de curso legal, y en el plazo de las cuarenta y ocho horas siguientes se sustituye por el resguardo acreditativo de haber efectuado el depósito en el establecimiento destinado al efecto.

Si el recurrente tuviese reconocido el derecho a la asistencia jurídica gratuita o apareciese declarado insolvente total o parcial, quedará obligado a responder de la cantidad referida, si viniere a mejor fortuna, en la forma que dispone el artículo 857 [1404]. [1405]

876. [1406] Cuando dentro del emplazamiento o al día siguiente de la designación manifieste el Procurador del recurrente su propósito de interponer el recurso, o el Fiscal lo solicitare, se mandará por la Sala abrir el pliego que contenga la certificación de votos reservados y comunicarle con los autos a las partes. En otro caso no se abrirá hasta que el recurso sea interpuesto, y desde el día de su señalamiento para la vista hasta su celebración lo podrán examinar las partes en la Oficina judicial [1407].

877. [1408] Los recursos se numerarán correlativamente por el orden de su presentación, y del número que corresponda a cada uno se dará certificación a la parte que lo pidiere.

Se establecerá, además de la general, una numeración separada para los recursos interpuestos contra las resoluciones dimanantes de causas en que los condenados se hallen en prisión [1409]. [1410]

[1404] Véase Ley 1/1996, de 10 de enero de Asistencia Jurídica Gratuita; y RD 467/2006, de 21 de abril, por el que se regulan los depósitos y consignaciones judiciales en metálico, de efectos o valores

[1405] Dada nueva redacción párrafo 6 por disposición adicional 4 apartado 3 de Ley 1/1996 de 10 de enero de 1996, con vigencia desde 12/07/1996

[1406] Dada nueva redacción por art. 2 apartado 133 de Ley 13/2009 de 3 de noviembre de 2009, con vigencia desde 04/05/2010

[1407] Véanse art. 260 LOPJ y arts. 157 y 861.1 de la presente Ley

[1408] Dada nueva redacción por art. 1 de Ley de 16 de julio de 1949, con vigencia desde 06/08/1949

[1409] Véase LO 1/1992, de 21 de febrero, sobre Protección de la Seguridad Ciudadana

[1410] Dada nueva redacción párrafo 2 por art. 2 apartado 134 de Ley 13/2009 de 3 de noviembre de 2009, con vigencia desde 04/05/2010

878. [1411] Transcurrido el término de emplazamiento sin que haya comparecido el recurrente en la forma que, según los casos, previene esta Ley, el Secretario Judicial dictará sin más trámites decreto declarando desierto el recurso con imposición de las costas al particular recurrente comunicándolo así al Tribunal de instancia para los efectos que procedan. Contra este decreto cabrá recurso directo de revisión [1412].

879. El Ministerio Fiscal se ajustará, para la preparación e interposición del recurso, a los términos y formas prescritos en los artículos 855, 873 y 874, en cuanto le sean aplicables.

SECCIÓN QUINTA
De la sustanciación del recurso

880. [1413] Interpuesto el recurso y transcurrido el término del emplazamiento el Secretario Judicial designará al Magistrado ponente que por turno corresponda y formará nota autorizada del recurso en término de diez días. Dicha nota contendrá copia literal de la parte dispositiva de la resolución recurrida, del fundamento de hecho de la misma y del extracto de los motivos de casación prevenido en el número primero del artículo 874, y en relación de los antecedentes de la causa y de cualquier otro particular que se considere necesario para la resolución del recurso.

El Secretario Judicial entregará a las respectivas partes las copias del recurso [1414].

881. Igualmente, el Secretario Judicial interesará el nombramiento de Abogado y Procurador para la defensa del procesado, condenado

---

[1411] Dada nueva redacción por art. 2 apartado 135 de Ley 13/2009 de 3 de noviembre de 2009, con vigencia desde 04/05/2010

[1412] Véanse arts. 239 a 246 de la presente Ley

[1413] Dada nueva redacción por art. 2 apartado 136 de Ley 13/2009 de 3 de noviembre de 2009, con vigencia desde 04/05/2010

[1414] Véanse arts. 203 a 206 LOPJ y arts. 146, 147 y 882 de la presente Ley o absuelto por la sentencia, cuando no fuese el recurrente ni hubiese comparecido. [1415]

El Abogado así nombrado no podrá excusarse de aceptar la defensa del procesado, como no sea por razón de alguna incompatibilidad, en cuyo caso se procederá al nombramiento de otro Letrado [1416].

882. [1417] Dentro del término señalado para formación de la nota por el artículo 880, el Fiscal y las partes se instruirán y podrán impugnar la admisión del recurso o la adhesión al mismo.

Si la impugnaren, acompañarán con el escrito de impugnación tantas copias del mismo cuantas sean las demás partes a quienes el letrado o letrada de la Administración de Justicia hará inmediatamente entrega.

882 bis. [1418] En su escrito de interposición, el recurrente podrá solicitar la celebración de vista; la misma solicitud podrán hacer las demás partes al instruirse del recurso [1419].

883. [1420] Formada la nota, se unirá al rollo, y pasarán los autos al Magistrado ponente para instrucción, por término de diez días.

Previo informe del Ponente, la Sala dictará la resolución que proceda sobre la admisión o inadmisión del recurso.

884. [1421] El recurso será inadmisible:

[1415] Dada nueva redacción párrafo 1 por art. 2 apartado 137 de Ley 13/2009 de 3 de noviembre de 2009, con vigencia desde 04/05/2010

[1416] Véase art. 31 Ley 1/1996, de 10 de enero de Asistencia Jurídica Gratuita

[1417] Dada nueva redacción por art. 223 apartado 4 de Real Decreto-Ley 5/2023 de 28 de junio de 2023, con vigencia desde 29/07/2023

[1418] Dada nueva redacción por art. único de Ley 21/1988 de 19 de julio de 1988, con vigencia desde 09/08/1988

[1419] Véase art. 893 bis a) de la presente Ley

[1420] Dada nueva redacción por art. 1 de Ley de 16 de julio de 1949, con vigencia desde 06/08/1949

[1421] Dada nueva redacción por art. 1 de Ley de 16 de julio de 1949, con vigencia desde 06/08/1949

1º) Cuando se interponga por causas distintas de la expresadas en los artículos 849 a 851.

2º) Cuando se interponga contra resoluciones distintas de las comprendidas en los artículos 847 y 848.

3º) Cuando no se respeten los hechos que la sentencia declare probados o se hagan alegaciones jurídicas en notoria contradicción o incongruencia con aquéllos, salvo lo dispuesto en el número 2º del artículo 849.

4º) Cuando no se hayan observado los requisitos que la Ley exige para su preparación o interposición [1422].

5º) En los casos del artículo 850, cuando la parte que intente interponerlo no hubiese reclamado la subsanación de la falta mediante los recursos procedentes o la oportuna protesta.

6º) En el caso del número 2º del artículo 849, cuando el documento o documentos no hubieran figurado en el proceso o no se designen concretamente las declaraciones de aquellos que se opongan a las de la resolución recurrida. [1423]

885. [1424] Podrá, igualmente, inadmitirse el recurso:

1º) Cuando carezca manifiestamente de fundamento.

2º) Cuando el Tribunal Supremo hubiese ya desestimado en el fondo otros recursos sustancialmente iguales.

La inadmisión de recurso podrá afectar a todos los motivos aducidos o referirse solamente a algunos de ellos.

886. [1425] (Derogado)

[1422] Véase art. 874.3 de la presente Ley

[1423] Dada nueva redacción apartado 6 por art. único de Ley 21/1988 de 19 de julio de 1988, con vigencia desde 09/08/1988

[1424] Añadido por art. único de Ley 21/1988 de 19 de julio de 1988, con vigencia desde 09/08/1988

[1425] Derogado por art. 2 de Ley de 28 de junio de 1933, con vigencia desde 27/07/1933

887. [1426] La resolución se formulará de uno de los dos modos siguientes:

1º) Admitido y concluso para la vista o fallo.

2º) No ha lugar a la admisión y comuníquese al Tribunal sentenciador para los efectos correspondientes.

888. [1427] La resolución en que se deniegue la admisión del recurso adoptará la forma de auto y se publicará en la «Colección legislativa», expresando el nombre del ponente. La resolución en que se admita no se publicará.

Los antecedentes de hecho y los fundamentos de derecho de las decisiones se limitarán a los puntos pertinentes a la cuestión resuelta.

Cuando en una misma resolución se deniegue la admisión del recurso por alguno de sus fundamentos y se admita en cuanto a otros, o cuando se admita el recurso interpuesto por un interesado y se deniegue respecto de otro, deberá fundarse aquélla en cuanto a la parte denegatoria y publicarse en la «Colección legislativa».

889. [1428] Para denegar la admisión del recurso será necesario que el acuerdo se adopte por unanimidad. [1429]

La inadmisión a trámite del recurso de casación en el supuesto previsto en el artículo 847.1.b) podrá acordarse por providencia sucintamente motivada siempre que haya unanimidad por carencia de interés casacional.

La inadmisión a trámite del recurso de casación en el supuesto previsto en el artículo 847.1.a) podrá acordarse por providencia sucintamente motivada siempre que haya unanimidad por carencia de relevancia casacional y la pena privativa de libertad impuesta, o la suma de las penas privativas de libertad impuestas, no sea superior a cinco años, o bien se hayan impuesto cualesquiera otras penas de distinta

---

[1426] Dada nueva redacción por art. 1 de Ley de 16 de julio de 1949, con vigencia desde 06/08/1949

[1427] Dada nueva redacción por art. 2 apartado 138 de Ley 13/2009 de 3 de noviembre de 2009, con vigencia desde 04/05/2010

[1428] Dada nueva redacción por art. 223 apartado 5 de Real Decreto-Ley 5/2023 de 28 de junio de 2023, con vigencia desde 29/07/2023

[1429] Véase art. 255 LOPJ y art. 153 de la presente Ley

naturaleza bien sean únicas, conjuntas o alternativas, cualquiera que sea su cuantía o duración.

890. [1430] Cuando la Sala deniegue la admisión del recurso y el recurrente haya constituido depósito, se le condenará a perderlo y se aplicará por la Sala de Gobierno para atender exclusivamente con su importe a las necesidades imprevistas de la Administración de Justicia, de personal y material.

Si el recurrente no hubiere constituido depósito por su pobreza o insolvencia, total o parcial, se dictará la misma resolución para cuando mejore de fortuna [1431].

891. [1432] (Derogado)

892. [1433] Contra la resolución de la Sala, admitiendo o denegando la admisión del recurso y la adhesión, no se dará ningún otro.

893. [1434] Si a juicio de la Sala fuere admisible el recurso y, en su caso, la adhesión al mismo, lo acordará de plano mediante providencia. La providencia en que se acuerde la admisión del recurso dispondrá igualmente que por el Secretario Judicial se proceda al señalamiento para la vista, en su caso. De no celebrarse vista, la sala señalará día para el fallo.

Si se decidiera la celebración de vista, el Secretario Judicial hará el señalamiento.

[1430] Dada nueva redacción por art. 1 de Ley de 16 de julio de 1949, con vigencia desde 06/08/1949

[1431] Véase art. 901 de la presente Ley

[1432] Derogado por art. 2 de Ley de 16 de julio de 1949, con vigencia desde 06/08/1949

[1433] Dada nueva redacción por art. 1 de Ley de 16 de julio de 1949, con vigencia desde 06/08/1949

[1434] Dada nueva redacción por art. 2 apartado 139 de Ley 13/2009 de 3 de noviembre de 2009, con vigencia desde 04/05/2010

SECCIÓN SEXTA
De la decisión del recurso

893 bis.a. [1435] La Sala podrá decidir el fondo del recurso, sin celebración de vista, señalando día para fallo, salvo cuando las partes solicitaran la celebración de aquélla y la duración de la pena impuesta o que pueda imponerse fuese superior a seis años o cuando el Tribunal, de oficio o a instancia de parte, estime necesaria la vista.

El Tribunal acordará en todo caso la vista cuando las circunstancias concurrentes o la trascendencia del asunto hagan aconsejable la publicidad de los debates o cuando, cualquiera que sea la pena, se trate de delitos comprendidos en los Títulos I, II, IV o VII del Libro II del Código Penal [1436].

893 bis.b. [1437] Si la Sala hiciere uso de la facultad que le otorga el artículo anterior, dictará sentencia en los términos que prescriben los artículos 899 y 900.

894. [1438] Admitido el recurso y señalado día para la vista por el Secretario Judicial, se verificará ésta en audiencia pública, con asistencia del Ministerio Fiscal y de los defensores de las partes.

La incomparecencia injustificada de estos últimos no será, sin embargo, motivo de suspensión de la vista si la sala así lo estima.

La sala podrá imponer a los letrados que no concurran las correcciones disciplinarias que estime necesarias, atendida la gravedad e importancia del asunto. En todo caso, la sala acordará que el Secretario Judicial comunique dicha inasistencia al Colegio de Abogados corres-

---

[1435] Dada nueva redacción por art. 1 de Ley 21/1988 de 19 de julio de 1988, con vigencia desde 09/08/1988

[1436] Véanse arts. 404 y ss, 446 y ss, 472 y ss, 544 y ss y 581 y ss CP

[1437] Añadido por art. 1 de Ley de 16 de julio de 1949, con vigencia desde 06/08/1949

[1438] Dada nueva redacción por art. 2 apartado 140 de Ley 13/2009 de 3 de noviembre de 2009, con vigencia desde 04/05/2010

pondiente a efectos de la responsabilidad disciplinaria a la que, en su caso, hubiere lugar [1439] .

895. [1440] La Sala mandará traer a la vista los recursos por el orden de su admisión, estableciendo turnos especiales de preferencia para los comprendidos en el artículo 877.

Si por cualquier causa no pudiese tener lugar la vista en el día señalado, el Secretario Judicial designará otro a la mayor brevedad, cuidando de no alterar en lo posible el orden establecido. [1441]

896. [1442] La vista comenzará dando cuenta el Secretario del asunto de que se trate.

Informará primero el Abogado del recurrente; después, el de la parte que se haya adherido al recurso, y, por último, el de la parte recurrida que lo impugnare. Si el Ministerio Fiscal fuere el recurrente, hablará el primero, y si apoyare el recurso, informará a continuación de quien lo hubiere interpuesto.

897. [1443] El Ministerio Fiscal y los Letrados podrán rectificar brevemente, por el orden mismo en que hayan usado de la palabra.

El Presidente, por propia iniciativa o a requerimiento de cualquier Magistrado, podrá solicitar del Ministerio Fiscal y de los Letrados un mayor esclarecimiento de la cuestión debatida, formulando concretamente la tesis que ofrezca duda al Tribunal.

No permitirá el Presidente discusión alguna sobre la existencia de los hechos consignados en la resolución recurrida, salvo cuando el recurso se hubiere interpuesto por el motivo del párrafo 2º del artículo

---

[1439] Véanse arts. 546.3 y 552 a 557 LOPJ y arts. 80 y ss RD 658/2001, de 22 de junio, Estatuto General de la Abogacía Española

[1440] Dada nueva redacción por art. 1 de Ley de 16 de julio de 1949, con vigencia desde 06/08/1949

[1441] Dada nueva redacción párrafo 2 por art. 2 apartado 141 de Ley 13/2009 de 3 de noviembre de 2009, con vigencia desde 04/05/2010

[1442] Dada nueva redacción por art. 1 de Ley de 28 de junio de 1933, con vigencia desde 27/07/1933

[1443] Dada nueva redacción por art. 1 de Ley de 28 de junio de 1933, con vigencia desde 27/07/1933

849, y llamará al orden al que intente discutirlos, pudiendo llegar a retirarle la palabra.

898. [1444] Constituirán la Sala tres Magistrados, salvo cuando la duración de la pena impuesta o la que pudiere imponerse, caso de que prosperasen los motivos articulados por las partes acusadoras, sea superior a doce años, en cuyo caso se formará por cinco [1445].

899. [1446] Concluida la audiencia pública, la Sala resolverá el recurso dentro de los diez días siguientes.

Antes de dictar sentencia, si la Sala lo estimare necesario para la mejor comprensión de los hechos relatados en la resolución recurrida, podrá reclamar del Tribunal sentenciador la remisión de los autos, con suspensión del término fijado en el plazo anterior.

También podrá el Magistrado ponente, al instruirse del recurso, proponer a la Sala que la causa sea reclamada desde luego.

900. [1447] Las sentencias se redactarán de la manera siguiente:

1º) Encabezamiento. Se expresará la fecha, el delito sobre que versa la causa, los nombres de los recurrentes, procesados y acusadores particulares que en ella hayan intervenido; el Tribunal de donde proceda, las demás circunstancias generales que sirvan para determinar el asunto objeto del recurso y el nombre del Magistrado ponente.

2º) Antecedentes del hecho. Con separación se transcribirán literalmente los hechos declarados probados en la sentencia o auto recurrido, excepto aquellos que sean de manifiesta impertinencia, así como la parte dispositiva de la misma resolución.

3º) Motivos de casación. Se relacionarán los motivos de casación alegados por las respectivas partes.

4º) Fundamentos de derecho. Separadamente se consignarán los fundamentos de derecho de la resolución.

[1444] Dada nueva redacción por art. único de Ley 21/1988 de 19 de julio de 1988, con vigencia desde 09/08/1988

[1445] Véase art. 196 LOPJ y art. 145 de la presente Ley

[1446] Dada nueva redacción por art. 1 de Ley de 28 de junio de 1933, con vigencia desde 27/07/1933

[1447] Dada nueva redacción por art. 1 de Ley de 16 de julio de 1949, con vigencia desde 06/08/1949

5º) El fallo [1448] .

901. [1449] Cuando la Sala estime cualquiera de los motivos de casación alegados, declarará haber lugar al recurso y casará y anulará la resolución sobre que verse, mandando devolver el depósito al que lo hubiere constituido y declarando de oficio las costas.

Si lo desestimare, declarará no haber lugar al recurso y condenará al recurrente en costas y a la pérdida del depósito con destino a las atenciones determinadas en el artículo 890, o satisfacer la cantidad equivalente, si tuviese reconocido el derecho de asistencia jurídica gratuita, para cuando mejore su fortuna. [1450]

Se exceptúa el Ministerio Fiscal de la imposición de costas [1451] .

901 bis.a. [1452] Cuando la Sala estime haberse cometido el quebrantamiento de forma en que se funda el recurso, declarará haber lugar a él y ordenará la devolución de la causa al Tribunal de que proceda para que, reponiéndola al estado que tenía cuando se cometió la falta, la sustancie y termine con arreglo a derecho [1453] .

901 bis.b. [1454] Si la Sala estima no haberse cometido el quebrantamiento de forma alegado, declarará no haber lugar al mismo y procederá en la propia sentencia a resolver los motivos de casación por infracción de Ley.

En todo caso mandará devolver la causa al Tribunal sentenciador.

[1448] Véase art. 248.3 LOPJ y art. 142 de la presente Ley

[1449] Dada nueva redacción por art. 1 de Ley de 16 de julio de 1949, con vigencia desde 06/08/1949

[1450] Dada nueva redacción párrafo 2 por art. 2 apartado 142 de Ley 13/2009 de 3 de noviembre de 2009, con vigencia desde 04/05/2010

[1451] Véanse arts. 239 y ss de la presente ley

[1452] Añadido por art. 1 de Ley de 16 de julio de 1949, con vigencia desde 06/08/1949

[1453] Véase art. 884 de la presente Ley

[1454] Añadido por art. 1 de Ley de 16 de julio de 1949, con vigencia desde 06/08/1949

902. [1455] Si la Sala casa la resolución objeto del recurso a virtud de algún motivo fundado en la infracción de la Ley, dictará a continuación, pero separadamente, la sentencia que proceda conforme a derecho, sin más limitación que la de no imponer pena superior a la señalada en la sentencia casada o a la que correspondería conforme a las peticiones del recurrente, en el caso de que se solicitase pena mayor.

Cuando la Sala crea indicado proponer el indulto, lo razonará debidamente en la sentencia [1456].

903. Cuando sea recurrente uno de los procesados, la nueva sentencia aprovechará a los demás en lo que les fuere favorable, siempre que se encuentren en la misma situación que el recurrente y les sean aplicables los motivos alegados por los que se declare la casación de la sentencia. Nunca les perjudicará en lo que les fuere adverso [1457].

904. Contra la sentencia de casación y la que se dicte en virtud de la misma, no se dará recurso alguno [1458].

905. [1459] Las sentencias en que se declare haber o no lugar al recurso de casación se publicarán en la Colección Legislativa.

906. [1460] Si las sentencias de que se trata en el artículo anterior recayeren en causas seguidas por cualquiera de los delitos contra la libertad e indemnidad sexuales o contra el honor o concurriesen circunstancias especiales a juicio de la sala, se publicarán suprimiendo los nombres propios de las personas, los de los lugares y las circunstancias

---

[1455] Dada nueva redacción por art. 1 de Ley de 16 de julio de 1949, con vigencia desde 06/08/1949

[1456] Véanse arts. 4 y 103.4 CP; y Orden de 10 de septiembre de 1993 por la que se dan instrucciones sobre la tramitación de Solicitudes de Indultos

[1457] Véase art. 861 bis b) de la presente Ley

[1458] Véase art. 53.2 CE

[1459] Dada nueva redacción por art. 1 de Ley de 16 de julio de 1949, con vigencia desde 06/08/1949

[1460] Dada nueva redacción por art. 2 apartado 143 de Ley 13/2009 de 3 de noviembre de 2009, con vigencia desde 04/05/2010

que puedan dar a conocer a los acusadores y a los acusados y a los Tribunales que hayan fallado el proceso.

Si estimare la sala que la publicación de la sentencia afecta al derecho al honor, a la intimidad personal o familiar o a la propia imagen de la víctima o bien a la seguridad pública, podrá ordenar en la propia sentencia que no se publique total o parcialmente [1461] .

907 a 909. [1462] (Derogados)

CAPÍTULO II
De los recursos de casación por quebrantamiento de forma
(Derogado) [1463]

SECCIÓN PRIMERA
De la procedencia del recurso (Derogada) [1464]

910 a 915. [1465] (Derogados)

[1461] Véanse arts. 178a 190 y 205 a 216 CP

[1462] Derogado por art. 2 de Ley de 16 de julio de 1949, con vigencia desde 06/08/1949

[1463] Derogado por art. 2 de Ley de 16 de julio de 1949, con vigencia desde 06/08/1949

[1464] Derogada por art. 2 de Ley de 16 de julio de 1949, con vigencia desde 06/08/1949

[1465] Derogado por art. 2 de Ley de 16 de julio de 1949, con vigencia desde 06/08/1949

SECCIÓN SEGUNDA
De la interposición del recurso (Derogada) [1466]

916 a 920. [1467] (Derogados)

SECCIÓN TERCERA
Del recurso de queja por denegación de admisión del de casación por quebrantamiento de forma (Derogada) [1468]

921 a 923. [1469] (Derogados)

SECCIÓN CUARTA
De la sustanciación del recurso (Derogada) [1470]

924 a 928. [1471] (Derogados)

[1466] Derogada por art. 2 de Ley de 16 de julio de 1949, con vigencia desde 06/08/1949

[1467] Derogado por art. 2 de Ley de 16 de julio de 1949, con vigencia desde 06/08/1949

[1468] Derogada por art. 2 de Ley de 16 de julio de 1949, con vigencia desde 06/08/1949

[1469] Derogado por art. 2 de Ley de 16 de julio de 1949, con vigencia desde 06/08/1949

[1470] Derogada por art. 2 de Ley de 16 de julio de 1949, con vigencia desde 06/08/1949

[1471] Derogado por art. 2 de Ley de 16 de julio de 1949, con vigencia desde 06/08/1949

SECCIÓN QUINTA
De la decisión del recurso (Derogada) [1472]

929 a 933. [1473] (Derogados)

CAPÍTULO III
De la interposición, sustanciación y resolución del recurso de casación por infracción de Ley y por quebrantamiento de forma (Derogado) [1474]

934 a 946. [1475] (Derogados)

CAPÍTULO IV
Del recurso de casación en las causas de muerte [1476] (Derogado) [1477]

947 a 953. [1478] (Derogados)

[1472] Derogada por art. 2 de Ley de 16 de julio de 1949, con vigencia desde 06/08/1949

[1473] Derogado por art. 2 de Ley de 16 de julio de 1949, con vigencia desde 06/08/1949

[1474] Derogado por art. 2 de Ley de 16 de julio de 1949, con vigencia desde 06/08/1949

[1475] Derogado por art. 2 de Ley de 16 de julio de 1949, con vigencia desde 06/08/1949

[1476] Véase art. 15 CE y LO 11/1995, de 27 de noviembre, de Abolición de la Pena de Muerte en Tiempo de Guerra

[1477] Derogado por art. 2 apartado 144 de Ley 13/2009 de 3 de noviembre de 2009, con vigencia desde 04/05/2010

[1478] Derogado por art. 2 apartado 144 de Ley 13/2009 de 3 de noviembre de 2009, con vigencia desde 04/05/2010

TÍTULO III
Del recurso de revisión [1479]

954. [1480] [1481]

1. Se podrá solicitar la revisión de las sentencias firmes en los casos siguientes:

a) Cuando haya sido condenada una persona en sentencia penal firme que haya valorado como prueba un documento o testimonio declarados después falsos, la confesión del encausado arrancada por violencia o coacción o cualquier otro hecho punible ejecutado por un tercero, siempre que tales extremos resulten declarados por sentencia firme en procedimiento penal seguido al efecto. No será exigible la sentencia condenatoria cuando el proceso penal iniciado a tal fin sea archivado por prescripción, rebeldía, fallecimiento del encausado u otra causa que no suponga una valoración de fondo.

b) Cuando haya recaído sentencia penal firme condenando por el delito de prevaricación a alguno de los magistrados o jueces intervinientes en virtud de alguna resolución recaída en el proceso en el que recayera la sentencia cuya revisión se pretende, sin la que el fallo hubiera sido distinto.

c) Cuando sobre el mismo hecho y encausado hayan recaído dos sentencias firmes.

d) Cuando después de la sentencia sobrevenga el conocimiento de hechos o elementos de prueba, que, de haber sido aportados, hubieran determinado la absolución o una condena menos grave.

e) Cuando, resuelta una cuestión prejudicial por un tribunal penal, se dicte con posterioridad sentencia firme por el tribunal no penal competente para la resolución de la cuestión que resulte contradictoria con la sentencia penal.

2. Será motivo de revisión de la sentencia firme de decomiso autónomo la contradicción entre los hechos declarados probados en la

---

[1479] Renumerado por disposición final 2 de Ley Orgánica 5/1995 de 22 de mayo de 1995 como título III, con vigencia desde 23/11/1995

[1480] Dada nueva redacción por art. único apartado 15 de Ley 41/2015 de 5 de octubre de 2015, con vigencia desde 06/12/2015

[1481] Véase art. 121 CE y arts. 292 a 297 LOPJ. Conforme a la disp. trans. única Ley 41/2015, de 5 octubre, este precepto se aplicará a las sentencias que adquieran firmeza tras su entrada en vigor (6/12/2015). El supuesto previsto en su apartado 3 se aplicará a las sentencias del Tribunal Europeo de Derechos Humanos que adquieran firmeza tras su entrada en vigor misma y los declarados probados en la sentencia firme penal que, en su caso, se dicte.

3. Se podrá solicitar la revisión de una resolución judicial firme cuando el Tribunal Europeo de Derechos Humanos haya declarado que dicha resolución fue dictada en violación de alguno de los derechos reconocidos en el Convenio Europeo para la Protección de los Derechos Humanos y libertades Fundamentales y sus Protocolos, siempre que la violación, por su naturaleza y gravedad, entrañe efectos que persistan y no puedan cesar de ningún otro modo que no sea mediante esta revisión.

En este supuesto, la revisión solo podrá ser solicitada por quien, estando legitimado para interponer este recurso, hubiera sido demandante ante el Tribunal Europeo de Derechos Humanos. La solicitud deberá formularse en el plazo de un año desde que adquiera firmeza la sentencia del referido Tribunal.

En estos supuestos, salvo en aquellos procedimientos en que alguna de las partes esté representada y defendida por el abogado o abogada del Estado, el letrado o letrada de la Administración de Justicia dará traslado a la Abogacía General del Estado de la presentación de la demanda de revisión, así como de la decisión sobre su admisión. La Abogacía del Estado podrá intervenir, sin tener la condición de parte, por propia iniciativa o a instancia del órgano judicial, mediante la aportación de información o presentación de observaciones escritas sobre cuestiones relativas a la ejecución de la Sentencia del Tribunal Europeo de Derechos Humanos.

El letrado o letrada de la Administración de Justicia notificará igualmente la decisión de la revisión a la Abogacía General del Estado. Del mismo modo, en caso de estimarse la revisión, los letrados o letradas de la Administración de Justicia de los tribunales correspondientes informarán a la Abogacía General del Estado de las principales actuaciones que se lleven a cabo como consecuencia de la revisión. [1482]

[1482] Dada nueva redacción apartado 3 por art. 101 apartado 10 de Real Decreto-Ley 6/2023 de 19 de diciembre de 2023, con vigencia desde 20/03/2024

955. [1483] Están legitimados para promover e interponer, en su caso, el recurso de revisión, el penado y, cuando éste haya fallecido, su cónyuge, o quien haya mantenido convivencia como tal, ascendientes y descendientes, con objeto de rehabilitar la memoria del difunto y de que se castigue, en su caso, al verdadero culpable.

956. El Ministerio de Gracia y Justicia, previa formación de expediente, podrá ordenar al Fiscal del Tribunal Supremo que interponga el recurso, cuando a su juicio hubiese fundamento bastante para ello.

957. [1484] La Sala, previa audiencia del Ministerio Fiscal, autorizará o denegará la interposición del recurso. Antes de dictar la resolución, la Sala podrá ordenar, si lo entiende oportuno y dadas las dudas razonables que suscite el caso, la práctica de las diligencias que estime pertinentes, a cuyo efecto podrá solicitar la cooperación judicial necesaria. Los autos en los que se acuerde la autorización o denegación a efectos de la interposición, no son susceptibles de recurso alguno. Autorizado el recurso, el promovente dispondrá de quince días para su interposición [1485].

958. En el caso del número 1º del artículo 954, la Sala declarará la contradicción entre las sentencias, si en efecto existiere, anulando una y otra, y mandará instruir de nuevo la causa al Tribunal a quien corresponda el conocimiento del delito.

En el caso del número 2º del mismo artículo, la Sala, comprobada la identidad de la persona cuya muerte hubiese sido penada, anulará la sentencia firme.

En el caso del número 3º del referido artículo, dictará la Sala la misma resolución, con vista de la ejecutoria que declare la falsedad del documento, y mandará al Tribunal a quien corresponda el conocimiento del delito, instruir de nuevo la causa.

[1483] Dada nueva redacción por art. 6 de Ley 10/1992 de 30 de abril de 1992, con vigencia desde 06/05/1992

[1484] Dada nueva redacción por art. 6 de Ley 10/1992 de 30 de abril de 1992, con vigencia desde 06/05/1992

[1485] Véase art. 57.1.1 LOPJ

En el caso del número 4º del citado artículo, la Sala instruirá una información supletoria, de la que dará vista al Fiscal, y si en ella resultare evidenciada la inocencia del condenado, se anulará la sentencia y mandará, en su caso, a quien corresponda el conocimiento del delito instruir de nuevo la causa. [1486]

959. El recurso de revisión se sustanciará oyendo por escrito una sola vez al Fiscal y otra a los penados, que deberán ser citados, si antes no comparecieren. Cuando pidieren la unión de antecedentes a los autos, la Sala acordará sobre este particular lo que estime más oportuno. Después seguirá el recurso los trámites establecidos para el de casación por infracción de Ley, y la Sala, con informe oral o sin él, según acuerde en vista de las circunstancias del caso, dictará sentencia, que será irrevocable [1487].

960. Cuando por consecuencia de la sentencia firme anulada hubiese sufrido el condenado alguna pena corporal, si en la nueva sentencia se le impusiere alguna otra, se tendrá en cuenta para el cumplimiento de ésta todo el tiempo de la anteriormente sufrida y su importancia.

Cuando en virtud del recurso de revisión se dicte sentencia absolutoria, los interesados en ella o sus herederos tendrán derecho a las indemnizaciones civiles a que hubiere lugar según el derecho común, las cuales serán satisfechas por el Estado, sin perjuicio del derecho de éste de repetir contra el Juez o Tribunal sentenciador que hubieren incurrido en responsabilidad o contra la persona directamente declarada responsable o sus herederos [1488]. [1489]

[1486] Añadido párrafo 4 por art. 2 de Ley de 24 de junio de 1933, con vigencia desde 20/07/1933

[1487] Véanse arts. 880 y ss de la presente Ley

[1488] Véase art. 121 CE y arts. 292 a 297 LOPJ

[1489] Añadido párrafo 2 por art. 3 de Ley de 24 de junio de 1933, con vigencia desde 20/07/1933

961. [1490] El Fiscal General del Estado podrá también interponer el recurso siempre que tenga conocimiento de algún caso en el que proceda y que, a su juicio, haya fundamento bastante para ello, de acuerdo con la información que haya practicado.

LIBRO VI
DEL PROCEDIMIENTO PARA EL JUICIO SOBRE DELITOS LEVES [1491] [1492]

962. [1493] 1. Cuando la Policía Judicial tenga noticia de un hecho que presente los caracteres de delito leve de lesiones o maltrato de obra, de hurto flagrante, de amenazas, de coacciones o de injurias, cuyo enjuiciamiento corresponda al Juzgado de Instrucción al que se debe entregar el atestado o a otro del mismo partido judicial, procederá de forma inmediata a citar ante el Juzgado de Guardia a los ofendidos y perjudicados, al denunciante, al denunciado y a los testigos que puedan dar razón de los hechos. Al hacer dicha citación se apercibirá a las personas citadas de las respectivas consecuencias de no comparecer ante el Juzgado de guardia. Asimismo, se les apercibirá de que podrá celebrarse el juicio de forma inmediata en el Juzgado de guardia, incluso aunque no comparezcan, y de que han de comparecer con los medios de prueba de que intenten valerse. Al denunciante y al ofendido o perjudicado se les informará de sus derechos en los términos previstos en los artículos 109, 110 y 967 [**1494**] .

En el momento de la citación se les solicitará que designen, si disponen de ellos, una dirección de correo electrónico y un número de teléfono a los que serán remitidas las comunicaciones y notificaciones

---

[1490] Dada nueva redacción por art. 6 apartado 17 de Ley 10/1992 de 30 de abril de 1992, con vigencia desde 06/05/1992

[1491] Véase Ley 38/1988, de 28 de diciembre, de Demarcación y de Planta Judicial; arts. 88.1.b y 100.2 LOPJ; y art. 14.1 de la presente Ley

[1492] Dada nueva redacción por disposición final 2 apartado 8 de Ley Orgánica 1/2015 de 30 de marzo de 2015, con vigencia desde 01/07/2015

[1493] Dada nueva redacción por art. 3 de Ley 38/2002 de 24 de octubre de 2002, con vigencia desde 28/04/2003

[1494] Véanse arts. 426 y 486 a 488 de la presente Ley

que deban realizarse. Si no los pudieran facilitar o lo solicitaren expresamente, las notificaciones les serán remitidas por correo ordinario al domicilio que designen. [1495]

2. A la persona denunciada se le informará sucintamente de los hechos en que consista la denuncia y del derecho que le asiste de comparecer asistido de abogado. Dicha información se practicará en todo caso por escrito [1496] . [1497]

3. En estos casos, la Policía Judicial hará entrega del atestado al Juzgado de guardia, en el que consten las diligencias y citaciones practicadas y, en su caso, la denuncia del ofendido [1498] .

4. Para la realización de las citaciones a que se refiere este artículo, la Policía Judicial fijará la hora de la comparecencia coordinadamente con el Juzgado de guardia. A estos efectos, el Consejo General del Poder Judicial, de acuerdo con lo establecido en el artículo 110 de la Ley Orgánica del Poder Judicial, dictará los Reglamentos oportunos para la ordenación de los servicios de guardia de los Juzgados de Instrucción en relación con la práctica de estas citaciones, coordinadamente con la Policía Judicial.

5. En el supuesto de que la competencia para conocer corresponda al Juzgado de Violencia sobre la Mujer, la Policía Judicial habrá de realizar las citaciones a que se refiere este artículo ante dicho Juzgado en el día hábil más próximo. Para la realización de las citaciones antes referidas, la Policía Judicial fijará el día y la hora de la comparecencia coordinadamente con el Juzgado de Violencia sobre la Mujer.

A estos efectos el Consejo General del Poder Judicial, de acuerdo con lo establecido en el artículo 110 de la Ley Orgánica del Poder Judicial, dictará los Reglamentos oportunos para asegurar esta coordinación. [1499]

[1495] Dada nueva redacción apartado 1 por disposición final 2 apartado 9 de Ley Orgánica 1/2015 de 30 de marzo de 2015, con vigencia desde 01/07/2015

[1496] Véase art. 42 RD 658/2001, de 22 de junio, Estatuto General de la Abogacía Española; y art. 118 de la presente Ley

[1497] Dada nueva redacción apartado 2 por disposición adicional única de Ley Orgánica 5/2003 de 27 de mayo de 2003, con vigencia desde 29/05/2003

[1498] Véase art. 297 de la presente Ley

[1499] Añadido apartado 5 por art. 56 de Ley Orgánica 1/2004 de 28 de diciembre de 2004, con vigencia desde 29/06/2005

963. [1500] 1. Recibido el atestado conforme a lo previsto en el artículo anterior, si el Juez estima procedente la incoación del juicio, adoptará alguna de las siguientes resoluciones:

1ª Acordará el sobreseimiento del procedimiento y el archivo de las diligencias cuando lo solicite el Ministerio Fiscal a la vista de las siguientes circunstancias:

a) El delito leve denunciado resulte de muy escasa gravedad a la vista de la naturaleza del hecho, sus circunstancias, y las personales del autor, y

b) no exista un interés público relevante en la persecución del hecho. En los delitos leves patrimoniales, se entenderá que no existe interés público relevante en su persecución cuando se hubiere procedido a la reparación del daño y no exista denuncia del perjudicado.

En este caso comunicará inmediatamente la suspensión del juicio a todos aquellos que hubieran sido citados conforme al apartado 1 del artículo anterior.

El sobreseimiento del procedimiento será notificado a los ofendidos por el delito.

2ª Acordará la inmediata celebración del juicio en el caso de que hayan comparecido las personas citadas o de que, aun no habiendo comparecido alguna de ellas, el Juzgado reputare innecesaria su presencia. Asimismo, para acordar la inmediata celebración del juicio, el Juzgado de guardia tendrá en cuenta si ha de resultar imposible la práctica de algún medio de prueba que se considere imprescindible.

2. Para acordar la celebración inmediata del juicio, será necesario que el asunto le corresponda al Juzgado de guardia en virtud de las normas de competencia y de reparto.

964. [1501] 1. En los supuestos no contemplados por el artículo 962, cuando la Policía Judicial tenga noticia de un hecho que presente los caracteres de algún delito leve, formará de manera inmediata el correspondiente atestado que remitirá sin dilación al Juzgado de guardia salvo para aquellos supuestos exceptuados en el artículo 284 de esta

---

[1500] Dada nueva redacción por disposición final 2 apartado 10 de Ley Orgánica 1/2015 de 30 de marzo de 2015, con vigencia desde 01/07/2015

[1501] Dada nueva redacción por disposición final 2 apartado 11 de Ley Orgánica 1/2015 de 30 de marzo de 2015, con vigencia desde 01/07/2015

ley. Dicho atestado recogerá las diligencias practicadas, así como el ofrecimiento de acciones al ofendido o perjudicado, practicado conforme a los artículos 109, 110 y 967 [1502], y la designación, si disponen de ellos, de una dirección de correo electrónico y un número de teléfono a los que serán remitidas las comunicaciones y notificaciones que deban realizarse. Si no los pudieran facilitar o lo solicitaren expresamente, las notificaciones les serán remitidas por correo ordinario al domicilio que designen. [1503]

2. Recibido el atestado conforme a lo previsto en el párrafo anterior, y en todos aquellos casos en que el procedimiento se hubiere iniciado en virtud de denuncia presentada directamente por el ofendido ante el órgano judicial, el Juez podrá adoptar alguna de las siguientes resoluciones:

a) Acordará el sobreseimiento del procedimiento y el archivo de las diligencias cuando resulte procedente conforme a lo dispuesto en el numeral 1ª del apartado 1 del artículo anterior.

La resolución de sobreseimiento será notificada a los ofendidos por el delito.

b) Acordará celebrar de forma inmediata el juicio si, estando identificado el denunciado, fuere posible citar a todas las personas que deban ser convocadas para que comparezcan mientras dure el servicio de guardia y concurran el resto de requisitos exigidos por el artículo 963 [1504].

3. Las citaciones se harán al Ministerio Fiscal, salvo que el delito leve fuere perseguible sólo a instancia de parte, al querellante o denunciante, si lo hubiere, al denunciado y a los testigos y peritos que puedan dar razón de los hechos. Al practicar las citaciones, se apercibirá a las personas citadas de las respectivas consecuencias de no comparecer ante el Juzgado de guardia, se les informará que podrá celebrarse el juicio aunque no asistan, y se les indicará que han de comparecer con los medios de prueba de que intenten valerse. Asimismo, se practica-

---

[1502] Véanse arts. 292 y ss de la presente Ley

[1503] Dada nueva redacción apartado 1 por art. único apartado 16 de Ley 41/2015 de 5 de octubre de 2015, con vigencia desde 06/12/2015

[1504] Véanse arts. 259 y ss y 486 a 488 de la presente Ley

rán con el denunciado las actuaciones señaladas en el apartado 2 del artículo 962 [1505] .

965. [1506] 1. Si no fuere posible la celebración del juicio durante el servicio de guardia, se seguirán las reglas siguientes:

1ª Si el Juez estimare que la competencia para el enjuiciamiento corresponde al propio Juzgado de instrucción y que no procede el sobreseimiento conforme a lo dispuesto en el numeral 1ª del apartado 1 del artículo 963, el secretario judicial procederá en todo caso al señalamiento para la celebración del juicio y a las citaciones procedentes para el día hábil más próximo posible dentro de los predeterminados a tal fin, y en cualquier caso en un plazo no superior a siete días [1507] .

2ª Si el Juez estimare que la competencia para el enjuiciamiento corresponde a otro Juzgado, el secretario judicial le remitirá lo actuado para que se proceda a realizar el señalamiento del juicio y las citaciones con arreglo a lo dispuesto en la regla anterior. [1508]

2. El Consejo General del Poder Judicial, de acuerdo con lo establecido en el artículo 110 de la Ley Orgánica del Poder Judicial, dictará los reglamentos oportunos para la ordenación, coordinadamente con el Ministerio Fiscal, de los señalamientos de juicios de faltas.

966. [1509] Las citaciones para la celebración del juicio previsto en el artículo anterior se harán al Ministerio Fiscal, al querellante o denunciante, si lo hubiere, al denunciado y a los testigos y peritos que puedan dar razón de los hechos [1510] .

A tal fin, se solicitará a cada uno de ellos en su primera comparecencia ante la Policía Judicial o el Juez de Instrucción que designen, si disponen de ellos, una dirección de correo electrónico y un número de

---

[1505] Véanse arts. 259 y ss, 270 y ss, 410 y ss y 456 y ss de la presente Ley

[1506] Dada nueva redacción por disposición final 1 de Ley Orgánica 15/2003 de 25 de noviembre de 2003, con vigencia desde 27/11/2003

[1507] Véase art. 88.1.c LOPJ y art. 14.1 de la presente Ley

[1508] Dada nueva redacción apartado 1 por disposición final 2 apartado 12 de Ley Orgánica 1/2015 de 30 de marzo de 2015, con vigencia desde 01/07/2015

[1509] Dada nueva redacción por disposición final 2 apartado 13 de Ley Orgánica 1/2015 de 30 de marzo de 2015, con vigencia desde 01/07/2015

[1510] Véase art. 964.3 de la presente Ley

teléfono a los que serán remitidas las comunicaciones y notificaciones que deban realizarse. Si no los pudieran facilitar o lo solicitaren expresamente, las notificaciones les serán remitidas por correo ordinario al domicilio que designen.

967. [1511] 1. En las citaciones que se efectúen al denunciante, al ofendido o perjudicado y al investigado para la celebración del juicio, se les informará de que pueden ser asistidos por abogado si lo desean y de que deberán acudir al juicio con los medios de prueba de que intenten valerse. A la citación del investigado se acompañará copia de la querella o de la denuncia que se haya presentado.

Sin perjuicio de lo dispuesto en el párrafo anterior, para el enjuiciamiento de delitos leves que lleven aparejada pena de multa cuyo límite máximo sea de al menos seis meses, se aplicarán las reglas generales de defensa y representación [1512]. [1513]

2. Cuando los citados como partes, los testigos y los peritos no comparezcan ni aleguen justa causa para dejar de hacerlo, podrán ser sancionados con una multa de 200 a 2.000 euros [1514].

968. [1515] En el caso de que por motivo justo no pueda celebrarse el juicio oral en el día señalado o de que no pueda concluirse en un solo acto, el Secretario Judicial señalará para su celebración o continuación el día más inmediato posible y, en todo caso, dentro de los siete siguientes, haciéndolo saber a los interesados [1516].

[1511] Dada nueva redacción por art. 3 de Ley 38/2002 de 24 de octubre de 2002, con vigencia desde 28/04/2003

[1512] Véase art. 15 RD 658/2001, de 22 de junio, Estatuto General de la Abogacía Española; y art. 118 de la presente Ley

[1513] Dada nueva redacción apartado 1 por art. único apartado 20 de Ley Orgánica 13/2015 de 5 de octubre de 2015, con vigencia desde 06/12/2015

[1514] Véanse arts. 175.5 y 661 de la presente Ley

[1515] Dada nueva redacción por art. 2 apartado 146 de Ley 13/2009 de 3 de noviembre de 2009, con vigencia desde 04/05/2010

[1516] Véase art. 802.2 de la presente Ley

969. [1517] 1. El juicio será público, dando principio por la lectura de la querella o de la denuncia, si las hubiere, siguiendo a esto el examen de los testigos convocados, y practicándose las demás pruebas que propongan el querellante, el denunciante y el Fiscal, si asistiere, siempre que el Juez las considere admisibles. La querella habrá de reunir los requisitos del artículo 277, salvo que no necesite firma de abogado ni de procurador. Seguidamente, se oirá al acusado, se examinarán los testigos que presente en su descargo y se practicarán las demás pruebas que ofrezca y fueren pertinentes, observándose las prescripciones de esta Ley en cuanto sean aplicables. Acto continuo expondrán de palabra las partes lo que crean conveniente en apoyo de sus respectivas pretensiones, hablando primero el Fiscal, si asistiere, después el querellante particular o el denunciante y, por último, el acusado [1518].

2. El fiscal asistirá a los juicios por delito leve siempre que a ellos sea citado. Sin embargo, el Fiscal General del Estado impartirá instrucciones sobre los supuestos en los que, en atención al interés público, los fiscales podrían dejar de asistir al juicio y de emitir los informes a que se refieren los artículos 963.1 y 964.2, cuando la persecución del delito leve exija la denuncia del ofendido o perjudicado. En estos casos, la declaración del denunciante en el juicio afirmando los hechos denunciados tendrá valor de acusación, aunque no los califique ni señale pena [1519]. [1520]

970. [1521] Si el denunciado reside fuera de la demarcación del Juzgado, no tendrá obligación de concurrir al acto del juicio, y podrá dirigir al Juez escrito alegando lo que estime conveniente en su defen-

---

[1517] Dada nueva redacción por art. 3 de Ley 38/2002 de 24 de octubre de 2002, con vigencia desde 28/04/2003

[1518] Véase art. 120.1 CE; art. 232 LOPJ y arts. 680 y ss de la presente Ley

[1519] Véanse arts. 22.2 y 25 EOMF

[1520] Dada nueva redacción apartado 2 por disposición final 2 apartado 15 de Ley Orgánica 1/2015 de 30 de marzo de 2015, con vigencia desde 01/07/2015

[1521] Dada nueva redacción por art. 3 de Ley 38/2002 de 24 de octubre de 2002, con vigencia desde 28/04/2003

sa, así como apoderar a abogado o procurador que presente en aquel acto las alegaciones y las pruebas de descargo que tuviere [1522].

971. [1523] La ausencia injustificada del acusado no suspenderá la celebración ni la resolución del juicio, siempre que conste habérsele citado con las formalidades prescritas en esta Ley, a no ser que el Juez, de oficio o a instancia de parte, crea necesaria la declaración de aquél [1524].

972. [1525] En cuanto se refiere a la grabación de la vista y a su documentación, serán aplicables las disposiciones contenidas en el artículo 743 [1526].

973. [1527] 1. El Juez, en el acto de finalizar el juicio, y a no ser posible dentro de los tres días siguientes, dictará sentencia apreciando, según su conciencia, las pruebas practicadas, las razones expuestas por el Fiscal y por las demás partes o sus defensores y lo manifestado por los propios acusados, y siempre que haga uso del libre arbitrio que para la calificación de la falta o para la imposición de la pena le otorga el Código Penal, deberá expresar si ha tomado en consideración los elementos de juicio que el precepto aplicable de aquél obligue a tener en cuenta [1528].

2. La sentencia se notificará a los ofendidos y perjudicados por el delito leve, aunque no se hayan mostrado parte en el procedimiento. En la notificación se harán constar los recursos procedentes contra

---

[1522] Véanse arts. 268 y 269 LOPJ y arts. 322 y 323 de la presente Ley

[1523] Dada nueva redacción por art. 1 de Ley 38/2002 de 24 de octubre de 2002, con vigencia desde 28/04/2003

[1524] Véanse arts. 746 y 786.1 de la presente Ley

[1525] Dada nueva redacción por art. 2 apartado 147 de Ley 13/2009 de 3 de noviembre de 2009, con vigencia desde 04/05/2010

[1526] Véanse arts. 453 y ss LOPJ y arts. 743 y 788.6 de la presente Ley

[1527] Dada nueva redacción por art. 3 de Ley 38/2002 de 24 de octubre de 2002, con vigencia desde 28/04/2003

[1528] Véase art. 638 CP y arts. 203, 741, 789.1 y 802.3 de la presente Ley la resolución comunicada, así como el plazo para su presentación y órgano judicial ante quien deba interponerse [1529] . [1530]

974. [1531] 1. La sentencia se llevará a efecto inmediatamente transcurrido el término fijado en el párrafo tercero del artículo 212, si no hubiere apelado ninguna de las partes y hubiere transcurrido, también, el plazo de impugnación para los ofendidos y perjudicados no comparecidos en el juicio.

2. Si en la sentencia se hubiere condenado al pago de la responsabilidad civil, sin fijar su importe en cantidad líquida, se estará a lo que dispone el artículo 984.

975. [1532] Si las partes, conocido el fallo, expresan su decisión de no recurrir, el Juez, en el mismo acto, declarará la firmeza de la sentencia [1533] .

976. [1534] 1. La sentencia es apelable en el plazo de los cinco días siguientes al de su notificación. Durante este período se hallarán las actuaciones en secretaría a disposición de las partes [1535] .

2. El recurso se formalizará y tramitará conforme a lo dispuesto en los artículos 790 a 792.

[1529] Véanse arts. 248.4 y 270 LOPJ y art. 789.4 de la presente Ley

[1530] Dada nueva redacción apartado 2 por disposición final 2 apartado 16 de Ley Orgánica 1/2015 de 30 de marzo de 2015, con vigencia desde 01/07/2015

[1531] Dada nueva redacción por art. 3 de Ley 38/2002 de 24 de octubre de 2002, con vigencia desde 28/04/2003

[1532] Dada nueva redacción por art. 6 de Ley 10/1992 de 30 de abril de 1992, con vigencia desde 06/05/1992

[1533] Véase art. 789.2 de la presente Ley

[1534] Dada nueva redacción por art. 3 de Ley 38/2002 de 24 de octubre de 2002, con vigencia desde 28/04/2003

[1535] Véase art. 454.4 LOPJ

3. La sentencia de apelación se notificará a los ofendidos y perjudicados por el delito leve, aunque no se hayan mostrado parte en el procedimiento [1536] . [1537]

977. [1538] Contra la sentencia que se dicte en segunda instancia no habrá lugar a recurso alguno. El órgano que la hubiese dictado mandará devolver al Juez los autos originales, con certificación de la sentencia dictada, para que proceda a su ejecución [1539] .

978 a 982. [1540] (Derogados)

LIBRO VII
DE LA EJECUCIÓN DE LAS SENTENCIAS [1541]

983. Todo procesado absuelto por la sentencia será puesto en libertad inmediatamente, a menos que el ejercicio de un recurso que produzca efectos suspensivos o la existencia de otros motivos legales hagan necesario el aplazamiento de la excarcelación, lo cual se ordenará por auto motivado.

984. [1542] La ejecución de la sentencia en los juicios sobre faltas corresponde al órgano que haya conocido del juicio. Cuando no pudiera practicar por sí mismo todas las diligencias necesarias se dirigirá al

---

[1536] Véase art. 792.4 de la presente Ley

[1537] Dada nueva redacción apartado 3 por disposición final 2 apartado 17 de Ley Orgánica 1/2015 de 30 de marzo de 2015, con vigencia desde 01/07/2015

[1538] Dada nueva redacción por art. 6 de Ley 10/1992 de 30 de abril de 1992, con vigencia desde 06/05/1992

[1539] Véase art. 984 de la presente Ley

[1540] Dejado sin contenido por art. 6 apartado 32 de Ley 10/1992 de 30 de abril de 1992, con vigencia desde 06/05/1992

[1541] Véanse arts. 117.3 y 118 CE; art. 18.2 LOPJ; art. 3 CP y arts. 794 y 803.3 de la presente Ley

[1542] Dada nueva redacción por art. 2 apartado 148 de Ley 13/2009 de 3 de noviembre de 2009, con vigencia desde 04/05/2010

órgano judicial de la circunscripción en que deban tener efecto, para que las practique.

El Juez de Instrucción que haya conocido en apelación de un juicio de faltas mandará remitir los autos originales, acompañándolos con certificación de la sentencia firme, al Juez que haya conocido del juicio en primera instancia para los efectos del párrafo anterior.

Para la ejecución de la sentencia, en cuanto se refiere a la reparación del daño causado e indemnización de perjuicios, se aplicarán las disposiciones establecidas en la Ley de Enjuiciamiento Civil, si bien será en todo caso promovida de oficio por el Juez que la dictó [1543].

985. [1544] La ejecución de las sentencias en causas por delito corresponde al Tribunal que haya dictado la que sea firme.

La ejecución de las sentencias recaídas en el proceso por aceptación de decreto, cuando el delito sea leve, corresponde al juzgado que la hubiera dictado [1545].

986. Sin embargo de lo dispuesto en el artículo anterior, la sentencia dictada a continuación de la de casación por la Sala Segunda del Tribunal Supremo se ejecutará por el Tribunal que hubiese pronunciado la sentencia casada, en vista de la certificación que al efecto le remitirá la referida Sala [1546].

987. [1547] Cuando el Tribunal a quien corresponda la ejecución de la sentencia no pudiere practicar por sí mismo todas las diligencias necesarias, se dirigirá al órgano judicial competente del partido o demarcación en que deban tener efecto para que las practique.

[1543] Véase art. 974 de la presente Ley

[1544] Dada nueva redacción por art. único apartado 17 de Ley 41/2015 de 5 de octubre de 2015, con vigencia desde 06/12/2015

[1545] Véanse arts. 9, 794 y 803.3 de la presente Ley

[1546] Véase art. 902 de la presente Ley

[1547] Dada nueva redacción por art. 2 apartado 149 de Ley 13/2009 de 3 de noviembre de 2009, con vigencia desde 04/05/2010

988. [1548] Cuando una sentencia sea firme, con arreglo a lo dispuesto en el artículo 141 de esta Ley, lo declarará así el Juez o el Tribunal que la hubiera dictado.

Hecha esta declaración, se procederá a ejecutar la sentencia aunque el reo esté sometido a otra causa, en cuyo caso se le conducirá, cuando sea necesario, desde el establecimiento penal en que se halle cumpliendo la condena al lugar donde se esté instruyendo la causa pendiente.

Cuando el culpable de varias infracciones penales haya sido condenado en distintos procesos por hechos que pudieron ser objeto de uno solo, conforme a lo previsto en el artículo 17 de esta Ley, el Juez o Tribunal que hubiera dictado la última sentencia, de oficio, a instancia del Ministerio Fiscal o del condenado, procederá a fijar el límite del cumplimiento de las penas impuestas conforme a lo dispuesto en el artículo 76 del Código Penal. Para ello, el Secretario Judicial reclamará la hoja histórico-penal del Registro central de penados y rebeldes y testimonio de las sentencias condenatorias y previo dictamen del Ministerio Fiscal, cuando no sea el solicitante, el Juez o Tribunal dictará auto en el que se relacionarán todas las penas impuestas al reo, determinando el máximo de cumplimiento de las mismas. Contra tal auto podrán el Ministerio Fiscal y el condenado interponer recurso de casación por infracción de Ley. [1549]

988 bis. [1550] 1. El juez o tribunal dará traslado del auto de incoación de la ejecutoria a la representación de cada uno de los condenados para que, en el plazo de diez días, se pronuncien en un mismo escrito sobre las siguientes circunstancias:

a) Cuando hubieran sido impuestas penas privativas de libertad susceptibles de ser suspendidas conforme al Código Penal y la sentencia no se hubiera pronunciado acerca de su suspensión, sobre la modalidad o modalidades de suspensión de la ejecución de las penas privativas de libertad que solicite.

[1548] Dada nueva redacción por art. 2 de Ley 3/1967 de 8 de abril de 1967, con vigencia desde 01/05/1967

[1549] Dada nueva redacción párrafo 3 por art. 2 apartado 150 de Ley 13/2009 de 3 de noviembre de 2009, con vigencia desde 04/05/2010

[1550] Añadido por art. 20 apartado 17 de Ley Orgánica 1/2025 de 2 de enero de 2025, con vigencia desde 03/04/2025

b) Para el caso de haber sido impuestas responsabilidades pecuniarias, sobre la forma de cumplimiento y, en particular, si solicita su aplazamiento y en qué términos, así como el plazo máximo para su cumplimiento.

c) Cualquier otra solicitud relativa a la ejecución de los pronunciamientos de la sentencia, incluida la sustitución de la pena en los casos en que proceda.

2. Presentado el escrito, al que deberán acompañarse los informes o la documentación en que se funden las peticiones, el juez o tribunal realizará, en su caso, las comprobaciones necesarias sobre la concurrencia de los requisitos de la suspensión y del resto de peticiones realizadas, tras lo cual dará traslado de la solicitud y de lo practicado al Ministerio Fiscal, a las partes acusadoras personadas y víctimas, directamente afectadas por la decisión, para que, en el plazo de diez días, formulen alegaciones. Transcurrido el plazo, en el término de cinco días el juez, la jueza o el tribunal resolverán mediante auto sobre todas las peticiones.

3. La tramitación descrita en los apartados anteriores podrá ser sustituida, a criterio del juez, la jueza o el tribunal, por una vista que habrá de celebrarse en el plazo de diez días y a la que deberá citarse al acusado y su defensa, al Ministerio Fiscal, a las partes acusadoras y víctimas, directamente afectadas por la decisión.

Celebrada la vista, el juez, la jueza o el tribunal resolverá en el acto o, de no ser posible, en los tres días siguientes, sobre todas las cuestiones planteadas.

4. El letrado o la letrada de la Administración de Justicia citará al condenado a una comparecencia en la que le requerirá de cumplimiento de las penas, decomiso y responsabilidades civiles que le hubieran sido impuestas y le informará de las responsabilidades en que pueda incurrir en el supuesto de incumplimiento.

Asimismo, practicará las liquidaciones de condena, que comprenderán, en todo caso, los siguientes particulares:

a) la fecha de inicio del cumplimiento,

b) el tiempo abonable por haber estado privado de libertad provisionalmente en la causa o por la aplicación de cualquier otra medida cautelar,

c) el tiempo de duración de la condena, y

d) el tiempo de cumplimiento.

A tales efectos, el cómputo se hará por años, meses y días, de acuerdo con las siguientes reglas: los meses completos serán de treinta días y los años completos serán de trescientos sesenta y cinco días.

De dichas liquidaciones, que se notificarán personalmente al condenado, se dará traslado al Ministerio Fiscal y a las partes, que podrán impugnarlas en el plazo de dos días. Transcurrido el plazo sin impugnación, el letrado o la letrada de la Administración de Justicia la aprobará mediante decreto.

Si fueran impugnadas por alguna de las partes, se dará traslado al resto para alegaciones por de dos días. Transcurrido el mismo, hubieren o no presentado escrito las demás partes, el juez, la jueza o el tribunal resolverá mediante auto, que será dictado en el plazo de dos días. Una vez firme éste, si corrigiere la liquidación de condena será notificado personalmente al condenado.

989. [1551] 1. Los pronunciamientos sobre responsabilidad civil serán susceptibles de ejecución provisional con arreglo a lo dispuesto en la Ley 1/2000, de 7 de enero, de Enjuiciamiento Civil [1552].

2. En todo lo que no estuviera regulado en el Código Penal o en otra norma penal, sustantiva o procesal, para la ejecución de la responsabilidad civil derivada del delito se aplicarán las disposiciones sobre ejecución de la Ley 1/2000, de 7 de enero. El letrado de la Administración de Justicia podrá encomendar a la Agencia Estatal de Administración Tributaria o, en su caso, a los organismos tributarios de las Haciendas forales, las actuaciones de investigación patrimonial necesarias para poner de manifiesto las rentas y el patrimonio presente y los que vaya adquiriendo el condenado hasta tanto no se haya satisfecho la responsabilidad civil determinada en sentencia.

Cuando dichas entidades alegaren razones legales o de respeto a los derechos fundamentales para no realizar la entrega o atender a la colaboración que les hubiese sido requerida por el letrado de la Administración de Justicia, éste dará cuenta al juez o tribunal para resolver lo que proceda.

[1551] Dada nueva redacción por art. 20 apartado 18 de Ley Orgánica 1/2025 de 2 de enero de 2025, con vigencia desde 03/04/2025

[1552] Véanse arts. 524 y ss LEC

990. Las penas se ejecutarán en la forma y tiempo prescritos en el Código Penal y en los reglamentos [1553].

Corresponde al Juez o Tribunal a quien el presente Código impone el deber de hacer ejecutar la sentencia adoptar sin dilación las medidas necesarias para que el condenado ingrese en el establecimiento penal destinado al efecto, a cuyo fin requerirá el auxilio de las Autoridades administrativas, que deberán prestárselo sin excusa ni pretexto alguno.

La competencia del Juez o Tribunal para hacer cumplir la sentencia excluye la de cualquier Autoridad gubernativa hasta que el condenado tenga ingreso en el establecimiento penal o se traslade al lugar en donde deba cumplir la condena.

En los supuestos de delitos contra la Hacienda pública, contrabando y contra la Seguridad Social, los órganos de recaudación de la Administración Tributaria o, en su caso, de la Seguridad Social, tendrán competencia para investigar, bajo la supervisión de la autoridad judicial, el patrimonio que pueda llegar a resultar afecto al pago de las responsabilidades civiles derivadas del delito, ejercer las facultades previstas en la legislación tributaria o de Seguridad Social, remitir informes sobre la situación patrimonial, y poner en conocimiento del Juez o Tribunal las posibles modificaciones de las circunstancias de que puedan llegar a tener conocimiento y que sean relevantes para que el Juez o Tribunal resuelvan sobre la ejecución de la pena, su suspensión o la revocación de la misma. [1554]

Los Tribunales ejercerán además las facultades de inspección que las leyes y reglamentos les atribuyan sobre la manera de cumplirse las penas.

Corresponde al Secretario Judicial impulsar el proceso de ejecución de la sentencia dictando al efecto las diligencias necesarias, sin perjuicio de la competencia del Juez o Tribunal para hacer cumplir la pena. [1555]

El Secretario Judicial pondrá en conocimiento de los directamente ofendidos y perjudicados por el delito y, en su caso a los testigos,

---

[1553] Véase art. 3.2 CP

[1554] Añadido párrafo 4 por disposición final 2 apartado 18 de Ley Orgánica 1/2015 de 30 de marzo de 2015 con la consiguiente renumeración de párrafos, con vigencia desde 01/07/2015

[1555] Añadido párrafo 5 por art. 2 apartado 152 de Ley 13/2009 de 3 de noviembre de 2009, con vigencia desde 04/05/2010 todas aquellas resoluciones relativas al penado que puedan afectar a su seguridad [1556]. [1557]

991. Los confinados que se supongan en estado de demencia serán constituidos en observación, instruyéndose al efecto por la Comandancia del presidio en que aquéllos se encuentren un expediente informativo de los hechos y motivos que hayan dado lugar a la sospecha de la demencia, en el que se consigne el primer juicio, o por lo menos la certificación de los facultativos que los hayan examinado y observado [1558].

992. Consignada la gravedad de la sospecha, el Comandante del presidio dará cuenta inmediatamente, con copia literal del expediente instruido, al Presidente del Tribunal sentenciador de que procedan los confinados, sin perjuicio de ponerlo en conocimiento de la Dirección General de Establecimientos Penales.

993. El Presidente pasará el expediente a que se refiere el artículo anterior al Tribunal sentenciador, el cual, con preferencia, oirá al Fiscal y al acusador particular de la causa, si lo hubiere, y dándose intervención y audiencia al defensor del penado, o nombrándosele de oficio para este caso si no lo tuviese, acordará la instrucción más amplia y formal sobre los hechos y el estado físico y moral de los pacientes, por los mismos medios legales de prueba que se hubieran empleado si el incidente hubiese ocurrido durante el seguimiento de la causa, comisionando al efecto al Juez de Instrucción del partido en que se hallen los confinados.

994. Sustanciado el incidente a que se refieren los artículos anteriores en juicio contradictorio si hubiese oposición y en forma ordinaria si no la hubiese, y después de oír las declaraciones juradas de los peritos en el arte de curar, y en su caso de la Academia de Medicina

---

[1556] Véase art. 76.2.a LOGP

[1557] Añadido párrafo 6 por art. 2 apartado 152 de Ley 13/2009 de 3 de noviembre de 2009, con vigencia desde 04/05/2010

[1558] Véanse arts. 20.1 y 60 CP; art. 39 LOGP y arts. 183 a 187 RP y Cirugía, se dictará el fallo que proceda. El fallo se comunicará al Comandante del presidio quien, si se hubiese declarado la demencia, trasladará al penado demente al establecimiento que corresponda, todo sin perjuicio de cumplir con lo que el Código Penal previene si en cualquier tiempo el demente recobrase su juicio [1559].

995. [1560] (Derogado)

996. Las tercerías de dominio o de mejor derecho que puedan deducirse se sustanciarán y decidirán con sujeción a las disposiciones establecidas en la Ley de Enjuiciamiento Civil [1561].

997. El Juez de Instrucción a quien se hubiere cometido la práctica de algunas diligencias para la ejecución de la sentencia dará inmediatamente cuenta del cumplimiento de las mismas al Tribunal sentenciador, con testimonio en relación de las practicadas al intento, el cual se unirá a la causa.

998. [1562] Las referidas diligencias se archivarán por el Secretario Judicial que en ellas haya intervenido [1563].

999. [1564] 1. En la ejecución de sentencias por delitos contra la Hacienda Pública, la disconformidad del obligado al pago con las modificaciones que con arreglo a lo previsto en la Ley General Tributaria lleve a cabo la Administración Pública se pondrá de manifiesto al Tribunal competente para la ejecución, en el plazo de 30 días desde su notificación, que, previa audiencia de la Administración ejecutante y

---

[1559] Véanse arts. 20.1 y 60 CP; art. 39 LOGP y arts. 183 a 187 RP

[1560] Suprimido por art. 3 de Ley 6/1984 de 31 de marzo de 1984, con vigencia desde 03/04/1984

[1561] Véanse arts. 595 y ss y 614 y ss LEC

[1562] Dada nueva redacción por art. 2 apartado 153 de Ley 13/2009 de 3 de noviembre de 2009, con vigencia desde 04/05/2010

[1563] Véase art. 458 LOPJ

[1564] Añadido por disposición final 1 apartado 3 de Ley 34/2015 de 21 de septiembre de 2015, con vigencia desde 12/10/2015

del Ministerio Fiscal por idéntico plazo, resolverá mediante auto si la modificación practicada es conforme a lo declarado en sentencia o si se ha apartado de la misma, en cuyo caso, indicará con claridad los términos en que haya de modificarse la liquidación.

2. Contra el auto que resuelva este incidente cabrá recurso de apelación en un solo efecto o, en su caso, el correspondiente de súplica.

DISPOSICIONES ADICIONALES

Disposición Adicional Primera. [1565] En los supuestos de amenazas o coacciones previstos en el artículo 572.1.3º del Código Penal, el Juez o Tribunal adoptará, al iniciar las primeras diligencias, las medidas necesarias para garantizar la confidencialidad de los datos que figuren en los distintos registros públicos que afecten a la víctima de las amenazas o coacciones, de tal forma que dichos datos no puedan servir como información para la comisión de delitos de terrorismo contra dichas personas [1566].

Disposición Adicional Segunda. [1567] Las medidas cautelares de prisión provisional, su duración máxima y su cesación, así como las demás medidas cautelares adoptadas en el curso de los procedimientos penales, se anotarán en un registro central, de ámbito nacional, que existirá en el Ministerio de Justicia.

El Gobierno, a propuesta del Ministerio de Justicia, oídos el Consejo General del Poder Judicial y la Agencia de Protección de Datos, dictará las disposiciones reglamentarias oportunas relativas a la organización y competencias de dicho registro central, determinando el momento de su entrada en funcionamiento, así como el régimen de inscripción y cancelación de sus asientos y el acceso a la información contenida en el mismo, asegurando en todo caso su confidencialidad.

[1565] Renumerada por disposición final 1 de Ley Orgánica 15/2003 de 25 de noviembre de 2003 como disp. adic. 1ª, con el contenido de la anterior disp. adic. única, con vigencia desde 27/11/2003

[1566] Véanse arts. 571 y ss CP

[1567] Añadida por disposición final 1 de Ley Orgánica 15/2003 de 25 de noviembre de 2003, con vigencia desde 27/11/2003

Disposición Adicional Tercera. [1568] El Gobierno, a propuesta conjunta de los Ministerios de Justicia y de Interior, y previos los informes legalmente procedentes, regulará mediante real decreto la estructura, composición, organización y funcionamiento de la Comisión nacional sobre el uso forense del ADN, a la que corresponderá la acreditación de los laboratorios facultados para contrastar perfiles genéticos en la investigación y persecución de delitos y la identificación de cadáveres, el establecimiento de criterios de coordinación entre ellos, la elaboración de los protocolos técnicos oficiales sobre la obtención, conservación y análisis de las muestras, la determinación de las condiciones de seguridad en su custodia y la fijación de todas aquellas medidas que garanticen la estricta confidencialidad y reserva de las muestras, los análisis y los datos que se obtengan de los mismos, de conformidad con lo establecido en las leyes.

Disposición Adicional Cuarta. [1569] 1. Las referencias que se hacen al Juez de Instrucción y al Juez de Primera Instancia en los apartados 1 y 7 del artículo 544 ter de esta Ley, en la redacción dada por la Ley 27/2003, de 31 de julio, reguladora de la Orden de Protección de las Víctimas de la Violencia Doméstica se entenderán hechas, en su caso, al Juez de Violencia sobre la Mujer.

2. Las referencias que se hacen al Juez de Guardia en el Título III del Libro IV [1570], y en los artículos 962 a 971 de esta Ley, se entenderán hechas, en su caso, al Juez de Violencia sobre la Mujer.

Disposición Adicional Quinta. *Comunicación de actuaciones al Instituto Nacional de la Seguridad Social y al Instituto Social de la Marina.* [1571] Los Letrados de la Administración de Justicia de los juzgados y tribunales comunicarán al Instituto Nacional de la Seguridad Social y al Instituto Social de la Marina cualquier resolución judicial de la que se deriven indicios racionales de criminalidad por

---

[1568] Añadida por disposición final 1 apartado 4 de Ley Orgánica 15/2003 de 25 de noviembre de 2003, con vigencia desde 27/11/2003

[1569] Añadida por disposición adicional 12 de Ley Orgánica 1/2004 de 28 de diciembre de 2004, con vigencia desde 29/01/2005

[1570] Véanse arts. 795 a 803 de la presente Ley

[1571] Dada nueva redacción por disposición final 1 de Real Decreto-Ley 30/2020 de 29 de septiembre de 2020, con vigencia desde 30/09/2020 la comisión de un delito doloso de homicidio en cualquiera de sus formas, en que la víctima fuera ascendiente, descendiente, hermano, cónyuge o excónyuge del investigado, o estuviera o hubiese estado ligada a él por una relación de afectividad análoga a la conyugal. Asimismo, comunicarán a dichos organismos oficiales las resoluciones judiciales firmes que pongan fin a los procedimientos penales. Dichas comunicaciones se realizarán, a los efectos previstos en los artículos 231, 232, 233 y 234 del texto refundido de la Ley General de la Seguridad Social, aprobado por el Real Decreto Legislativo 8/2015, de 30 de octubre, en los artículos 37 bis y 37 ter del texto refundido de la Ley de Clases Pasivas del Estado, aprobado por el Real Decreto Legislativo 670/1987, de 30 de abril, y en los artículos 4, 5, 6, 7 y 10 del Real Decreto-ley 20/2020, de 29 de mayo, por el que se establece el ingreso mínimo vital.

Disposición Adicional Sexta. *Oficina de Recuperación y Gestión de Activos.* [1572] 1. La Oficina de Recuperación y Gestión de Activos es el órgano administrativo al que corresponden las funciones de localización, recuperación, conservación, administración y realización de efectos procedentes de actividades delictivas en los términos previstos en la legislación penal y procesal.

Cuando sea necesario para el desempeño de sus funciones y realización de sus fines, la Oficina de Recuperación y Gestión de Activos podrá recabar la colaboración de cualesquiera entidades públicas y privadas, que estarán obligadas a prestarla de conformidad con su normativa específica.

2. Los recursos que se encomienden a la Oficina de Recuperación y Gestión de Activos con anterioridad a que se dicte resolución judicial firme de decomiso se podrán gestionar a través de la cuenta de depósitos y consignaciones judiciales cuando se trate del dinero resultante del embargo o la realización anticipada de los efectos. Para los restantes bienes, en atención a las circunstancias, la Oficina podrá gestionarlos de cualquiera de las formas previstas en la legislación aplicable a las Administraciones Públicas. Los intereses del dinero y los rendimientos y frutos de los bienes se destinarán a satisfacer los costes de gestión, incluyendo los que correspondan a la Oficina; la cantidad restante

---

[1572] Añadida por art. único apartado 18 de Ley 41/2015 de 5 de octubre de 2015, con vigencia desde 06/12/2015 se conservará a resultas de lo que se disponga mediante resolución judicial firme de decomiso.

Cuando recaiga resolución judicial firme de decomiso, los recursos obtenidos serán objeto de realización y la cantidad obtenida se aplicará en la forma prevista en el artículo 367 quinquies de la Ley de Enjuiciamiento Criminal. La cantidad restante, así como el producto obtenido por la gestión de los bienes durante el proceso, se transferirá al Tesoro como ingreso de derecho público, del que una vez deducidos los gastos de funcionamiento y gestión de la Oficina de Recuperación y Gestión de Activos, dotados en el Presupuesto del Ministerio de Justicia, se afecta hasta un 50 por ciento a la satisfacción de los fines señalados en el apartado siguiente. Estos ingresos generarán crédito en el presupuesto del Ministerio de Justicia, de acuerdo con lo establecido en la Ley General Presupuestaria.

Los costes de gestión y los gastos previstos en los párrafos anteriores podrán estimarse de la forma en que se determine reglamentariamente.

3. Son fines propios de los recursos obtenidos por la Oficina de Recuperación y Gestión de Activos como consecuencia de las resoluciones judiciales de decomiso los siguientes:

a) el apoyo a programas de atención a víctimas del delito, incluido el impulso y dotación de las Oficinas de Asistencia a las Víctimas,

b) el apoyo a los programas sociales orientados a la prevención del delito y el tratamiento del delincuente,

c) la intensificación y mejora de las actuaciones de prevención, investigación, persecución y represión de delitos,

d) la cooperación internacional en la lucha contra las formas graves de criminalidad,

e) y los que puedan determinarse reglamentariamente.

4. En la Ley de Presupuestos Generales del Estado de cada año se determinará el porcentaje objeto de afectación a los fines señalados en esta disposición. Los criterios para la distribución de los recursos afectados serán fijados anualmente mediante acuerdo del Consejo de Ministros.

Disposición Adicional Séptima. *Procedimiento.* [1573] Sin perjuicio de lo establecido para los procesos especiales, los delitos que alternativa o conjuntamente estén castigados con una pena leve y otra menos grave se sustanciarán por el procedimiento abreviado o, en su caso, por el procedimiento para el enjuiciamiento rápido de determinados delitos o por el proceso por aceptación de decreto.

Disposición Adicional Octava. *Procesos con víctimas menores de edad.* [1574] Los procesos penales en los que esté involucrado como víctima una persona menor de edad, serán de tramitación preferente.

Disposición Adicional Novena. *Justicia restaurativa.* [1575] 1. La justicia restaurativa se sujetará a los principios de voluntariedad, gratuidad, oficialidad y confidencialidad.

2. Las partes que se sometan a un procedimiento de justicia restaurativa, antes de prestar su consentimiento, serán informadas de sus derechos, de la naturaleza de este y de las consecuencias posibles de la decisión de someterse al mismo.

3. La justicia restaurativa es voluntaria. Ninguna parte podrá ser obligada a someterse a un procedimiento de justicia restaurativa, pudiendo, en cualquier momento, revocar el consentimiento y apartarse del mismo. La negativa de las partes a someterse a un procedimiento de justicia restaurativa, o el abandono del ya iniciado, no implicará consecuencia alguna en el proceso penal.

4. Se garantizará la confidencialidad de la información que se obtenga del procedimiento de justicia restaurativa. Las informaciones vertidas en el marco del procedimiento restaurativo no podrán utilizarse posteriormente, salvo que expresamente lo acuerden las partes afectadas. El juez o el Tribunal no tendrán conocimiento del desarrollo del procedimiento de justicia restaurativa hasta que este haya finalizado, en su caso, mediante la remisión del acta de reparación.

[1573] Añadida por art. único apartado 19 de Ley 41/2015 de 5 de octubre de 2015, con vigencia desde 06/12/2015

[1574] Añadida por art. 20 apartado 19 de Ley Orgánica 1/2025 de 2 de enero de 2025, con vigencia desde 03/04/2025

[1575] Añadida por art. 20 apartado 20 de Ley Orgánica 1/2025 de 2 de enero de 2025, con vigencia desde 03/04/2025

5. El juez o el Tribunal, valorando las circunstancias del hecho, de la persona investigada, acusada o condenada y de la víctima, podrá, de oficio o a instancia de parte, remitir a las partes a un procedimiento restaurativo, salvo en los casos excluidos por ley. El inicio del procedimiento restaurativo en fase de instrucción no eximirá de la práctica de las diligencias indispensables para la comprobación de delito. El sometimiento a justicia restaurativa en el proceso por delitos leves interrumpirá el plazo de prescripción de la correspondiente infracción penal.

6. La resolución que acuerde la remisión a los servicios de justicia restaurativa fijará un plazo máximo para su desarrollo, que no podrá exceder de tres meses prorrogables por un plazo igual. Acordada la remisión, el órgano judicial facilitará el acceso al contenido del procedimiento por parte del equipo de justicia restaurativa.

7. De no consentir las partes en someterse a un procedimiento restaurativo, los servicios restaurativos pondrán inmediatamente esta circunstancia en conocimiento del órgano judicial, que continuará la tramitación del procedimiento penal.

8. Concluido el procedimiento restaurativo, los servicios emitirán un informe sobre el resultado positivo o negativo de la actividad realizada, acompañando, en caso positivo, el acta de reparación con los acuerdos a los que las partes hayan llegado, que estará firmado por las partes personalmente y por sus letrados, si los hubiera. El informe, del que se entregará copia a las partes del procedimiento restaurativo, no debe revelar el contenido de las comunicaciones mantenidas entre las partes ni expresar opinión, valoración o juicio sobre el comportamiento de las mismas durante el desarrollo del procedimiento de justicia restaurativa.

9. En caso de existir acuerdo, el órgano judicial, previa audiencia del Ministerio Fiscal, de las partes personadas y de la víctima del delito, por término de tres días, valorando los acuerdos a los que las partes hayan llegado, las circunstancias concurrentes y el estado del procedimiento, podrá:

a) Si se tratase de un delito leve, decretar el archivo, a la vista del cumplimiento de los acuerdos alcanzados, de conformidad con lo establecido en el artículo 963 de la Ley de Enjuiciamiento Criminal.

b) Si la causa se siguiera por un delito privado o un delito en el que el perdón extingue la responsabilidad criminal, acordar el sobreseimiento del procedimiento y su archivo, dejando sin efecto las medidas cautelares que se hubieren acordado en su caso.

c) Si la causa estuviera en el órgano de instrucción, acordará la conclusión de la misma y la remisión de la causa al órgano competente para la celebración del juicio de conformidad en los términos de los artículos 655 y 787 ter de la Ley de Enjuiciamiento Criminal.

d) Si la causa estuviese en el órgano de enjuiciamiento, se seguirá por los trámites del juicio de conformidad. La sentencia de conformidad incluirá los acuerdos alcanzados por las partes.

e) Resolver sobre la suspensión de la ejecución de la pena privativa de libertad, valorando el resultado del procedimiento restaurativo para el establecimiento de las condiciones, medidas u obligaciones de la suspensión; o, en su caso, sobre el contenido de los trabajos en beneficio de la comunidad.

DISPOSICIÓN FINAL

Disposición Final. Quedan derogadas todas las Leyes, Reales Decretos, Reglamentos, Órdenes y Fueros anteriores en cuanto contengan reglas de enjuiciamiento criminal para los Jueces y Tribunales del fuero común.

Se exceptúan de lo dispuesto en el párrafo anterior el Real Decreto de 20 de junio de 1852 y las demás disposiciones vigentes sobre el procedimiento por delitos de contrabando y defraudación [1576].

[1576] Véase LO 12/1995, de 12 de diciembre, de Represión del Contrabando y RD 1649/1998, de 24 de julio, por la que se desarrolla el Título II de la Ley Orgánica 12/1995, de 12 de diciembre, de represión del contrabando, relativo a las infracciones administrativas de contrabando

ÍNDICE ANALÍTICO